"十三五"普通高等教育本科规划教材
高等院校汽车专业"互联网+"创新规划教材

新能源汽车技术

主　编　李淼林
副主编　江秋仪　李景彬
主　审　姜立标

内 容 简 介

本书详细介绍了新能源汽车的定义与分类、新能源汽车的发展必要性和优势；分析了新能源汽车的国内外发展现状、相关政策和产业发展情况；重点介绍了电动汽车的共性关键部件——动力电池和驱动电动机的类型、特点、结构、原理及应用等知识；阐述了纯电动汽车、混合动力电动汽车、燃料电池电动汽车的组成、原理、设计、关键技术和典型车型等；最后在附录中详细列出了我国电动汽车相关标准。

本书内容系统、全面，题材新颖，理论性、前瞻性、实用性和可读性强，可供高等院校车辆工程及相关专业的学生使用，也可供从事新能源汽车及相关领域研究的工程技术人员、研发人员和管理人员阅读参考。

图书在版编目(CIP)数据

新能源汽车技术/李淼林主编. —北京：北京大学出版社，2020.1
高等院校汽车专业"互联网+"创新规划教材
ISBN 978-7-301-30629-1

Ⅰ.①新… Ⅱ.①李… Ⅲ.①新能源—汽车—高等学校—教材 Ⅳ.①U469.7

中国版本图书馆 CIP 数据核字(2019)第 168756 号

书　　　名	新能源汽车技术 XINNENGYUAN QICHE JISHU
著作责任者	李淼林　主编
策 划 编 辑	童君鑫
责 任 编 辑	孙　丹　童君鑫
数 字 编 辑	刘　蓉
标 准 书 号	ISBN 978-7-301-30629-1
出 版 发 行	北京大学出版社
地　　　址	北京市海淀区成府路 205 号　100871
网　　　址	http://www.pup.cn　新浪微博:@北京大学出版社
电 子 信 箱	pup_6@163.com
电　　　话	邮购部 010-62752015　发行部 010-62750672　编辑部 010-62750667
印 刷 者	北京飞达印刷有限责任公司
经 销 者	新华书店 787 毫米×1092 毫米　16 开本　21.25 印张　510 千字 2020 年 1 月第 1 版　2020 年 1 月第 1 次印刷
定　　　价	58.00 元

未经许可，不得以任何方式复制或抄袭本书之部分或全部内容。
版权所有，侵权必究
举报电话: 010-62752024　电子信箱: fd@pup.pku.edu.cn
图书如有印装质量问题，请与出版部联系，电话: 010-62756370

前　　言

　　石油紧缺、环境污染、气候变暖、交通安全等成为新能源汽车发展的主要推动力。"十二五"以来，新能源汽车发展迅速，它的兴起使汽车产业面临一场新的技术革命。2017年4月25日，我国工业和信息化部联合发展和改革委员会及科学技术部共同发布了《汽车产业中长期发展规划》，提到我国汽车产业正进入转型升级、由大变强的战略机遇期，关键在于新能源汽车及节能汽车的发展，我国政府将全面推进创新中心建设工程、关键零部件重点突破工程、新能源汽车研发和推广应用工程、先进节能环保汽车技术提升工程等项目组织与实施，大力支持和引导纯电动汽车、插电式混合动力电动汽车及燃料电池电动汽车等新能源汽车的动力电池、驱动电机及控制系统、轻量化、动力传动系统、整车集成与控制、燃料电池等关键技术的研发和推广，以加快新能源汽车产业化，完善新能源汽车推广应用扶持政策体系和新能源汽车标准体系。本书的出版将对新能源汽车的推广应用起到一定的促进作用。

　　本书全面系统地阐述了新能源汽车技术。全书共6章，各章架构为学习目标、主要学习内容、章节正文和思考题。第1章介绍了新能源汽车的定义与分类，阐述了传统汽车对环境、能源及交通的影响，电动汽车的优势，发展新能源汽车的必要性，分析了新能源汽车的国内外发展现状，重点介绍了"十二五"规划至今我国新能源汽车产业的主要政策、补贴标准、发展现状和市场总体情况；第2章和第3章着重介绍了电动汽车共性关键零部件——动力电池、电动机的类型、特点、工作原理及应用等；第4章至第6章分别阐述了三类电动汽车——纯电动汽车、混合动力电动汽车、燃料电池电动汽车的结构、原理、动力系统设计、关键技术及典型车型实例等；最后在附录中列出了国内电动汽车相关标准。

　　本书内容兼具国内外政策解读、技术理论分析和典型车型剖析，既反映了当前国内外新能源汽车的新技术与研究成果，又体现了有关新能源汽车的最新国家政策和标准的导向；既有编者整理的在新能源汽车领域广泛应用的成熟技术，也有搜集到的国内外新能源汽车的相关文献资料、研究成果和最新车型实例。

　　本书与时俱进，采用了"互联网+"信息技术手段，书中重要知识点的相关素材（视频、图片、课件、习题等）配有二维码，将知识具体化、碎片化、形象化，提高学生学习的主动性和积极性，以及对专业知识的理解能力和应用能力。

　　本书由李淼林任主编，江秋仪和李景彬任副主编，其中第1章—第3章由李淼林编写，第4章由李景彬编写，第5章和第6章由江秋仪编写。全书由李淼林统稿，姜立标教授担任主审。

　　在编写本书的过程中，编者参考和引用了大量的书籍和有关文献资料，特向其作者表示深切的谢意。同时感谢张继锋、李长玉、戴海燕、王丽、张春花等老师提供的文献资料和素材，并感谢书中部分图片的拍摄者和处理者。

尽管编者努力将国内外新能源汽车领域的最新发展、最新技术和应用成果介绍给读者，但由于新能源汽车的发展日新月异、新技术不断推出、某些核心技术仍处于研究阶段，再加上编者水平有限，书中难免有不当和疏漏之处，敬请广大读者批评指正。

编　者

2019 年 7 月

【资源索引】

目　录

第1章　绪论 …………………………… 1
1.1　新能源汽车概述 …………………… 1
　1.1.1　新能源汽车的定义与
　　　　　分类 ……………………… 2
　1.1.2　汽车对能源、环境和
　　　　　交通的影响 ………………… 6
　1.1.3　电动汽车的优势 ……………… 9
1.2　新能源汽车的发展现状 …………… 10
　1.2.1　国外新能源汽车的
　　　　　发展现状 …………………… 10
　1.2.2　国内新能源汽车的
　　　　　发展现状 …………………… 19
1.3　我国新能源汽车相关政策 ………… 21
　1.3.1　我国新能源汽车
　　　　　主要政策 …………………… 21
　1.3.2　我国新能源汽车补贴
　　　　　政策 ………………………… 24
　1.3.3　我国新能源汽车积分
　　　　　政策 ………………………… 27
1.4　我国新能源汽车产业
　　　发展综述 ………………………… 30
　1.4.1　产业发展概况 ………………… 30
　1.4.2　市场概况 ……………………… 31
1.5　新能源汽车的关键技术 …………… 33
　1.5.1　"三横"关键零部件
　　　　　技术 ………………………… 34
　1.5.2　"三纵"集成技术 …………… 35
　1.5.3　"三大平台"公共技术 ……… 36
扩展阅读：电动汽车发展简史 ………… 38
思考题 …………………………………… 42

第2章　动力电池技术 ………………… 43
2.1　动力电池概述 ……………………… 44
　2.1.1　动力电池的分类 ……………… 44
　2.1.2　动力电池的性能
　　　　　指标 ………………………… 45
　2.1.3　动力电池的常用
　　　　　术语 ………………………… 48
　2.1.4　电动汽车对动力电池的
　　　　　性能要求 …………………… 49
2.2　铅酸蓄电池 ………………………… 51
　2.2.1　铅酸蓄电池的分类、
　　　　　型号与结构 ………………… 51
　2.2.2　铅酸蓄电池的工作
　　　　　原理 ………………………… 53
　2.2.3　铅酸蓄电池的特点与
　　　　　应用 ………………………… 54
2.3　镍氢电池 …………………………… 56
　2.3.1　镍氢电池的发展 ……………… 56
　2.3.2　镍氢电池的分类与
　　　　　结构 ………………………… 57
　2.3.3　镍氢电池的工作
　　　　　原理 ………………………… 58
　2.3.4　镍氢电池的特点与
　　　　　应用 ………………………… 59
2.4　锂离子电池 ………………………… 60
　2.4.1　锂离子电池的发展 …………… 60
　2.4.2　锂离子电池的分类与
　　　　　结构 ………………………… 61
　2.4.3　锂离子电池的工作
　　　　　原理 ………………………… 64
　2.4.4　锂离子电池的特点与
　　　　　应用 ………………………… 65
　2.4.5　锂离子电池的特性 …………… 67
　2.4.6　锂离子电池的
　　　　　安全性 ……………………… 69
2.5　铁电池 ……………………………… 72

2.5.1 铁电池的分类与
     特点 …………… 72
  2.5.2 铁电池的结构与
     工作原理 ………… 73
  2.5.3 铁电池的应用 ……… 73
 2.6 燃料电池 ……………… 74
  2.6.1 燃料电池的发展 …… 74
  2.6.2 燃料电池的特点 …… 76
  2.6.3 燃料电池的分类 …… 77
  2.6.4 燃料电池系统 ……… 78
  2.6.5 燃料电池的关键
     技术 …………… 80
  2.6.6 质子交换膜燃料
     电池 …………… 82
 2.7 太阳电池 ……………… 87
  2.7.1 太阳电池的发展
     历史与现状 ……… 87
  2.7.2 太阳电池的分类与
     特点 …………… 88
  2.7.3 太阳电池的结构与
     发电原理 ………… 88
  2.7.4 太阳能电动汽车的结构、
     驱动原理和特点 …… 90
  2.7.5 太阳电池在汽车上的
     应用与发展趋势 …… 91
 2.8 超级电容器 …………… 94
  2.8.1 超级电容器的发展与
     特点 …………… 94
  2.8.2 超级电容器的分类 …… 95
  2.8.3 超级电容器的结构与
     工作原理 ………… 96
  2.8.4 超级电容器在汽车上的
     应用与发展趋势 …… 97
 2.9 飞轮电池 ……………… 99
  2.9.1 飞轮电池的结构与
     工作原理 ………… 99
  2.9.2 飞轮电池的特点与
     应用 …………… 101

 2.10 其他动力电池 ………… 102
  2.10.1 三元锂电池 ……… 102
  2.10.2 锌空气电池 ……… 103
  2.10.3 ZEBRA 电池 …… 104
 2.11 动力电池组技术 ……… 106
  2.11.1 动力电池组充电
     技术 …………… 106
  2.11.2 动力电池组成组
     技术 …………… 115
  2.11.3 动力电池组
     SOC 估算 ……… 116
  2.11.4 动力电池组电池
     管理系统 ………… 118
  2.11.5 动力电池组冷却
     技术 …………… 120
 扩展阅读：电动汽车用动力电池的
    回收利用研究 …… 123
 思考题 …………………… 128

第 3 章 电动机及驱动技术 …… 130
 3.1 电动机概述 …………… 131
  3.1.1 电动机驱动系统 …… 131
  3.1.2 电动机的分类、特点与
     应用 …………… 132
  3.1.3 电动机的主要性能
     指标 …………… 137
  3.1.4 电动汽车对驱动电动机
     的性能要求 ……… 137
 3.2 直流电动机及驱动 ……… 138
  3.2.1 直流电动机的分类 …… 138
  3.2.2 直流电动机的结构与
     特点 …………… 139
  3.2.3 直流电动机的工作
     原理 …………… 142
  3.2.4 直流电动机的基本
     方程 …………… 144
  3.2.5 直流电动机的运行
     特性 …………… 145

3.2.6 直流电动机的驱动与控制 …………… 149
3.2.7 直流电动机的电机控制器 …………… 152
3.3 无刷直流电动机及驱动 ……… 155
　3.3.1 无刷直流电动机的分类 …………… 156
　3.3.2 无刷直流电动机的结构与特点 …… 156
　3.3.3 无刷直流电动机的工作原理 ……… 158
　3.3.4 无刷直流电动机的驱动与控制 …… 161
3.4 异步电动机及驱动 ……… 164
　3.4.1 异步电动机的分类 …… 164
　3.4.2 异步电动机的结构 …… 164
　3.4.3 异步电动机的工作原理 …………… 165
　3.4.4 异步电动机的机械特性 …………… 167
　3.4.5 异步电动机的驱动与控制 …………… 168
3.5 永磁同步电动机及驱动 …… 171
　3.5.1 永磁同步电动机的结构与特点 …… 171
　3.5.2 永磁同步电动机的工作原理与机械特性 …… 174
　3.5.3 永磁同步电动机的驱动与控制 …… 175
3.6 开关磁阻电动机及驱动 …… 176
　3.6.1 开关磁阻电动机的结构与特点 …… 176
　3.6.2 开关磁阻电动机的工作原理 ……… 177
　3.6.3 开关磁阻电动机的驱动与控制 …… 179
3.7 轮毂电动机 ……… 182
　3.7.1 轮毂电动机的发展 …… 182
　3.7.2 轮毂电动机的驱动方式及其结构 …… 183
　3.7.3 轮毂电动机的特点 ……… 185
　3.7.4 轮毂电动机的典型应用实例 ……… 186
扩展阅读：汽车线控技术（X－by－Wire） ……… 188
思考题 ……… 195

第4章 纯电动汽车 ……… 196

4.1 纯电动汽车概述 ……… 197
　4.1.1 纯电动汽车的发展 …… 197
　4.1.2 纯电动汽车的分类与特点 …………… 197
　4.1.3 纯电动汽车的组成与原理 …………… 198
　4.1.4 纯电动汽车驱动系统的布置形式 …………… 199
　4.1.5 纯电动汽车的关键技术 …………… 200
　4.1.6 纯电动汽车的主要技术指标 …………… 209
4.2 纯电动汽车的续驶里程 …… 211
　4.2.1 纯电动汽车的功率平衡 … 211
　4.2.2 纯电动汽车续驶里程的计算 …………… 213
　4.2.3 纯电动汽车续驶里程的影响因素及分析 …… 215
4.3 纯电动汽车的经济性评价指标及行驶能耗 …… 217
　4.3.1 纯电动汽车的经济性评价指标 …………… 217
　4.3.2 纯电动汽车的行驶能耗 …………… 220
4.4 纯电动汽车动力传动系统的参数设计与仿真 …… 222
　4.4.1 纯电动汽车动力传动系统的参数设计要求 …… 222

4.4.2 电动机参数设计 …………… 222
4.4.3 传动系传动比设计 ………… 224
4.4.4 电池组参数设计 …………… 224
4.4.5 设计实例 …………………… 225
4.4.6 MATLAB/ADVISOR
仿真 ………………………… 229
4.5 纯电动汽车的能量管理与
回收 ………………………………… 236
4.5.1 纯电动汽车能量管理
系统 ………………………… 236
4.5.2 纯电动汽车储能
装置 ………………………… 237
4.5.3 纯电动汽车制动能量
回收系统 …………………… 238
4.6 纯电动汽车的高压安全技术 …… 241
4.6.1 触电概述 …………………… 241
4.6.2 纯电动汽车的高压
安全防护 …………………… 243
4.6.3 纯电动汽车的绝缘
电阻检测 …………………… 244
4.6.4 纯电动汽车的高压
安全设计 …………………… 247
4.6.5 北汽 EV200 纯电动
汽车的高压系统 …………… 250
4.7 典型纯电动汽车车型分析 ……… 252
4.7.1 比亚迪 e6 …………………… 252
4.7.2 日产 LEAF ………………… 253
4.7.3 荣威 e50 …………………… 253
4.7.4 北汽 EV200 ………………… 254
4.7.5 特斯拉 Model S …………… 254
4.7.6 宝马 i3 ……………………… 255
扩展阅读：互联网+新能源汽车的
运营模式 …………… 255
思考题 …………………………………… 258

第5章 混合动力电动汽车 …………… 259
5.1 混合动力电动汽车概述 ………… 259
5.1.1 混合动力电动汽车的
发展 ………………………… 260

5.1.2 混合动力电动汽车的
特点与分类 ………………… 263
5.1.3 混合动力电动汽车的
关键技术 …………………… 276
5.1.4 混合动力电动汽车的
主要技术指标 ……………… 278
5.2 混合动力电动汽车动力传动
系统参数设计 …………………… 279
5.2.1 整体设计原则 ……………… 279
5.2.2 发动机和驱动电动机
参数匹配 …………………… 279
5.2.3 传动系统传动比
匹配 ………………………… 281
5.2.4 蓄电池参数匹配 …………… 282
5.2.5 能量管理策略 ……………… 283
5.3 混合动力电动汽车的制动能量
回收系统 ………………………… 284
5.3.1 制动能量回收系统
概述 ………………………… 284
5.3.2 制动能量回收系统的
组成与工作原理 …………… 285
5.4 典型混合动力电动汽车车型
分析 ……………………………… 286
5.4.1 丰田 Prius ………………… 286
5.4.2 比亚迪秦 …………………… 293
5.4.3 别克 VELITE 5 …………… 295
扩展阅读：增程式电动汽车 …………… 296
思考题 …………………………………… 300

第6章 燃料电池电动汽车 …………… 301
6.1 燃料电池电动汽车
概述 ……………………………… 301
6.1.1 燃料电池电动汽车的
发展 ………………………… 302
6.1.2 燃料电池电动汽车的
分类 ………………………… 303
6.1.3 燃料电池电动汽车的
特点 ………………………… 305
6.1.4 燃料电池电动汽车的
关键技术 …………………… 306

6.1.5 燃料电池电动汽车的主要技术指标 ………… 310
6.2 FC+B 燃料电池电动汽车的基本结构 ………… 310
　6.2.1 燃料电池系统 …………… 311
　6.2.2 电控系统 ………………… 314
6.3 典型燃料电池电动汽车车型分析 ……………… 315

　6.3.1 丰田 Mirai ……………… 315
　6.3.2 通用 Sequel …………… 317
　6.3.3 奔驰 B 级 FCEV ………… 318
　6.3.4 本田 FCX CLARITY … 319
扩展阅读：常温常压储氢技术 …… 320
思考题 ……………………………… 321
附录　电动汽车相关标准 …………… 322
参考文献 …………………………… 327

第1章 绪论

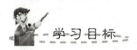 学习目标

1. 掌握新能源汽车的概念和类型。
2. 了解新能源汽车的发展背景。
3. 了解国内外新能源汽车的发展现状、相关政策和趋势。
4. 熟悉"十二五"规划以来我国制定的新能源汽车相关政策。
5. 了解国内外新能源汽车的典型车型。

 主要学习内容

知识要点	相关知识
新能源汽车的概念和类型	新能源汽车、纯电动汽车、混合动力电动汽车、燃料电池电动汽车
新能源汽车的发展背景	石油资源短缺、汽车尾气排放、气候变暖
国内外新能源汽车的发展现状	日本、美国、欧洲国家、中国的新能源汽车发展现状
"十二五"规划以来我国制定的新能源汽车相关政策	推广应用政策、补贴政策、积分政策等

1.1 新能源汽车概述

21世纪以来，我国汽车产业快速发展，形成了种类齐全、配套完整的产业体系，然而巨大的汽车保有量带来的能源、环保、交通等问题日益凸显，因此大力发展新能源汽车、加快推进新能源汽车的产业化进程是当前我国有效应对能源危机和环境挑战，实现中国汽车产业可持续发展的必然选择，也是把握战略机遇、缩短与先进国家差距、实现汽车

产业跨越式发展的重要举措。

2012年4月18日,国务院讨论并通过了《节能与新能源汽车产业发展规划(2012—2020年)》(以下简称《规划》),总体指导思想是以纯电动汽车(纯电驱动)为我国汽车工业转型的主要战略方向,重点突破动力电池、电机和电控技术,重点推进纯电动汽车和插电式混合动力电动汽车产业化,近期以混合动力汽车为重点,大力推广普及节能汽车,逐步提高我国汽车燃油经济性水平;加强自主创新,掌握节能与新能源汽车关键核心技术,增强产业自主发展能力。规划的总体目标:到2020年,新能源汽车累计产销量达到500万辆;动力电池系统能量密度达到200W·h/kg,成本降至每瓦时1.5元;中、重度混合动力乘用车占乘用车年产销量的50%以上;汽车燃油经济性整体水平与国际先进水平接轨,乘用车新车平均燃料消耗量降至5.0L/100km,节能型乘用车燃料消耗量降至4.5L/100km以下。

1.1.1 新能源汽车的定义与分类

1. 新能源汽车的定义

我国对新能源汽车的最新定义源自2017年1月6日工业和信息化部(以下简称工信部)公布的《新能源汽车生产企业及产品准入管理规定》(以下简称《规定》),其中第三条明确指出:新能源汽车是指采用新型动力系统,完全或者主要依靠新型能源驱动的汽车。

2. 新能源汽车的分类

新能源汽车的类型主要包括纯电动汽车、混合动力电动汽车(含增程式)、燃料电池电动汽车等。

(1) 纯电动汽车。

纯电动汽车(Battery Electric Vehicle,BEV)是一种完全由蓄电池(如锂离子电池、镍氢电池或铅酸蓄电池)作为车载储能动力源,向电动机提供电能而驱动电动机运转,并由电动机驱动车轮行驶,符合道路交通、安全法规各项要求的汽车。典型纯电动汽车的组成结构如图1-1所示。典型车型如比亚迪e6,如图1-2所示。

【比亚迪e6】

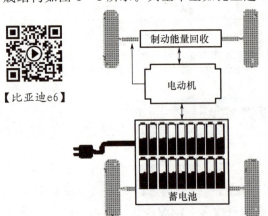

图1-1 典型纯电动汽车的组成结构

图1-2 比亚迪e6

(2) 混合动力电动汽车。

混合动力电动汽车（Hybrid Electric Vehicle，HEV）是指使用两个或两个以上不同的动力源来驱动车辆行驶，车辆的行驶功率根据实际的车辆行驶状态，由单个动力源单独或多个动力源共同提供。其混合形式有油电混合、气电混合和油气混合，以油电混合为主。油电混合电动汽车是一种以汽（柴）油机和电动机单独或共同驱动的汽车，将内燃机、电动机、能量储存装置（蓄电池）组合在一起，它们之间的良好匹配和优化控制可充分发挥内燃机和电动机的优点，避免各自的不足，是最具实际开发意义的低排放、低燃油消耗汽车。

根据动力耦合方式不同，油电混合可分为串联式混合动力、并联式混合动力和混联式混合动力。

①**串联式混合动力**。如图1-3所示，串联式混合动力系统由发动机直接带动发电机发电，产生的电能通过动力控制单元传送到蓄电池，再由蓄电池传送给电动机转换为动能，最后通过变速机构驱动汽车。在这种连接方式下，蓄电池就像一个水库，只是调节的对象不是水，而是电能。蓄电池在发电机产生的能量和电动机需要的能量之间进行调节，从而保证车辆正常工作。该系统的优点是续驶里程较长；缺点是动力路线较长，多次能量转换导致传动效率较低，主要应用于城市公共汽车，应用品牌有中通、宇通、金龙等。图1-4所示为中通串联式混合动力客车LCK6120GHEV。

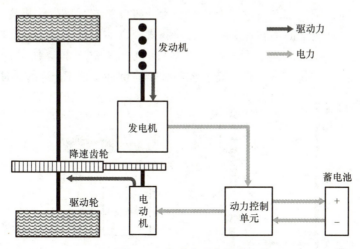

图1-3 串联式混合动力系统

图1-4 中通串联式混合动力客车LCK6120GHEV

②**并联式混合动力**。如图1-5所示，并联式混合动力系统的发动机和电动机共同驱动汽车，也可以单独工作，电动机作为辅助动力。该系统的优点是结构简单、成本较低；缺点是发动机效率无法充分利用。例如本田的IMA系统，应用车型有本田Accord和Civic。

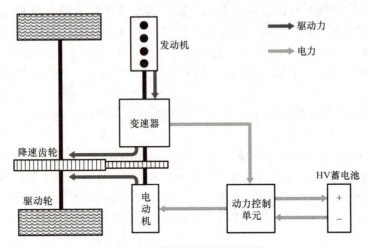

图1-5　并联式混合动力系统

③**混联式混合动力**。如图1-6所示，混联式混合动力系统的关键在于发动机和电动机共用一套机械变速机构，二者通过动力分配装置（离合器或行星齿轮机构）连接，从而综合调节发动机与电动机之间的转速关系。与并联式混合动力系统相比，混联式系统可以更加灵活地根据工况调节发动机和电动机的功率输出。该系统的优点节能效果理想；缺点是结构复杂、成本高、控制较难。例如丰田Prius的THS

【混联式混合动力系统】

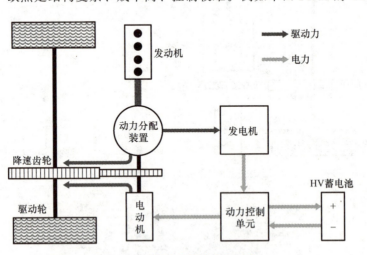

图1-6　混联式混合动力系统

根据可否外接充电，一般将混合动力电动汽车分为常规混合动力电动汽车和插电式混合动力电动汽车两类。

插电式混合动力电动汽车（Plug-in Hybrid Electric Vehicle，PHEV）基于常规混合动力汽车，并兼有纯电动汽车的基本功能特征，控制原理比纯电动汽车的复杂。其工作时以纯电动模式为主，电池电能的来源有三种：①通过家用220V电源慢充或专用充电桩快充，接入车载充电口，给蓄电池充电；②当蓄电池电量低于设定值且不能及时充电时，由汽（柴）油机带动发电机发电，给蓄电池补电；③当减速制动时，电动机反转作为发电机，给蓄电池补电。

插电式混合动力电动汽车是国内外主流开发车型，如奔腾B50（图1-7）、比亚迪秦等。

图1-7 奔腾B50

另外，混合动力电动汽车中还包含增程式电动汽车。增程式电动汽车（Extended-Range Electric Vehicle，REV）是一种具有地面充电和车载供电两种功能的纯电驱动的电动汽车。其工作模式分为纯电动模式、增程模式和混合动力模式三种，兼有纯电动汽车和混合动力电动汽车的特征，其动力系统结构与串联式混合动力电动汽车相似，如图1-8所示。

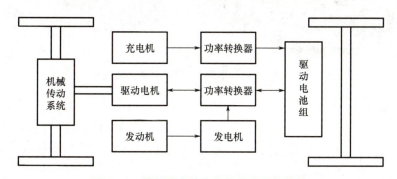

图1-8 增程式电动汽车的动力系统结构

通用汽车公司的E.D.Tate等人给出的增程式电动汽车定义如下：整车在纯电动模式下可以达到其所有的动力性能，而当车载可充电电池无法满足续驶里程要求时，打开车载辅助发电装置（增程器）为动力系统提供电能，以延长续驶里程。按照该定义，增程式电动汽车的本质是纯电动汽车，只是在纯电动汽车上安装了一个汽油机＋发电机（增程器）。典型车型如广汽传祺GA5，如图1-9所示。广汽传祺GA5优先使用纯电动模式，纯电续驶里程（等速60km/h）为80km，并且当电池电量低于设定值时，增程器才参与发电。

（3）燃料电池电动汽车。

燃料电池电动汽车（Fuel Cell Electric Vehicle，FCEV）的动力电池为燃料电池，经电化学反应产生电能并传给电动机，从而驱动汽车行驶。燃料电池电动汽车本质上属于纯

图 1-9　广汽传祺 GA5

电动汽车，主要区别在于两者动力电池的工作原理不同，并且燃料电池电动汽车加氢时间短，一次加氢续驶里程长。燃料电池电动汽车目前主要采用质子交换膜燃料电池，通过氢气和氧气的电化学反应将化学能转换为电能。其储氢方式可分为高压气态储氢、低温液态储氢、金属氢化物固态储氢、碳纳米管吸附储氢等。

燃料电池电动汽车的典型车型——丰田 Mirai 及其动力系统结构如图 1-10 所示。

【丰田Mirai及其动力系统结构】

图 1-10　丰田 Mirai 及其动力系统结构

(4) 其他新能源汽车。

其他新能源汽车包括使用太阳电池、超级电容器、飞轮电池等高效储能器的汽车。

1.1.2　汽车对能源、环境和交通的影响

全球汽车保有量在 2010 年就已超 10 亿辆，毋庸置疑，人类的生产与生活已经离不开汽车，汽车生产促进了各国经济的发展，改变了人们的生活方式，提高了人们的生活质量，对现代文明做出了巨大的贡献；但同时带来严重的负面影响，汽车使人类不得不面临石油资源短缺、环境污染、气候变暖、噪声污染、道路交通事故等严峻挑战，各国政府及产业界纷纷提出各自的发展战略，积极应对，以保持汽车产业的可持续发展。新能源汽车已成为 21 世纪汽车工业低碳发展的必然选择。

1. 汽车与能源

尽管全球经济复苏缓慢，但是对石油的需求并未明显减少，作为不可再生资源的石油在不断减少，因此在理想的替代能源尚不明朗之前，石油仍是主要能源。而我国是一个石

油紧缺的国家，同时是一个石油消费大国。2017年我国石油表观消费量达到6.1亿吨，成为世界第二大石油消费国，仅次于美国。我国人均石油消费量为世界平均水平的60%，预计未来我国石油消费量仍将持续稳定增长。

中国原油需求从1995年充分自给自足发展到现在为60%以上的消耗量需要靠进口。据统计，2017年我国原油进口量约为4.2亿吨，创历史新高，中国已然成为原油消耗和进口大国。

世界汽车保有量已突破10亿辆，预计到2030年全球汽车保有量将突破20亿辆，主要增量来自发展中国家。

我国汽车产量逐年增长。2017年我国汽车产销量双双突破2800万辆，再次打破纪录，蝉联世界第一。中国成为世界第一大汽车生产大国和最大新车销售市场。

随着居民收入水平和消费能力的提高，人们对生活品质的追求不断提升，家庭购车需求增加。2009年中国整车销量为195.9万辆，到2017年已经增加至2887万辆。我国汽车保有量增长迅速。截至2017年年底，我国机动车保有量已达到3.1亿辆。

汽车消费的快速增长导致石油消耗加速增长，加剧了石油资源的短缺。中国机动车燃油消耗量占全国总燃油消耗的1/3以上，使得中国石油对外依存度逐年攀升。2011年我国石油对外依存度为56.5%，2013年上升至60%。据国际能源机构预测，随着越来越多的中国消费者购买燃油汽车，到2030年，中国80%以上的石油需要依赖进口。因此，探求石油以外的汽车动力能源是我们急需解决的问题。

2. 汽车与环境

内燃机汽车在行驶时，发动机燃烧燃料产生动力的同时，排放的有害尾气和产生的巨大噪声会对环境造成严重污染。

（1）汽车尾气污染。

汽车尾气不仅污染环境，而且直接影响人们健康。汽车尾气的主要成分是碳氢化合物（HC）、氮氧化物（NO_x）、一氧化碳（CO）和二氧化碳（CO_2），还有少量的铅（Pb）、炭微粒及硫化物等。这些一次污染物还会通过大气化学反应生成光化学烟雾、酸雨等二次污染物。

HC主要来自未燃烧和未完全燃烧的燃油。它包含苯、甲苯和二甲苯等有害物质，其中苯的危害最大。苯是一种致癌物质，可引发人体白血病、贫血、血小板减少、黏膜出血及头痛、失眠、呕吐等疾病。

NO_x是发动机高温燃烧的产物，是一种强烈的腐蚀剂，对人的呼吸器官有刺激作用，会引起气管炎、肺炎和肺气肿，削弱血液输氧功能。

CO是一种无色无臭的有毒气体，是发动机不完全燃烧的产物。它通过呼吸道进入人体后，能以比O_2强250倍的亲和力迅速与血液中的血红蛋白结合，形成碳氧血红蛋白，阻碍血液向肺、脑等组织器官输送氧气，从而造成人体内部缺氧，危害中枢神经系统，轻则头晕、头痛、四肢无力、昏迷，重则中毒身亡。

炭微粒是柴油机工作时柴油不完全燃烧的产物，它的直接表现是黑烟，黑烟中的炭微粒直径为0.1~10μm，能飘浮在空气中，可轻而易举地进入人体内部，刺激肺壁，造成肺炎、哮喘和心脏病等。

2018年，中华人民共和国生态环境部（以下简称生态环境部）公布了《2018年中国机动车环境管理年报》。据年报统计，汽车是污染物排放的主要来源，其排放的HC和CO超过80%，NO_x和颗粒物超过90%。按车型分类，货车排放的NO_x和颗粒物明显高于客车排放的，而CO和HC的排放量则明显低于客车排放的。按燃料分类，柴油车排放的NO_x接近排放总量的68.3%，颗粒物占排放总量的99%以上；汽油车的CO和HC排放量较高，分别占汽车排放总量的85%和73.5%。

2016年12月23日，由中华人民共和国环境保护部（以下简称环境保护部）和国家质量监督检验检疫总局联合发布的《轻型汽车污染物排放限值及测量方法（中国第六阶段）》，分为相对宽松过渡的A阶段（2020年7月1日起实施）和全面达标的B阶段（2023年7月1日起执行）逐步进行；2018年6月22日，环境保护部和国家质量监督检验检疫总局又联合发布了《重型柴油车污染物排放限值及测量方法（中国第六阶段）》，自2019年7月1日起实施。国六排放标准相比于现阶段的国五排放标准，不仅允许将主要污染物的最大值下调50%左右，对颗粒物限制也严格了40%左右，同时国六标准将采取更严格的排放耐久性、OBD（On-Board Diagnostics，车载自动诊断系统）相关要求，并引入了实际行驶污染物排放试验，要求汽车在各种工况下均能满足排放标准。

（2）气候变暖。

汽车尾气中的CO_2会加速全球气候变暖。很多科学家预测，未来50～100年将完全进入一个变暖的世界。由于人类活动的影响，温室气体的浓度增加过快，未来100年全球平均地表温度将上升1.4～5.8℃，到2050年我国平均气温将上升2.2℃。

CO_2是大气中的主要温室气体之一，当大气中CO_2含量增加时，会增强大气对太阳光中红外线辐射的吸收，阻止地球表面的热量向外散发，使地球表面的平均气温上升，产生温室效应。全球CO_2年排放量已超过100亿吨，其中汽车尾气CO_2排放量占10%～15%。随着汽车尾气CO_2排放量的不断增加，全球气候变暖进程将加速，直接威胁人类生存环境。

汽车工业的快速发展将面临CO_2减排的巨大压力。据国际权威机构预测，2004—2030年，CO_2排放增加量中约有一半来自亚洲，而中国的增加量占亚洲的一半。

2009年9月，国家主席胡锦涛在联合国气候峰会上承诺，中国5年将减排15亿吨CO_2，2020年单位GDP的CO_2排放量比2005年下降40%～45%。

近年来，我国采用一系列先进技术以最大限度地提高汽车能源利用效率，包括小排量发动机、稀薄燃烧发动机、电动汽车、天然气汽车等。预计到2030年，我国汽车尾气中CO_2的排放总量有望降低45%。

为了严格限制汽车尾气中CO_2的排放量，各国正积极完善和升级汽车CO_2排放法规。表1-1为欧洲联盟（以下简称欧盟）制定的汽车CO_2排放标准。

（3）汽车噪声污染。

汽车噪声是汽车的第二公害，随汽车发动机功率、车速及汽车流量的增加而增大，汽车噪声约占城市噪声的75%。汽车噪声声源一般分为发动机噪声和整车噪声。发动机噪声与发动机转速有关，主要有进气噪声、排气噪声、风扇噪声和运转噪声等；整车噪声与车速有关，包括传动噪声、轮胎噪声、空气动力噪声等。

表 1-1　欧盟制定的汽车 CO_2 排放标准

年份	CO_2 排放量（g/km）	相应油耗（L/100km）
2005 年	160	7
2008 年	140	6
2012 年	130	5
2020 年	95	4

噪声对人的影响是一个比较复杂的问题，其影响程度不仅与噪声的性质有关，而且与每个人的心理、生理状态及社会生活等多方面的因素有关。汽车的噪声污染使人心神不宁、烦躁、疲倦、工作效率下降，严重时会降低人的听力水平，甚至致人耳聋。汽车噪声还干扰了人与人之间的语言交流和通信联络，使驾驶人反应时间增加，影响行车安全。

3. 汽车与交通

汽车给人类带来交通便利的同时，其数量越来越多，造成城市交通拥堵，导致交通事故频发。据统计，全球每年约有 125 万人死于车祸，即每分钟就有超过 2 人死于交通事故，汽车交通事故已成为"世界第一公害"。

道路交通事故与人、车、路及交通环境等诸多因素有关。针对汽车本身的影响因素，现代汽车越来越注重安全性设计。在车身结构上，充分考虑汽车发生碰撞时尽可能减小对车内乘员的伤害，采用安全转向盘、超高强度车身、吸能车身等；并采用制动防抱死、加速防滑、车身稳定、安全气囊、定速巡航等电子控制技术，提高汽车的主动安全和被动安全性能。除此之外，必须将人、车、路及交通环境作为一个整体综合考虑。例如，采用先进的电动线控技术、车联网技术和智能技术，提高行人和驾驶人的安全意识，改善道路交通环境，加强汽车的安全检测与维护，完善交通管理等措施，有效降低道路交通事故率。

1.1.3　电动汽车的优势

电动汽车是一种从车载电源获得电能、用电动机驱动车轮行驶、满足道路交通安全法规各项要求的汽车。与内燃机汽车相比，其优势如下。

（1）电动汽车可解决汽车对石油资源的依赖问题。电动汽车用车载电源有蓄电池、燃料电池、太阳电池、飞轮电池等。蓄电池充电所需的电能可充分利用水能、风能、核能、地热能、太阳能、潮汐能等储量丰富的可再生能源转换而来。因此，电动汽车可以不依赖石油资源，所节省的大量石油可缓解石油日益匮乏的压力。

（2）电动汽车可减少汽车对城市环境的污染。电动汽车用车载电源在正常使用过程中不会排放任何有害气体，因此电动汽车被誉为绿色汽车。与内燃机相比，电动汽车的电动机运转时噪声很小，因此若用电动汽车替代内燃机汽车，可显著减少城市的噪声污染。

（3）电动汽车可节约能源。电动汽车用蓄电池可利用电网在晚间用电低谷时的富余电力为电动汽车充电，一方面可避免电力的浪费，提高电网电能的利用率；另一方面可避开日间用电高峰期，减少充电对电网的干扰。电动汽车的驱动电动机有一个共同特点，即在减速、制动和下坡时，电动机可转换为发电机，将车轮在减速、制动和下坡时的动能和势能转换为电能，为蓄电池充电，实现部分制动能量的回收，从而提高能量的利用率。电动汽车在城市道路交通拥堵或等红灯时可完全停止，不消耗电能，避免了内燃机怠速燃油消耗，节约了能源。

鉴于汽车工业高速发展的同时给能源、环境、气候和交通带来了严重的负面效应，关注经济发展的同时应提高人们节能、环保和安全意识，新能源汽车在这些方面具有明显优势，无疑将成为未来汽车工业的发展趋势。大力推进传统汽车节能减排和新能源汽车产业化，已成为中国汽车产业急需解决的两大重要课题。

1.2　新能源汽车的发展现状

全球汽车工业正面临日益严峻的能源和环境问题的巨大挑战，而发展电动汽车，逐步实现汽车能源动力系统的电气化，全面推进传统汽车产业的战略转型，提高汽车产业的竞争能力，保持汽车产业创新、绿色、可持续发展，在国际上已经达成了广泛共识。新一轮新能源汽车的研发、示范和产业化已经开始，而且得到各国政府和企业的高度重视。

据彭博新能源财经（BNEF）数据显示，2017年全球新能源汽车乘用车销量超100万辆，电动乘用车的渗透率仅约为2%，未来有望达到40%以上。汽车电动化的趋势没有改变，新能源汽车行业发展仍处于导入期。

1.2.1　国外新能源汽车的发展现状

从国际上看，随着技术的不断创新与突破，面对金融危机、油价攀升和日益严峻的节能减排压力，2008年以来，以日本、美国、欧盟为代表的国家、组织和地区相继发布实施了新的电动汽车发展战略，进一步明确了产业发展方向，明显增大了研发投入与政策扶持力度。日本以产业竞争力为第一目标，全面发展混合动力、纯电动、燃料电池三种电动汽车，研发和产业化均走在世界前列；美国以能源安全为首要任务，强调插电式电动汽车发展；欧盟以 CO_2 排放法规为主驱动力，重视发展纯电动汽车。

从技术层面看，混合动力汽车技术逐步成熟，已进入产品市场竞争期，率先实现产业化，正成为汽车市场销售的新的增长点。其中，日本市场中混合动力电动汽车已达到汽车销量的10%左右。纯电动汽车电池技术进步加快，整车产品更加接近消费者需求。插电式混合动力电动汽车作为一种具有纯电动和混合动力双重特征的电动汽车技术成为全球新的研发热点。以电池租赁为代表的纯电动汽车商业模式创新取得进展，世界主要汽车制造商加快了纯电动汽车量产的步伐；车用燃料电池技术取得重大进展，通用汽车公司汽车燃料电池发动机贵金属催化剂——铂的用量从上一代的80g降低到30g，2015年降至10g，燃料电池电动汽车的动力性、安全性、续驶里程、低温起动性等性能指标已接近内燃机汽车，燃料电池电动汽车整车成本显著下降。

经多年探索实践，在技术路线上，国际汽车产业界达成了电动汽车产业化战略共识，分为以下三个阶段。

(1) 近期(2010—2015年)。在依靠内燃机汽车技术改进和推进汽车小型化实现节油减排的同时,应尽快推进混合动力技术的应用,并发展小型纯电动汽车和插电式混合动力电动汽车。

(2) 中期(2015—2020年)。在混合动力技术广泛应用的基础上,提高汽车动力系统的电气化程度,增大小型纯电动汽车和插电式混合动力电动汽车的推广力度。

(3) 中远期(2020年后)。各种纯电驱动技术逐步占据主导地位,通过进一步发展纯电动汽车和燃料电池电动汽车,实现大幅度降低燃油消耗和尾气排放的目标。在车型应用方面,纯电动、混合动力和燃料电池等电动汽车技术各自具有最优的交通出行适用范围。对于城市短途出行需求,小型纯电动汽车具有优势;对于长途出行需求,适合采用常规混合动力电动汽车、插电式混合动力电动汽车或者燃料电池电动汽车。

根据国际数据调查机构的数据显示,美国、中国、日本、欧洲国家是全球新能源汽车的主要产销市场。下面重点介绍日本、美国和欧洲国家有关新能源汽车的最新发展概况。

1. 日本

日本地域狭小、资源贫乏,国民低碳、环保意识强。日本政府和汽车产业界极重视新能源汽车的研发和推广,并在技术、价格和便利性三个方面做了大量工作。2006年5月,日本政府制定了《新国家能源战略》,提出到2020年将新能源汽车销量占新车总销量的比率提高到50%,到2030年提高到70%;到2030年将此时近50%的石油依赖度降低到40%。得益于政策的支持,日本在新能源汽车市场方面取得了令世人瞩目的成就。2014—2017年第一季度日本新能源汽车销量统计如表1-2所示。

表1-2 2014—2017年第一季度日本新能源汽车销量统计

单位:辆

年份	插电式混合动力电动汽车销量	纯电动汽车销量	总计
2014年	15352	16257	31609
2015年	12413	10356	22769
2016年	5365	35045	40410
2017年第一季度	0	4912	4912

资料来源:中国汽车工业协会、国际某数据调查机构。

日本新能源汽车的发展特点如下。

(1) 技术逐渐成熟。

目前日本的新能源汽车主要有混合动力电动汽车、纯电动汽车及燃料电池电动汽车,其中混合动力电动汽车为重点发展方向,被普遍视为在"零排放"时代到来之前的最佳过渡技术。日本的混合动力电动汽车技术居世界领先地位。

早在1997年,日本汽车巨头丰田在日本推出了全球首款量产混合动力电动汽车——Prius,之后在公司的十几种车型上采用混合动力技术,丰田混合动力车型累计销量已突破千万辆。

除丰田外，本田也在混合动力技术上大举投入，在日本国内有47%的本田汽车是混合动力电动汽车，车型上的布局十分完善，如Insight、Civic、Accord等。日产和三菱等公司则将目光投向了纯电动汽车。2010年，日产推出了纯电动汽车LEAF，其最新款一次充电续驶里程达280km，可基本满足中短距离交通需求。截至2017年年底，LEAF在全球的销量超过24万辆，居全球新能源汽车销量前列。

但混合动力电动汽车毕竟不是终极环保汽车，而纯电动汽车的续驶里程又难以实现飞跃性突破，于是丰田和本田又将目光投向了氢能源汽车。2014年年底，丰田在全球首次面向普通消费者销售氢燃料电池电动汽车——Mirai，续驶里程达700km。2016年1月，本田也宣布在美国销售氢燃料电池电动汽车——CLARITY。

日本车企在几种新能源汽车的技术上都已相当先进、成熟，不仅低碳环保，而且驾驶性能、舒适度等甚至超过同类内燃机汽车，剩下的问题就是购买价格、使用成本及相关配套设施的完善程度。

（2）补贴推广给力。

为了推广新能源汽车，日本政府及各地方政府相继推出了一系列购车补贴政策，如换购补贴、政府购车补贴、混合动力汽车补贴、私人购车补贴等，如表1-3所示。

表1-3 日本新能源汽车购车补贴政策

补贴政策	补贴细则
换购补贴	2009年4月10日以后，消费者更换使用了13年以上的旧车时，购置一辆混合动力电动汽车可以平均得到25万日元的补贴
政府购车补贴	所有政府机关必须使用"低公害车"。对地方团体或企业法人购置"低公害车"的现金补助，最高可达同等级普通汽车价格差额的1/2或车价的1/2
混合动力汽车补贴	在日本，丰田Prius售价为200万~300万日元，但日本政府给予消费者20万日元的补贴
私人购车补贴	在日本，私人购买电动汽车时，政府补助电动汽车与燃油汽车价格差额的一半（平均约为78万日元），地方政府也相应追加补贴

日本从2009年4月1日起实施"绿色税制"，适用对象包括纯电动汽车、混合动力电动汽车、清洁柴油车、天然气汽车及获得认定的低排放且燃油消耗量低的汽车。前三类车被日本政府定义为"新一代汽车"。2009年6月，日本政府启动"新一代汽车"计划，力争在2050年使环保型汽车占据汽车市场总量的50%左右。购买"新一代汽车"可享受免除多种税赋优惠，根据质量扣除对应的汽车质量税和汽车购置税。例如，丰田Prius混合动力电动汽车可以享受到的最高优惠为免除新车100%的质量税和购置税，还可以享受补助金。此举大大助推了日本混合动力电动汽车等新能源汽车的热销。

除了普及率较高的混合动力电动汽车Prius的价格基本与同类内燃机汽车的价格持平外，纯电动汽车及氢燃料电池电动汽车的价格还相对较高。例如，日产纯电动汽车LEAF售价约为312万日元，但购买该车最高可享受国家补助金51万日元，一些地方政府还提供5万日元的购车补贴，还有约12万日元的环保车减税。综合比较，对消费者而言，纯电动汽车与内燃机汽车的实际价格差别不大。

丰田2014年年底推出的氢燃料电池汽车——Mirai的售价约为723万日元，但可享受约225万日元的减税优惠，减税后价格约为500万日元，这对高收入消费者来说尚可接受，因此Mirai一经推出，订单量远远超出预期。

除了大量政府补贴以外，消费者购买新能源汽车的最大好处就是使用成本低。混合动力电动汽车的燃油消耗水平低；纯电动汽车充满一次电只需约300日元，根据车型不同，完全充电时间为8~11h不等；氢燃料电池电动汽车加满一次氢燃料仅需4000多日元，续驶里程可达700km。

日本经济产业省估算，到2020年，日本电动汽车的年销量将提高到80万辆，混合动力电动汽车的年销量将提高到120万辆。不过，制约新能源汽车迅速普及的最大障碍就是充电、加氢等配套设施，日本在这些方面的发展也走在世界前列。

(3) 配套逐步完善。

为实现2030年新能源汽车占日本新车销量的70%及在新能源汽车产业的国际竞争中占据优势，日本政府在新能源技术研发、基础设施建设等方面作出长远规划并大力支持，逐步推进相关配套设施的完善。

1993年起，日本启动了ECO-Station项目，计划建立2000个替代能源汽车燃料供应站，其中包括1000个纯电动汽车快速充电站，日本政府计划7年内对此项目投入210亿日元；通过开发高性能电动汽车动力蓄电池，在2020年前将日本电动汽车一次充电的续驶里程增加3倍以上，实现2020年新能源汽车年销量的预期目标。

2010年，日本经济产业省公布了《新一代汽车战略2010》规划，指出到2020年将在全国建成5000个快速充电站、200万个家用普通充电站，并强调，日本企业在制定未来动力电池国际标准时要起到主导作用。

为攻克电池方面的关键技术，日本经济产业省所属的新能源产业技术综合开发机构(NEDO)确立了All Japan体制，建立了开发高性能电动汽车动力蓄电池的最大新能源汽车产业联盟，共同实施2009年度"革新型蓄电池尖端科学基础研究专项"项目。联盟包括丰田、日产等汽车企业，三洋电机等电机、电池生产企业及京都大学等著名学府和研究机构，共22家成员单位。每家单位出50名以上专业人员从事合作研究，开发企业所需的共性基础技术。

以纯电动汽车为例，2014年，丰田、本田、日产、三菱与日本政策投资银行共同成立了日本充电服务公司，承担在商业区域设置充电桩的建设及维护任务。此外，日本几大连锁便利店也在建设充电桩问题上积极响应，期待借此吸引更多顾客。

截至2015年年底，包括私人充电桩在内，日本已有4万个汽车充电桩，超过了加油站的数量，且这一数字还在不断增大。充电越发便利，必将进一步提高日本民众购买纯电动汽车或插电式混合动力电动汽车的积极性。

相比纯电动汽车已经形成相对完善的充电网络，氢能源汽车的配套设施还处于起步阶段。截至2016年年底，日本共有82处加氢站（含移动式加氢站），主要分布在东京、名古屋、大阪、九州等地，用户可通过手机查询最近的加氢站。为建设更多加氢站，日本政府规划在以上四大城市群为中心的100个地区及连接四大城市群的高速公路上建设加氢站。政府将提供一半补贴，推动加氢站的建设。日本政府和企业还将借助 2020 年东京奥运会的契机，向全世界展示其氢燃料电池电动汽车。

图 1-11 所示为 1990—2030 年日本新能源汽车发展战略。

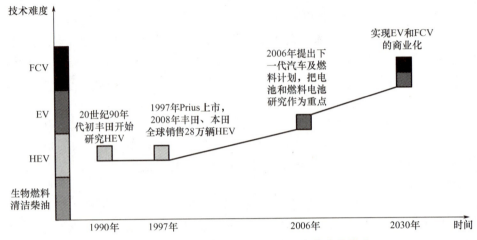

图 1-11　1990—2030 年日本新能源汽车发展战略

2. 美国

2015 年，中国信息产业网发布了《2015—2020 年中国新能源汽车市场运行态势与投资前景评估报告》，显示 2010—2014 年，美国新能源汽车销量由 27.5 万辆增长至 57.0 万辆，新能源汽车销售总量世界第一。

据某国际数据调查机构的数据显示，2014—2017 年第一季度美国新能源汽车销量统计如表 1-4 所示。从表中可知，2014—2016 年美国插电式混合动力电动汽车的销量呈波动性增长趋势，纯电动汽车的销量呈稳步增长趋势。

表 1-4　2014—2017 年第一季度美国新能源汽车销量统计

单位：辆

年份	插电式混合动力电动汽车	纯电动汽车	总计
2014 年	55357	63327	118684
2015 年	42959	72302	115261
2016 年	72935	84246	157181
2017 年第一季度	19318	21410	40728

资料来源：中国汽车工业协会、国际某数据调查机构。

美国消费者更加青睐特斯拉 Model S 纯电动汽车。美国研究投入重点实为插电式混合动力电动汽车技术，并实现了商业化。由于投入资金多、投入力度大、研究开始早，美国在当今新能源汽车技术领域处于技术实力强、综合技术领先的地位。同时，因美国盛产玉米，所以倾向于发展醇类等生物燃料汽车。

最先发明电动汽车的美国在新能源汽车技术研发和政策支持上一直走在世界前列。1991—2015 年美国新能源汽车发展政策如图 1-12 所示。

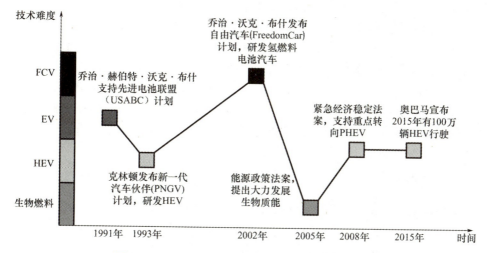

图1-12 1991—2015年美国新能源汽车发展政策

20世纪90年代中期，美国政府制订发展电动汽车的"新一代汽车伙伴（PNGV）计划"，集中研究电池驱动的纯电动汽车。但由于纯电动汽车续驶里程短、充电时间长、降低电池造价困难，在技术上也难以解决处理废旧电池二次污染、回收困难的问题，商业化进展缓慢。

2002年，美国政府不再积极鼓励发展纯电动汽车，重新提出自由汽车（FreedomCar）计划，实际上是放弃了纯电动汽车研究而更多地转向燃料电池电动汽车技术研发。这一时期，美国在氢燃料电池汽车领域取得了一定的进展，其技术研发在世界处于先进水平。但是燃料电池汽车仍然有一系列技术瓶颈有待突破，成本与基础设施建设等问题尚未解决，产业化进程缓慢。

2005年，美国政府出台了《能源政策法》，根据纯电动汽车质量的不同实行不同的减税幅度，购买总质量不超过1363kg的纯电动汽车直减3500美元，若该种纯电动汽车续驶里程达到160km或有效荷载容量达到454kg，可以增大减税幅度到6000美元。

2007年1月24日，美国总统乔治·沃克·布什发表国情咨文，宣布了替代能源和节能政策，公布了《可再生燃料标准》，要求美国汽车能耗的4%必须是可再生燃料，总量约为178亿升。至2012年达到284亿升，并提出目标：在未来10年之内将汽油使用量降低20%，实现从中东地区进口石油量削减75%，其中15%可通过利用可再生燃料及其他替代燃料实现。为此，政府对生产燃料乙醇制定了优惠政策。

美国的混合动力电动汽车在2004年前后进入商业化推广阶段。美国能源部2008年6月12日宣布拨款3000万美元资助通用汽车公司、福特汽车公司、通用电气公司研究新能源汽车项目。其目标是到2014年制造出有成本竞争力的、续驶里程达到64km的混合动力电动汽车，到2016年实现批量生产。

2008年12月，14家美国电池和先进材料企业在美国阿贡国家实验室（Argonne National Laboratory，ANL）的支持下，成立了先进交通运输用电池生产国家联盟，以提高美国车用锂离子电池制造实力。

推动新能源汽车发展是奥巴马政府能源政策的组成部分。奥巴马政府希望通过发展和利用新能源，使美国摆脱对海外石油的过度依赖。奥巴马上任后，通过进一步制定严格的汽车燃油排放标准和新能源汽车政策，以及通过政府采购节能汽车、消费者购买节能汽车减税，设立新能源汽车的政府资助项目，投资促进新能源汽车基础设施建设等策略，进一步推动汽车产品朝着"小型化"和"低能耗"的方向发展。

2009年，奥巴马提出2015年实现插电式混合动力电动汽车100万产辆的目标。在他的倡导和推动下，美国政府为推进PHEV计划，在短短几个月内紧锣密鼓地出台了一系列强有力的措施，斥资140亿美元支持动力电池、关键零部件的研发和生产，支持充电基础设施建设、消费者购车补贴和政府采购。

2009年4月，奥巴马表示美国政府将购买由美国三大汽车厂商制造的1.76万辆包括新能源汽车在内的节能汽车。为鼓励美国消费者购买，他还宣布将给予购买插电式混合动力电动汽车的消费者每辆车7500美元以抵税额。

美国还设立了一个总量为250亿美元的基金，以低息贷款方式支持厂商研发和生产节能和新能源汽车，目标是每年汽车燃油经济性提高一倍。

奥巴马在考察位于加利福尼亚州的一家电动汽车测试中心时宣布，美国能源部将设立20亿美元的政府资助项目，以扶持新一代电动汽车所需的电池组及其部件的研发。为此，道氏化学、韩国LG集团等四家电池制造商宣布了在密歇根州的投资计划，总额达17亿美元，它们也相应得到了总额5.4亿美元的税收优惠。这一系列计划形成了美国新能源汽车产业化和市场化的第一推动力。

美国所有新能源政策更加明确了研发新能源汽车新产品的方向和目标。2015年，奥巴马提出美国政府购车中50%为插电式混合动力电动汽车或纯电动汽车，美国本土将有100万辆混合动力电动汽车投入使用。

2009年，美国电动汽车产业链上的各方发起成立了美国电动汽车联盟（EV Drive Coalition），成员涵盖雷诺汽车、江森自控有限公司、太平洋煤气电力公司、A123系统公司、联邦快递公司等。美国电动汽车联盟主要致力于从政策和行动上推动大规模实施电动汽车计划，改变美国经济、环境和对化石能源严重依赖的现状，实现美国电动汽车运输的革命性改变。

美国电动汽车联盟提出的电动汽车发展目标和行动计划的主要内容如下。

（1）呼吁联邦政府拨款1300亿美元，资助电动汽车电池开发生产和内燃机汽车厂商的转型；呼吁出台有吸引力的鼓励民众使用电动汽车和建设电动汽车基础设施的税收激励或财务补助政策措施，先在美国33个重点城市展开，到2018年初步形成全美良好的电动汽车生态系统。

（2）争取到2020年，全美拥有电动汽车1400万辆，近1/4的轻型汽车需求由纯电动汽车或插电式混合动力电动汽车提供。

（3）到2040年美国将拥有2.5亿辆电动汽车，其中轻型电动汽车占75%，届时美国轻型汽车耗油量将减少75%，可基本摆脱对进口石油的依赖。

3. 欧洲国家

欧洲国家历来重视节能和减排。欧盟于2007年公布了"新欧洲能源政策"，目标是在2020年将温室气体排放量降低20%，将可再生能源的比率提高到20%，将欧盟能源领域的研究开发预算提高50%。

欧洲汽车厂商曾把主要精力集中在内燃机汽车降低燃油消耗上，因欧洲在柴油发动机上具有强大的技术优势，在清洁柴油车方面发展得最迅速。清洁柴油车销量在乘用车总销量中的占比已超过50%。

欧洲新能源汽车相对来说发展较晚。但是2011年以来，欧洲国家在新能源汽车方面表现非常积极，原因是经过时间的考验，混合动力等新能源汽车技术得到了市场的认可，并逐步代表了新的发展方向。因此，欧洲制定了相关政策来支持新能源汽车的发展。欧洲各国政府根据本国情况制定了大量的政策和措施，旨在推动新能源汽车的开发和消费，如表1-5所示。

表1-5 部分欧洲国家制定的新能源汽车政策

欧洲国家	新能源汽车政策
德国	对汽车替代燃料实施了一些优惠政策，到2010年，每年的税收补助达30亿欧元；到2020年，每年的税收补助将达到50亿欧元
英国	政府为"低碳汽车项目"投资3亿英镑以支持新能源汽车的发展；2007年修改汽车保有税按单位距离CO_2排放量进行区别征收，低公害车辆税率为零，高公害车辆税率达30%
法国	早在1995年政府就制定了支持电动汽车发展的优惠政策，购买一辆电动汽车可得到最高1.5万法郎的补贴；2008年10月，总统萨科奇宣布政府将投入4亿欧元，用于研发和制造新能源汽车
瑞典	政府将为购买清洁汽车的消费者提供折扣，计划在2007—2009年分派5000万瑞典克郎、1亿瑞典克郎、1亿瑞典克郎的折扣
荷兰	在商用车领域，为了激励用户购买达到欧V标准或者更加严格的增强型环境友好汽车标准的汽车，政府计划投入700万~4400万欧元的补贴

据国际某数据调查机构的数据显示，2014—2017年第一季度欧洲主要国家（包括德国、法国、英国、荷兰）的新能源汽车销量统计如表1-6所示。

表1-6 2014—2017年第一季度欧洲主要国家的新能源汽车销量统计

欧洲国家	汽车类型	2014年	2015年	2016年	2017年第一季度
德国	插电式混合动力电动汽车/辆	517	414	11970	4763
	纯电动汽车/辆	5547	6706	12653	5130
	总计/辆	6064	7120	24623	9893
法国	插电式混合动力电动汽车/辆	17	101	6732	1728
	纯电动汽车/辆	11232	18069	26718	8524
	总计/辆	11249	18170	33450	10252
英国	插电式混合动力电动汽车/辆	1205	1235	22634	6491
	纯电动汽车/辆	6485	9529	10586	4221
	总计/辆	7690	10764	33220	10712
荷兰	插电式混合动力电动汽车/辆	11587	39218	18589	344
	纯电动汽车/辆	3262	3879	3945	1488
	总计/辆	14849	43097	22534	1832

资料来源：中国汽车工业协会、国际某数据调查机构。

(1) 德国。

德国是传统汽车制造大国，汽车工业在德国经济中举足轻重。德国在内燃机汽车的研发制造上投入了大量的人力和物力，从而保证了德国汽车的优异品质和强大竞争力，与汽车相关的产业链更是环环相扣。换句话说，德国在内燃机汽车领域已经占据天时、地利、人和，并且建立了完整的产业链，任何变化都会"牵一发而动全身"。

但是作为未来的大势所趋，德国对新能源汽车加紧开发、储备技术，大众、保时捷、宝马等知名汽车公司也积极筹划发展低碳汽车。

2010年开始，大众陆续推出混合动力电动汽车，2013年推出纯电动汽车——e-up! 和e-Golf，插电式混合动力电动汽车——保时捷918 SPYDER和Panamera。2015年，保时捷卡宴、帕萨特和奥迪Q7的插电混动版问世，大众旗下的插电车型增至9款。

宝马将燃料电池汽车作为终极目标，插电式混合动力为现阶段目标。宝马的规划符合其对全球新能源汽车市场的把握，可谓稳扎稳打、步步为营。

奔驰更谨慎，与比亚迪合作开发纯电动汽车——比亚迪腾势（DENZA），相应地降低了风险，也为在中国市场获得补贴找到了门路。

早在2009年8月，德国政府通过了《国家电动汽车发展计划》。根据该计划，德国到2020年生产至少100万辆电动汽车；到2030年，增加至500万辆；到2050年，德国所有乘用车实现零排放目标，并在技术研发和市场开发两个方面占据世界领先地位。

德国一些城市（如柏林）正在努力完善新能源汽车的配套设施建设，利用路灯的灯杆等现有设施来加装充电设备；同时加紧制定相关政策，鼓励人们购买和使用新能源汽车。

为鼓励电动汽车普及，德国政府出台税收优惠政策，规定对在2011年5月—2015年12月之间购买的新电动汽车，可免10年保有税；对2016年1月—2020年12月之间购买的电动汽车，可免5年保有税。

德国前经济部副部长Rainer Baake提出了一项新规定：到2030年，德国将禁止出售传统内燃机汽车，以达到新车零排放的目标。

(2) 法国。

法国是缺少石油的国家，汽油昂贵，每年从国外进口大量的石油。20世纪70年代的石油危机成为法国开发电动汽车的转折点，1973年雷诺汽车已研制出电动汽车。标致雪铁龙与雷诺两大公司一直积极研制电动汽车，1995年标致106和雪铁龙AX电动汽车正式投入生产。从1995年7月1日开始，政府给购买电动汽车的用户提供5000法郎的补贴；法国电力集团从自身利益考虑，向电动汽车制造厂生产的每辆电动汽车提供1万法郎的补助。这些措施为电动汽车在法国发展创造了良好的环境。

根据法国2009年公布的纯电动汽车和可充电混合动力电动汽车发展计划，到2025年，纯电动汽车（电池）和可充电混合动力电动汽车将占新车市场的30%～40%份额。在此推动下，法国汽车产业界和政府部门大力投入到纯电动汽车、可充电混合动力电动汽车、燃料电池电动汽车等低碳汽车的发展中来，以适应环保要求、提高产业竞争力，并增强能源自主安全。

标致雪铁龙公司于2011年发布了标致3008混合动力电动汽车，该车是世界上第一款大规模生产的柴电混合动力电动汽车；2012年推出使用相同技术的雪铁龙DS 5和标致高端车508 RXH。

在法国，电池由 SAFT 公司和 Batscap‑Bolloré 公司生产。雷诺从 2013 年开始，在 Cléon 工厂生产电动引擎；自 2014 年起，在 Flins 工厂生产电池。宝马与标致雪铁龙于 2014 年在 Mulhouse 工厂合作生产混合动力汽车配件。Valéo 公司等零部件生产商则致力于牵引系统、电力电子和汽车轻量化等技术的研发。

自 2008 年起，法国政府的汽车补贴累计达到 23 亿欧元，扶持购买了 390 万辆低碳汽车。2012 年政府为每辆低碳汽车提供 2000~5000 欧元的激励补贴支持。

法国政府主要致力于四大汽车及交通研发的竞争力集群，投入 1 亿欧元的巨额资金，用于汽车减排和和低碳汽车项目。

法国政府投资部前主席戴维表示："得益于高创新能力的环境和顶级工程师培训体系，法国为旨在发展低碳汽车的国际企业提供世界一流的发展平台。"法国的创新产业园区和政府对汽车行业的激励机制增加了法国在这些未来技术方面引进外资的吸引力。

法国政府宣布在 2022 年终止燃煤发电，2040 年不再出售柴油和汽油车型。

（3）英国。

英国政府已经出台从研发到路上优待再到配套设施的一系列政策，未来新能源汽车的发展速度非常值得期待。英国政府曾宣布将在 2015—2020 年投资 5 亿英镑推动超低排放汽车行业的发展，资金将被用于补贴基础设施建设、研发低排放汽车及创建超低排放的城市。其中，3500 万英镑用于创建超低排放城市计划中，英国各地方城市将执行减排计划，通过补贴政策鼓励民众购买环保汽车，并可能因此使用公交专用通道，享受免费停车；5000 万英镑用于地方城市投资清洁能源出租车和公交车；3200 万英镑用于建设充电基础设施。计划到 2020 年，在整个以 M 和 A 开头的高速公路网络安装快速充电站，方便驾驶人在需要时，可以在 20min 之内完成充电，从而缓解续驶里程问题。

2014—2015 年，英国的快速充电站从 200 个增加到 500 个；2015—2020 年，英国计划将快速充电设备增加到 2000 个。为了鼓励更多人使用超低排放节能汽车，此前购买每辆车补贴 5000 英镑的政策将会延续到 2020 年，将至少花费 2 亿英镑补贴资金。

英国前副首相克莱格表示，经济增长得益于蓬勃发展的汽车产业，这一产业使得经济实现复苏和再平衡，并将为这一代和下一代人建设一个更加公平的社会，而拥有一辆电动汽车不再是一个梦想或麻烦，汽车制造商正在转向这种新技术。

英国政府计划提高环境污染税征收额度，并承诺到 2040 年前，禁止生产和使用所有柴油和汽油车型。

（4）其他国家。

荷兰、挪威政府分别计划在 2025 年之前禁止销售内燃机汽车。

进入 21 世纪，国外各大汽车公司纷纷制订新的新能源汽车开发计划和相关政策。在这个"环保竞技场"上，丰田、本田、日产、通用、福特、奔驰、大众、宝马等先行者当仁不让地扮演了新能源汽车的主角。

1.2.2　国内新能源汽车的发展现状

我国高度重视电动汽车技术的发展。"十五"期间，我国启动了国家高技术研究发展计划（863 计划），设立电动汽车重大专项，选择新一代电动汽车技术作为我国汽车工业自主创新和科技创新的主攻方向。政府主导并组织汽车企业、高等院校和科研机构，以官

（政府部门）、产（汽车企业）、学（高等院校）、研（科研院所）四位一体的方式进行联合攻关，以电动汽车的产业化技术平台为重点，力争在电动汽车关键技术、系统集成技术等方面取得重大突破。

在"863计划电动汽车重大专项"项目启动后，确定了三纵三横战略，取得了一批电动汽车技术创新成果。

2006—2007年，我国新能源汽车产业取得了重大发展，自主研制的纯电动汽车、混合动力电动汽车和燃料电池电动汽车三类新能源汽车整车产品相继问世；混合动力电动汽车和纯电动客车实现了规模示范；纯电动汽车实现批量出口；燃料电池电动汽车研发进入世界先进行列。

2008年7月11日，中华人民共和国科技部（以下简称科技部）和北京市政府联合举行了奥运节能与新能源汽车示范运行交车仪式。交车仪式上，各类车型共计595辆交付使用，为官员、运动员、教练员、媒体记者及社会观众等提供服务。据统计，北京奥运会、残疾人奥运会期间，这595辆汽车累计运行371.4万公里，载客441.7万人次，执行公务用车970次。我国自主研发的新能源汽车通过了这次规模化、集中化、高强度的运行考核，用科技成果和实际行动实现了奥林匹克中心区域交通"零排放"、在中心区域的周边地区和奥林匹克交通优先路线上的"低排放"。

2009年1月14日，国务院常务会议通过了《汽车产业调整振兴规划》，决定实施新能源汽车发展战略，重点强调以新能源汽车为突破口，加强自主创新，形成新的竞争优势。这一决定推动了我国新能源汽车尽快实现产业化，促进我国汽车产业加快结构调整，实现跨越式发展，也为我国在新能源汽车领域走在世界前列、形成竞争优势奠定了基础。

2009年1月23日，中华人民共和国财政部（以下简称财政部）、科技部共同发布了《关于开展节能与新能源汽车示范推广工作试点工作的通知》，决定在北京、上海、重庆、长春、大连、杭州、济南、武汉、深圳、合肥、长沙、昆明、南昌13个城市开展节能与新能源汽车示范推广试点工作。目前，节能与新能源汽车示范推广试点城市已增至25个，增加了天津、海口、郑州、厦门、苏州、唐山、广州、沈阳、成都、南通、襄阳、呼和浩特12个城市。鼓励试点城市率先在公交、出租、公务、环卫和邮政等公共服务领域推广使用节能与新能源汽车。

2009年8月11日，财政部等四部委共同发布了《节能与新能源汽车示范推广应用工程推荐车型目录（第1批）》。

2010年上海世界博览会（以下简称世博会）期间，也有超过1000辆新能源汽车在世博场馆和周边运行。其中世博会园区以新能源汽车实现公共交通的零排放，包括120辆纯电动客车、36辆超级电容车和6辆燃料电池电动汽车通过公交车形式示范运行，140辆纯电动场馆车和100辆燃料电池观光车通过特定形式满足公共需求，减少CO_2排放1.3万吨；园区周边则以符合国Ⅳ标准的混合动力电动汽车实现低排放。

2010年8月18日，国务院国有资产监督管理委员会在北京召开由16家中央企业发起的中央企业电动车产业联盟成立大会，旨在有效发挥中央企业在我国经济结构调整、产业转型中的带头和引领作用，合力加快推动我国电动汽车产业的发展，以联盟的方式促进企业间的合作与协同发展，快速、有效地突破电动汽车产业核心技术，尽快形成规模化发展态势。

2010年9月8日，国务院总理温家宝主持召开国务院常务会议，审议并原则通过《国务院关于加快培育和发展战略性新兴产业的决定》。其中，节能环保、新一代信息技术、生物、高端装备制造、新能源、新材料、新能源汽车七大产业被确定为我国战略性新兴产业，并将在今后加快推进。

2012年5月30日，国务院常务会议通过了《"十二五"国家战略性新兴产业发展规划》，明确提出新能源汽车产业要加快高性能动力电池、电动机等关键零部件和材料核心技术研发及推广应用，形成产业化体系。

2012年7月9日，国务院正式发布《节能与新能源汽车产业发展规划（2012—2020年）》。该规划提出：到2015年，纯电动汽车和插电式混合动力汽车累计产销量力争达到50万辆；到2020年，纯电动汽车和插电式混合动力汽车生产能力达200万辆、累计产销量超过500万辆，燃料电池电动汽车、车用氢能源产业与国际同步发展。规划提出的主要目标还包括：新能源汽车、动力电池及关键零部件技术整体上达到国际先进水平，掌握混合动力、先进内燃机、高效变速器、汽车电子和轻量化材料等汽车节能关键核心技术，形成一批具有较强竞争力的节能与新能源汽车企业。规划明确了业内强烈关注的新能源汽车技术路线：以纯电驱动为新能源汽车发展和汽车工业转型的主要战略取向，当前重点推进纯电动汽车和插电式混合动力汽车产业化，推广普及非插电式混合动力汽车、节能内燃机汽车，提升我国汽车产业整体技术水平。

2013年11月26日，财政部、科技部、工信部、中华人民共和国国家发展和改革委员会（以下简称发改委）四部委共同确定并公布了我国第一批新能源汽车推广应用城市或区域名单，包括23个城市和5个城市群。23个城市分别是北京、天津、太原、晋城、大连、上海、宁波、合肥、芜湖、青岛、郑州、新乡、武汉、襄阳、长株潭地区、广州、深圳、海口、成都、重庆、昆明、西安、兰州；5个城市群分别是河北省城市群、浙江省城市群、福建省城市群、江西省城市群和广东省城市群。

我国电动汽车发展已进入关键时期，既面临重大的发展机遇，也面临严峻的挑战。我国电动汽车发展中还存在很多需要解决的问题，如核心技术还不具备竞争优势、企业投入不足、政府的协调统筹潜力还没有充分发挥等。总体来看，我国电动汽车研发起步不晚、发展不慢，但由于内燃机汽车及相关产业基础相对薄弱、投入不足，差距仍存在，中高端技术竞争压力越来越大。因此，必须加大攻坚力度，推动我国汽车工业向创新驱动转型，抢占技术制高点，培育新能源汽车战略性新兴产业，引领产业变革，确保我国汽车行业可持续发展。

1.3 我国新能源汽车相关政策

1.3.1 我国新能源汽车主要政策

"十二五"规划至今，我国政府高度重视新能源汽车产业的发展，密集出台了一系列新能源汽车发展利好政策，如表1-7所示。这些政策主要涉及推广应用、补贴及充电设施建设运营管理等方面。

表 1-7　2012—2019 年我国新能源汽车的主要政策

时间	政　　策	要　　点
2012.7	国务院发布《节能与新能源汽车产业发展规划（2012—2020 年）》	明确发展节能与新能源汽车的主要目标和主要任务
2012.9	财政部、工信部、科技部共同发布《新能源汽车产业技术创新工程财政奖励资金管理暂行办法》	进一步提高新能源汽车产业技术创新能力，加快产业化进程
2013.9	财政部、科技部、工信部、发改委发布《关于继续开展新能源汽车推广应用工作的通知》	2013—2015 年新能源汽车补贴政策，重点支持大中型城市示范运营
2013.11	财政部、科技部、工信部、发改委公布第一批新能源汽车推广应用城市或区域名单	第一批新能源汽车推广应用城市或区域名单公布
2014.1	财政部、科技部、工信部、发改委公布第二批新能源汽车推广应用城市名单	第二批新能源汽车推广应用城市名单公布
2014.7	国务院常务会议决定新能源汽车减免购置税	对在中国境内销售的新能源汽车实现减免购置税的政策
2014.7	国务院办公厅发布《关于加快新能源汽车推广应用的指导意见》	新能源汽车推广中涉及充电设施、商业模式、公共领域、政策体系、破除地方保护等
2014.8	财政部、国家税务总局、工信部发布《关于免征新能源汽车车辆购置税的公告》	对符合政策要求的新能源汽车免征车辆购置税
2014.10	发改委、财政部、工信部、环保部、住建部、科技部和国家能源局联合印发《京津冀公交等公共服务领域新能源汽车推广工作方案》	2014—2015 年京津冀地区公共交通服务领域推广 20222 辆新能源汽车
2014.10	发改委、环境保护部、科技部、工业部、公安部、财政部、住建部、交通运输部、商务部、工商总局、质检总局、能源局印发《加强"车、油、路"统筹，加快推进机动车污染综合防治方案》	针对新能源汽车，研究减免过路费、免费停车等政策
2014.11	财政部、科技部、工信部、发改委发布《关于新能源汽车充电设施建设奖励的通知》	促进绿色消费，推广节能产品，对城市停车场建设、新能源汽车充电设施建设给予较多奖励
2015.5	上海市政府发布《上海市电动汽车充电设施建设管理暂行规定》	电动汽车充电设施建设管理办法

续表

时间	政　策	要　点
2015.7	广州市政府发布《广州市推进电动汽车充换电设施建设与管理暂行办法》	广州市充电设施的规范管理办法
2015.8	深圳市发改委印发《深圳市新能源汽车充电设施运营商备案管理办法》	申请备案的新能源汽车充电设施运营商应具备的条件、申请材料
2015.10	发改委、国家能源局、工信部、住建部联合发布《电动汽车充电基础设施发展指南（2015—2020年）》	明确了"十三五"期间电动汽车充电桩、充电站的建设指标
2016.3	京发改〔2016〕620号《北京市电动汽车充电基础设施专项规划（2016—2020年）》	明确了"十三五"期间北京市电动汽车充电基础设施建设规划
2016.9	粤发改能电〔2016〕632号《广东省电动汽车充电基础设施规划（2016—2020年）》	明确了"十三五"期间广东省电动汽车充电基础设施建设规划
2016.12	财政部、科技部、工信部、发改委联合发布《关于调整新能源汽车推广应用财政补贴政策的通知》	调整、完善2016—2020年推广应用补贴政策
2017.1	工信部〔2017〕39号《新能源汽车生产企业及产品准入管理规定》	规定了新能源汽车定义与类型，新能源汽车生产企业准入条件等
2017.2	粤发改资环〔2017〕76号《广东省节能减排"十三五"规划》	广东省"十三五"期间的节能减排总体规划
2017.4	工信部、发改委、科技部联合印发《汽车产业中长期发展规划》	明确了汽车产业2016—2025年中长期规划目标、重点任务及保障措施等
2017.6	发改委、工信部联合发布《关于完善汽车投资项目管理的意见》	提出了汽车产业结构调整、科学规划新能源汽车产业布局、规范新能源汽车企业投资项目条件的若干意见
2017.9	工信部、财政部、商务部、海关总署、质检总局联合发布《乘用车企业平均燃料消耗量与新能源汽车积分并行管理办法》	明确了乘用车企业的积分考核办法及2019年度、2020年度的新能源汽车积分比例
2018.2	财建〔2018〕18号《关于调整完善新能源汽车推广应用财政补贴政策的通知》	明确2018年国家相关部门将从提高技术门槛要求、完善补贴标准、分类调整运营里程要求等方面调整新能源汽车补贴政策
2018.3	工信部联节函〔2018〕68号《新能源汽车动力蓄电池回收利用试点实施方案》	到2020年，要建立完善动力蓄电池回收利用体系，探索形成动力蓄电池回收利用创新商业合作模式

续表

时间	政策	要点
2018.9	工信部《关于开展新能源乘用车、载货汽车安全隐患专项排查工作的通知》	重点对新能源乘用车、载货汽车产品的IP防护失效、车辆泡水、车辆碰撞、线束连接松动、频繁充放电、长期搁置及工作行驶环境恶劣的车辆开展安全隐患排查工作
2018.11	发改能源〔2018〕1698号《提升新能源汽车充电保障能力行动计划》	力争用3年时间大幅提升充电技术水平，提供充电设施产品质量，加快完善充电标准体系，全面优化充电设施布局
2019.6	发改产业〔2019〕967号《推动重点消费品更新升级 畅通资源循环利用实施方案（2019—2020年）》	各地不得对新能源汽车实行限行、限购，已实行的应当取消。鼓励地方对无车家庭购置首辆家用新能源汽车给予支持

1.3.2 我国新能源汽车补贴政策

"十二五"以来，为进一步加快新能源汽车的推广和应用，我国中央政府和地方政府分别制定了新能源汽车的补贴政策。我国对新能源汽车产业补贴的范围覆盖了产业链的上游、中游、下游，对购买层面的补贴始于2009年"十城千辆"项目，第一轮补贴的对象仅是客车公交领域，2013—2015年延续了第二轮，2016—2020年延续了第三轮。我国新能源汽车和客车补贴标准如表1-8和表1-9所示。

面向私人消费者的电动汽车购买补贴源于2010年5月31日财政部、科技部、工信部、发改委联合发布的《关于开展私人购买新能源汽车补贴试点的通知》政策始终保持了既有基调及延续性。

我国2015年电动汽车补贴高达590亿元，2016年为830亿元。"十三五"期间，仅中央政府就将支出3900亿元用于新能源汽车补贴。

2016年4月22日，财政部、科技部、工信部、发改委联合发布《关于2016—2020年新能源汽车推广应用财政支持政策的通知》，通知明确表示，2016—2020年补贴政策具有政策延续性，但与之前补贴政策有很大区别，具体如表1-8所示。

表1-8 2013—2019年我国新能源乘用车补贴标准

（单位：万元/辆）

车辆类型	续驶里程R（工况法）/km	2013年	2014年	2015年	2016年	2017年	2018年	2019年
纯电动乘用车	2013—2015年 80≤R<150	3.5	3.325	3.15	—	—	—	—
	2016—2020年 100≤R<150	—	—	—	2.5	2	—	—
	150≤R<250	5	4.75	4.5	4.5	3.6	2.4	—
	250≤R<400	6	5.70	5.4	5.5	4.4	3.4	1.8
	R≥400	6	5.70	5.4	5.5	4.4	5	2.5

续表

车辆类型	续驶里程 R（工况法）/km	2013 年	2014 年	2015 年	2016 年	2017 年	2018 年	2019 年
插电式混合动力乘用车（含增程式）	$R \geqslant 50$	3.5	3.325	3.15	3	2.4	2.2	1
燃料电池乘用车	—	20	19	18	20	20	20	2020

注：R 为纯电动模式的续驶里程。

（1）补贴范围扩大。2016—2020 年四部委将在全国范围内开展新能源汽车推广应用工作，中央财政对购买新能源汽车给予补助，实行普惠制。而之前的补贴政策仅对 88 个示范城市给予补贴。

（2）退坡速度加快。2017—2020 年除燃料电池汽车外其他车型补助标准适当退坡，其中：2017—2018 年补助标准在 2016 年基础上下降 20%，2019—2020 年补助标准在 2016 年基础上下降 40%。而之前补贴政策是逐年退坡的：2014 年和 2015 年，纯电动乘用车、插电式混合动力乘用车（含增程式）、纯电动专用车、燃料电池汽车补助标准在 2013 年标准基础上分别下降 5% 和 10%，纯电动公交车、插电式混合动力公交车（含增程式）标准维持不变。

（3）乘用车。2016 年纯电动汽车和插电式混合动力汽车同样按续驶里程补贴。区别在于，此次对纯电动乘用车的续驶里程提高到 $R \geqslant 100$ km，而之前的续驶里程 $R \geqslant 80$ km。具体补贴标准如表 1-8 所示。这意味着续驶里程在 80~100 km 的车型将无法享受到补贴，无形中给不少车企带来压力，迫使其提高汽车的续驶里程。

（4）纯电动客车。2016 年纯电动客车补助标准以 10~12m 客车为标准车给予补助，其他长度纯电动客车补助标准按照单位载质量能量消耗量和纯电动续驶里程划分。其中，6m 及以下客车按照标准车 0.2 倍给予补助；6m<车长≤8m 的客车按照标准车 0.5 倍给予补助；8m<车长≤10m 的客车按照标准车 0.8 倍给予补助；12m 以上、双层客车按照标准车 1.2 倍给予补助。而之前的补贴政策政策按客车车长补贴，而且不补贴车长 6m 及以下的车型。具体如表 1-9 所示。

表 1-9 2016—2020 年我国新能源客车补贴标准

（单位：万元/辆）

车辆类型	单位载质量能量消耗量 E_{kg} /[W·h/(km·kg)]	标准车（10m<车长≤12m） 纯电动续驶里程 R（等速法）/km					
		$6 \leqslant R < 20$	$20 \leqslant R < 50$	$50 \leqslant R < 100$	$100 \leqslant R < 150$	$150 \leqslant R < 250$	$R \geqslant 250$
纯电动客车	$E_{kg} < 0.25$	22	26	30	35	42	50
	$0.25 \leqslant E_{kg} < 0.35$	20	24	28	32	38	46
	$0.35 \leqslant E_{kg} < 0.5$	18	22	24	28	34	42
	$0.5 \leqslant E_{kg} < 0.6$	16	18	20	25	30	36
	$0.6 \leqslant E_{kg} < 0.7$	12	14	16	20	24	30
插电式混合动力客车（含增程式）		—	—	20	23	25	

(5) 插电式混合动力客车（含增程式）。补助标准按照纯电动续驶里程 R 划分：$50 \leq R < 100$ 补贴 20 万，$100 \leq R < 150$ 补贴 23 万，$150 \leq R < 250$ 和 $R \geq 250$ 的车型分别补贴 25 万元。而之前的补贴政策按车长补贴，插电式混合动力客车 $L \geq 10m$ 补贴 25 万。

(6) 燃料电池汽车。2016—2020 年补贴不退坡，而且分车型做了明确补贴，燃料电池乘用车补贴 20 万元，燃料电池轻型客车、货车补贴 30 万元，燃料电池大中型客车、中重型货车补贴 50 万元。之前的补贴政策里未对燃料电池商用车分车型补贴，而且补贴逐年退坡。

(7) 专用汽车。2016 年的补贴增加了对货车的补贴，而且补贴标准有所变化。2016 年纯电动、插电式混合动力（含增程式）等专用车、货车推广应用补助标准：按电池容量每千瓦·时补助 1800 元，并将根据产品类别、性能指标等进一步细化补贴标准。

2016—2020 年，纳入中央财政补助范围内的新能源乘用车产品技术要求如下。

(1) 新能源汽车纯电动续驶里程要求（表-10）。

表 1-10 新能源汽车纯电动续驶里程要求

（单位：km）

类 别	乘用车	客车	货车	专用车	测试方法
纯电动	≥100	≥150	≥80	≥80	M1、N1 类采用工况法，其他暂采用 40 km/h 等速法
插电式混合动力（含增程式）	≥50（工况法） ≥70（等速法）	≥50	≥50	≥50	M1、N1 类采用工况法或 60 km/h 等速法，其他暂采用 40 km/h 等速法
燃料电池	≥150	≥150	≥200	≥200	M1、N1 类采用工况法，其他暂采用 40 km/h 等速法

注：1. 超级电容、钛酸锂等纯电动快充客车不按上表续驶里程要求执行。
    2. M1 类是指包括驾驶员座位在内，座位数不超过九座的载客车辆。
    3. N1 类是指最大设计总质量不超过 3500 kg 的载货车辆。

(2) 纯电动乘用车最高车速要求。

纯电动乘用车 30min 最高车速应不低于 100 km/h。

(3) 插电式混合动力汽车综合燃料消耗量要求。

① 插电式混合动力乘用车综合燃料消耗量（不计电能消耗量）与现行的常规燃料消耗量国家标准中对应目标值相比小于 60%。

② 插电式混合动力商用车（含货车、客车）燃料消耗量（不含电能转化的燃料消耗量）与现行的常规燃料消耗量国家标准中对应限值相比小于 60%。

各地积极响应国家政策，也相应出台地方补贴政策。新能源汽车补贴类型主要包括纯电动汽车、插电式混合动力（含增程式）汽车和燃料电池电动汽车三类。随着国家新能源汽车补贴的退坡，地方也逐步下调补贴比例。2018 年新能源乘用车国内重点省市补贴比例如表 1-11 所示。

表 1-11　2018 年新能源乘用车国内重点省市补贴比例

补贴比例	纯电动乘用车	插电式混合动力乘用车
1∶0.5	广东、上海、海南、河南、青海、广州、北京、宁波、深圳、云南、武汉（轴距≥2.2m）、合肥（轴距≥2.2m，续驶里程≥250km）、重庆（续驶里程≥400km）、山西、杭州、成都、厦门	广东、武汉（轴距≥2.2m）、海南、河南、青海、宁波、深圳、云南、山西、杭州、成都、厦门
1∶0.3	西安	上海、西安、广州
1∶0.2	武汉（轴距≤2.2m）、合肥（轴距≤2.2m，续驶里程≥250km 的其他车型）、广西、长沙	武汉（轴距≤2.2m）、合肥、广西、长沙、安徽
1∶0.46	重庆（续驶里程≤400km）	重庆
1∶0.6	天津（2018 年乘用车、专用车）	天津（2018 年乘用车、专用车）

1.3.3　我国新能源汽车积分政策

2018—2020 年，北京市对新能源汽车（纯电动汽车、燃料电池汽车）按照中央与地方 1∶0.5 比例安排市级补助，相关技术要求参照《关于调整完善新能源汽车推广应用财政补助政策的通知》（财建〔2018〕18 号）执行。对私人购买新能源小客车不作运营里程要求，对其他类型新能源汽车，在车辆运营满 2 万千米后，给予市级补助。新能源环卫车、新能源公交车、行政事业单位使用财政性资金购买的新能源汽车，不享受本市财政补助。

2019 年，上海市对符合条件的纯电动汽车，按照中央财政补助 1∶0.5 给予本市财政补助；对符合条件的插电式混合动力（含增程式）乘用车，且发动机排量不大于 1.6L 的，按照中央财政补助 1∶0.3 给予本市财政补助；对纳入《上海市燃料电池汽车发展规划》有关示范应用规划，符合本市燃料电池汽车示范运行有关技术标准，并在本市确定的燃料电池汽车商业运营示范区内运行的燃料电池汽车，按照不超过中央财政补助 1∶1 的比例给予本市财政补助。

2019 年，广州市对在 2019 年 1 月 1 日至 6 月 25 日期间购买的新能源汽车，取得国家补贴后，燃料电池汽车按照不超过国家补贴 1∶1 的比例进行补贴，纯电动汽车按照不超过国家补贴 1∶0.5 的比例进行补贴，插电式混合动力（含增程式）汽车按照不超过国家补贴 1∶0.3 的比例进行补贴，且国家补贴和地方补贴资金总额最高不超过车辆销售价格（国家补贴＋地方补贴＋消费者支付金额）的 60%。在 6 月 25 日之后购买的新能源汽车，在获得国家补贴后，燃料电池汽车按照不超过国家补贴 1∶1 的比例补贴，纯电动公交车按照不超过国家补贴 1∶0.5 的比例补贴，且国家补贴和地方补贴资金总额最高不超过车辆销售价格（国家补贴＋地方补贴＋消费者支付金额）的 60%，其他类型车辆不再给予补贴。

2019—2020年，新能源汽车补贴加速退坡，2020年以后完全退出，补贴政策逐步转向运营端与基础设施建设。部分省市出台了一些支持电价优惠、停车费用/停车场地和基础设施建设等方面的相关政策，如表1-12所示。

表1-12 2019年其他相关政策

省市	电价优惠	省市	停车费用/停车场地	省市	基础设施建设
成都	充电服务费指导价格上限为0.60元/（kW·h）	深圳	设置一定的免费停车时间，并对新能源汽车充电时减免停车收费	深圳	按照充电设施装机功率分类补贴
昆明	2020年前免收基本电费，非公交车辆充电服务费最高限价为0.72元/（kW·h）	成都	免首2h停车费、限时停车费用减半	广西	推进建设新能源汽车充电插座
广西	分类目录电价	广西	停车费半价，新能源汽车专用车位	温州	充换电设施按照实际投资额的30%给予补助
安徽	2020年前暂免收基本电费，住宅执行民用电费	广东	在城市市区划定新能源汽车夜间专用停车区	广东	充换电、加氢基础设施补贴
河北	2020年前暂免收基本电费	海南	充电车位管理支持	北京	大力推进"互联网+充电基础设施"
江西	2020年前暂免收基本电费，其他充电设施用电按其所在场所执行分类目录电价	湖北	提供专用停车位和充电电源线路	河南	购置金额的20%给予一次性奖补

2017年9月27日，工信部、财政部、商务部、海关总署、质检总局联合发布《乘用车企业平均燃料消耗量与新能源汽车积分并行管理办法》（以下简称双积分政策）后补贴时代，我国将以双积分政策为核心构建新能源汽车发展长效机制。

相比需求侧的财政补贴而言，双积分政策发力于供给端，既有节能油耗、新能源汽车积分占比的硬性约束，又有积分交易、转让的价格信号引导，将在后补贴时代对促进新能源汽车产业发展发挥重要作用。

并于2018年4月1日起实行传统燃油车平均燃料消耗量（CAFC）积分和新能源车（NEV）积分并行管理政策。该政策对国内的新能源汽车的发展起到较大的推动作用。

按照双积分政策，对于传统能源乘用车年度生产量或者进口量不满3万辆的乘用车企业，不设定新能源汽车积分比例要求；达到3万辆以上的，从2019年度开始设定新能源汽车积分比例要求。2019年度、2020年度，新能源汽车积分比例要求分别为10%、12%。

2017年11月2日，工信部、商务部、海关总署、质检总局联合发布《关于2016年度、2017年度乘用车企业平均燃料消耗量管理有关工作的通知》，补充说明2016年、2017年的乘用车企业平均燃料消耗量管理工作，要求2016—2017年企业平均燃料消耗量负积分需抵偿归零。该通知明确了对乘用车2016年和2017年燃料消耗量积分及新能源汽车积分进行核算，并且规定了积分结算的具体方法。

新能源乘用车积分试算如表1-13所示，乘用车燃油消耗量积分试算如表1-14所示。

表1-13 新能源乘用车积分试算

参 数	2016年	2017年1月—2017年11月	2018年	2019年	2020年
乘用车数量/万辆	2346	2164	2650	2750	2850
积分比例/(%)	4.1	6.2	8（不要求）	10（强制要求）	12（强制要求）
积分数/万分	96.1	131.3	212	275	342
新能源单车平均积分/分	3.0	2.9	2.95	3.0	3.0
需生产新能源乘用车/万辆	32	45.2	72	92	114

表1-13中的计算方法如下。
（1）积分数＝乘用车数量×积分比例。
（2）需生产的新能源乘用车数量＝积分数÷新能源单车平均积分。

表1-14 乘用车燃油消耗量积分试算

参 数	2013年	2014年	2015年	2016年	2017年	2018年	2019年	2020年
燃油消耗目标/(L/100km)	6.9	6.9	6.9	6.7	6.4	6	5.5	5
燃油消耗负积分车数/万辆	1289	1384	972	472	500	700	800	1000
单车燃油消耗负积分/(分/辆)	−0.74	−0.57	−0.37	−0.33	−0.376	−0.526	−0.726	−0.876
燃油消耗负积分/分	−958	−794	−355	−154	−188	−368	−581	−876

表1-14中的计算方法：燃油消耗负积分＝燃油消耗负积分车数×单车燃油消耗负积分。

如表1-14所示，"十三五"期间（2016—2020年），我国乘用车燃油消耗目标值分别为6.7 L/100km、6.4 L/100km、6 L/100km、5.5 L/100km和5 L/100km。

2019年7月9日，工信部发布《乘用车企业平均燃料消耗量与新能源汽车积分并行管理办法》修正案（征求意见稿）（以下简称《积分办法》），主要反映以下三方面变化。

（1）传统燃油车油耗趋严，鼓励发展低油耗车型。《积分办法》将传统燃油车测试方法从NEDC调整为WLTC工况，中汽中心数据显示其油耗将较NEDC工况恶化10%。燃料消耗量目标值计算公式调整，较现行办法下降约10%；企业平均燃料消耗量计算方法中2021—2023年新能源乘用车和油耗不高于3.2L/100km车型倍数变为2.0/1.8/1.6和1.4/1.3/1.2，下调40%以上。这些举措让车企面临更大的油耗挑战，促使企业提升节能技术水平或增加新能源汽车生产。

（2）NEV 积分下调，比例要求提高。根据《积分办法》，2021—2023 年新能源积分比例分别为 14%、16% 和 18%，逐年上调 2%。单车积分公式变化，同等技术条件下纯电动和燃料电池汽车积分减半。纯电动、燃料电池和插电式混动积分上限分别调整为 3.4、6 和 1.6 分，较当前办法变动 −32%、+20% 和 −20%。

（3）NEV 积分允许结转，延续中小企业考核优惠。《积分办法》允许 2019 年 NEV 正积分等额转接，2020 年正积分按 50% 比率结转，一定程度上增加 NEV 积分结转与交易灵活性，助推传统车与新能源车同步发展。

《积分办法》的出台将意味着新能源汽车发展重回节能减排本章，国家大力发展新能源战略不变，但对能耗要求更高，鼓励低油耗车型、插电式混动车型等多技术路线发展。新办法将推高新能源汽车积分价值，托底新能源汽车增速，为行业长期发展保驾护航。

1.4　我国新能源汽车产业发展综述

1.4.1　产业发展概况

2019 年，我国新能源汽车产业从导入期迈向成长期，产业在继续保持平稳高速增长的基础上，向提质增效方向发展，市场竞争日趋激烈，优秀企业和产品逐渐脱颖而出，规模全球领先，国际竞争力逐步提升。随着双积分政策的落地、部分车企提出禁售燃油车时间表等政策及做法，我国新能源汽车将迎来更健康的行业发展环境，整体水平进一步提升，市场化进程进一步推进。具体特征如下：

（1）市场端。截至目前，我国新能源汽车产销规模已突破 100 万辆，跃居全球第一。从全球新能源乘用车市场来看，我国已连续四年占据全球第一。据 EV Sales 统计，2018 年全球新能源乘用车共销售 200.1 万辆，其中中国市场占 105.3 万辆，超过其余国家总和。我国新能源汽车产业未来发展空间巨大。

（2）政策端。放开外资股比限制、扩大对外开放、鼓励国际竞争，提高了外资新能源车企在华建厂的积极性。2018 年 6 月，发改委、商务部联合发布《外商投资准入特别管理措施（负面清单）（2018 年版）》指出，从 2018 年 7 月 28 日起取消专用车、新能源汽车外资股比限制。该政策极大刺激了外资新能源车企在华建厂的积极性。国内动力电池市场也将重新迎来 LG、三星等海外巨头。2019 年 6 月工信部发布公告称，自 2019 年 6 月起废止《汽车动力蓄电池行业规范条件》，第一、第二、第三、第四批符合规范条件企业目录同时废止，动力电池领域竞争彻底放开。而目录废止后，动力电池领域将迎来更加激烈的行业竞争。

（3）供给端。乘用车市场形成三大阵营，外资车企开始发力。新能源乘用车生产企业按照背景可分为三大阵营：传统自主品牌、造车新势力、外资品牌。造车新势力仍处于量产初期，仅蔚来、小鹏、威马、理想等少数几家企业实现量产交付，不过销量都均未超过 2 万辆。受此前持股比例限制与补贴影响，外资新能源车企发力较晚，主要以合资形式进入本土市场，如大众与江淮、宝马与长城、奔驰与比亚迪等。国内新能源乘用车市场仍是传统车企主导。2019年国内新能源乘用车市场销量前十名皆为传统汽车品牌。2019年商用车市场前十名占据76%的市场份额，相比2016年上升4%。新能源客车市场集中度一直在提升，主要是由于存量市场的龙头品牌效应。

(4) 技术端。"三电"技术水平快速提升。我国纯电动乘用车整车技术水平不断提升，续驶里程提升明显，如比亚迪、北汽部分纯电车型续驶里程已达500km，同时百公里电耗下降显著。

动力电池作为新能源汽车三大核心零部件之一，新能源汽车产业快速增长，直接催生了配套动力电池的技术进步。一方面动力电池正极材料从磷酸铁锂转向三元锂材料，另一方面由普通三元往高镍方向转变，两方面共同促进了动力电池系统能量密度的提升。我国新能源汽车用动力电池技术水平不断提升，宁德时代新能源科技股份有限公司等本土动力电池厂商已处于全球第一阵营。

据工信部统计，2018年12月，中国新能源乘用车搭载电动机超过16万台，其中永磁同步电动机占比高达92.3%。多年来，我国新能源汽车电机配套供应商中，自主品牌一直占据绝对份额。集驱动电机、电机控制器、减速器为三合一的动力总成产品成为行业发展趋势。

新能源汽车电控系统包含三个部分，分别是整车控制器、电动机控制器和电池控制器，其中新能源整车控制器、电池控制器相对成熟，电动机控制器相对落后，主要是因为核心零部件——IGBT 90%以上依赖进口。我国部分厂商已实现新能源汽车用IGBT的技术突破，但整体对外依存度仍较高。

新能源汽车电动化、智能化、网联化天生互补互融、相辅相成。我国智能网联汽车已取得部分进展、核心技术尚不成熟，主要原因是部分关键技术（如传感技术、车载操作系统、数据平台技术、高精度地图与定位技术等）未突破。

(5) 基础设施端。充电桩保有量快速提升，充电难问题有所改善。受益于国家政策激励和下游需求拉动，我国公共充电基础设施建设快速，充电桩保有量从2014年的3.3万个快速增长到2018年的77.7万个，4年时间保有量增长23.5倍，年复合增长率220.2%。对应车桩比从2014年的6.7:1减少到2018年年底的3.4:1，充电难问题大幅改善。

1.4.2 市场概况

在补贴、双积分政策及地方补贴陆续落地等的刺激下，新能源汽车市场呈现持续增长态势。2019年上半年国内新能源汽车销售61.7万辆，同比增长49.6%，其中乘用车56.3万辆，同比增长57.7%。从渗透率来看，2018年我国新能源汽车销量达到125.6万辆，约占全部汽车销量的4.5%；截止到2019年6月，我国新能源汽车保有量约为344万辆，而内燃机汽车车保有量达到2.5亿辆，新能源汽车保有量渗透率不到1.4%，成长空间广阔。

新能源汽车市场结构特征明显，具体如下。

(1) 乘用车销量占比超过90%。2019年我国新能源乘用车、商用车分别销售56.3万辆、5.4万辆，各占据91.3%、8.7%的市场份额。与内燃机汽车市场一样，乘用车是市场绝对的主角。从增速上看，自2016年起，新能源乘用车市场增速一直超过商用车，且优势不断扩大；2019年我国新能源乘用车、商用车销量同比增速58.7%、—6.6%，商用车销量负增长。2015年之后行业增速放缓，作为新能源汽车推广应用的主要阵地，新能源乘用车增速稳定，而新能源商用车销量持续下滑，主要有两个原因：①2016年发布补贴新政，新能源客车退坡力度更大，不仅最高补贴从50万下滑到30万，而且增加了"单位载质量能量消耗量"和"累计行驶里程超过3万公里"硬性要求，补贴金额降低、获取难度加大，商用车企业热情大减；②商用车是政府采购，基本是替代需求，总量比较固定，受政府开支影响较大，并且地铁、城轨、氢燃料公交等交通工具取代了部分商用车需求。

（2）纯电动车型销量占比近80%。

据中国汽车工业协会数据显示，2019年我国纯电动汽车、插电式混合动力电动汽车分别销售49.1万辆、12.6万辆，各占据79.6%、20.4%的市场份额；其中乘用车、商用车领域纯电动汽车分别占比78.2%、94.3%。

2012年3月，科技部发布《电动汽车科技发展"十二五"专项计划》正式确立"纯电驱动"技术转型战略，之后从未动摇。

（3）销量集中于一、二线与限牌城市，逐渐往二、三线与非限牌城市渗透。

当前新能源乘用车销量主要集中在一、二线和限牌城市。2019年上半年国内新能源乘用车销量前六名皆是限牌城市，从高到低依次是深圳、北京、广州、上海、杭州、天津，分别销售5.3万辆、4.9万辆、4.7万辆、3.5万辆、2.2万辆、1.6万辆，远高于其他城市。跨区域看，高度集中于东南部沿海省份。

从趋势来看，新能源汽车销售逐渐往二、三线、非限牌城市渗透。2019年上半年我国非限牌地区新能源乘用车销量占比52.1%，自2017年起连续两年多超过限牌地区销量，已成为新能源汽车市场的主阵地。

（4）新能源乘用车呈现大型化、高端化趋势。

我国新能源乘用车逐渐往大型化、高端化方向转型。2019年我国共销售50.7万辆纯电动乘用车，其中A00、A型车分别销售13.7万辆、26.7万辆，A车型占比52.7%，已取代A00车型，成为纯电动乘用车市场主力；2019年我国共销售13.7万辆插电式混合动力乘用车，其中A、B、C型车分别销售7.4万辆、4.9万辆、1.4万辆，A车型占比54.0%，较2017年下降27.5%。

纯电动乘用车往高端车型转变，主要受政策和市场两方面因素驱动：①补贴政策要求续航里程门槛提升；②市场端代步车销量下滑。A00车型主要是代步车，因成本低、价格低、叠加共享汽车市场爆发，补贴降低。

插电式混合动力电动乘用车往高端车型转变也受政策和市场两因素驱动，不过驱动因素有所不同：①双积分政策倒逼部分高端车企生产插电式混合动力电动乘用车；②明星车型出现，2018年上市的宝马530Le和2019年上市的奥迪的A6Le皆为C型车，获得市场青睐，推动了插电式混合动力电动市场C型乘用车销量。

（5）私人消费占比提升。

私人消费者已成我国新能源汽车领域购买主力。2018年我国私人领域新能源汽车销售55.5万辆，占比53.9%，连续两年占比过半。公共领域新能源汽车销售47.5万辆，其中出租租赁、企事业单位、城市公交占大头，合计占据39.4%的市场份额。

1.5 新能源汽车的关键技术

2012年3月,科技部发布的《电动汽车科技发展"十二五"专项规划》(以下简称《规划》)中明确了新能源汽车发展目标、技术路线、发展路径和科技创新的重点技术方向任务布局。

《规划》指出了"十二五"电动汽车科技创新的重点任务:紧紧围绕电动汽车科技创新与产业发展的三大需求,继续坚持"三纵三横"的研发布局,突出"三横"共性关键技术,着力推进关键零部件技术、整车集成技术和公共平台技术的攻关与完善、深化与升级,形成"三横三纵三大平台"(三纵:混合动力汽车、纯电动汽车、燃料电池汽车;三横:电池、电机、电控;三大平台:标准检测、能源供给、集成示范)战略重点与任务布局,如表1-15所示。

表1-15 重点技术方向任务布局

研究领域	研究方向		任务编号	任务分解
关键零部件技术	电池/燃料电池	动力电池	1	高功率型动力电池系统产业化技术研发
			2	能量型与能量/功率兼顾型锂离子动力电池技术研究
			3	新型锂离子动力电池开发
			4	新体系动力电池技术研究
		燃料电池	5	开发面向示范和产品验证的燃料电池系统
			6	研发面向技术突破的下一代燃料电池系统
	车用电机		7	开发满足混合动力产业化需求的电机/发动机总成
			8	开发满足纯电驱动车辆大规模示范需求的车用电机
			9	突破下一代纯电驱动系统关键技术
	电子控制		10	开发面向混合动力汽车产业化的电控技术
			11	开发面向纯电动汽车大规模商业化示范的电控技术
			12	突破下一代纯电驱动汽车电控技术
整车集成技术	混合动力汽车		13	常规混合动力汽车产业化技术攻关
	纯电动汽车		14	小型纯电动轿车产业化技术攻关
			15	纯电动商用车产业化技术攻关
			16	插电式混合动力汽车产业化技术攻关
			17	下一代纯电动汽车动力系统技术平台
	燃料电池汽车		18	燃料电池汽车与动力系统平台技术研究

续表

研究领域	研究方向	任务编号	任务分解
公共平台技术	标准、检测与数据平台	19	电动汽车相关技术标准研究
		20	电动汽车测试评价技术研究
		21	电动汽车数据采集及数据库软硬件开发
	能源供给基础设施平台	22	充/换电系统规划设计及关键设备研发
		23	先进智能充/换电关键技术研究与示范
		24	制氢、储氢、加氢关键技术装备研究与示范
	应用开发与集成示范	25	面向示范与技术验证的电动汽车全产业链产品应用开发
		26	电动汽车及其基础设施应用技术研究与规模化示范
		27	基于示范推广和产业化准备的应用服务支撑平台建设与示范
		28	电动汽车新型商业化模式配套技术与配套体系研究
		29	电动汽车技术评价与前沿技术国际科技合作

1.5.1 "三横"关键零部件技术

1. 电池

（1）以动力电池模块为核心，实现我国以能量型锂离子动力电池为重点的车用动力电池大规模产业化突破。

以车用能量型动力电池为主要发展方向，兼顾功率型动力电池和超级电容器的发展，全面提高动力电池输入输出特性、安全性、一致性、耐久性和性价比等综合性能。强化动力电池系统集成与热－电综合管理技术，促进动力电池模块化技术发展；实现车用动力电池模块标准化、系列化、通用化，为支撑纯电驱动电动汽车的商业化运营模式提供保障。瞄准国际前沿技术，深入开展下一代新型车用动力电池自主创新研究，为电动汽车产业中长期发展进行技术储备。重点研究新型锂离子动力电池。研究新型锂离子动力电池设计、性能预测、安全评价及安全性新技术。新体系动力电池方面，重点研究金属空气电池、多电子反应电池和自由基聚合物电池等，并通过实验技术验证，建立动力电池创新发展技术研发体系。

（2）突破燃料电池关键技术和系统集成，推进工程实用化，为新一代燃料电池汽车研发与产业化奠定核心技术基础。

重点推进燃料电池的工程实用化，建立小批量生产线，进一步提升燃料电池性能，降低成本，强化电堆与系统的使用寿命考核，改进提高燃料电池系统控制策略与关键部件性能，提升燃料电池系统可靠性与耐久性，为燃料电池汽车示范运行提供可靠的车用燃料电池系统。加强燃料电池基础材料和系统集成科技创新，研发高稳定性、高耐久性、低成本的关键材料和部件。保证电堆在高电流密度下的均一性，提高功率密度，进一步增强系统的环境适应能力，为下一代燃料电池汽车研发奠定核心技术基础。

2. 电动机

面向混合动力大规模产业化需求，开发混合动力发动机/电动机总成（发动机+ISG/BSG）和机电耦合传动总成（电动机+变速箱），形成系列化产品和市场竞争力，为混合动力汽车大规模产业化提供技术支撑。面向纯电驱动大规模商业化示范需求，开发纯电动汽车驱动电动机及其传动系统系列，同步开发配套的发动机发电机组（APU）系列，为实现纯电动汽车大规模商业示范提供技术支撑。面向下一代纯电驱动系统技术攻关，从新材料/新结构/自传感电动机、IGBT芯片封装和驱动系统混合集成、新型传动结构等方面着手，开发高效率、高材料利用率、高密度和适应极限环境条件的电力电子、电动机与传动技术，探索下一代车用电动机驱动及其传动系统解决方案，满足电动汽车可持续发展需求。

3. 电控

重点开发混合动力专用发动机先进控制算法（满足国Ⅳ以上排放法规）、混合动力系统先进实时控制网络协议、多部件间的转矩耦合和动态协调控制算法，研制高性能的混合动力系统（整车）控制器，满足混合动力汽车大规模产业化技术需求。重点开发先进的纯电驱动汽车分布式、高容错和强实时控制系统，高效、智能和低噪音的电动化总成控制系统（电动空调、电动转向、制动能量回馈控制系统），电动汽车的车载信息、智能充电及其远程监控技术，满足纯电动汽车大规模示范需要。重点开发基于新型电动机集成驱动的一体化底盘动力学控制、高性能的下一代整车控制器及其专用芯片、电动汽车智能交通系统（ITS）与车网融合技术［V2X：包括汽车到电网的链接（V2G）、汽车到家庭的链接（V2H）、汽车到汽车的链接（V2V）等网络通信技术］，为下一代纯电驱动汽车开发提供技术支撑。

1.5.2 "三纵"集成技术

1. 混合动力汽车

针对常规混合动力汽车大规模产业化需求，开展系列化混合动力系统总成开发，协调控制、能量管理等关键技术攻关和整车产品的产业化技术研发，将节能环保发动机开发与电动化技术有机结合，重点突破产品性价比，形成市场竞争优势。突破混合动力汽车产业化关键技术，构建混合动力汽车零部件配套保障体系，开展批量化生产装备与工艺、质量管理体系以及配套的维修检测设备开发，建成混合动力汽车专用的装配、检测、检验生产线。

中度混合动力方面，突破混合动力汽车关键技术，深化发动机控制技术研究，解决动力源工作状态切换和动态协调控制，以及能源优化管理，掌握整车故障诊断技术，进一步提高整车的可靠性、耐久性、性能价格比，开发出高性能价格比、具有市场竞争力、可大规模产业化的混合动力汽车系列产品。

深度混合动力方面，突破混合动力系统构型技术，能量管理协调控制技术，开发深度混合动力新构型。开发出高性价比、可大规模批量生产的深度混合动力轿车和商用车产品。

2. 纯电动汽车

以小型纯电动汽车关键技术研发作为纯电动汽车产业化突破口，开发纯电动小型轿车系列产品（包括增程式），并实现大规模商业化示范；开发公共服务领域纯电动商用车并大规模商业示范推广；加强插电式混合动力汽车研发力度，开发系列化插电式混合动力电动轿车和商用车系列产品。小型纯电动汽车方面，针对大规模商业化示范需求，开发系列化特色纯电驱动车型及其能源供给系统，并探索新型商业化模式。实现小型纯电动汽车（含增程式）关键技术突破，重点掌握电气系统集成、动力系统匹配和整车热－电综合管理等技术。开发出舒适、安全、性价比高的小型纯电动轿车系列产品。

纯电动商用车方面，重点研究整车 NVH、轻量化、热管理、故障诊断、容错控制与电磁兼容及电安全技术。

插电式混合动力汽车方面，掌握插电式混合动力构型及专用发动机系统研发技术；突破高效机电耦合技术、轻量化、热管理、故障诊断、容错控制与电磁兼容技术、电安全技术；开发出高性价比、可满足大规模商业化示范需求的插电式混合动力轿车和商用车系列产品。

3. 以燃料电池汽车为代表的下一代纯电驱动汽车

集成下一代高性能电机与电池系统，突破下一代高性能新型纯电动轿车动力系统技术平台关键技术，完成纯电驱动轿车和下一代高性能大型纯电动客车整车产品开发，技术水平处于国际先进水平。面向高端前沿技术突破需求，基于高功率密度、使用长寿命、高可靠性的燃料电池发动机技术，突破新型氢－电－结构耦合安全性等关键技术，攻克适应氢能源供给的新型全电气化底盘驱动系统平台技术，研制出达到国际先进水平的燃料电池电动轿车和客车，并进行示范考核；掌握车载供氢系统技术，实现关键部件的自主开发，掌握下一代燃料电池汽车动力系统平台技术，研制下一代燃料电池电动轿车和客车产品，并进行运行考核。

1.5.3 "三大平台"公共技术

1. 标准、检测与数据平台

实现以纯电驱动汽车及其配套充/换电技术标准为代表的电动汽车标准突破，在技术规范基础上研究提出 100 项以上国家级技术标准；攻克电动汽车、关键零部件、重要元器件、关键材料以及充电、加氢装备与基础设施系统测试评价等一系列测试技术，逐步建成 8 个整车测试基地、15 个关键零部件测试基地；深入开展技术分析、技术对标，建立电动汽车自主创新核心技术数据库和共享平台。

在技术标准领域，深入研究分析国内外电动汽车技术发展最新趋势，制定我国电动汽车自主创新的技术标准法规体系战略，形成我国电动汽车相关技术标准法规体系。研究制定和完善电动汽车充电接口、充电通信协议、充电机技术标准、充电站设计规范，以及电池尺寸、电池更换用电池箱谱系化等技术标准；研究制定和完善小型纯电动汽车的定义和技术条件标准，各类电动汽车（尤其是小型纯电动汽车、插电式混合动力电动汽车、深度混合动力电动汽车）技术标准，以及关键零部件的规格、型号、系列型谱等重要标准，为大规模示范和产业化提供技术标准法规支持；着力开展电动汽车创新技术领域的标准法规和技术规范研究制定，开展我国电动汽车行驶工况标准的研究制定和完善，加强技术法规国际协调。

在测试评价领域，重点针对技术标准需求，开展电动汽车整车、关键零部件、重要元器件、关键材料以及充电装备、充电站安全管理系统测试评价技术研究。在电动汽车开发数据库建设方面，构建服务全行业的电动汽车产品数据库软硬件平台，开发共享数据库，建立电动汽车整车及零部件产品开发、测试评价、产品检验认证和示范运行的数据库，为行业提供产品开发所需的基础技术数据支持。

2. 能源供给基础设施平台

开展电动汽车基础设施建设规划设计研究。研究制定充电/换电基础设施设计、建设、运行规范，提高整体设计水平、安全保障能力。研究电动汽车基础设施网络总体发展规划和推进计划，为形成全国统一标准的充/换电综合网络体系提供技术支撑。研究开发场站直流（包括快速）充电机、车载充电机及快速充换电站等各种充/换电技术及成套装备；研制与下一代纯电驱动平台和与智能电网配套的电动汽车能量双向转换技术与装备，研究与可再生能源分布式发电结合的相关技术与产品。面向下一代纯电驱动平台技术突破需求，系统开展制氢、储氢、加氢关键技术装备研究与示范。对已建氢燃料加注站进行运行评价、技术升级和系统扩展；进行副产氢提纯技术的规模化应用研究与示范；开展高效、低排放、低成本水电解制氢技术研究；进行小型高效低成本的化石燃料制氢系统研究；开展高压氢气加注技术、系统配置集成技术和控制技术的研究，开发先进压缩机和加注枪等关键设备；开展太阳能光解等新型制氢技术研究；开展低成本可再生制储—加注一体化系统集成加氢站示范。

3. 应用开发与集成示范平台

结合"十城千辆"节能与新能源汽车示范推广工程实施，在做好公共服务领域和私人用车领域电动汽车示范推广试点的基础上，稳步扩大电动汽车示范推广规模。深入开展示范运行模式研究，建立完善的汽车和基础设施示范运行监控网络与数据采集平台。建设电动汽车及基础设施示范运行数据采集和信息化管理平台，通过采集分析汽车行驶数据及基础设施运行数据，解决电动汽车性能评估、安全预警及隐患识别等问题。研究适用于各类汽车、设施及装备的运行维护快速保障技术，建立故障诊断及快速维保操作规范及运行体系。构筑示范城市电动汽车及充电基础设施快速维保体系，提高系统效率、安全性和示范运行效果。通过多种商业模式在电动汽车发展初期的示范推广应用，从形成产品市场竞争力、配套系统技术和装备的科学性、能源供给基础设施建设与服务的方便性等方面，展开对电动汽车商业模式及配套装备技术研究，探索出适合中国电动汽车可持续发展的商业化模式。开展电动汽车国际科技合作研究；开展中外电动汽车技术评价与数据交流项目；建立国际电动汽车综合示范区。

2014年9月6日，在中国汽车产业发展（泰达）国际论坛上，时任我国科技部部长的万钢表示，科技部将积极制订"十三五"电动汽车规划，目标是紧跟汽车产业新信息、新能源、新产业的发展，夯实布局，把握关键布点，在下一代的电池、电动机、电控系统研发，新能源汽车的智能化、系统、安全、多模式充电技术重点领域开展技术公关。

在动力电池方面，一是要加强新材料的研究与应用，如开展高电压的材料、副离层的材料、硅碳负极板等一些多元的新材料的研究及电极、电解质的研究来提高电池的性能；二是要研发高功率的极片、芯结构的电池组，尽早实现专利的布局；三是在正负级、铝离子生产方面提质量、降成本的基础关键技术的研发。

在电动机方面，要聚焦驱动电动机、系统产业链的核心技术，要借第三代功率电子半导体的契机，研发高性能的装置，提高多系统的集成度，开发出高效、量轻的电动机系统和电驱动组成，提高核心竞争力。

在整车控制和信息系统方面，要瞄准电动汽车与信息化建设相互融合的新趋势，鼓励企业将互联网技术与新能源汽车技术结合，将智能电网、移动互联、物联网、大数据信息术语深深地融入新能源汽车技术创新和推广应用中，大力开展智能化电动汽车、充电设施的研发与应用。

在燃料电池方面，要继续加强核心部件在功率密度、低温启动、使用寿命试验下功夫，继续推进车用燃料电池和加快产业化的同时，要拓展燃料电池在应急电站、备用电源、分布电源、海洋运载工具系统方面的市场化应用，来降低燃料电池的生产成本。

在继续支持整车企业自主研发各类插电式混合动力电动汽车、纯电动汽车的同时，还要非常重视新型铝镁材料、碳纤维材料及其他新材料在电动汽车的应用。

电动汽车发展简史

1. 19世纪30年代到20世纪——电动汽车的崛起

回顾历史，虽然电动汽车比内燃机汽车出现得早，但其发展过程几经坎坷，经历了三个发展阶段。

电动车的历史最早可追溯到1834年，Thomas Davenport制造出一辆电动三轮车，它由一组不可充电的干电池驱动，只能行驶一小段距离。第一辆以可充电池为动力的电动汽车出现在1881年的法国巴黎，是法国工程师Gustave Trouve组装的以铅酸蓄电池为动力的电动三轮车。自此,电动汽车很快进入发展鼎盛期。

2. 电动汽车的首个黄金时期

1859年,法国著名物理学家普兰特发明了第一块铅酸蓄电池,为后期电动汽车的实用化创造了必要条件。

与19世纪末的内燃机汽车相比,电动汽车除了车速略低外,优点很多,如起动方便、电动机工作时没有噪声或振动、没有难闻的汽油味。而且,直流电动机转速低时大转矩输出特性使其用作汽车驱动动力时,不需要复杂的传动系统且操作简便,因而电动汽车成为机动交通工具的一个主要发展方向。早期电动汽车基本上都是一些由电池驱动的无马马车,如图1-13所示。

图1-13 早期电动汽车造型

19世纪末到20世纪初是电动汽车发展的黄金时期。1897年,美国费城电车公司研制的第一辆电动出租车出现在纽约,从此实现了电动汽车的商用化。20世纪初,美国一些公司相继推出电动汽车,电动汽车的销量全面超越内燃机汽车,也逐渐成为上流社会喜爱的城市用车,因其清洁、安静、易于操控,非常适合女性驾驶。1911年美国贝克电气公司生产的电动汽车如图1-14所示。

美国人口调查局的调查显示,1900年,电动汽车的产量占到美国汽车总产量的28%,所出售的电动汽车总价值超过了当年内燃机汽车和蒸汽汽车的总和。

与此同时,与电动汽车相关的配套服务设施应运而生,Hartford Electric Light公司为电动汽车提供可以更换的电池。Detroit Electric公司不仅制造电动汽车,还建立了电池充电站以方便用户充电。进入20世纪20年代,电动汽车制造商迎来了春天,美国电动汽车产销量在1912年达到顶峰。

德国、法国和英国也先后制造出电动汽车。1899年,德国人波尔舍[图1-15(a)]发明了一台轮毂电动机,以替代当时在汽车上普遍使用的链条传动。随后研制出Lohner-Porsche电动汽车,该车采用铅酸蓄电池做动力源,由前轮内的轮毂电动机直接驱动,这也是第一部以保时捷(Porsche)命名的汽车,如图1-15(b)所示。在1900年的巴黎世界博览会上,该车登场亮相,曾轰动一时。

但电动汽车的黄金时代并没有持续太久,20世纪20年代后,内燃机技术达到了更高水平,装备内燃机的汽车速度更快,加一次油的续驶里程是电动汽车的3倍左右,且使用成本较低。相比之下,电动汽车的发展则进入瓶颈期,在降低制造成本和改善使用便利性

新能源汽车技术

图 1-14　1911 年美国贝克电气公司生产的电动汽车

(a) 波尔舍　　　　　　　　(b) 轮毂电动机电动汽车

图 1-15　波尔舍和他的轮毂电动机电动汽车

方面没有明显的进步。在该背景下，电动汽车销量迅速下滑。在 1940 年左右，电动汽车基本从欧美汽车市场中消失。

3. 电动汽车的第二次发展机遇

1973 年爆发了中东石油危机，让全世界陷入石油短缺的境地，人们又开始关注不用石油资源的其他动力的汽车，电动汽车重获生机。1976 年，美国国会采取措施，通过了电动和混合动力汽车研究开发和示范法案，该法案由美国能源部授权，用于支持和开发电动汽车和混合动力汽车，其他汽车工业发达国家（德国、法国、日本等）都开始研发和生产电动汽车。20 世纪 70 年代末，由于石油价格开始下跌，在电动汽车还未成为商业化产品之前，能源危机和石油短缺问题已不再严重。因此，电动汽车又遭到了冷落，发展缓慢。20 世纪 80 年代后，电动汽车受欢迎度逐渐减弱。

经过几十年的发展,虽然电动汽车屡次出现发展机会,但是直到21世纪初也没有再现当初的辉煌。生产成本相对较高、充电麻烦、保养成本高及电池能量密度低造成的续驶里程短和充电便利性差等问题严重阻碍了电动汽车的发展和普及。

4. 电动汽车的第三次发展机遇

20世纪90年代以来,由于汽车保有量不断增加,内燃机汽车不仅消耗大量的石油资源,而且排放多种有害气体,给人类健康带来深远的负面影响。因此,人们再次想起无污染的电动汽车,电动汽车进入了快速发展时期。

20世纪90年代,美国的废气排放量监管促使汽车生产商将目标投向电动汽车。美国1990年颁布的《1990〈清洁空气法〉修正案》和1992年颁布的《1992年能源政策法案》促使市场再次投资电动汽车。加利福尼亚州空气资源委员会甚至通过了一项新的法规,要求汽车生产商生产和销售零废气排放的汽车,这样才允许他们在该州出售其他车辆。日本和美国的汽车公司生产出一系列电动汽车,如丰田RAV 4 EV和通用EV1电动汽车(图1-16),但最终都昙花一现。

图1-16 通用EV1电动汽车

从1996年开始,通用共生产了1117辆EV1电动汽车,仅在美国某些州使用,并且不能卖,只能租。该电动汽车的续驶里程可达到160km,0～100km/h的加速时间只需7s。由于EV1并不盈利,因此通用在租赁期满后召回了全部电动汽车,并销毁了大部分汽车,只留下40辆捐赠给博物馆和某些组织。

从21世纪初至今,世界各大汽车公司纷纷投入资金和人力研发新型电动汽车。除纯电动汽车外,还将混合动力电动汽车和燃料电池电动汽车作为研发的重点。在各国政府利好政策的扶持下,电动汽车的保有量不断增加。

电动汽车关键技术难题的解决、技术性能的提高、规模化生产使得制造和使用成本降低、充电设施逐步完善、各项标准陆续制定和统一,电动汽车将迎来发展高峰,并将最终取代内燃机汽车。

思考题

1. 什么是新能源汽车？新能源汽车主要有哪些类型？试各列举两例典型车型。
2. 为什么要发展新能源汽车？内燃机汽车对人类有哪些负面影响？
3. 如何看待目前美国、日本、欧洲国家和中国的新能源汽车发展现状？
4. "十二五"规划至今，我国新能源汽车发展主要有哪些方面的政策支持？
5. 2018—2020年，我国对新能源汽车的补贴车型和标准分别是什么？
6. 2017—2018年，我国新能源汽车的市场表现有哪些特征？
7. "十三五"期间，我国对新能源汽车的战略规划中的共性核心技术主要有哪些？
8. 电动汽车的发展经历了哪些兴衰历程？

第 2 章 动力电池技术

 学习目标

1. 熟悉电动汽车用动力电池的主要类型。
2. 掌握动力电池的性能指标和专业术语。
3. 了解电动汽车用动力电池的性能要求。
4. 熟悉铅酸蓄电池、镍氢电池的结构与特点。
5. 掌握常用锂离子电池的结构与原理。
6. 掌握质子交换膜燃料电池的结构与原理。
7. 掌握三种物理电池的结构、原理、特点和应用。
8. 熟悉动力电池组的主要技术。

 主要学习内容

知识要点	相关知识
电动汽车用动力电池的主要类型	化学电池中的蓄电池、燃料电池，物理电池
动力电池的性能指标和专业术语	放电电压、内阻、额定容量、比能量、比功率、能量效率、自放电率、放电率、使用寿命、荷电状态、放电深度等
电动汽车用动力电池的性能要求	比能量高、比功率大、循环寿命长、安全可靠、绿色环保、充电技术成熟等
铅酸蓄电池、镍氢电池	工作电压、结构、正负极材料及特点等
锂离子电池	三元锂电池（NCM）、磷酸铁锂离子电池的结构、工作原理、特点和应用
燃料电池	质子交换膜燃料电池的结构、工作原理、特点及应用应用

新能源汽车技术

续表

知识要点	相关知识
物理电池	太阳电池、超级电容器和飞轮电池的结构、工作原理、特点和
动力电池组的主要技术	成组技术、充电技术、荷电状态估算、不一致性、电池管理系统、冷却技术

2.1 动力电池概述

动力电池是电动汽车的动力源，也是储能装置，其性能的提升对电动汽车的发展起到至关重要的作用。电动汽车用动力电池类型很多，且性能差异较大。

2.1.1 动力电池的分类

动力电池按电池反应原理分为化学电池、物理电池和生物电池三大类。

1. 化学电池

化学电池是指利用物质的化学反应发电的电池。化学电池按工作性质分为原电池、蓄电池、燃料电池和储备电池。

（1）原电池。原电池又称一次电池，是指电池放电后不能用简单的充电方法使活性物质复原而继续使用的电池，即只能使用一次，不能再充电，如锌锰干电池、锂锰电池、锌银电池等。

（2）蓄电池。蓄电池又称二次电池，是指电池在放电后可通过充电的方法使活性物质复原而继续使用的电池，可循环使用多次。一般蓄电池可循环充放电数百次到上千次，常见类型有铅酸蓄电池、镍氢电池、锂离子电池等。

（3）燃料电池。燃料电池又称连续电池，是指只要将参加反应的活性物质从电池外部连续不断地输入电池，燃料电池就能连续不断地工作而提供电能。该类电池自身只是一个载体，产生电能的过程是一种电化学反应，主要类型有质子交换膜燃料电池、碱性燃料电池、磷酸燃料电池、熔融碳酸盐燃料电池、固体氧化物燃料电池、直接甲醇燃料电池、再生型燃料电池等。

（4）储备电池。储备电池又称激活电池，是指电池正负极活性物质与电解质在储存期间不直接接触，使用前注入电解液或者使用其他方法使电解液与正负极接触而激活使用。由于该类电池的正负极活性物质与电解液隔离，产生化学变质或自放电的可能性较小，因此能长时间储存，如镁电池、热电池等。

化学电池按电解质分为酸性电池、碱性电池、中性电池、有机电解质电池、非水无机电解质电池、固体电解质电池等；按电池特性分为密封电池、高功率电池、免维护电池、防爆电池等；按正负极材料分为锌锰电池系列、镍镉/镍氢电池系列、铅酸蓄电池系列、锂电池系列等。

2. 物理电池

物理电池是指利用光、热、物理吸附等物理反应发电的电池,如太阳电池、超级电容器、飞轮电池等。

3. 生物电池

生物电池是指利用生物化学反应发电的电池,如微生物电池、酶电池、生物太阳电池等。

迄今已经实用化的电动汽车用动力电池主要为蓄电池,包括铅酸蓄电池、镍氢电池和锂离子电池;此外,物理电池也有一定应用,如超级电容器正日益广泛应用于纯电动客车和混合动力电动客车中。生物电池在电动汽车行业中的应用具有十分广阔的前景,以氢气为燃料的燃料电池的研究已进入重要发展阶段。

2.1.2 动力电池的性能指标

电池的主要性能指标有电压、内阻、容量、能量、功率、输出效率、自放电率、放电率、使用寿命等。根据动力电池类型的不同,其性能指标也有所不同。

1. 电压

电池电压主要有端电压、标称电压、开路电压、放电电压、充电电压、充电终止电压和放电终止电压等。

(1) 端电压。端电压是指电池正极与负极之间的电位差。

(2) 标称电压。标称电压也称额定电压,是指电池在标准规定条件下工作时应达到的电压,由极板材料的电极电位和内部电解液的浓度决定。例如铅酸蓄电池的额定电压为2V;镍镉电池和镍氢电池的额定电压为1.2V;磷酸铁锂离子电池的额定电压为3.2V;钴酸锂离子电池和三元聚合物锂电池的额定电压为3.6V;钛酸锂离子电池的额定电压为2.4V。

(3) 开路电压。开路电压是指电池在开路状态下的端电压,即电池在没有负载情况下的端电压。

(4) 放电电压。放电电压也称工作电压,是指电池接通负载后处于放电状态下的端电压,略低于额定电压。电池放电初始的放电电压称为初始电压。由于蓄电池存在一定的内阻,因此放电电流越大,放电电压就越低。

(5) 充电电压。充电电压是指充电电源对电池充电时的端电压。充电电流越大,电池内的极化(欧姆极化、浓差极化、电化学极化)效应就越显著,充电电压就越高。

(6) 充电终止电压。蓄电池充足电时,极板上的活性物质已达到饱和状态,再继续充电,电池的电压也不会上升,此时的电压称为充电终止电压。例如铅酸蓄电池的充电终止电压为2.7~2.8V;镍氢电池的充电终止电压为1.5V;锂离子电池的充电终止电压为4.25V。

(7) 放电终止电压。电池在一定标准规定的放电条件下放电时,电池的电压将逐渐降低,当电池不宜继续放电时,电池的最低工作电压称为放电终止电压。如果电压低于放电终止电压后电池继续放电,电池两端电压会迅速下降,形成深度放电。这样极板上形成的生成物在正常充电时就不易恢复,从而影响电池的使用寿命。放电终止电压与放电率有关,放电电流直接影响放电终止电压。在规定的放电终止电压下,放电电流越大,电池的容量越小。例如镍氢电池的放电终止电压一般为1V;锂离子电池的放电终止电压为3V。

2. 内阻

电池的内阻是指电池工作时，电流流过电池内部时所受到的阻力，常用符号 R_{int} 表示，主要分为欧姆内阻与极化内阻两部分。它直接影响电池的工作电压、输出电流、输出能量和功率等。电池内阻越大，电池放电工作电压越低、放电时间越短，同时电池自身消耗的能量越多，电池的使用效率越低。内阻偏大的电池在充电时发热严重，从而使电池的温度急剧上升，对电池和充电器的影响都很大。随着电池使用次数的增加，由于电解液的消耗及电池内部化学物质活性的降低，电池的内阻会有不同程度的增大。

内阻主要受电池的材料、制造工艺、电池结构等因素的影响，是衡量电池性能的一个重要参数，一般以充电态的内阻为标准。测量电池的内阻需用专用内阻测试仪，而不能用万用表欧姆挡。

3. 容量

电池的容量是指充满电的电池在一定的放电条件下所能释放的总电量，等于放电电流与放电时间的乘积。常用符号 C 表示，单位为 A·h（安·时）。电池的容量表示电池的放电能力，由单体电池内活性物质的数量决定，而活性物质的数量由电池的材料和体积决定，所以一般电池体积越大，容量越大。在不同条件下，电池输出的电量不同，一般可分为额定容量、理论容量、实际容量、i 小时放电率容量等。

(1) 额定容量。额定容量是指充满电的电池在室温下按规定条件工作所能输出的电量，由电池制造厂出厂时标明。

(2) 理论容量。理论容量是指假设电极活性物质全部参加电化学反应而输出电流，根据法拉第定律计算出的最高理论值，通常用质量容量 A·h/kg 或体积容量 A·h/L 来表示。

(3) 实际容量。实际容量是指充满电的电池在一定的放电条件下所能输出的电量。其值小于理论容量。实际容量反映了电池实际存储电量，其值越大，电动汽车的续驶里程就越长。在使用过程中，电池的实际容量会逐步衰减。我国国家标准规定，新出厂的电池实际容量大于额定容量的电池为合格电池。

(4) i 小时放电率容量。i 小时放电率容量是指充满电的电池以某一恒定电流放电 i 小时，将电池放电至放电终止电压的电池所输出的电量。我国国家标准规定，用 3h 放电率容量（C_3）定义电动汽车用动力电池的额定容量。

4. 能量

电池的能量是指在一定放电条件下电池所能输出的电能，单位是 W·h 或 kW·h。能量影响电动汽车的行驶距离，分为总能量、标称能量、理论能量、实际能量、比能量、能量密度等。

(1) 总能量。总能量是指蓄电池在其使用寿命周期内电能输出的总和。

(2) 标称能量。标称能量是指在规定的放电条件下电池所能输出的电能，等于电池的额定容量与额定电压的乘积。

(3) 理论能量。理论能量是指按理论计算出的电能，等于电池的理论容量与额定电压的乘积。

(4) 实际能量。实际能量是指在一定的放电条件下电池所能输出的电能,等于电池的实际容量与平均工作电压的乘积。

(5) 比能量。比能量即质量比能量,指单位质量的电池所能输出的电能,单位为 W·h/kg 或 kW·h/kg,常用来比较不同类型电池的性能。电池的比能量是综合性指标,影响电动汽车的整车质量和续驶里程,是评价电动汽车的动力电池是否满足预期续驶里程的重要指标。电池的比能量越大,充满电后电动汽车的续驶里程就越长。

(6) 能量密度。能量密度即体积比能量,指单位体积的电池所能输出的电能,单位为 W·h/L 或 kW·h/L。电池的能量密度越大,电动汽车的载重和车内空间就越大。

5. 功率

电池的功率是指电池在一定放电条件下单位时间所输出的电能,单位为 W 或 kW,影响电动汽车的加速性能和爬坡能力。

(1) 比功率。比功率即质量比功率,是指单位质量电池所能输出的功率,单位为 W/kg 或 kW/kg。

(2) 功率密度。功率密度即体积比功率,是指单位体积电池所能输出的功率,单位为 W/L 或 kW/L。

6. 输出效率

动力电池作为能量存储器,充电时把电能转换为化学能储存起来,放电时释放电能。在这个可逆的电化学转换过程中有一定的能量损耗,通常用电池的容量效率和能量效率来表示。

(1) 容量效率。容量效率是指电池放电时输出的容量与充电时输入的容量之比,即

$$\eta_c = \frac{C_o}{C_i} \times 100\% \qquad (2-1)$$

式中:η_c 为电池的容量效率;C_o 为电池放电时输出的容量(A·h);C_i 为电池充电时输入的容量(A·h)。

影响电池容量效率的主要因素是电池的副反应。当电池充电时,有一部分电量消耗在水的分解上。此外,自放电、电极活性物质的脱落、结块、孔率收缩等也可降低容量输出。

(2) 能量效率。能量效率是指电池放电时输出的能量与充电时输入的能量之比,即

$$\eta_w = \frac{W_o}{W_i} \times 100\% \qquad (2-2)$$

式中:η_w 为电池的能量效率;W_o 为电池放电时输出的能量(W·h);W_i 为电池充电时输入的能量(W·h)。

影响电池能量效率的主要原因是电池存在内阻,内阻使电池充电电压增大,放电电压减小。内阻能耗以电池发热的形式散发。

7. 自放电率

自放电率是指电池在存放期间容量的下降率,即电池无负荷时自身放电使容量损失的

速度。它反映了电池在存储期容量变化的特性，可用单位时间容量降低的百分数表示，其表达式为

$$\eta_{\Delta C} = \frac{C_a - C_b}{C_a T_t} \times 100\% \qquad (2-3)$$

式中：$\eta_{\Delta C}$ 为电池存储前的容量效率；C_a 为电池存储后的容量（A·h）；C_b 为电池存储前的容量（A·h）；T_t 为电池存储的时间，常以天、月为单位。

自放电率主要与电池储存的时间、环境温度和湿度有关。环境温度越高，自放电现象越明显。电池久置时要定期补电，并在适宜的温度和湿度下储存。

8. 放电率

放电率是指放电时的速率，常用时率和倍率表示。放电时率是指以放电时间（h）表示的放电速率，即以一定的放电电流放完额定容量 C 所需的时间 t（h）。放电倍率是指电池在规定时间内放出额定容量所输出的放电电流值，数值上等于额定容量的倍数，也等于额定容量与放电时间之比，用符号 C/t 表示。放电时间越短，放电倍率越高，放电电流越大。

放电倍率可分为低倍率（<0.5C）、中倍率（0.5～3.5C）、高倍率（3.5～7.0C）、超高倍率（>7.0C）。

例如：某电池的额定容量为 20A·h，若用 8A 电流放电，则放完 20A·h 的额定容量需用 2.5h，即 2.5 时率放电，倍率为 $C/2.5$ 或 $0.4C$，属低倍率。

放电倍率直接影响单体电池的衰减速度，其值越大，单体电池的容量衰减越快。若过大，单体电池可能会直接损坏，甚至出现过热、短路、起火等极端现象。

9. 使用寿命

使用寿命是评价蓄电池使用技术经济性的重要参数。蓄电池经历一次放电和充电称为一次循环。在一定的放电条件下，蓄电池的容量降到某个规定值之前，电池所能承受的循环次数称为循环寿命或使用周期。不同类型的蓄电池，其循环寿命有很大差异。蓄电池的循环寿命与放电深度（Depth of Discharge，DOD）、环境温度、充放电电流、存储条件等有关。

2.1.3 动力电池的常用术语

在使用蓄电池的过程中，通常采用以下专业术语来描述其状态和工作条件。

1. 过充电与过放电

（1）过充电。蓄电池已经充电至充电终止电压后继续充电，或者充电电流大于蓄电池允许的最大电流值时，称为过充电。

（2）过放电。蓄电池已经放电至放电终止电压后继续放电，称为过放电。

2. 荷电状态

荷电状态（State of Charge，SOC）是指蓄电池在一定放电倍率下，剩余容量与相同

条件下额定容量的比值，反映蓄电池容量的变化。SOC＝1表示电池满电状态。随着电池的放电，电池的电荷逐渐减少，SOC值也在逐渐减小。电池在充放电期间的电量变化状态，可以用SOC的百分数的相对量来表示。一般蓄电池放电高效率区为（30％～80％）SOC。SOC估算是电动汽车电池管理系统的最核心的任务。

3. 放电深度

放电深度是指蓄电池在一定放电倍率下，已放出的电量与相同条件下额定容量的比值。DOD＋SOC＝1。蓄电池的放电深度越深，则其充电寿命越短。由于深度放电会加速动力电池的衰退，因此在使用蓄电池的过程中应尽量避免深度放电。表示循环寿命时，一般要同时指出DOD，如循环寿命为1000次/（80％DOD）。

4. 不一致性

不一致性是指同一类型、同一规格、同一型号的各单体电池在组成电池组后，在电压、内阻、容量、温度、循环寿命等方面存在差异。电动汽车的动力电池往往成组使用，散热条件不同，导致使用期间蓄电池组中各单体电池性能不一致且不断扩大，并导致性能较弱的单体电池迅速损坏，最终影响整个电池组的使用寿命。

（1）产生电池不一致性的原因。

①电池内部结构和材质的不完全一致性：在制造过程中，由于工艺问题和材质不均匀，电池极板活性物质的活化程度、厚度、隔板等存在微小差异。

②电池内阻、电压和容量等参数的不一致性：在装车使用时，电池组各单体电池的温度、通风条件、自放电程度、电解液密度等存在差异。

（2）电池不一致性的分类。

根据使用中电池组不一致性扩大的原因和对电池组性能的影响方式，电池不一致性可以分为容量不一致性、电压不一致性和电阻不一致性。容量不一致性主要包含起始容量不一致性和实际容量不一致性。

5. 均衡充电

均衡充电是针对存在不一致性的蓄电池组进行的一种特殊充电方法，旨在减小或消除蓄电池组中的不一致性。

2.1.4　电动汽车对动力电池的性能要求

电动汽车对动力电池的主要性能要求如下。

（1）比能量高。为了提高电动汽车的续驶里程，要求电动汽车上的动力电池尽可能多地储存能量，但电动汽车又不能太重，其安装电池的空间也有限，这就要求电池具有较高的比能量。

（2）比功率大。为了使电动汽车实现良好的动力性，提高其加速能力和爬坡能力等，要求电池具有较大的比功率。

（3）充电技术成熟、充电时间短。充电技术有通用性，能够实现慢充、快充和换电。

（4）循环寿命长、免维护。循环寿命越长，电池在正常使用周期内支撑电动汽车行驶的里程就越长,有助于降低汽车用期内的运行成本。在循环寿命期内,不需要进行更换和维修。

(5) 均匀一致性好。对于电动汽车而言,电池组的工作电压大多能达到数百伏,这就要求至少有几十到上百只单体电池串联或并联。由于电池组的使用性能会受到性能最差的单体电池的制约,因此设计上要求各单体电池在容量、内阻、功率特性和循环特性等方面具有高度的均匀一致性。

(6) 工作温度适应性强。电动汽车作为一种交通工具,一般不应受地域的限制。车用动力电池不仅能在北方冬天极冷的气温下工作,而且能在南方夏天炎热环境中长期稳定地工作。因此,要求电池具有良好的温度适应性。通常,动力电池的最佳工作温度范围为 −40~60℃。设计动力电池组时,考虑到电池的温度适应性问题,一般需要设计相应的冷却或加热装置,从而使动力电池处于最佳工作稳定范围。

(7) 安全可靠。电动汽车的动力电池可提供 300V 以上的高压,可能危及人身安全和车载电器的使用安全。电池应干燥、洁净,不会因泄漏、短路、撞击、颠簸等而引起自燃或爆炸等危险事故,确保电动汽车在正常行驶过程中或停放期间的安全。因此,要求车用动力电池的检验标准非常严格。

(8) 成本低。动力电池的成本与电池的新技术含量、正负极材料、制作方法和生产规模有关。因此,开发和研制高效、低成本的动力电池是电动汽车发展的关键。

(9) 绿色环保。要求制作电池的材料对环境友好,无二次污染,废电池应能够回收处理和再生利用。

2010 年美国先进电池联盟(USABC)对电动汽车用先进电池制定了具体目标,如表 2-1 所示。

表 2-1 2010 年 USABC 对电动汽车用先进电池制定的具体目标

性能参数	中期目标	长期目标
比能量/(W·h/kg)	150	200
能量密度/(W·h/L)	230	300
比功率/(W/kg)	300	400
功率密度/(W/L)	460	600
使用时间/年	10	10
循环寿命/次	1000	1000
正常充电时间/h	6	3~6
工作温度范围/℃	−40~50	−40~80

虽然有些电池的性能参数已经超过了 USABC 制定的目标,但要大规模推广应用还需解决许多问题。电动汽车动力电池普遍存在安全性不高、容量不够大而满足不了续驶里程的需求,循环寿命短,质量和尺寸较大,价格昂贵等问题,有待进一步解决。

2017 年,工信部、发改委、科技部和财政部联合印发了《促进汽车动力电池产业发展行动方案》,其中明确了动力电池产业的主要目标,如表 2-2 所示。我国新能源汽车动力电池技术指标发展路径如表 2-3 所示。

表 2-2 动力电池产业的主要目标

性能参数	主要目标
比能量/(W·h/kg)	≥260（电池组），≥300（单体）
使用环境/℃	-30～55
成本/[元/(W·h)]	<1

表 2-3 我国新能源汽车动力电池技术指标发展路径

性能参数	2006—2010 年	2011—2015 年	2016—2020 年	2021—2025 年	2026—2030 年
电池充满电时总容量/(kW·h)	16	24	48	80	112
电池成本/[美元/(kW·h)]	750	375	290	107	75
电池组成本/(万元/车)	8.0	6.0	6.0	5.7	5.6
质量能量密度/(kW·h/kg)	125	150	300	500	700
体积能量密度/(kW·h/L)	207	269	460	600	600
总功率/kW	20	45	90	90	90
电池组循环/次	1000	1500	3500	6000	6000
安全性		达标	达标	达标	达标

2.2 铅酸蓄电池

铅酸蓄电池是指正极活性物质为二氧化铅（PbO_2），负极活性物质为海绵状纯铅（Pb），并以一定浓度的硫酸溶液（$H_2SO_4 + H_2O$）为电解液的蓄电池。

铅酸蓄电池的应用历史最长，也是技术最成熟、成本最低的蓄电池。它已实现大批量生产，但因比能量低、质量和体积大，且一次充电续驶里程较短、自放电率高、循环寿命短、充电慢，不适用于现代纯电动汽车。但其结构简单、电压稳定（单体电池额定电压为 2V）、性价比高、安全可靠，广泛应用于低速纯电动汽车。

2.2.1 铅酸蓄电池的分类、型号与结构

1. 铅酸蓄电池的分类

20 世纪初，铅酸蓄电池的主要结构类型是开口式。它有两个主要缺点：①充电末期，水分解为氢气（H_2）和氧气（O_2）析出，需经常加酸加水，维护工作繁重；②气体溢出时携带酸雾，腐蚀周围设备，并污染环境。这两个缺点极大地限制了铅酸蓄电池的应用。

随着铅酸蓄电池技术的发展，市场上常用的主要有免维护铅酸蓄电池和阀控密封式铅酸蓄电池两类。

（1）免维护铅酸蓄电池。

免维护铅酸蓄电池由于自身结构上的优势，电解液的消耗量非常少，在使用寿命期内基本不需要补充蒸馏水。它具有抗振、耐高温、体积小的特点，使用寿命一般为普通铅酸蓄电池的 2 倍。市场上的免维护铅酸蓄电池有两种：一种是在购买时一次性加电解液，以后使用中不需要添加补充液的电池；另一种是电池本身出厂时就已经加好电解液并密封，用户不能添加补充液的电池。

（2）阀控密封式铅酸蓄电池。

阀控密封式铅酸蓄电池在使用期间不用加酸加水维护，电池为密封结构，不会漏酸，也不会排酸雾，电池盖子上设有溢气阀（也称安全阀），作用是当电池内部气体量超过一定值（即当电池内部气压升高到一定值）时，溢气阀自动打开，排出气体，然后自动关闭，防止空气进入电池内部。

根据隔板材料的不同，阀控密封式铅酸蓄电池分为 AGM 电池和 GEL（胶体）电池两种。

① AGM 电池采用吸附式玻璃纤维棉做隔膜，电解液吸附在极板和隔膜中，电池内无流动的电解液，电池可以立放也可以卧放。

② GEL（胶体）电池采用 SiO_2 做凝固剂，电解液吸附在极板和胶体内，一般立放。

AGM 电池应用较多，如无特殊说明，阀控密封式铅酸蓄电池均指 AGM 电池。电动汽车的动力电池一般采用阀控密封式铅酸蓄电池。

2. 铅酸蓄电池的型号和规格

按照 GB/T 5008.1～2—2013《起动用铅酸蓄电池》的规定，铅酸蓄电池的型号由四部分组成，一般标注在外壳上，其产品型号和含义如下。

| 1 | — | 2 | — | 3 | — | 4 | — | (5) | — | 6 |

第一部分：1 表示蓄电池组串联的单体电池数，用阿拉伯数字表示。

第二部分：2 表示起动，用大写字母"Q"表示；3 表示蓄电池的特征代号，也用大写字母表示，如表 2-4 所示。

表 2-4 蓄电池的特征代号及含义

特征代号	含 义	特征代号	含 义
A	干式荷电	L	低温电池
H	高温电池	F	阀控式
W	免维护	Z	耐振电池

第三部分：4 表示 20 小时率额定容量数值（A·h）或储备容量数值（min），可省略；(5) 表示 -18℃ 起动电流 I_{cc} 数值（A），可省略。

第四部分：6 表示其他特征标识，企业可根据实际情况及用户要求自行确定。

例如：6-QWLZ-100（650）表示由 6 个单体电池串联的额定电压为 12V、额定容量为 100A·h 的免维护、低温、耐振、用 -18℃ 起动、电流为 650A 的蓄电池。

3. 铅酸蓄电池的结构

铅酸蓄电池的基本结构如图 2-1 所示，由正负极板、隔板、溢气阀、外壳等组成。极板是铅酸蓄电池的核心部件，分为正极板和负极板，均由栅架和填充其上的活性物质构成。正极板的活性物质是二氧化铅（PbO_2），呈深棕色；负极板的活性物质是海绵状纯铅（Pb），呈青灰色。

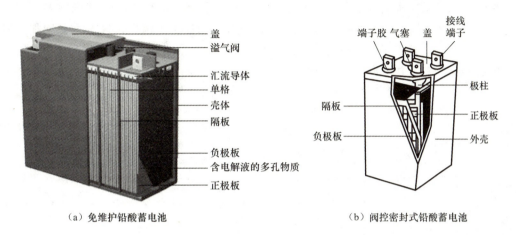

(a) 免维护铅酸蓄电池　　　　(b) 阀控密封式铅酸蓄电池

图 2-1　铅酸蓄电池的基本结构

为了减小蓄电池的内阻和尺寸，正负极板应尽可能靠近。同时为了防止彼此接触而短路，正负极板间采用隔板分隔开。隔板可作为电解液的载体，能够吸收大量的电解液，起到促进离子良好扩散的作用，因此隔板材料应具有良好的多孔性、渗透性、耐酸性和抗氧化性，一般用微孔塑料或微孔橡胶。

电解液是铅酸蓄电池的主要活性物质之一，主要作用是参与电化学反应和充放电过程中离子间的导电，由密度为 1.84g/mL 的纯硫酸和蒸馏水按一定比例配制而成，其密度一般为 1.24～1.30g/mL。溢气阀位于电池顶部，起到安全、密封、防爆等作用。壳体多用工程塑料——聚丙烯制成。

2.2.2　铅酸蓄电池的工作原理

铅酸蓄电池的工作过程就是化学能与电能的相互转换过程。铅酸蓄电池将化学能转换为电能而对外供电的过程称为放电；铅酸蓄电池与外界直流电源相连，将电能转换为化学能储存起来的过程称为充电。

由于电解质为硫酸溶液，因此铅酸蓄电池是一种酸性蓄电池。铅酸蓄电池在充放电时，总的化学反应式为

$$\underset{\text{正极板}}{PbO_2} + \underset{\text{负极板}}{Pb} + \underset{\text{电解液}}{2H_2SO_4} \underset{\text{充电}}{\overset{\text{放电}}{\rightleftharpoons}} \underset{\text{正极板}}{PbSO_4\downarrow} + \underset{\text{负极板}}{PbSO_4\downarrow} + \underset{\text{电解液}}{2H_2O} \tag{2-4}$$

1. 充电原理

铅酸蓄电池的充电原理如图 2-2 所示。充电时，把极板分别与直流电源的正、负极

相连，进行充电电解，负极板的还原反应为

$$PbSO_4 + 2e^- \longrightarrow Pb + SO_4^{2-} \qquad (2-5)$$

正极板的氧化反应为

$$PbSO_4 + 2H_2O \longrightarrow PbO_2 + 4H^+ + SO_4^{2-} + 2e^- \qquad (2-6)$$

充电的总反应式为

$$2PbSO_4 + 2H_2O \longrightarrow Pb + PbO_2 + 2H_2SO_4 \qquad (2-7)$$

充电过程总结：随着直流电流的通过，正、负极板上的固体 $PbSO_4$ 逐渐溶解电离，转化为正极板上的 PbO_2 和负极板上的 Pb，电解液中的 H_2O 在减少，H_2SO_4 在增加，其密度增大。当充电接近终了时，由于极板上的 $PbSO_4$ 已较少，因此部分充电电流会使水电解，生成 O_2 和 H_2，并从电解液中析出。端电压越高，水电解越激烈。其反应式为

$$2H_2SO_4 + 2H_2O \longrightarrow 2H_2SO_4 + O_2\uparrow + 2H_2\uparrow \qquad (2-8)$$

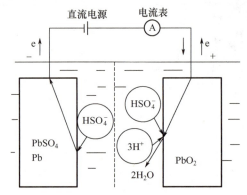

图 2-2 铅酸蓄电池的充放电原理

2. 放电原理

铅酸蓄电池的放电原理如图 2-2 所示。放电时，负极板的氧化反应为

$$Pb \longrightarrow Pb^{2+} + 2e^- \qquad (2-9)$$

由于存在硫酸，Pb^{2+} 立即生成难溶的 $PbSO_4$。

正极板的还原反应为

$$PbO_2 + 4H^+ + 2e^- \longrightarrow Pb^{2+} + 2H_2O \qquad (2-10)$$

同样由于存在硫酸，Pb^{2+} 立即生成难溶的 $PbSO_4$。

放电的总反应式为

$$PbO_2 + Pb + 2H_2SO_4 \longrightarrow 2PbSO_4\downarrow + 2H_2O \qquad (2-11)$$

放电过程总结：正负极板上的活性物质 PbO_2 和 Pb 通过不断地溶解电离来维持电动势，并逐渐转化为 $PbSO_4$。在电解液中，H_2SO_4 在减少，H_2O 在增加，其密度减小。

2.2.3 铅酸蓄电池的特点与应用

1. 铅酸蓄电池的特点

铅酸蓄电池的优点如下。

(1) 除锂离子电池外,单体铅酸蓄电池的电压为2V。
(2) 价格低廉。
(3) 可制成小至1A·h大至几千A·h的各种尺寸和结构的蓄电池。
(4) 高倍率放电性能良好,可用于汽车起动。
(5) 高低温性能良好,可在-40~60℃条件下工作。
(6) 电能效率高达60%。
(7) 易浮充使用,没有"记忆"效应。
(8) 易识别荷电状态。

铅酸蓄电池的缺点如下。
(1) 比能量低(30~50W·h/kg)。
(2) 质量和体积较大,一次充电续驶里程较短。
(3) 使用寿命短,更换和维修成本高。
(4) 充电时间长。
(5) 重金属Pb和H_2SO_4对环境污染较严重。

2. 铅酸蓄电池的应用

铅酸蓄电池主要应用于低速纯电动汽车。2014年以来,我国低速纯电动汽车发展迅速,目前有100余家生产企业,主要集中在山东、河北、江苏、浙江、广东、河南、湖北等省的二、三线城市,陆地方舟(图2-3)、御捷(图2-4)、雷丁、道爵、宝雅、时风、丽驰、富路、唐骏、新宇宙等一批低速纯电动汽车品牌正在崛起。

图2-3 陆地方舟V5S低速纯电动汽车

图2-4 御捷E330低速纯电动汽车

在我国,低速纯电动汽车是指最高时速低于70km/h、外观与内燃机汽车无异的四轮纯电动汽车。由于我国国家标准规定,纯电动汽车最高车速不低于80km/h,续驶里程大于80km,因此低速纯电动汽车不符合国家标准,不属于新能源汽车。

低速纯电动汽车的价格一般为3万~5万元,尽管缺乏"合法"身份(不能像内燃机汽车一样合法上牌上路),且不能像新能源汽车一样享受优惠政策,但已经在我国许多中小城市、城镇及乡村打开市场。低速纯电动汽车主要用于上下班代步、老人代步、日常生活代步、短途出游等。

2.3　镍氢电池

2.3.1　镍氢电池的发展

镍氢电池是20世纪90年代发展起来的一种新型绿色电池，具有比能量高、功率高、放电倍率高、充放电快速、循环寿命长、无重金属污染等优点。镍氢电池技术成熟，主要应用于混合动力电动汽车。国外研制电动汽车用高功率镍氢电池的公司主要有日本松下EV电池生产公司、三洋电机株式会社、美国Cobasys公司、Ovonic公司，德国VARTA公司和法国的SAFT公司等。

日本从事电动汽车用镍氢电池开发的第一个代表性厂家为松下EV电池生产公司。松下EV电池生产公司成功开发了纯电动汽车用的高能量型电池组和混合动力电动汽车用的高功率型电池组，并且将成本降到每千瓦·时500美元左右。1997年，松下EV电池生产公司生产出混合动力电动汽车用的圆柱形6.5A·h的镍氢电池组，其质量比功率为600W/kg，主要应用于丰田Prius、雷克萨斯LS600h、本田Insight和Civic等混合动力电动车型。松下EV电池生产公司已占据全球混合动力电动汽车用镍氢电池85%的市场份额。我国的长安杰勋、奇瑞A5、一汽奔腾等混合动力电动汽车也采用松下EV电池生产公司生产的镍氢电池。

日本从事电动汽车用镍氢电池开发的第二个代表性厂家为三洋电机株式会社，它生产的是圆柱形5.5A·h的镍氢电池组，质量比功率为1000W/kg，主要应用于福特Escape、本田Accord等混合动力电动车型。

美国Ovonic公司在USABC的资助下开展电动汽车用镍氢电池的开发，研制水平达到了USABC制定的目标。其生产的混合动力电动汽车用镍氢电池被世界众多汽车厂家广泛使用，如丰田Prius/Camry、本田Civic/Insight、福特Fusion/Escape、雷克萨斯RX400h、保时捷Cayenne等。

2011年，美国Ovonic公司制定了车用镍氢电池技术发展蓝图，提出了"Half the size，Half the cost（体积减半，耗费减半）"的口号。未来镍氢电池的研究重点集中在三个方面：储氢合金的改进、稳定高比容量正极材料$Ni(OH)_2$的制备与O_2控制、电解液的重新分配。

德国VARTA公司开发的超高功率镍氢电池比功率达到1000W/kg，但其比能量仅为40W·h/kg。该电池也很好地适应了42V汽车电气系统的需求，不但放电功率高、脉冲充电功率达1100W/kg（单体电池水平），而且在-25℃低温时脉冲充电功率能达到500W/kg。

法国SAFT公司开发的4/5SF型（ϕ41mm×93mm）高功率镍氢电池容量为14A·h，比能量为47W·h/kg，80%充电态对应的比功率为900W/kg，功率密度为2500W/L。

在镍氢电池领域，我国在技术和资源上均有优势。我国的氢氧化镍性能优异，且稀土资源丰富，具有得天独厚的资源优势。国内从事镍氢电池开发的代表性公司有江苏春兰清洁能源研究院有限公司、天津蓝天高科电源股份有限公司、湖南神舟科技股份有限公司、江苏奇能电池有限公司、浙江天能电池有限公司等。例如，江苏春兰清洁能源研究院有限公司研发的42V超大容量和500A以上大电流高能动力镍氢电池组及管理系统，已应用于长春、武汉、无锡、天津、株洲、上海等地的城市混合动力电动公交车上，并成功进行了示范运行，全面通过了国家发改委电动车管理动力电池强制检测标准。

虽然镍氢电池在技术上已取得很大突破，但是仍有不少因素制约其实际应用，如电压、高温性能、储存性能、循环寿命、电池组管理系统、热管理和价格等。

2.3.2 镍氢电池的分类与结构

1. 镍氢电池的分类

按照外形不同，电动汽车用镍氢电池一般可分为方形和圆柱形两种，如图2-5所示。

(a) 方形　　(b) 圆柱形

图2-5　镍氢电池的外形

2. 镍氢电池的型号和规格

根据国际电工委员会（International Electrotechnical Commission，IEC）标准 IEC 614361998.1 和 GB/T 18288—2000《蜂窝电话用金属氢氧化物镍电池总规范》，镍氢电池的标识由以下五部分组成。

（1）电池种类：HR 表示圆柱形镍氢电池；HF 表示方形镍氢电池。

（2）电池尺寸资料：包括圆柱形电池的直径和高度，方形电池的宽度、厚度和高度，数值之间用斜杠隔开，单位为 mm。

（3）放电特性符号：L 表示适宜放电电流倍率在 0.5C 以内。

（4）电池特征符号：T 表示高温电池。

（5）电池连接片表示：CF 表示无连接片；HH 表示电池串联连接用连接片；HB 表示电池并联连接用连接片。

例如：HR15/51 表示圆柱形镍氢电池，直径为 15mm，高度为 51mm；HF18/07/49 表示方形镍氢电池，宽度、厚度和高度分别为 18mm、7mm 和 49mm。

3. 镍氢电池的结构

镍氢电池的基本结构如图2-6所示，主要由正极、负极、绝缘膜、电解液、电池外壳等组成。正极由高孔率泡沫镍或纤维镍做导电骨架，涂敷高密度氢氧化镍粉末而构成；负极主要由骨架和储氢合金组成；绝缘膜通常采用聚丙烯 PP 无纺布材料，厚度约为 0.12mm；电解液吸附于各极片与绝缘膜之间，一般为 KOH 水溶液，也可加入少量 LiOH 和 NaOH。外壳多采用镀镍薄钢板。在金属铂（Pt）的催化作用下，完成充放电的可逆反应。

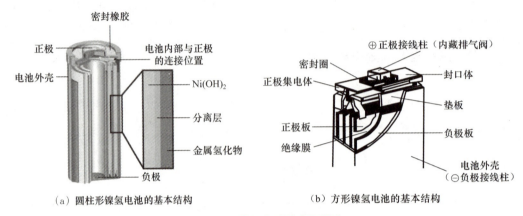

图 2-6 镍氢电池的基本结构

2.3.3 镍氢电池的工作原理

镍氢电池是一种碱性蓄电池，其正极活性物质为镍的氧化物 $Ni(OH)_2$，负极活性物质为可吸收/释放氢的储氢合金 MH，电解液为 30% 浓度的 KOH 水溶液。镍氢电池的充放电原理如图 2-7 所示。

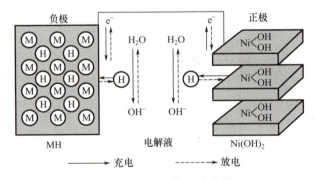

图 2-7 镍氢电池的充放电原理

1. 充电

充电时，正负极的电化学反应分别为

$$\text{正极：} \quad Ni(OH)_2 + OH^- \longrightarrow NiOOH + H_2O + e^- \tag{2-12}$$

$$\text{负极：} \quad 2MH + 2e^- \longrightarrow 2M^- + H_2\uparrow \tag{2-13}$$

充电过程总结：充电时，电解液中的 H_2O 被分解为 H^+ 和 OH^- 离子，OH^- 被正极吸收，H^+ 被负极吸收，负极的金属转化为金属氢化物，电子通过外电路由正极到达负极。

2. 放电

放电时，正负极的电化学反应分别为

正极： $NiOOH + H_2O + e^- \longrightarrow Ni(OH)_2 + OH^-$ (2-14)

负极： $2M^- + H_2 \longrightarrow 2MH + 2e^-$ (2-15)

放电过程总结：放电时，H^+ 离开负极，OH^- 离开正极，H^+ 和 OH^- 在电解液中结合生成水，而电子在正负极之间通过外电路释放电能。

当镍氢电池过充电时，正极析出 O_2，负极消耗 O_2；过放电时，正极析出 H_2，负极消耗 H_2。因此，镍氢电池具有长期过充电和过放电的自我保护能力。

2.3.4 镍氢电池的特点与应用

1. 镍氢电池的特点

镍氢电池与铅酸蓄电池相比，具有比功率高、质量轻、体积小、循环寿命长等优点，具体如下。

（1）比功率高（可达到1350W/kg）。

（2）循环寿命长（80%放电深度，循环次数达1000次以上）。

（3）无重金属污染（不含 Pb、Cd）。

（4）耐过充、过放电能力强。

（5）全密封，免维护。

（6）适应温度范围宽（-30~55℃）。

（7）无明显的记忆效应。

（8）安全可靠。短路、挤压、针刺、安全阀工作能力、跌落、加热、耐振等安全性、可靠性试验无爆炸、燃烧现象。

镍氢电池具有以下缺点。

（1）单体镍氢电池的平均工作电压较低，只有1.2V。

（2）成本较高，为铅酸蓄电池的5~8倍。

2. 镍氢电池的应用

镍氢电池广泛应用于以下领域。

（1）消费性电子产品。已普及，如手电筒、应急灯、剃须刀、吸尘器等。

（2）遥控玩具。某些高功率的镍氢电池应用于电动遥控玩具上，如遥控车或航模，已取代镍镉电池。

（3）混合动力电动汽车。全球95%以上的混合动力电动汽车都采用镍氢电池，如丰田 Prius、本田 Civic 和 Insight、福特 Escape 等。该电池充放电寿命可足够汽车使用10年。图2-8所示为本田 Insight 镍氢电池组。

本田新 Insight 的电池系统采用松下 EV 电池生产公司提供的镍氢电池，电池组置于行李舱底板，由120个单体镍氢电池串联而成，输出总电压为144V。

图 2-8 本田 Insight 镍氢电池组

图 2-9 所示为丰田 Prius THS-Ⅱ 的镍氢电池组，由 6 个 1.2V 单体镍氢电池串联为一个模块，共 28 个电池模块，并排串联成总电压为 201.6V 的高压蓄电池，位于行李箱下方，质量约为 30kg。

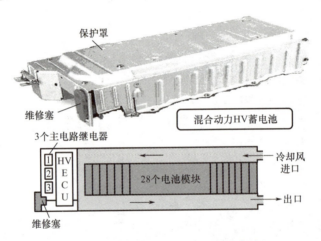

图 2-9 丰田 Prius THS-Ⅱ 的镍氢电池组

2.4 锂离子电池

2.4.1 锂离子电池的发展

锂离子电池是 1990 年由日本索尼公司率先开发研制成功并迅速推向市场的新型高能蓄电池。与其他蓄电池相比，它具有电压高、比能量高、充放电寿命长、无污染、充电快速、自放电率低、工作温度范围宽和安全可靠等卓越性能，已成为电动汽车较理想的动力电源。

近年来，在各国政府的支持与推动下，锂离子电池技术迅速发展，其产业化也正向前推进。世界上许多知名的汽车制造商都在开发以锂离子电池为电源的电动汽车，如中国的比亚迪、北汽新能源、长安汽车，美国的福特、特斯拉，日本的日产、丰田、本田、三菱，德国的大众，韩国的现代等。

全球已有多家企业研发和生产锂离子电池,如日本的富士重工、NEC、东芝、三洋、Primearth EV 能源公司,美国的江森自控有限公司,中国的比亚迪、天津力神、ATL,韩国的 LG、SDI 等。

2006年,江森自控有限公司开始研发和制造用于混合动力电动汽车和纯电动汽车的锂离子电池。奔驰 S400 混合动力电动汽车及其锂离子蓄电池组分别如图 2-10 和图 2-11 所示。为了不影响奔驰 S 系列汽车空间大、舒适的特点,其电池系统采用德国大陆集团和美国江森自控有限公司共同研发的锂离子电池组,结构非常紧凑,可以直接安装在发动机机舱内,共有 35 个电池单元,可提供 19kW 的动力,容量为 6.5A·h。

图 2-10 奔驰 S400 混合动力电动汽车

图 2-11 奔驰 S400 的锂离子蓄电池组

2008年5月28日,三洋电机株式会社宣布向德国大众供应插电式混合动力电动汽车用锂离子充电电池系统。全球锂离子电池的生产主要集中在亚洲的日本、中国和韩国。中国现已成为全球最大的锂离子电池制造基地。福建宁德时代,深圳比亚迪、比克,浙江万向、天能,天津力神、ATL,合肥国轩等已发展成全球锂电池行业引人注目的重点企业。

近年来,我国在锂离子电池方面的研究已取得较大突破,已有多项指标超过 USABC 制定的长期目标。发改委在"十二五""十三五"专项规划中明确指出将全面推动以锂离子电池为重点的电动汽车用动力电池产业发展,使之具有较强的国际竞争力。

2.4.2 锂离子电池的分类与结构

1. 锂离子电池的分类

(1) 按照电池外形的不同,锂离子电池可分为方形锂离子电池、圆柱形锂离子电池、薄板形锂离子电池和纽扣形锂离子电池,如图 2-12 所示。其中电动汽车用动力电池主要是方形锂离子电池和圆柱形锂离子电池。

(a) 方形　　　(b) 圆柱形　　　(c) 薄板形　　　(d) 纽扣形

图 2-12 锂离子电池的外形

(2) 按照电池的正极材料不同,锂离子电池可分为锰酸锂离子电池、磷酸铁锂离子电池、钴酸锂离子电池、镍钴锰锂离子电池(简称三元锂电池)。

①锰酸锂离子电池：正极材料为锰酸锂（$LiMn_2O_4$），平均工作电压为3.7V。其成本低、安全性高，应用于日产 LEAF 纯电动汽车上。

②磷酸铁锂离子电池：正极材料为磷酸铁锂（$LiFePO_4$），平均工作电压为3.2V。其成本低、安全可靠，广泛应用于比亚迪的纯电动汽车、插电式混合动力电动汽车上。

③钴酸锂离子电池：正极材料为钴酸锂（$LiCoO_2$），平均工作电压为3.6V。其易加工、比容量高、成本较高、安全性较差，应用较少。

④镍钴锰锂离子电池：正极材料为镍钴锰锂 $[Li(Ni_xCo_yMn_z)O_2]$，平均工作电压为3.6V。其比能量高、循环寿命长、易加工、安全性较好，应用于特斯拉纯电动汽车上。

四种正极材料的性能比较如表2-5所示。

表2-5 四种正极材料的性能比较

正极材料	$LiMn_2O_4$	$LiFePO_2$	$LiCoO_2$	$Li(Ni_xCo_yMn_z)O_2$
晶体结构	尖晶石	橄榄石	层状	层状
振实密度/(g/cm³)	2.2～2.4	1.0～1.4	2.8～3.0	2.0～2.5
比表面积/(m²/g)	0.4～0.8	12～20	0.4～0.6	0.2～0.5
实际比容量/(mA·h/g)	100～120	120～140	140～150	
平均工作电压/V	3.7	3.2	3.6	3.6
循环寿命/次	≥500	≥2000	≥600	≥800
原材料成本	低	低	高	较高
材料加工工艺	较容易	较难	容易	较容易
环保性	环保	环保	含有毒钴	含有毒镍、钴
安全性	良好	优秀	差	较好
高温性能	较好	很好	差	较好
低温性能	较好	差	好	较好

（3）按照外包材料不同，锂离子电池可分为铝壳锂离子电池、钢壳锂离子电池和软包锂离子电池。

（4）按照电解质材料不同，锂离子电池可分为液态锂离子电池和聚合物锂离子电池。液态锂离子电池的电解质为有机溶液；聚合物锂离子电池的电解质为胶体或固态聚合物。从安全角度讲，聚合物锂离子电池比液态锂离子电池安全。

【软包锂离子电池】

（5）按照电池的负极材料不同，锂离子电池可分为石墨锂离子电池、钛酸锂离子电池等。钛酸锂离子电池是一种主要用作锂离子电池负极材料，可与 $LiMn_2O_4$、三元锂或 $LiFePO_4$ 等正极材料组成2.4V或1.9V的锂离子二次电池。此外，它还可以用作正极材料，与金属锂或锂合金负极组成1.5V的锂离子二次电池。由于钛酸锂离子电池具有安全性高、稳定性高、使用寿命长、充放电倍率高、耐低温性能好和绿色环保的特点，已广泛应用在以珠海银隆新能源客车为代表的新能源汽车及一些要求安全性高、稳定性高和周期长的应用领域。钛酸锂离子电池的工作电压为2.4V，最高电压为3.0V，充电电流大于2C（即电池容量值2倍的电流）。

2. 锂离子电池的结构

如图 2-13 所示，圆柱形锂离子电池和方形锂离子电池主要由正极、负极、隔膜、电解液、安全阀和电池外壳等组成。

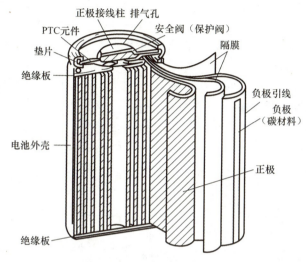

(a) 圆柱形锂离子电池的基本结构

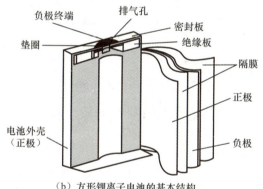

(b) 方形锂离子电池的基本结构

图 2-13 锂离子电池的基本结构

（1）正极。正极活性物质主要是在空气中化学性质稳定的嵌锂过渡金属氧化物，如 $LiCoO_2$、$LiMn_2O_4$、$LiFePO_4$ 等。在这些物质中加入适量的导电剂、树脂黏合剂，并均匀地涂覆在铝基体上，呈细薄层分布。

（2）负极。负极活性物质主要是天然石墨、人造石墨或碳纤维等碳材料与黏合剂的混合物、Li_2TiO_3 等，将这些物质加入有机溶剂并调和成膏状，涂覆于铜基上。

（3）隔膜。隔膜起关闭或阻断通道的作用。通常使用聚乙烯或聚丙烯材料的多微孔膜，具有较高的抗穿刺强度，可以有效防止因外部短路等引起的过大电流导致电池异常发热。

（4）电解液。电解液是以混合溶剂为主的有机电解液或聚合物。

（5）安全阀。安全阀安装在电池盖处，也称排气阀或保护阀，起到安全保护作用。当锂离子电池在工作时因电池内部水电解反应导致析气过多或因电池温度过高使得电池内部压力过大时,排气阀将打开,释放出气体,避免电池开裂或爆炸。

(6)电池外壳。电池外壳一般使用镀镍钢制造。

2.4.3 锂离子电池的工作原理

锂离子电池的正极活性物质是 $LiCoO_2$、$LiMn_2O_4$ 或 $LiFePO_4$ 等金属锂化物;负极活性物质是可嵌入锂离子的石墨碳(形成锂碳层间化合物 Li_xC_6);电解液一般是溶解有锂盐 $LiPF_6$ 或 $LiAsF_6$ 的有机溶液或聚合物。

图 2-14 所示为锂离子电池的工作原理。充电时,锂离子从正极脱嵌,通过电解液和隔膜进入负极;由于隔膜的作用,电子只能通过外电路从正极流向负极,形成充电电流,保持正负极电荷平衡。同理,放电时,锂离子从负极脱嵌,通过电解液和隔膜流向正极。电子通过外电路从负极流向正极,形成放电电流。在整个充放电过程中,锂离子通过隔膜往返于正负极之间。

【锂离子电池的工作原理】

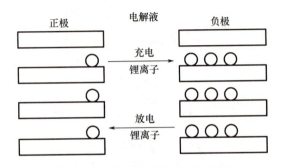

图 2-14 锂离子电池的工作原理

以 $LiCoO_2$ 为正极材料、石墨为负极材料的锂离子电池,其充放电原理如图 2-15 所示。

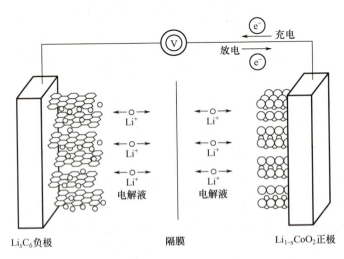

图 2-15 以 $LiCoO_2$ 为正极材料、石墨为负极材料的锂离子电池的充放电原理

充放电过程中正负极的电化学反应分别为

正极：
$$LiCoO_2 \underset{放电}{\overset{充电}{\rightleftharpoons}} Li_{1-x}CoO_2 + xLi^+ + xe^- \qquad (2-16)$$

负极：
$$6C + xLi^+ + xe^- \underset{放电}{\overset{充电}{\rightleftharpoons}} Li_xC_6 \qquad (2-17)$$

总反应为
$$LiCoO_2 + 6C \underset{放电}{\overset{充电}{\rightleftharpoons}} Li_{1-x}CoO_2 + Li_xC_6 \qquad (2-18)$$

锂离子电池在化学反应过程中，既没有消耗电解液也没有产生气体，只有锂离子在正负极间移动，所以其结构可以为完全封闭式。正常条件下，因为锂离子电池在充放电过程中没有其他副反应，所以充放电效率很高。

2.4.4 锂离子电池的特点与应用

1. 锂离子电池的特点

锂离子电池的主要优点如下。

（1）工作电压高。锂离子电池的工作电压为 3.6V 左右，是镍氢电池工作电压的 3 倍。

（2）比能量高。锂离子电池的比能量已达 150W·h/kg，是镍氢电池的 1.5 倍，是铅酸蓄电池的 3 倍。

（3）循环寿命长。在深度放电情况下，循环寿命达 1000 次以上。

（4）自放电率低。锂离子电池的自放电率仅为总容量的 6%～8%。

（5）无记忆效应。可根据要求随时充电而不减弱电池性能。

（6）对环境无污染，不存在有害物质。

（7）可随意并联使用，能够制成任意形状。

（8）可快速充电。

（9）质量轻，容量大。

锂离子电池的主要缺点如下。

（1）成本高。锂离子电池的正极材料 $LiCoO_2$ 的价格偏高，按每千瓦·时的价格计算时，已经低于镍氢电池，与镍镉电池持平，高于铅酸蓄电池。

（2）必须有特殊的保护电路，以防止过充。

2. 锂离子电池的应用

（1）便携式电子产品。目前手机、笔记本电脑、摄像机、蓝牙设备、平板电脑等电子产品已经成为人们生活中不可缺少的一部分，它们均采用锂离子电池。

（2）交通工具。随着社会文明的进步、人们环保意识的不断增强，环保的交通工具也备受关注，其中包括电动自行车、纯电动汽车、混合动力电动汽车和燃料电池电动汽车等。近年来，比亚迪、吉利、知豆、江淮、上汽荣威、北汽新能源、广汽传祺等一批自主研发品牌发展迅速，研制出一系列电动汽车，大多采用锂离子电池。

（3）军事和航空航天装备。锂离子电池可用于夜视器、无线通信电台、无人驾驶侦察机、地球同步轨道卫星等装备。

（4）其他。锂离子电池还可用于医疗行业的助听器、心脏起搏器，电力行业的储能电源等。

例如：日产 LEAF 纯电动汽车（图 2-16）的动力电池采用薄板形锰酸锂离子电池组，电池单体和电池组分别如图 2-17 和图 2-18 所示。该电池由日产与 NEC 合资的 AESC 汽车能源公司生产供应。在完全充满电的情况下，日产 LEAF 纯电动汽车最大续驶里程可以达到 160 km。日产 LEAF 电池组性能如表 2-6 所示。

【日产LEAF纯电动汽车】

图 2-16　日产 LEAF 纯电动汽车

图 2-17　薄板形锰酸锂离子电池单体

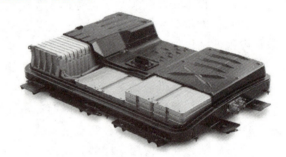

图 2-18　薄板形锰酸锂离子电池组

表 2-6　日产 LEAF 电池组性能

电池性能参数	性能值
长×宽×高/（mm×mm×mm）	1570.5×1188×264.9
总质量/kg	648
总电压/V	403.2
总容量/(kW·h)	24
最大输出功率/kW	90
比能量/(W·h/kg)	140
比功率/(kW/kg)	2.5
电池模块数目/个	48
电池单体数目/个	192
快充时间（0~80%的电量）/min	30
慢充时间（220V 家用电源，充满）/h	8

2.4.5 锂离子电池的特性

1. 锂离子电池的充电要求

（1）在电压方面，锂离子电池对充电终止电压的精度要求很高，一般误差不能超过额定值的±1%。锂离子电池充电终止电压与正极材料有关，若正极材料为 $LiCoO_2$、$LiMn_2O_4$ 和镍钴锰三元电池材料 NCM，则充电终止电压为 4.2V；若正极材料为 $LiFePO_4$，则充电终止电压为 3.65V。充电终止电压过高，会影响锂离子电池的使用寿命，甚至出现过充电现象，必须严格防止锂离子电池过充电，因为过充电会使电池正负极结构遭到破坏，电解液分解，大量排气，且温度升高，导致电池因温度过高而损坏，甚至起火爆炸；充电终止电压过低，会使充电不完全，电池的可使用时间缩短。

（2）在充电电流方面，应根据电池生产厂的建议选用锂电池的充电率（充电电流）。虽然某些电池充电倍率可达 2C，但是常用的充电倍率为 0.5~1C。

（3）在充电温度方面，一般应将温度控制在 0~60℃。电池温度过高会损坏电池并可能引起爆炸；温度过低虽不会造成安全方面的问题，但很难将电池充满。由于充电过程中，电池内部将产生一部分热能，因此在大电流充电时，需要对电池进行温度检测，并且在超过设定充电温度时停止充电以保证安全。

2. 锂离子电池的充电特性

锂离子电池的充电特性主要由正负极材料决定，通过分析电池的充电特性曲线，可以了解电池的基本特性信息及锂离子电池在充电时该如何安全保护。

锂离子电池的充电特性曲线如图 2-19 所示。为兼顾充电过程的安全性、快速性和电池使用的高效性，锂离子电池通常采用恒流恒压结合充电法，其充电过程可分为预充电、恒流充电、恒压充电三个阶段。

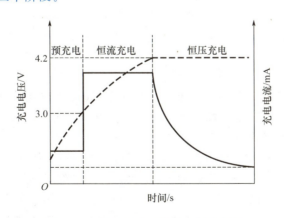

图 2-19　锂离子电池的充电特性曲线

（1）预充电阶段。

在预充电阶段，首先检测单体锂离子电池电压是否较低（<3.0V），采用涓流充电，即以一个比较小的恒定电流对电池进行充电，直至电池电压上升到一个安全值；否则可省

略该阶段。预充电阶段主要修复过放电的锂离子电池。

（2）恒流充电阶段。

在恒流充电阶段，充电电流始终保持一个较大的值不变，此时电池发生吸热反应，内阻增大，单体电池电压逐渐升高。当电池电压上升到充电电压最大值时，电池的 SOC 已达到 80%～90%，然后转入恒压充电。电池的最大充电电流取决于电池的容量。

在预充电阶段和恒流充电阶段，通过连续监控电池的电压和温度，可以采用以下两种恒流充电终止法，终止恒流充电。

①电池最高电压终止法。当单体锂离子电池的电压达到 4.2V 时，恒流充电状态应立即终止。

②电池最高温度终止法。在恒流充电过程中，当锂离子电池的温度达到 60℃时，恒流充电状态应立即终止。

（3）恒压充电阶段。

在恒压充电阶段，充电电压保持恒定。随着充电的不断进行，电池温度升高、内阻增大，充电电流逐渐减小。因为锂离子电池对充电电压精度的要求比较高，所以要严格控制锂离子电池的充电电压。在恒压充电过程中，充电器需连续监控电池的电压、温度、充电电流和充电时间。

常用的恒压充电终止方法有以下四种。

①最高电压。当单体锂离子电池的电压达到 4.25V 时，恒压充电状态自动终止。

②最高温度。当锂离子电池的最高温度达到 60℃时，恒压充电状态自动终止。

③最长充电时间。为了确保锂离子电池安全充电，除了设定最高电压和最高温度外，还应设置最长恒压充电时间，在温度和电压检测失败的情况下，可以保证锂电池安全充电。

④最小充电电流。在恒压充电过程中，锂离子电池的充电电流逐渐减小，当充电电流减小到一定数值（通常为恒流充电电流的 1/10）时，恒压充电状态自动终止。

3. 锂离子电池的放电特性

一般锂离子电池的最大放电倍率为 2～3C。

当环境温度为 25℃时，500mA·h 的 AA 型锂离子电池的放电特性曲线如图 2-20 所示。当采用 0.2C 放电倍率且单体电池电压下降到 2.7V 时，放出电量 500mA·h；当采用 1.0C 放电倍率时，能够放出 90% 左右的额定容量。

由图 2-20 可知，在整个放电过程中，锂离子电池的电压曲线可分为以下三个阶段。

（1）放电初期快速下降阶段。放电倍率越大，电压下降就越快。

（2）平缓变化阶段。平缓变化阶段称为电池的平台区，放电倍率越小，平台区持续的时间就越长，平台电压越高，电压下降越缓慢。在锂离子电池的实际使用过程中，应尽可能使电池工作在平台区。

（3）放电末期急剧下降阶段。在电池电量接近放完时，电池负载电压开始急剧下降，直至达到放电终止电压。

锂离子电池的放电终止电压因电池正极材料不同而有所不同。若正极材料为 $LiCoO_2$、

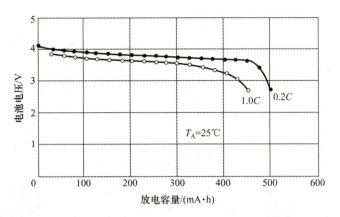

图 2-20　500mA·h 的 AA 型锂离子电池的放电特性曲线

$LiMn_2O_4$ 和 NCM，则放电终止电压为 2.75～3.0V；若正极材料为 $LiFePO_4$，则放电终止电压为 2.5V。

2.4.6　锂离子电池的安全性

1. 安全测试

在撞击、热冲击、过充电、过放电和短路等误用或滥用的情况下，锂离子电池内部的活性物质及电解液等成分将发生化学反应，产生大量的热量和气体，气体的增加使得电池内部压力增大，如热量不能及时散发，可能引起电池热失控，积累到一定程度可能导致电池破裂、着火甚至爆炸，造成安全事故。因此，为了保证安全，锂离子电池在出厂前需经过严苛的安全测试，各项性能需符合安全检验标准。通用的动力电池安全测试项目如表 2-7 所示，其中包括过充电、短路、热冲击、针刺、挤压、重物冲击、火烧等极端测试，如图 2-21 所示。

表 2-7　通用的动力电池安全测试项目

测试类别	主要测试项目
电性能测试	过充电、过放电、外部短路、强制放电等
机械测试	自由落体、重物冲击、针刺、振动、挤压等
热测试	火烧、热冲击、油浴、微波加热等
环境测试	高空模拟、浸泡等

动力电池的类型不同，安全测试的具体项目和要求有所不同。锂离子电池主要安全测试项目、检测方法及指标如表 2-8 所示，参考国家标准 GB/T 18287—2013《移动电话用锂离子蓄电池及蓄电池组成规范》和 QC/T 743—2006《电动汽车用锂离子蓄电池》。

(a)过充电测试

(b)短路测试

(c)热冲击测试
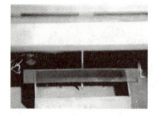
(d)针刺测试

(e)挤压测试

(f)重物冲击测试

(g)火烧测试

图 2-21 锂离子电池的安全测试项目

【锂离子电池安全国家标准】

表 2-8 锂离子电池主要安全测试项目、检测方法及指标

安全测试项目	检测方法	指 标
过充电	恒流：$3I_3$(A) 外接电流，充电蓄电池电压达到 5V，或充电时间达到 90min	不爆炸，不起火，不冒烟或漏液
过放电	(20±5)℃，$1I_3$(A) 充电，终止电压为 0V	不爆炸，不起火，不冒烟
短路	将蓄电池充足电，室温下将两电极短路 10min，外部电路电阻应小于 5mΩ	不爆炸，不起火，不冒烟
重物冲击	10kg 重锤自 1m 高度自由落下，冲击电池	不爆炸，不起火
热冲击	电池放置于热箱中，温度以 (5±2)℃/min 的速率升到 (150±2)℃并保持 30min	不爆炸，不起火
针刺	已充满电的电池，用外力刺入钉子等异物，然后拔除，电池允许有一定温升（低于 60℃）及少量漏液（液态电池）	不爆炸，不起火

2. 安全性分析

锂离子电池自身的不安全因素：①比能量很高；②采用有机易燃电解液；③制造工艺复杂；④电池组具有不一致性。

例如，2013年10月3日，美国一辆特斯拉Model S在高速行驶时撞到了一个巨大金属物——路中央从半挂汽车上脱落的弯曲金属物体，汽车严重损坏。该金属对汽车底部的电池保护装甲施加了巨大的冲击力，形成了一个直径为3in（1in＝2.54cm）的穿孔，很快燃烧起来，如图2-22所示。

图2-22　美国一辆特斯拉Model S事故起火

特别对于电动汽车用动力电池系统的电池组，若各单体电池处于非均衡状态，则可认为某个特定单体电池处于滥用状态，该单体电池的不安全可能引起整个电池组的不安全。因此，锂离子电池的安全性研究成为当前该领域的研究热点。

铅酸蓄电池、镍氢电池和锂离子电池的技术性能比较如表2-9所示。

表2-9　铅酸蓄电池、镍氢电池和锂离子电池的技术性能比较

技术性能	铅酸蓄电池	镍氢电池	锂离子电池
平均工作电压/V	2.0	1.2	3.6
比能量/(W·h/kg)	40～60	65～80	125～150
比功率/(W/kg)	150～200	160～230	250～400
充放电寿命/次	500～700	600～800	1000～1200
自放电率（每月）/(％)	3	30～35	6～8
记忆效应	有	有	无
污染	有	无	无

2.5 铁电池

2.5.1 铁电池的分类与特点

国内外研究的铁电池有高铁电池和锂铁电池两种。

1. 高铁电池

高铁电池是以合成稳定的高铁酸盐（K_2FeO_4、$BaFeO_4$等）为正极材料，制作能量密度大、体积小、质量轻、循环寿命长、无污染的新型化学电池。与普通蓄电池相比，它具有以下优点。

（1）比功率高。市场上的民用电池比功率只有60～135W/kg，而高铁电池比功率可以超过1000W/kg，放电电流是普通电池的3～10倍。特别适合需要大功率、大电流的场合。

（2）性价比高。

（3）放电电压稳定。如$Zn-K_2FeO_4$的放电电压主要保持在1.2～1.5V。

（4）原料丰富。地壳中最丰富的金属元素为铝和铁，铁在地壳中的含量为4.75%，锰的含量只有0.10%。铁的用量在自身非常丰富的情况下仅是锰的1/3，大大节约了社会资源，降低了原料成本。

（5）绿色无污染。高铁酸盐放电后的产物为$FeOOH$或$Fe_2O_3-H_2O$，无毒无污染，对环境友好，不需要回收。

2. 锂铁电池

锂铁电池是指磷酸铁锂离子电池，使用$LiFePO_4$做正极材料，其开路电压为3.0～3.6V，工作电压为2.5～3.3V，放电平稳，无污染，安全，性能优良。

磷酸铁锂离子电池具有以下优点。

（1）放电倍率大。标准放电为2～5C，连续大电流放电可达10C，瞬间脉冲放电（10s）可达20C，10C放电可放出90%的容量。

（2）比能量高。比能量高达120W·h/kg。

（3）高温性能出色。60℃高温下可正常使用，电池的结构完好，无须增设空调设备，无须进行充电温度补偿。

（4）安全可靠。稳定的晶格结构、化学键和结构设计，保证了该电池内部或外部受到伤害时不燃烧、不爆炸。

（5）循环寿命长。常温[（20±5）℃]条件下，1C循环寿命达2000次以上；经500次循环，其放电容量仍大于95%。

（6）能量转化效率高。充放电副反应少，能量转换效率高达97%。

（7）可快速充电。10min左右可充满电池容量的50%。

（8）对环境无污染。无钴、镍、铅等有毒重金属。

(9) 成本低。磷、铁资源含量丰富,原料价格低且可循环利用。

(10) 放电至零电压储存 30 天也无损坏。

磷酸铁锂离子电池的缺点是低温性能差、能量密度低。

2.5.2 铁电池的结构与工作原理

1. 铁电池的结构

磷酸铁锂离子电池的结构如图 2-23(a) 所示。左边是橄榄石结构的 $LiFePO_4$,作为电池的正极,由铝箔与电池正极连接;中间是聚合物的隔膜,把正极与负极隔开,使锂离子 Li^+ 可以通过而电子 e^- 不能通过;右边是由碳(石墨)组成的电池负极,由铜箔与电池的负极连接。电池由金属外壳〔图 2-23(b)〕密闭封装。

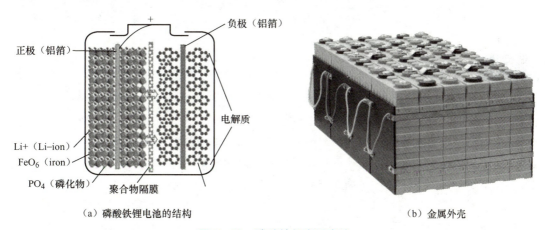

(a) 磷酸铁锂电池的结构　　　　　　　(b) 金属外壳

图 2-23　磷酸铁锂离子电池

2. 铁电池的工作原理

磷酸铁锂离子电池在充电时,正极中的锂离子 Li^+ 通过聚合物隔膜向负极迁移;在放电时,负极中的锂离子 Li^+ 通过隔膜向正极迁移。正负极的化学反应及总反应分别为

$$正极:\quad LiFePO_4 \underset{放电}{\overset{充电}{\rightleftharpoons}} FePO_4 + Li^+ + e^- \qquad (2-19)$$

$$负极:\quad 6C + Li^+ + e^- \underset{放电}{\overset{充电}{\rightleftharpoons}} LiC_6 \qquad (2-20)$$

$$总反应:\quad LiFePO_4 + 6C \underset{放电}{\overset{充电}{\rightleftharpoons}} FePO_4 + LiC_6 \qquad (2-21)$$

2.5.3 铁电池的应用

2008 年,比亚迪自行研制的 F3 双模电动汽车使用名为 ET-POWER 的铁电池〔图 2-24(a)〕,它是比亚迪在电池领域的新成果。

铁电池 ET-POWER 广泛应用于比亚迪的电动汽车,如纯电动汽车 e6 和腾势 500,纯电动客车 K9,插电式混合动力电动汽车秦、唐、宋等。

【比亚迪戴姆勒腾势500】

(a) 比亚迪铁电池ET-POWER

(b) 比亚迪铁电池电动汽车

图2-24 比亚迪铁电池及比亚迪铁电池电动汽车

2.6 燃料电池

2.6.1 燃料电池的发展

燃料电池（Fuel Cell，FC）是一种化学电池，直接把物质发生化学反应时的化学能转换为电能。工作时，需要连续地向其正负极供给活性物质——氢气和氧气。由于它把燃料通过化学反应释出的能量转换为电能输出，因此称为燃料电池。与常规蓄电池不同的是，燃料电池不能通过充电的方式储电，而是不断消耗燃料来输出电能，也称"发电装置"。

早在1839年，英国人Grove率先发明了燃料电池，其燃料电池实验如图2-25所示，并用这种以氢气和氧气为燃料、以铂丝为电极催化剂的简单的氢氧燃料电池点亮了照明灯。1889年，Mond和Langer首先提出"燃料电池"这个词，并获得$3.5mA/cm^2$的电流密度。

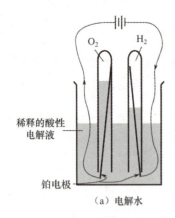

(a) 电解水

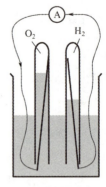

(b) 微小的电流产生

图2-25 Grove的燃料电池实验

1962年，美国通用电力公司研发出PEMFC技术，PEMFC和碱性燃料电池（AFC）先后被成功应用于双子座（Gemini）和阿波罗号（Apollo），进一步推动了燃料电池的研发热潮。

加拿大Ballard公司是PEMFC技术领域的先驱，自1983年以来，Ballard公司一直从事燃料电池的开发和生产工作。

1993 年，Ballard 公司推出了世界上第一辆以 PEMFC 为动力源的电动公共汽车，装备 105kW 级 PEMFC 燃料电池组，能载客 20 人。一般城市公共汽车采用碳吸附系统储备气态 H_2 即可连续运行 480km。加拿大政府将燃料电池确定为 21 世纪首选的清洁能源系统。

1997 年，Ballard 公司和德国戴姆勒-奔驰公司、美国福特公司合作开发车用燃料电池。

燃料电池具有比能量高、高效、零污染的优点，号称"终极电池"，代表电动汽车未来的发展方向，也是各国重点研发的领域之一。近年来，美国、日本、欧洲国家和中国均已制订发展燃料电池的长期计划，但在具体研发燃料电池技术及支持力度上有所不同。

美国政府早已将燃料电池技术列为保持美国经济繁荣和国家安全而必须发展的 27 项关键技术之一。2003 年 2 月，美国总统乔治·沃克·布什在《国情咨文》中提出了 12 亿美元的氢燃料汽车计划，能源部在"氢计划"中明确提出 2010 年燃料电池电动汽车要在汽车市场实现 25% 的份额。在燃料电池电动汽车的技术开发方面，美国通用公司发展最成熟，典型代表是氢动 1 号、氢动 3 号、Sequel、Equinox 等。

美国通用公司在能源部的资助下，推出了以 PEMFC 和蓄电池并用提供动力的汽车。美国福特公司现已研制出从汽油中提取氢的新型燃料电池，其燃料效率比内燃机的高 1 倍，而产生的污染只有内燃机的 5%。福特公司的 21 世纪绿色汽车的开发计划中，氢燃料电池汽车（Fuel Cell Electric Vehicle, FCEV）为开发研究重点。福特公司与美孚石油公司一起开发更具实际意义的车载汽油改质 FCEV。

日本政府先后在"月光计划"和"阳光计划"中提出大力支持燃料电池发展，并在 2002 年租用丰田和本田公司的燃料电池电动汽车，以宣传和推动该项技术的应用和发展；2008 年，日本经济产业省对燃料电池电动汽车开发与推广制定了发展战略目标：2010 年，日本使用的燃料电池电动汽车达到 5 万辆，2020 年将达到 500 万辆，2030 年要全面普及燃料电池电动汽车。

在欧洲，2008 年夏天欧盟决定斥资 10 亿欧元研究和发展燃料电池和氢能源。欧盟此举旨在把燃料电池和氢能源技术发展成能源领域的一项战略高新技术，使欧盟在燃料电池和氢能源技术方面处于世界领先地位，欧盟将力争在 2020 年前建立一个燃料电池和氢能源的庞大市场。德国也将燃料电池技术作为今后的主要发电技术之一。

我国政府将燃料电池技术列为研发重点，并将其作为终极目标。2008 年，我国开发了国产的燃料电池公交汽车和上海大众帕萨特领驭燃料电池电动汽车为北京奥运会服务。

燃料电池被公认为未来最具发展潜力的绿色车用能源，但是其成本太高，主要原因如下。

（1）燃料电池反应中需要使用贵金属铂作为催化剂，使得成本居高不下。
（2）在后续使用上，储存和运输氢的成本高昂。
（3）加氢站等配套设施不够完善，提高加氢站安全性需高额的前期投入。

与纯电动汽车、混合动力电动汽车类似，推广燃料电池电动汽车的最大难点在于加氢站的建设及一系列后市场的完善。日本丰田的做法是 2020 年之前，免费开放有关燃料电池的 5680 项技术专利，有关氢气生产和供应的专利则永久免费。虽然丰田在技术研发环节付出了很多精力和成本，但最终燃料电池电动汽车的推广还需要全行业乃至全社会的共同努力。因此，燃料电池目前离产业化还有较长的路要走，预计在 2030 年以后会实现商业化。

2.6.2 燃料电池的特点

燃料电池与蓄电池相同的是都有正负极、电解液，都是通过活性物质的电化学反应产生电能。燃料电池被称为发电装置，发电原理相当于水电解的逆反应。它的最大特点是正负极本身不包含活性物质，工作时，活性物质从电池的外面连续不断地注入，即可持续提供电能，故也称连续电池。燃料电池与普通蓄电池的区别如下。

（1）本质区别。燃料电池是一种能量转换装置；普通蓄电池是一种能量储存装置。

（2）燃料电池的活性物质不在电池内部，而是从电池的外部输入；普通蓄电池的活性物质就在电池内部。

（3）燃料电池放电过程中消耗的活性物质不能通过充电来还原，而是向电池内部不断输入燃料及氧化剂，并及时排出电化学反应产物，即可持续提供电能；普通蓄电池可反复充放电数次，化学反应是可逆的，最终活性物质不消耗。

（4）燃料电池的内部结构和系统控制比较复杂，需要一套燃料储存装置和附属装备；普通蓄电池不用辅助设备，控制相对简单。

1. 燃料电池的优点

（1）能量转换效率高。燃料电池的能量转换效率高达 70%，是普通内燃机的 2 倍左右。

（2）基本达到零污染排放。用碳氢化合物做燃料的燃料电池的主要生成物为 H_2O 和 CO_2；而以单质 H_2 为燃料的燃料电池，其反应产物只有清洁的 H_2O，零污染。

（3）无振动和噪声，使用寿命长。燃料电池没有内燃机的曲柄连杆机构等机械运动，因此工作时没有噪声和振动，运行较平稳，并减少了机械器件的磨损，延长了使用寿命。

（4）结构简单，机械加工及维护方便。燃料电池没有复杂的机械运动部件，机械加工方便且精度要求低。由于无机械磨损，因此后期的运行维护较容易。

（5）适用燃料多样化。燃料电池除了以纯 H_2 作为燃料外，还可以使用天然气、甲醇（CH_3OH）、乙醇等碳氢化合物燃料，需经专用装置对这些燃料进行重整，转换成 H_2。

2. 燃料电池的缺点

（1）安全性要求高。由于燃料电池的燃料为氢气，易燃易爆，因此在制取、储存、运输、灌装、重整氢气时需要注意安全。在燃料电池系统工作时，一旦密封不良，导致氢气泄漏，不仅严重影响燃料电池的能量效率，而且可能引起燃料电池燃烧或爆炸等危险事故，故要严格高质量地密封燃料电池。

（2）制造和使用成本高。燃料电池价格昂贵、系统复杂，暂无法普及。

（3）需要配备辅助电池系统。燃料电池可以持续发电，但不能对其充电，不能回收燃料电池电动汽车再生制动的能量，故在燃料电池汽车上还需增加辅助蓄电池。

（4）起动时，燃料电池的快速响应能力还不够理想。

（5）加氢站的配套建设还不够完善。

2.6.3 燃料电池的分类

燃料电池有多种类型，下面通过不同的分类方法加以概括。

1. 按燃料电池的运行机理分类

根据运行机理不同，燃料电池可分为两类：酸性燃料电池和碱性燃料电池。

2. 按燃料电池的工作温度分类

根据工作温度不同，燃料电池可分为四类：低温型（温度低于200℃）燃料电池、中温型（温度为200～750℃）燃料电池、高温型（温度为750～1000℃）燃料电池、超高温型（温度高于1000℃）燃料电池。

3. 按燃料电池的燃料来源分类

根据燃料来源不同，燃料电池可分为以下四类。

（1）直接式燃料电池。直接式燃料电池的燃料是液态或气态纯氢，不需要复杂的过程生成 H_2，但需要铂等贵金属作为催化剂。

（2）间接式燃料电池。间接式燃料电池的燃料为压缩天然气 CNG、甲烷（CH_4）、汽油、液化石油气 LPG、乙醇、二甲醚等碳氢化合物，需经过重整后转变为纯氢，再供给燃料电池极板。

（3）再生式燃料电池。再生式燃料电池是将燃料电池生成的水经太阳能发电电解水等适当方法分解成氢和氧，再重新输送给燃料电池极板。

（4）微生物燃料电池。微生物燃料电池的燃料是指用稻草、麦秆、玉米秆、甘蔗叶、青草等生物原料，通过生物反应转换成的燃烧气体（主要是 H_2、CH_4），再经加工处理。

4. 按燃料电池的电解质分类

根据电解质不同，燃料电池可分为以下六类。

（1）质子交换膜燃料电池（Proton Exchange Membrane Fuel Cell，PEMFC）。PEMFC 的电解质为固态聚合物膜，只允许氢质子 H^+ 通过，故称为质子交换膜。PEMFC 的工作温度约为80℃，在这种温度条件下，需要通过电极上薄层的铂催化剂催化，以保证电化学反应能正常进行。PEMFC 内唯一的液体是水，因此腐蚀程度较低，使用寿命较长。由于PEMFC 具有工作温度低、起动时间短、能量密度高、使用寿命长、效率高、绿色环保等优点，因此是电动汽车用燃料电池的最佳选择。

（2）碱性燃料电池（Alkaline Fuel Cell，AFC）。AFC 是以石棉网为电解质的载体，以强碱 KOH 水溶液为电解质，工作温度为70～120℃，催化剂为铂、金、银等贵重金属。由于其电解质的腐蚀性较强，因此使用寿命较短。

（3）磷酸燃料电池（Phosphoric Acid Fuel Cell，PAFC）。PAFC 以磷酸（H_3PO_4）水溶液为电解质，工作温度为150～200℃，用铂做催化剂。其缺点之一是起动时间长，因此不适合用于电动汽车，但可用于移动电源、分散式电源等。

（4）熔融碳酸盐燃料电池（Molten Carbonate Fuel Cell，MCFC）。MCFC 的电解质

为分布在多孔陶瓷材料中的碱性碳酸盐,工作温度为600~800℃。电解质在高温下呈熔融状态,离子传导度极佳,不需要铂等贵金属做催化剂。MCFC 目前广泛用于分散式电站和集中式电厂的大规模发电。

(5) 固体氧化物燃料电池(Solid Oxide Fuel Cell,SOFC)。SOFC 的电解质是固态非多孔金属氧化物(如氧化锆),工作温度为650~1000℃,主要用于大规模的集中式电站和分散型电站。

(6) 直接甲醇燃料电池(Direct Methanol Fuel Cell,DMFC)。DMFC 是直接使用水溶液及甲醇蒸汽为燃料,而不需要通过甲醇重整装置制取出氢再供发电,工作温度约为80℃,其催化剂为铂,主要用于小型、微型移动/便携式电源。

表 2-10 为六种燃料电池的主要性能比较。

表 2-10 六种燃料电池的主要性能比较

性能	质子交换膜燃料电池	碱性燃料电池	磷酸燃料电池	熔融碳酸盐燃料电池	固体氧化物燃料电池	直接甲醇燃料电池
燃料	H_2	H_2	H_2	$CO、H_2$	$CO、H_2$	CH_3OH
氧化剂	空气或 O_2	O_2	空气	空气	空气	空气或 O_2
电解质	质子交换膜	KOH 水溶液	磷酸水溶液	碱性碳酸盐	二氧化锆陶瓷	质子交换膜
工作温度/℃	≈80	70~120	150~200	600~800	650~1000	≈80
起动时间	几分钟	几分钟	2~4h	>10h	>10h	几分钟
寿命/h	100000	10000	15000	13000	7000	100000
效率/(%)	>60	60~70	40~50	>60	>60	>60
主要特征	起动快、比功率高、使用寿命长	起动快、效率高、有腐蚀	效率较低、有腐蚀	起动慢、无需铂催化剂、有腐蚀	起动慢、无需铂催化剂、有腐蚀	起动快、比功率高、使用寿命长
主要应用领域	航天、军事、电动汽车	航天、军事	大客车中小电厂	大型电厂	大型电厂	航天、军事、电动汽车

2.6.4 燃料电池系统

燃料电池实际上是一个大的发电系统。以 PEMFC 为例,它主要由燃料电池模块、氢燃料供应与管理系统(包括净化)、氧化剂管理系统、增湿系统、通风系统、水管理系统、热管理系统、功率调节系统及自动控制系统等组成,如图 2-26 所示。

1. 燃料电池模块

燃料电池模块是由多个燃料电池堆(组)按特定供给反应物方式和电连接方式构成的组合体,它将氢燃料和氧化剂中的化学能转换为电能,不需要燃烧,只需一个电化学反应装置。

由于单体 PEMFC 的电压为 0.9V 左右,远远满足不了电动汽车的电压需求,因此需成组使用。

燃料电池堆(组)由两个或多个单体电池以串联方式层叠组合而成。将双极板与膜电极

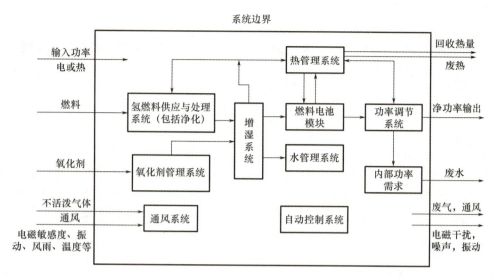

图 2-26 PEMFC 系统的组成

三合一组件交替叠合，各单体电池之间嵌入密封件，经前、后端板压紧后用螺杆紧固拴牢，即构成 PEMFC 电堆，如图 2-27 所示。叠合压紧时应确保气体主通道对正，以便氢气和氧气能顺利通达各单体电池。电堆工作时，氢气和氧气分别由进口引入，经电堆气体主通道分配至各单体电池的双极板，经双极板导流均匀分配至电极，通过电极支撑体与催化剂接触进行电化学反应。

图 2-27 PEMFC 电堆

2. 氢燃料供应与管理系统（包括净化）

氢燃料供应与管理系统是给燃料电池提供氢燃料并进行压力调节和回收的系统。氢燃料供应主要采用 70MPa 或 35MPa 的高压气态储氢罐。

3. 氧化剂管理系统

氧化剂管理系统给燃料电池提供氧气。氧气的来源为空气或氧气罐。空气需要用压缩机来提高压力，以加快燃料电池的反应速度。

4. 增湿系统

增湿系统的作用是保证质子交换膜的质子传导能力,向电池内部提供气态或液态水。

5. 通风系统

通风系统的作用是通过机械的方式向燃料电池系统的机柜提供空气。

6. 水管理系统

由于 PEMFC 中质子是以水合离子状态进行传导的,因此燃料电池需要一定量的水,水过少会影响电解质膜的质子传导特性,从而影响电池的性能。燃料电池的阴极生成水,需要不断及时地将其带走,否则水过多会将电极"淹死",造成燃料电池失效。

7. 热管理系统

大功率燃料电池发电的同时,由于电池内阻的存在,不可避免地会产生热量,通常产生的热与其发电量相当。而燃料电池的工作温度有一定限制,如 PEMFC 应控制在 80℃,因此需要及时将电池产生的热量带走,否则电池过热会烧坏电解质膜。水和空气是常用的传热介质。热管理系统可提供冷却和散热功能以保持燃料电池系统内部的热平衡,还可以回收余热以便在启动过程中协助加热。

8. 功率调节系统

功率调节系统即电力系统,用于将燃料电池发出的直流电转换为适合用户使用的电。燃料电池产生的直流电需要经过 DC/DC 转换器调压。在采用交流电动机的驱动系统中,还需要用 DC/AC 逆变器将直流电转换为三相交流电。

9. 自动控制系统

自动控制系统主要包括电池系统的起动与停工,维持电池系统稳定运行的各操作参数的控制,对电池运行状态进行监测、判断等。

2.6.5 燃料电池的关键技术

1. 制氢技术

尽管氢是自然界最丰富的元素之一,但大多数氢是以化合物的形式存在的,天然的单质氢气很少,所以只能依靠人工制取氢。目前制氢的主要方法如下。

(1) 化学燃料制氢。

应用最广泛的制氢用化学燃料是天然气(主要成分是 CH_4)和 CH_3OH,根据制氢原理不同,可分为水蒸气重整制氢、部分氧化重整制氢等。工业制氢的主要方法是采用天然气或甲醇水蒸气重整制氢。

CH$_4$ 在镍催化剂上的反应如下。

$$CH_4 + H_2O \xrightarrow[750\sim900℃]{Ni} CO\uparrow + 3H_2\uparrow \qquad (2-22)$$

反应生成的 CO 与水蒸气反应,实现氢气的进一步制备,反应如下。

$$H_2O + CO \longrightarrow H_2\uparrow + CO_2\uparrow \qquad (2-23)$$

CH$_4$ 水蒸气重整制氢采用镍催化剂,温度为 750~900℃,压力为 2.17~2.86MPa。

CH$_3$OH 水蒸气重整制氢与 CH$_4$ 水蒸气重整制氢原理相似,反应如下。

$$CH_3OH + H_2O \longrightarrow 3H_2\uparrow + CO_2\uparrow \qquad (2-24)$$

但反应条件不同,此时工作温度为 220~280℃,并采用专用催化剂。

(2) 水解制氢。

水解制氢常用电解水制氢,这是一种原理简单且技术成熟的传统制氢方法,不产生污染,但成本较高。电解水的原理是采用质量分数约为 30% 的 KOH 水溶液为电解液,当接通直流电后,水就分解为 H$_2$ 和 O$_2$。为了降低制氢成本,很多人趋向于研究太阳能光电解,即利用太阳光直接将水分解为 H$_2$ 和 O$_2$。具体原理是利用半导体电极的光电化学效应制成太阳能光电化学电池,以水为原料,在太阳光照射下制取氢。

(3) 生物制氢。

生物制氢是指利用藻类、细菌类等微生物反应制氢,但制氢纯度不高。

2. 储氢技术

应用较广泛的储氢技术有高压气态储氢、低温液态储氢和储氢材料储氢(Ti 系储氢合金化学储氢、碳纳米管物理吸附储氢)三种。这三种技术在实际运用中的效果很大程度上取决于材料的性能,其中储氢材料储氢技术更有优势,尤其是使用碳纳米管物理吸附储氢时,效果更理想。三种储氢技术的详细介绍见第 6 章,性能比较如表 2-11 所示。

表 2-11 三种储氢技术的性能比较

性 能		高压气态储氢	低温液态储氢	储氢材料储氢	
				Ti 系储氢合金化学储氢	碳纳米管物理吸附储氢
安全性		低	低	较高	
能源综合利用率		低	较低	高	
储氢能力	单位质量储氢量/(%)	—	—	2	4
	单位体积储氢量/(kg/m^3)	31.5	71	61	160
能量密度	单位质量能量密度/(kW·h/kg)	—	—	0.79	5.53
	单位体积能量密度/(kW·h/L)	1.24	2.8	2.4	6.32

续表

性　能	高压气态储氢	低温液态储氢	储氢材料储氢	
			Ti系储氢合金化学储氢	碳纳米管物理吸附储氢
优点	简单、方便	储存效率高、装置质量轻、体积小、储氢压力低	安全可靠，运输方便，操作较容易	
缺点	储氢压力过高，安全性较低，储氢罐要求耐高压，严格密封	H_2先降温至$-253℃$液化，消耗大量能量，需使用耐超低温和隔热的容器，易挥发	储氢合金反应可逆，成本较高	
应用	主流，如丰田Mirai	较少，如宝马7系	较少	

2.6.6　质子交换膜燃料电池

质子交换膜燃料电池（PEMFC）是燃料电池电动汽车上应用最广泛的燃料电池。它采用可传导离子的聚合物膜（质子交换膜）作为电解质。

1. PEMFC的基本结构

PEMFC基本单元由双极板（阳极板和阴极板）、质子交换膜、催化层、扩散层等组成，如图2-28所示。

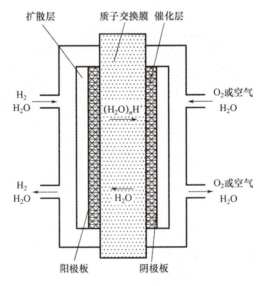

图2-28　PEMFC基本单元的组成

（1）质子交换膜。

质子交换膜（Proton Exchange Membrane，PEM）是PEMFC中的重要部件之一，其

性能直接影响燃料电池的性能和寿命。它不仅可以作为隔开阳极燃料与阴极氧化剂的隔膜,而且是电解质和电极活性物质(电催化剂)的基底,即兼有隔膜和电解质的作用;它是厚度为 50~180μm 的极薄膜片,在一定的温度和湿度下是一种选择性透过膜,只允许 H^+ 穿过,不允许 H_2、其他离子及液体通过。

(2)催化剂。

为了加速阳极板氢的氧化反应和阴极板氧的还原反应,在质子交换膜两侧的气体扩散层表面都含有一定量的催化剂,也称触媒。常用的催化剂是金属铂,一般用量是 $0.2mg/cm^2$。铂虽价格高昂,但活性高、耐腐蚀。在 PEMFC 工作过程中,要防止铂催化剂中毒失效。

(3)气体扩散电极。

气体扩散电极是一种多孔电极,一般由气体扩散层和催化层组成。气体扩散层一般为由碳纤维纸(碳纸)制成的多孔合成物,厚度为 100~300μm,起支撑催化层、收集电流并为电化学反应提供电子通道、气体通道和排水通道的作用;催化层是进行电化学反应的区域,是电极的核心部分,其内部粗糙多孔,因而有足够的表面积促进 H_2 和 O_2 的电化学反应。

(4)膜电极。

膜电极(Membrane Electrode Assembly,MEA)是质子交换膜与其两侧的气体扩散层通过热压而成的三合一组件,如图 2-29 所示,是 PEMFC 的核心组件。

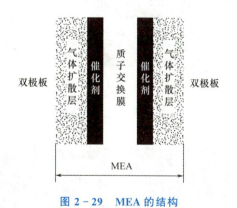

图 2-29 MEA 的结构

(5)双极板与流场。

双极板又称集流板,是电池的重要部件之一,其基本结构如图 2-30 所示,其作用是分隔反应气体、收集电流、将各单体电池串联起来,其表面的导流槽还起导流氢燃料、O_2 和水的作用。双极板常用石墨、表面改性的金属或金属与炭黑的复合材料等,一般厚度为 2~3.7mm。图 2-31 所示为双极板的表面结构。

流场的功能是引导反应气体流动方向,确保反应气体均匀分散到电极的各处,经电极扩散层到达催化层参与电化学反应,已开发有点状、网状、平行沟槽和蛇形等形状的流场,如图 2-32 所示。其中平行沟槽流场和蛇形流场应用较广泛。

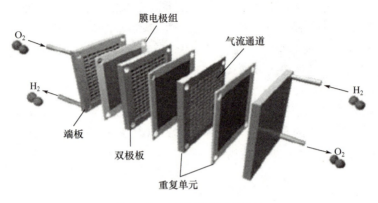

图 2-30 双极板的基本结构

图 2-31 双极板的表面结构

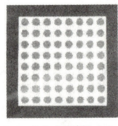   

(a) 点状流场　　　(b) 网状流场　　　(c) 平行沟槽流场　　　(d) 蛇形流场

图 2-32 双极板的流场形状

2. PEMFC 的工作原理

PEMFC 在原理上相当于水电解的"逆"装置，其单体电池由阳极、阴极和质子交换膜组成。阳极为氢燃料发生氧化的场所，阴极为氧化剂还原的场所，两极都含有加速电极电化学反应的催化剂；质子交换膜为电解质。PEMFC 的工作原理如图 2-33 所示。

【PEMFC的工作原理】

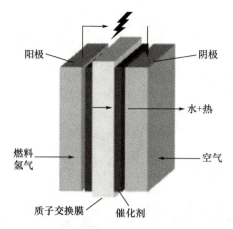

图 2-33 PEMFC 的工作原理

导入的 H_2 通过阳极板经阳极气体扩散层到达阳极催化层,在阳极催化剂作用下,氢分子分解为带正电的氢离子(即质子)并释放出带负电的电子,完成阳极反应;氢质子穿过质子交换膜到达阴极催化层,而电子通过外电路到达阴极,电子在外电路形成放电电流,通过适当连接可向负载输出电能;在电池另一端,O_2 增湿后通过阴极板经阴极气体扩散层到达阴极催化层。在阴极催化剂的作用下,氧与透过质子交换膜的氢质子及来自外电路的电子发生反应生成水,完成阴极反应。反应生成的水大部分从阴极板通道排出。阳极和阴极的电化学反应分别为

$$2H_2 \longrightarrow 4H^+ + 4e^- \quad (2-25)$$

$$4H^+ + 4e^- + O_2 \longrightarrow 2H_2O \quad (2-26)$$

总反应为

$$2H_2 + O_2 \longrightarrow 2H_2O \quad (2-27)$$

3. PEMFC 的特点

(1) 优点。

① 能量转化效率高。氢氧化合作用,直接将化学能转换为电能,不通过热机过程,也不受卡诺循环的限制,效率高达 70%。

② 可实现零排放。唯一的排放物就是纯净的水,环保无污染。

③ 运行噪声低,可靠性高。PEMFC 无机械运动部件,工作时仅有气体和水流动。

④ 维护方便。PEMFC 内部结构简单,电池模块呈现"积木化"的层叠结构,使得组装和维护较方便。

⑤ 发电效率稳定。发电效率受负荷变化的影响很小。

⑥ 氢来源广泛。氢是世界上最多的元素。氢气来源极其广泛,是一种可再生的能源资源,可以通过石油、天然气、CH_3OH 等重整制氢,还可以电解水制氢、太阳能光电解制氢、生物制氢等。

⑦ 技术成熟。生产、储存、运输和使用 H_2 的技术均已成熟、安全、可靠。

(2) 缺点。

① 成本高。因为质子交换膜的材料和铂催化剂都十分昂贵,若能够大规模生产,成

本将降低。

②氢要求高。需要纯净的氢，它们极易受到 CO 或其他杂质的污染。

从发展情况看，PEMFC 是技术最成熟的电动汽车动力源，PEMFC 电动汽车被业内公认为电动汽车未来的发展方向。

4. PEMFC 的应用

PEMFC 广泛应用于燃料电池电动汽车，如丰田 Mirai、本田 FCX CLARITY、通用 Sequel、奔驰 B 级等，详细介绍见第 6 章。丰田 Mirai 如图 2-34 所示。

图 2-34　丰田 Mirai

Mirai 的外观设计很有个性，意在突出氢燃料电池电动汽车的独特身份。

从定位来看，Mirai 是四门汽车，但其造型几乎与 FCV CONCEPT 概念车完全相同。Mirai 延续了丰田现有车型"X"线条的前脸，在前保险杠两侧有巨大的梯形状进气格栅，车身侧面也加入了几条连续的曲线。

Mirai 的长、宽、高分别为 4890mm、1815mm、1535mm，轴距为 2780mm，与中级汽车相当。

Mirai 使用氢气做动力能源，储存于车身后半部分的高压储氢罐中。Mirai 使用的聚酰胺帘线加轻质金属外加碳纤维缠绕的高压储氢罐可以承受 70MPa 的压力，并置于后轴的前后。加氢过程与传统添加汽油或者柴油过程相似，但安全性和加注设备具有独立的安全标准。充满 Mirai 的储氢罐需要 3~5min，在 JC08 工况下，Mirai 的储氢量可以支持 500km 以上的续驶里程。减压后的 H_2 进入位于乘员舱下方的燃料电池中，多个单体燃料电池的串联使得输出电压达到使用标准。

2.7 太阳电池

2.7.1 太阳电池的发展历史与现状

太阳能是一种资源丰富、分布广泛、对环境无污染、最具发展潜力的可再生能源。太阳每年向地面输送的能量高达 3×10^{24} J，相当于世界年耗能量的1.5万倍。为了利用持续的太阳能资源，人们发明了太阳电池，它利用太阳光和材料的相互作用（光电效应）直接产生电能。应用太阳能是人类解决世界范围内的能源危机和环境问题的一条重要途径。太阳能电池自发明以来，在航空航天、建筑、照明、汽车等领域获得了广泛应用。

太阳电池已经过160多年的漫长发展。

1839年，法国物理学家亨利·贝克勒尔首次在稀释的酸液体中发现光伏效应，即观察到插在电解液中两电极间的电压随光照强度变化的现象。

1877年，W. G. Adams 和 R. E. Day 研究了硒的光伏效应，并制作出第一个硒太阳电池。

1883年，美国发明家 Charles Fritts 描述了第一个硒太阳电池的原理。

1904年，德国物理学家爱因斯坦发表关于光电效应的论文。

1921年，爱因斯坦因1904年提出的解释光电效应的理论获得诺贝尔物理学奖。

1949年，W. Shockley、J. Bardeen、W. H. Brattain 发明了晶体管，给出了 P-N 结的物理解释，开启了半导体器件时代。

1954年，美国贝尔实验室制成了世界上第一个实用的单晶硅太阳电池，效率为4.5%，发明者如图2-35所示。1958年将其应用到美国先锋1号人造卫星（图2-36）上。

图2-35　单晶硅太阳电池的发明者

图2-36　美国先锋1号人造卫星

1960年开始，单晶硅太阳电池在人造卫星、宇宙飞船、航天飞机等空中飞行器中做供电动力源，极大地推动了太阳电池的发展。

1962年，第一颗商业通信卫星——Telstar 发射，所用的太阳电池功率为14W。

1973年，第四次中东战争爆发，人们开始把太阳电池的应用转移到一般的民生用途上。

1973年，美国特拉华大学建成世界第一座光伏住宅。

1974年，日本推出光伏发电的"阳光计划"。

美国推出了"太阳能路灯计划"，旨在让美国一部分城市的路灯都改为由太阳能供电，根据计划，每盏路灯每年可节电800kW·h。

日本实施了太阳能"7万套工程计划"，普及太阳能住宅发电系统，主要是装设在住宅屋顶上的太阳电池发电设备。

欧洲国家则将研究开发太阳电池列入著名的"尤里卡"计划，推出了"10万套工程计划"。

这些以普及应用光电池为主要内容的"太阳能工程"计划是推动太阳电池产业大发展的重要动力之一。

2005—2006年，我国太阳电池组件的年产量超过10MW。2011年中国科学院宣布启动"西部行动计划"，在两年内投入2.5亿元开展研究，建立若干个太阳能发电、太阳能供热、太阳能空调等示范工程。随着《中华人民共和国可再生能源法》的实施，我国太阳能光伏发电将以薄膜太阳电池为代表快速发展。

2.7.2 太阳电池的分类与特点

1. 太阳电池的分类

太阳电池主要由半导体的P-N结组成。按照材料不同，太阳电池主要分为硅系列太阳电池和化合物系列太阳电池两类。

（1）硅系列太阳电池。硅系列太阳电池是以硅材料为基体的太阳电池，分为单晶硅太阳电池、多晶硅薄膜太阳电池和非晶硅薄膜太阳电池等。

（2）化合物系列太阳电池。化合物系列太阳电池的材料为无机盐，主要分为砷化镓薄膜电池、硫化镉薄膜电池和碲化镉薄膜电池等。

2. 太阳电池的特点

（1）单晶硅太阳电池的转换效率最高（15%～17%），技术也最成熟，但成本较高。

（2）多晶硅薄膜太阳电池成本较低，转换效率为12%～14%。

（3）非晶硅薄膜太阳电池成本低、质量轻，转换效率为6%～10%。

（4）硫化镉薄膜电池和碲化镉薄膜电池的效率比非晶硅薄膜太阳电池的高，成本比单晶硅太阳电池的低，适合大规模生产，但镉有剧毒。

（5）砷化镓薄膜电池的转换效率高达28%，但价格高昂。

2.7.3 太阳电池的结构与发电原理

1. 太阳电池的结构

图2-37所示为太阳电池的结构和太阳电池板，在N型半导体的表面形成P型半导体，构成P-N结，形成太阳电池。P区为1～3μm，太阳光照射到它的表面，透过P区到达P-

N结处，产生电动势，电压约为0.5V。太阳电池电流与太阳光照射强度和太阳电池表面积成正比。

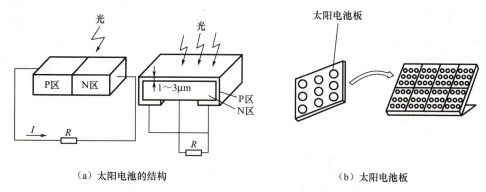

(a) 太阳电池的结构　　　　　(b) 太阳电池板

图2-37　太阳电池的结构和太阳能电池板

太阳电池的形状一般有圆形和方形两种。将多个太阳电池排列组合成太阳电池板，就能产生所需的高电压和大电流。

2. 太阳电池的发电原理

太阳电池的发电原理是基于半导体的光伏效应将太阳能直接转换为电能。在晶体中，因为电子的数目总与核电荷数一致，所以P型硅和N型硅为电中性。将P型硅或N型硅放在阳光下照射，光的能量通过电子从化学键中释放，由此产生电子-空穴对，但在很短的时间内，电子又被捕获，与空穴"复合"。

图2-38所示为太阳电池的发电原理，在P-N结的内建电场作用下，N区的空穴向P区运动，而P区的电子向N区运动，最后在太阳电池受光面（上表面）有大量负电荷（电子）积累，而在电池背光面（下表面）有大量正电荷（空穴）积累。如在电池上、下表面引出金属电极，并用导线连接负载，则在负载上有电流通过。只要太阳光照不断，负载上就一直有电流通过。

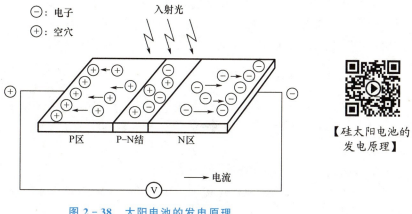

【硅太阳电池的发电原理】

图2-38　太阳电池的发电原理

2.7.4 太阳能电动汽车的结构、驱动原理和特点

1. 太阳能电动汽车的结构

太阳能电动汽车主要由车身、动力系统、机械系统、底盘等部分组成。太阳能电动汽车动力系统的结构如图 2-39 所示,主要有太阳电池板(组)、蓄电池组、控制器、电动机、传动系统等。

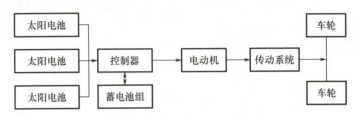

图 2-39 太阳能电动汽车动力系统的结构

(1) 太阳电池板(组)。一般在太阳能电动汽车的车顶上布置太阳电池板,板上整齐地排列几百个太阳电池,通常采用单晶硅太阳电池,这样便构成了太阳电池阵列(图 2-40)。在阳光的照射下,这些电池的电极之间就会产生电动势,并输出直流电流。

图 2-40 太阳电池阵列

(2) 蓄电池组。蓄电池组常用性能较好的锂离子电池。
(3) 控制器。控制器包括 DC/DC 功率转换器和 DC/AC 逆变器等。
(4) 电动机。主要使用异步交流电动机或永磁同步电动机。

2. 太阳能电动汽车的驱动原理

太阳能电动汽车的驱动原理是将太阳电池板(组)安装在汽车车身表面,太阳电池板(组)采集阳光并产生直流电,通过 DC/AC 逆变器转换为交流电,驱动交流电动机,最终驱动车轮行驶。

太阳能电动汽车的驱动方式有以下三种。
(1) 直接驱动。太阳电池板(组)产生的电流不经过蓄电池组,直接通过控制器、电动机、传动系统驱动汽车行驶。
(2) 间接驱动。太阳电池板(组)产生的电流先通过控制器给蓄电池组充电。当汽车

行驶时,蓄电池组提供电流,通过控制器、电动机、传动系统来驱动汽车行驶。

(3)混合驱动。太阳电池板(组)既可以用产生的电流直接驱动汽车行驶,也可以用之前储存在蓄电池组中的电能驱动汽车行驶,还可以在汽车行驶过程中给蓄电池组补充电。为了长途行驶或预防连续阴雨天气的需要,可以在蓄电池组上增加外接充电接口。

由于安装太阳电池板(组)的需要,太阳能汽车车身的造型与普通汽车有较大区别,其表面积也往往大于普通汽车的表面积。

3. 太阳能电动汽车的特点

与一般电动汽车相比,太阳能电动汽车具有以下优点。

(1)灵活利用电能。白天,只要有阳光,太阳电池就会把光能转换为电能自动存储起来,晚上可利用低谷电(220V 家用电源)充电。

(2)耗能少。只需采用 3~4m^2 的太阳电池组件便可驱动太阳能电动汽车行驶。

(3)边行驶边充电,可节能 30%左右,节能效果显著。

(4)使用成本较低,绿色环保。可利用太阳能直接转换的电能行驶。

(5)野外性能优异。能及时有效地补充电动汽车野外行驶途中的电量,增强行驶动力性,维护和延长蓄电池使用寿命。

太阳能电动汽车的缺点也很明显,具体如下。

(1)由于太阳光受天气、时间等不可控因素影响,太阳能具有地域性、季节性和时段性等。

(2)需克服太阳光的不稳定性、分散性及太阳能电池能量密度小、效率低等技术难题。

(3)太阳能电动汽车价格较高,超出了普通民众接受的范围,故未能广泛应用。

(4)太阳能电动汽车功率较小、续驶里程短、承重能力差、舒适性较差。

2.7.5 太阳电池在汽车上的应用与发展趋势

1. 应用历史

(1)1978 年,英国研制出第一辆太阳能汽车,当时车速仅为 13km/h。后来很多国家对太阳能汽车进行了研究,但主要侧重于赛车领域。

(2)2003 年,在澳大利亚太阳能汽车大赛上,由荷兰学生制造的 NunaⅡ太阳能汽车创造了太阳能汽车最高车速的新世界纪录——170km/h。

(3)1984 年 9 月,我国研制的"太阳号"太阳能汽车在武汉试验成功[图 2-41(a)],共安装了 2808 块单晶硅片,组成 10m^2 的硅板,有 3 个车轮,自重为 159kg,最高车速为 20km/h。

(4)1996 年,清华大学研制出"追日号"太阳能汽车[图 2-41(b)],自重为 800kg 左右,最高车速达 80km/h,造价为 7.8 万美元。它采用的电池板是我国第五代产品,太阳能转换效率为 14%。

(5) 2001年，上海交通大学研制出"思源号"太阳能汽车［图2-41(c)］，最高车速为50km/h。

(6) 中山大学太阳能系统研究所研制出"中山大学号"太阳能汽车［图2-41(d)］，外观上与公园的电瓶车类似，可以搭乘6名乘客，最高车速为48km/h，可持续行驶1h，造价为5万元左右。

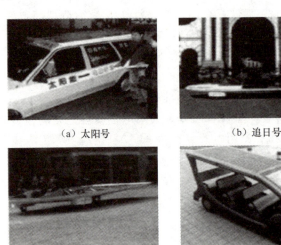

(a) 太阳号　　　　　　　　(b) 追日号

(c) 思源号　　　　　　　　(d) 中山大学号

图2-41　我国研发的太阳能汽车

2. 应用现状

太阳电池在汽车上的应用主要体现在两个方面：一是作为驱动动力源；二是作为汽车辅助设备的能源。

(1) 太阳电池作为驱动动力源，主要应用在太阳能赛车和短距离电动观光车上，如图2-42和图2-43所示。

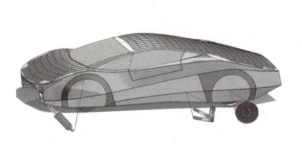

图2-42　太阳能赛车

图2-43　短距离电动观光车

(2) 在普通汽车上用太阳电池做辅助动力，或者给汽车上的各种辅助设备提供电能，如利用太阳电池为汽车的天窗、空调、风扇、仪表或车内照明设备等提供能源。图2-44所示为苹果公司推出的太阳能概念电动汽车（带太阳电池板）。

图 2-44　苹果公司推出的太阳能概念电动汽车（带太阳电池板）

国内外汽车企业研发的部分太阳能电动汽车如图 2-45 和图 2-46 所示。

（a）福特太阳能电动汽车

（b）菲亚特太阳能电动汽车

图 2-45　太阳能电动汽车

图 2-46　造型奇特的太阳能概念电动汽车

3. 发展趋势

很多国家的汽车企业和光电企业已增加对汽车和太阳能电池的研发投入，并取得了很大进展，主要体现在以下三个方面。

（1）提高汽车设计技术。减轻汽车质量，提高汽车性能。

（2）提高太阳电池的转换效率。日本企业已研制出光电转换率达 30% 的太阳电池，美国企业已研制出光电转换率达 35% 的高性能太阳电池。

（3）提高对太阳光照的利用效率。主要考虑太阳电池阵列的布置方式。

2.8 超级电容器

2.8.1 超级电容器的发展与特点

超级电容器（Super Capacitor）是一种具有超级储电能力的物理二次电源，是介于蓄电池和传统电容之间的一种新型储能装置。超级电容器又称双电层电容器、黄金电容、法拉第电容，是一种电化学元件，在其电极与电解液接触面间具有极高的比电容和较大的接触表面积，但其储能过程并不发生化学反应，而发生物理反应，并且可逆，因此超级电容器可反复充放电数十万次。

1. 超级电容器的发展

超级电容器作为一种新型可充储能电源，在储能电源中有重要地位。

早在1879年，德国物理学家赫姆霍兹就发现了电化学双电层界面的电容性质，并提出了双电层理论。但"超级电容器"概念是在1979年由日本人提出的。1962年标准石油公司生产出一种6V的以活性炭为电极材料、以 H_2SO_4 水溶液为电解质的超级电容器，并于1969年率先实现了炭材料电化学电容器的商业化。后来，该技术被转让给日本NEC公司。1979年NEC公司开始生产超级电容器，用于电动汽车的起动系统，开始了电化学电容器的大规模商业应用。几乎同时，松下公司研究出以活性炭为电极材料、以有机溶液为电解质的超级电容器。此后，随着材料与工艺关键技术的不断突破，产品质量和性能不断得到提升，超级电容器开始大规模产业化。

国外对超级电容器的研究起步较早，技术相对比较成熟。20世纪90年代，俄罗斯的Econd、Elit和ESMA公司推出了适用于大功率起动动力场合的超级电容器。如今，日本的松下、NEC，美国的Maxwell，韩国的NESSCAP，法国的SAFT等公司均投入巨资对大容量超级电容进行规模化生产的研究。美国、日本、俄罗斯等国家已把超级电容项目作为国家级的重点研究和开发项目，并提出了近期和中长期发展计划。它们的产品几乎占据了全球整个超级电容器市场。

我国对超级电容器的研究起步相对较晚，通过技术引进和自主开发，发展速度较快。国内多家公司从事大容量超级电容研发并能够批量生产，如上海奥威科技开发有限公司、锦州凯美能源有限公司、北京集星联合电子科技有限公司等。

2. 超级电容器的特点

超级电容器与其他蓄电池相比，具有以下优点。

（1）功率密度高。超级电容器的内阻小；输出功率密度高，是一般蓄电池的数十倍。
（2）充放电循环寿命长。充放电循环寿命可达10万～50万次。
（3）可实现快速充电。充电10s～10min，可达到额定容量的95%以上。
（4）能量转换效率高，大电流能量循环效率≥90%。
（5）适应环境能力强，工作温度范围宽。能在-40～70℃温度下正常工作。
（6）简单方便。充放电线路简单，长期使用几乎免维护；检测方便，剩余电量可直接读出。

(7) 安全系数高。超级电容器的材料不含重金属或其他有害化学物质，安全无毒，生产、使用、储存、拆解等过程均无污染，绿色环保。

相比普通蓄电池，超级电容器的主要缺点如下。

(1) 能量密度较低。独立用作纯电动汽车的电源时，续驶里程较短。

(2) 线性放电。超级电容器在放电时，电压线性下降，当电压较低时不能继续放电，因此无法完全放电。

(3) 电压低。超级电容器单体电压不高，一般只有1.2V，需要串联多个超级电容器才能满足电动汽车所需的输出电压。

(4) 自放电率高。自放电率比普通蓄电池的高。

(5) 成本较高。

2.8.2 超级电容器的分类

超级电容器有很多类型，下面按不同的方法将其归类。

1. 按照超级电容器的电极材料分类

根据电极材料的不同，超级电容器可分为碳电极、金属氧化物电极、混合型电极和有机聚合物电极四类。其中碳电极又可分为活性炭、碳纤维、碳纳米管、石墨烯等，它的主要优点是材料来源广、成本低、加工技术成熟、活性面积大；金属氧化物电极常用二氧化钌（RuO_2）、二氧化锰（MnO_2）、二氧化镍（NiO_2）等材料；混合型电极是指金属氧化物和碳电极的混合；有机聚合物电极常用聚吡咯、聚噻吩或聚苯胺等。

2. 按照超级电容器的电解质分类

根据电解质的不同，超级电容器可分为有机电解质超级电容器和水基溶液电解质超级电容器两类。有机电解质超级电容器常采用锂盐加有机溶剂，单体电压为2.5～3.0V，电导率低，成本高；水基溶液分为酸性（质量分数36%的H_2SO_4水溶液）、中性（KCl水溶液、NaCl水溶液）和碱性（KOH水溶液、NaOH水溶液）三种，内阻小，电导率高，成本低，单体电压为1.2V，应用广泛。

3. 按照超级电容器的外形分类

电动汽车用超级电容器主要有圆柱形和方形两种，如图2-47所示。

(a) 圆柱形超级电容器外形、内部结构和超级电容器组

图2-47 超级电容器的结构

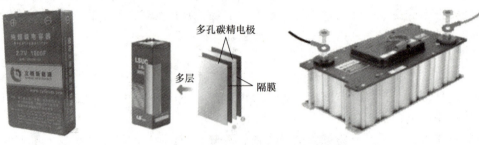

(b) 方形超级电容器外形、内部结构和超级电容器组

图 2-47 超级电容器的结构（续）

2.8.3 超级电容器的结构与工作原理

1. 超级电容器的结构

超级电容器主要由集电极、正负电极（电容板）、电解质、绝缘层（隔膜）等组成，如图 2-48 所示。双电层超级电容器（Double-Layer Capacitor，DLC）的典型结构及储能原理如图 2-49 所示。

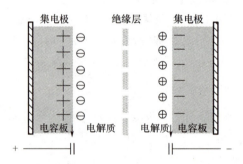

图 2-48 超级电容器的组成

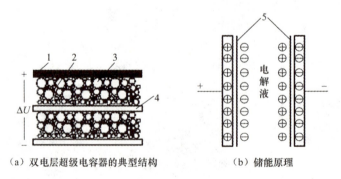

(a) 双电层超级电容器的典型结构　　(b) 储能原理

1—集电板；2—多孔电极；3—电解液；4—绝缘层（隔膜）；5—电解液界面

图 2-49 双电层超级电容器的典型结构及储能原理

两个金属集电板分别用来固定左右两侧的多孔电极，两电极中间充满电解液。绝缘层（隔膜）位于两电极的正中间，形成左右对称结构，绝缘层（隔膜）通常采用聚丙烯（PP）、

聚乙烯（PE）等绝缘材料制成。正负电荷沿集电板和电解液界面成对排列，形成双层电容。

2. 超级电容器的工作原理

如图 2-49 所示，在电解液中同时插入两个导体电极，并在两电极间施加一个小于电解液分解电压的电压，此时电解液中的正负离子在电场力的作用下迅速向两极运动，正离子向负极板靠近，负离子向正极板靠近，并分别在两电极表面形成紧密的电荷层，即双电层，其与传统电容器中的电介质在电场力作用下产生的极化电荷相似，从而具有电容效应。紧密的双电层近似于平板电容器，但由于电荷层间距比普通电容器的电荷层间距小得多，一般为 0.5nm 左右，且活性炭多孔电极具有极大表面积，因此这种结构的超级电容器容量更大。

随着超级电容器的放电，正负极板上的电荷被外电路释放，电解液界面上的电荷相对减少。由此可以看出，超级电容器的充放电过程始终是物理过程，没有化学反应，因而性能比蓄电池稳定。

普通电容器的容量 C 的表达式为

$$C = \varepsilon \frac{A}{d} \qquad (2-28)$$

式中：ε 为电介质的介电常数（F/m）；A 为电容板的表面积（mm^2）；d 为电容器的两平板间隙距离（mm）。

根据式（2-28）可知，超级电容器的电量与间隙距离成反比，与电容板的表面积成正比。

2.8.4　超级电容器在汽车上的应用与发展趋势

1. 超级电容器在汽车上的应用

随着电动汽车技术的发展，超级电容器用于电动汽车领域日益广泛，应用前景十分广阔，主要应用于超级电容客车和混合动力电动汽车。超级电容客车主要是以先进的超级电容器为动力电源的新型节能环保的城市无轨、无线纯电动公交车。以下是几个典型的应用实例。

(1) 2010 年，配备的上海奥威科技开发有限公司新款超级电容器动力系统的 61 辆申沃超级电容公交车在上海世界博览会期间表现优秀，外形如图 2-50 所示。该车总长 12m，起步迅速，满载时最高车速为 50km/h，耗电 1.2kW·h/km。该车超级电容器组由 408 个单体串联，总储能电压为 320~600V。该车外观与普通无轨电车相似，主要

图 2-50　申沃超级电容公交车

部件（集电杆、超级电容器组和电动机）如图2-51所示。

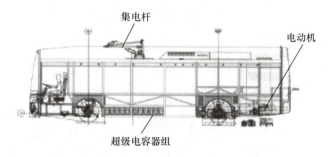

图2-51　申沃超级电容公交车的主要部件

图2-52所示为上海张江高科技园区的世界上第一座超级电容电车景观候车站，电车进站后的上下客间隙为30s～1min，车顶集电杆快速自动升起，与专用充电站上方的高压馈线（图2-52中弯曲的粗线）触碰，通过200A的电流快速完成充电。一次充电可连续行驶3～6km。

图2-52　上海张江高科技园区的世界上第一座超级电容电车景观候车站

（2）2013年北京公交集团公司与福田汽车集团签订了700辆电动客车的采购协议，首批交付的30辆超级电容客车（图2-53）已于2015年7月投放运营。

图2-53　福田超级电容客车

（3）2014年年底，超级电容器驱动的有轨电车在广州海珠环岛通车运营。

（4）2015年，浙江宁波中车产业基地开发建设有限公司研制出的18m超级电容储能电车只需 10s 便可充满电，并可维持运行约 5km，同时可将 85% 以上的制动能量转换为电能加以储存利用。该电车目前已在宁波 196 路公交线路正式运营。

【宁波196路超级电容公交】

（5）大功率的超级电容器作为辅助电源，对混合动力电动汽车的起动、加速上坡行驶、减速和下坡行驶有极其重要的意义。汽车起动和爬坡时快速提供大电流，在正常行驶时由主动力源快速充电，在刹车时快速存储发电机产生的大电流。

早在 2003 年，日本本田就开发出 FCX 超级电容器-燃料电池混合动力电动汽车，如图 2-54 所示。

图 2-54 本田 FCX 超级电容器-燃料电池混合动力电动汽车

2. 超级电容器在电动汽车领域的发展趋势

超级电容器在电动汽车领域的发展趋势主要表现在以下三个方面。
（1）进一步提高功率密度，以巩固其性能优势。
（2）改进电极材料，提高能量密度，以缩小与蓄电池的差距。
（3）减轻质量、降低成本，以推广应用。

2.9 飞轮电池

飞轮电池是 20 世纪 90 年代才被提出的新概念电池，它突破了化学电池的局限，用物理方法实现储能。

2.9.1 飞轮电池的结构与工作原理

1. 飞轮电池的结构

飞轮电池（图 2-55）是一个典型的机电一体化装置，其结构如图 2-56 所示，主要由飞轮、电机、真空容器、磁悬浮轴承和电力电子装置等部件组成。

（1）飞轮。飞轮是整个电池装置的核心部件，直接决定了整个装置的储能数量。飞轮一般由超强玻璃纤维或碳纤维-环氧树脂复合材料制成，转速高达 50000r/min。

（2）电机。电机可在电动机和发电机两种状态下工作，以完成飞轮电池的充电（储存能量）和放电（释放能量）过程。为减小结构尺寸、降低功耗和提高效率，常采用永磁同步交流电动机。

图 2-55 飞轮电池

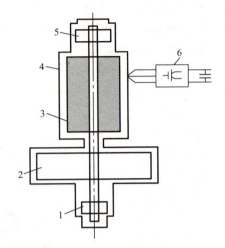

1,5—磁悬浮轴承；2—飞轮；3—电机；
4—真空容器；6—电力电子装置

图 2-56 飞轮电池的结构

(3) 真空容器。高速旋转的飞轮会使空气形成强涡流，形成极大的空气阻力，噪声也很大。当飞轮在真空容器中运转时，可减小阻力、减少噪声、提高飞轮转速和储能效率。

(4) 磁悬浮轴承。磁悬浮轴承装在主轴两端，起支撑主轴的作用。飞轮电池常采用非接触式磁悬浮轴承，可减小飞轮运转阻力、提高飞轮的储能效率。

(5) 电力电子装置。电力电子装置实现飞轮电池电能输入/输出的控制装置，通常由 DC/DC 转换器、DC/AC 逆变器等电子器件组成。

2. 飞轮电池的工作原理

飞轮电池的飞轮高速旋转的动能 E 与飞轮的转动惯量和角速度有关，即

$$E = \frac{1}{2}J\omega^2 \tag{2-29}$$

式中：J 为飞轮的转动惯量（kg·m²），$J = kmr^2$，m 为飞轮质量（kg），r 为飞轮半径（m），k 为飞轮结构常数；ω 为角速度（rad/s）。对于一定形状和质量的飞轮，其储存的动能与旋转角速度的平方成正比。飞轮电池的工作原理如图 2-57 所示。

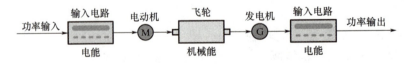

图 2-57 飞轮电池的工作原理

(1) 充电原理。当需要对飞轮电池充电时，飞轮电池与充电电源连接，控制器控制电力电子装置使电机工作在电动机状态，从外部输入的电能驱动电动机旋转，电动机带动飞轮加速旋转，使飞轮转速不断增大，飞轮储存动能（机械能）。

(2) 放电原理。当需要飞轮电池对外放电时，控制器控制电力电子装置使电机工作在发电机状态，高速旋转的飞轮带动发电机旋转，将动能转换为电能，再通过电力电子装置将电能转换成负载所需的频率和电压。随着放电过程的进行，飞轮的转速逐渐下降。

2.9.2 飞轮电池的特点与应用

1. 飞轮电池的特点

飞轮电池具有以下优点。
（1）比能量高。飞轮电池比能量可达 200W·h/kg，是镍氢电池的 2～3 倍。
（2）比功率高。飞轮电池的比功率高达 5000～10000W/kg。
（3）快速充电。可在 18min 内完成充电，且能量储存时间长。
（4）能量转换效率高。与超级电容器相同，效率高达 90% 以上。
（5）使用寿命长。飞轮电池的使用寿命预计达 20 年。
（6）环保。飞轮为纯机械结构，不会像内燃机一样产生尾气污染。

飞轮电池的主要缺点如下。
（1）与蓄电池相比，飞轮储能的技术还不够成熟。
（2）飞轮电池的成本高。

2. 飞轮电池在汽车上的应用

与超级电容器相同，飞轮电池在电动汽车上的应用前景良好，只是因为飞轮电池成本较高、技术还不够成熟，所以应用较少。飞轮电池一般可用作电动汽车的辅助电源，在汽车起步、加速、爬坡、制动工况下，具有很好的性能优势；也可以用作电动汽车的主电源。

20 世纪 80 年代初，瑞士 Oerlikon 公司成功研制出第一辆完全由飞轮电池供能的公共汽车。飞轮直径为 1.63m，质量为 1.5t，该车可载乘客 70 人，电池续驶里程约为 0.8km，在每个停靠站停车时，飞轮电池充电 2min。

1987 年，德国首次开发出车载内燃机-飞轮电池混合动力电动汽车，飞轮吸收汽车制动时 90% 的能量，并在需要短时加速时释放出来以补充内燃机的功率要求，可以使内燃机在最佳工况下工作，既节能又延长了机器使用寿命。

1992 年，美国飞轮系统公司（AFS）研制的飞轮电池用于将一辆克莱斯勒汽车 LHS 改成电动汽车，一次充满电续驶里程达 600km，0～96km/h 的加速时间仅为 6.5s。

我国对飞轮电池技术的研究起步较晚，电动汽车用飞轮电池还处于理论论证及模仿国外产品的阶段。近几年，清华大学、中国科学院电工研究所、西安交通大学、华中科技大学、武汉理工大学等高校和科研单位都开展了飞轮电池的研究，并取得了一定的成果。

2.10 其他动力电池

2.10.1 三元锂电池

1. 三元锂电池的特点

三元材料是近年发展起来的新型锂电正极材料。三元锂电池是指以 Ni、Co、Mn 或 Ni、Co、Al 三种金属元素为核心元素的正极材料,与锂共同构成的锂电池 Li(NiCoMn)O_2 或 Li(NiCoAl)O_2,以 Ni、Co、Mn 为主,其比例可根据实际需要调整,主要有 Li(Ni$_{1/3}$Co$_{1/3}$Mn$_{1/3}$)O_2、Li(Ni$_{0.4}$Co$_{0.2}$Mn$_{0.4}$)O_2 和 Li(Ni$_{0.5}$Co$_{0.2}$Mn$_{0.3}$)O_2 三种。

相比磷酸铁锂电池,三元锂电池具有能量密度高、单体电池标称电压高、电池使用寿命长、低温性能好等优点;其缺点是安全性和热稳定性较差,不如磷酸铁锂电池,因此需要温度更加稳定的工作环境。三元锂电池与磷酸铁锂电池的性能对比如表 2-12 所示。

表 2-12 三元锂电池与磷酸铁锂电池的性能对比

性　　能	三元锂电池	磷酸铁锂电池
工作温度/℃	−30～45	−20～75
标称电压/V	3.7	3.2
比能量/(W·h/kg)	160～200	100～120

2. 三元锂电池的应用

随着动力电池技术的不断发展和进步,磷酸铁锂电池因为使用寿命长、安全性好等特点而受到热捧。但随着三元锂电池安全问题逐渐改善,能量密度高的优势得以展现,越来越多的企业采用三元锂电池,最典型的就是特斯拉采用的 21700 三元锂电池,如图 2-58 所示。

图 2-58 特斯拉 21700 三元锂电池

2016年以来，国内品牌的电动汽车动力电池主要有磷酸铁锂电池（占60%左右）和三元锂电池（占38%左右）。2016年中国新能源汽车动力电池应用情况如表2-13所示。

表2-13 2016年中国新能源汽车动力电池应用情况

车型名称	电池类型	电池容量/(kW·h)	续驶里程/km
北汽EV160	磷酸铁锂电池	25.6	160
北汽EV200	三元锂电池	30.4	200
北汽ES210	三元镍酸锂电池	38	175
北汽绅宝D50	三元锂电池	30.4	200
奇瑞eQ	三元锂电池	22.3	170
奇瑞QQ3EV	三元锂电池	10	120
江淮iEV4	磷酸铁锂电池	19.2	160
江淮iEV5	三元锂电池	23	170
上汽荣威E50	磷酸铁锂电池	18	120
比亚迪e6	磷酸铁锂电池	63.4	300
比亚迪戴勒姆腾势	磷酸铁锂电池	47.5	250
日产启辰晨风	锰酸锂电池	24	175
吉利知豆D2	三元锂电池	15.3	150
众泰E200	三元锂电池	24.5	155
众泰云100	三元锂电池	17.76	150
长安逸动EV	三元锂电池	25	160
广汽GA5 REV	三元锂电池	13	50

2.10.2 锌空气电池

锌空气电池是指以空气（氧）为正极活性物质、以锌金属为负极活性物质的电池。

1. 锌空气电池的结构

锌空气电池的比能量高达340W·h/kg，远远超过其他蓄电池的比能量，其放电电压平稳、放电持续时间长、无环境污染、成本低，被誉为21世纪环保型新能源，广泛应用于电动公交车。

锌空气电池主要由阳极、阴极、隔离层、绝缘和密封层、电解液和外壳等组成，其基本结构如图2-59所示。阳极起催化作用的炭粉从空气中吸收氧气；阴极是锌粉和电解液的混合物，呈糊状；隔离层用于隔离两极间固体粉粒的移动；绝缘和密封层由尼龙材料制成；电解液是高浓度的KOH水溶液；外壳为镍金属，具有良好的耐蚀性。

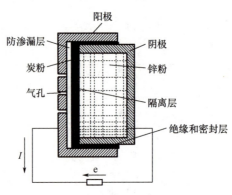

图 2-59 锌空气电池的基本结构

2. 锌空气电池的工作原理

锌空气电池是一种半蓄电池半燃料电池。首先，负极活性物质同铅酸蓄电池一样封装在电池内部，具有蓄电池的特点；其次，正极活性物质来自电池外部的空气中的氧，具有燃料电池的特征。锌空气电池放电时，阳极和阴极的电化学反应及总反应分别为

阳极： $Zn + 2OH^- \longrightarrow ZnO + H_2O + 2e^-$

阴极： $O_2 + 2H_2O + 4e^- \longrightarrow 4OH^-$

总反应为

$$2Zn + O_2 \longrightarrow 2ZnO$$

通常锌空气电池的电压为 1.4V。空气必须能不间断地进入阴极，在阴极壳体上开有小孔，以便 O_2 源源不断地进入，使电池发生化学反应。由于锌空气电池要在接触空气后才开始反应，将化学能转换为电能，因此对于一个新的锌空气电池，只要不撕掉它的密封胶带，它就不会开始工作。锌空气电池保存时间很长。

2.10.3 ZEBRA 电池

ZEBRA（Zero Emission Battery Research Activity）电池是 20 世纪 80 年代中期研究开发出的一种新型高能量电动汽车用动力电池。其正极活性物质为多孔 $Ni/NiCl_2$；负极活性物质为液态金属 Na；电解质为固体陶瓷（$\beta''-Al_2O_3$），用于隔离正负电极。

1. ZEBRA 电池的结构与原理

ZEBRA 电池的基本结构及电池组如图 2-60 所示。

由于正极材料在工作温度（270~350℃）下仍为固态物质，因此在固体电解质与正极活性物质之间还需要熔盐电解质（$NaAlCl_4$），在电池反应中起传输钠离子的作用。

ZEBRA 电池在充放电过程中的电化学反应如下。

充电： $2NaCl + Ni \longrightarrow 2Na + NiCl_2$

放电： $2Na + NiCl_2 \longrightarrow 2NaCl + Ni$

由反应式可知，ZEBRA 电池的电极反应过程：在放电时电子通过外电路负载从钠负极到氯化镍正极，而钠离子通过 $\beta''-Al_2O_3$ 与 $NiCl_2$ 反应生成 NaCl 和 Ni；充电时，在外电源

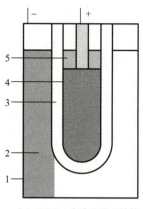
（a）ZEBRA电池的基本结构

（b）ZEBRA电池的电池组

1—壳体（负极）；2—液态Na；3—固体陶瓷电解质；
4—多孔Ni/NiCl$_2$；5—NaAlCl$_4$

图2-60 ZEBRA电池的基本结构及电池组

作用下电极反应过程正好与放电时相反。

由于充电后生成的Na不安全，需要在完全放电后才能运输，因此首次启动ZEBRA电池时需要先加热，每小时升高10℃，经过27h加热到270℃后才能开始充电，约8h可充满。

ZEBRA电池内部保持300℃恒温，而单体电池本身外包一层带有真空层的隔热材料，因而单体电池外部的温度仅比外界温度高10℃左右。

2. ZEBRA电池的应用

ZEBRA电池具有循环寿命长（2000次以上）、比能量高（100W·h/kg）等优异性能，故在一些电动汽车［如宝马325电动汽车（图2-61）］上得到应用。

图2-61 宝马325电动汽车

宝马325电动汽车搭载了ZEBRA电池和输出功率为45kW的电动机，6s内实现百公里加速，最高车速达135km/h，续驶里程达150km。

常见电动汽车用动力电池的性能比较如表 2-14 所示。

表 2-14 常见电动汽车用动力电池的性能比较

电池类别	单体电池电压/V	比能量/(W·h/kg)	比功率/(W/kg)	循环寿命/次
铅酸蓄电池	2.0	35～40	50	400～1000
锂离子电池	3.6	110	300	>1000
聚合物锂电池	3.8	150	315	>300
磷酸铁锂电池	3.2	100～120	—	2000
三元锂电池	3.7	160～200	—	>2000
镍氢电池	1.2	55～70	160～500	600
ZEBRA 电池	约 2.58	100	150	1000
锌空气电池	—	180～230	小	短
超级电容器	—	小	1000	>10000
飞轮电池	—	小	大	长
燃料电池	—	—	—	—

2.11 动力电池组技术

2.11.1 动力电池组充电技术

电动汽车产业能否得到快速发展，充电技术是关键因素之一。智能、快速的充电方式成为电动汽车充电技术发展的趋势。

1. 电动汽车的充电装置

电动汽车的充电装置是指与电动汽车或动力蓄电池连接，并将电网电能转换为纯电动汽车车载蓄电池的电能的装置。

（1）电动汽车对充电装置的要求。

①安全性：电动汽车充电时，要确保人员的人身安全和蓄电池组的安全。

②使用方便：充电装置应具有较高的智能性，操作简单。

③成本经济：价格低廉的充电装置有助于降低整个电动汽车的使用成本、提高运行效益、促进电动汽车的商业化推广。

④效率高：充电装置的高效率可以提高电动汽车的能量效率。

⑤对供电电源污染小：充电装置对电动汽车蓄电池组进行充电时，增加了电网的负载，对电网的谐波干扰要尽可能小。

(2) 电动汽车充电装置的类型。

电动汽车的充电装置一般分为非车载充电机、车载充电机、交流充电桩、直流充电桩和交直流充电桩等。充电机从供电电源提取能量，以适当的方式传递给蓄电池，建立供电电源与蓄电池之间的功率转换接口。

①非车载充电机（图2-62）。非车载充电机是指地面充电机，一般安装在电动汽车车体外的固定地点，事先做好输入电源连接工作，直流输出端与需要充电的纯电动汽车连接，所以也称直流充电机。它具备数百千瓦的功率处理能力，可以对纯电动汽车进行快速充电。

②车载充电机（图2-63）。车载充电机是指固定安装在电动汽车上，通过插头和电缆与交流插座连接，因此也称交流充电机。其优点是在蓄电池需要充电的任何时候，只要有可用的供电插座，就可以进行充电；缺点是受车上空间的限制，功率处理能力有限，只能提供小电流慢速充电，充电时间较长。

图2-62 非车载充电机

图2-63 车载充电机

③交流充电桩（图2-64）。交流充电桩是指固定在电动汽车车外、与交流电网连接、可以为具有车载充电装置（车载充电机）的电动汽车提供交流电源的专用供电装置，是中小型电动汽车的重要充电设施。

交流充电桩系统主要由桩体、电气模块和计量模块三部分组成。桩体包括外壳和人机交互界面；电气模块包括充电插座、供电电缆、电源转接端子、安全防护装置等；计量模块包括电能表、计费管理系统、刷卡装置等。

交流充电桩的供电方式为交流单相二线制式，其输入电压为(220±33)V，额定电流为16/32A，额定频率为(50±2.5)Hz，适用于电动汽车的慢充。

④直流充电桩（图2-65）。直流充电桩是指固定在电动汽车外、与交流电网连接、可以为非车载电动汽车动力电池提供直流电源的供电装置。

图2-64 交流充电桩

直流充电桩主要由监控器、刷卡区、充电指示灯、人机交互界面、充电接口、计量单元、桩体等部分组成。

图 2-65　直流充电桩

直流充电桩的供电方式为交流三相四线制式，输入电压为(380±57)V，额定频率为(50±2.5)Hz，输出为可调直流电，适用于户外为电动汽车进行直流快速充电。

⑤交直流充电桩。交直流充电桩是指采用交直流一体的结构，既可以直流充电也可以交流充电。白天充电用户多时，可使用直流方式快速充电；夜间用户少时，可使用交流方式慢速充电。

2. 电动汽车的充电接口

电动汽车的外置充电接口的国际标准来源：国际电工委员会、美国汽车工程师协会（Society of Automotive Engineers，SAE）、日本电动汽车用快速充电器协会（Charge de Move，CHADEMO）等。我国相关国家标准为 GB/T 20234.1—2015《电动汽车传导充电用连接装置 第1部分：通用要求》。

电动汽车的外置国标交流充电插头和外置国际直流充电插头分别如图 2-66 和图 2-67 所示，其具体结构分别如图 2-68 和图 2-69 所示。

图 2-66　外置国标交流充电插头

图 2-67　外置国标直流充电插头

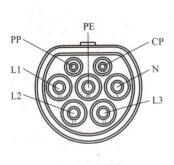

（a）交流充电插头

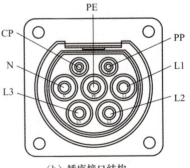

（b）插座接口结构

图 2-68　交流充电插头与插座接口结构

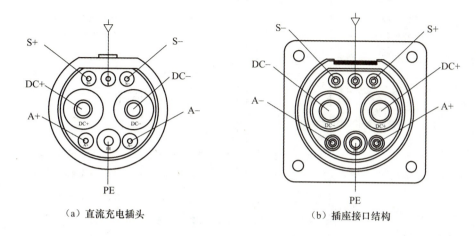

图 2-69 直流充电插头与插座接口结构

交流充电接口端子的功能定义：L1、L2、L3 为三相交流电源；N 为中线；PE 为保护接地；CP 为控制确认 1；PP 为控制确认 2，总共 7 个端子，如图 2-70 所示。

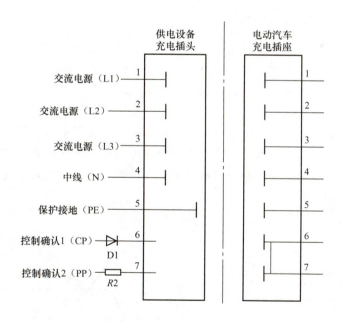

图 2-70 交流充电接口的功能定义

直流充电接口端子的功能定义：DC＋、DC－分别为直流电源正、负极；S＋、S－分别为 CAN-H 和 CAN-L，上面中间的接口为 CAN 屏蔽；A＋、A－分别为低压辅助电源的正、负极；PE 为保护接地，总共 8 个端子，如图 2-71 所示。

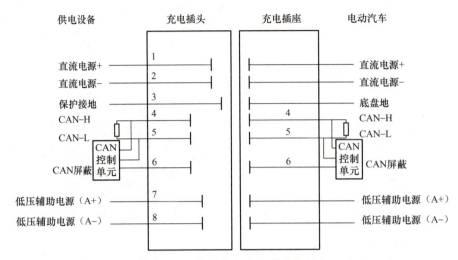

图 2-71 直流充电接口的功能定义

3. 电动汽车蓄电池组的充电方法

电动汽车蓄电池组的常规充电方法有恒流充电、恒压充电和恒流限压充电等。在实际充电过程中,可以采用不同的充电方法分段组合使用。

【比亚迪电动汽车充电系统】

(1) 恒流充电。恒流充电是指通过调整充电装置输出电压或改变与蓄电池串联电阻的方式,使充电电流保持不变的充电方法。恒流充电的优点是具有较高的适应性,能使蓄电池充电比较彻底,有益于延长蓄电池的使用寿命;缺点是需要适时提高充电电压,以保持充电电流不变,且充电时间较长。恒流充电特性曲线如图 2-72 所示。

(2) 恒压充电。恒压充电是指充电电源的电压在充电过程中始终保持不变,随着充电时蓄电池端电压的逐渐升高,充电电流逐渐减小。恒压充电的优点是充电时间短,充电过程无须调整电源电压;缺点是不容易将蓄电池完全充满,充电初期大电流对极板有不利影响。恒压充电特性曲线如图 2-73 所示。

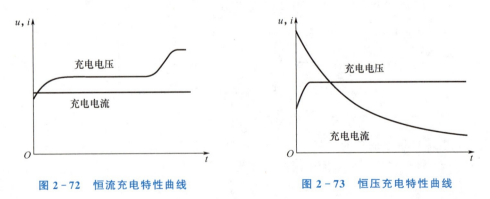

图 2-72 恒流充电特性曲线　　图 2-73 恒压充电特性曲线

(3) 恒流限压充电。恒流限压充电也称二阶段充电法,是指先以恒流方式充电,当蓄电池组端电压上升到限压值时,充电机自动转换为恒压充电,直到充电完毕。恒流限压充电特性曲线如图 2-74 所示。

为了能够最大限度地加快电池的化学反应速率、缩短电池的充电时间,同时尽量减少电池正负极板间的极化现象、提高蓄电池的使用效率,需采用快充技术。电动汽车蓄电池组的快速充电法主要有脉冲式快速充电、变电流间歇式快速充电、变电压间歇式快速充电等。

蓄电池组在充电过程中,一部分电解液中的水发生电解,生成氢气和氧气,如果电压过高,产生气体的速率就越高,使得电池的内压增大。快速充电方法的作用是保证电池快速化学反应的同时,尽可能地消除电池的极化现象。

脉冲式快速充电是指首先用较大的恒定的脉冲电流为电池充电一段时间,然后停充一段时间(25ms),如此循环。脉冲式快速充电特性曲线如图 2-75 所示。充电脉冲使电池充满电量,而间歇期使电池经化学反应产生的 O_2 和 H_2 有时间重新化合而被吸收掉,自然而然地消除了浓差极化和欧姆极化,从而降低了蓄电池的内压,使下一轮的恒流充电能够更加顺利地进行,使蓄电池可以吸收更多的电量。脉冲式快速充电不仅可以缩短充电时间,还可以减少或消除极化现象,提高充电效率;缺点是不能将蓄电池充满,且对蓄电池的使用寿命不利。

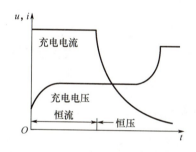

图 2-74 恒流限压充电特性曲线

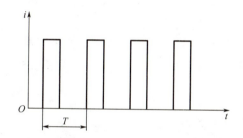

图 2-75 脉冲式快速充电特性曲线

4. 电动汽车的充电方式

电动汽车的充电方式有常规充电、快速充电、电池更换、无线充电、移动式充电等。

(1) 常规充电。

常规充电采用传统的恒流、恒压方式对电动汽车蓄电池进行充电,相应的充电机工作和安装成本较低。它适用于电动汽车家用车载充电机和小型充电站(充电桩)。

车载充电机作为标准配置,固定在车上或后备箱里。充电时,可直接从低压照明电路取电,并将车载充电机的插头插到停车场或家里的 220V 电源插座上,充电时间一般为 8~10h(SOC 值超过 95%)。这种充电方式对电网没有特殊要求,通常选择夜间或者用电低谷期充电。

小型充电站(充电桩)(图 2-76)一般设置在街边、停车场、超市附近、办公楼附近等。电动汽车驾驶人只需将车停靠在充电站的指定位置,接上电缆即可充电。计费方式是投币或刷卡,充电功率一般为 5~10kW,充电时间一般为 5~8h(SOC 值超过 95%)。

常规充电方式的主要优点是技术成熟、使用方便、容易推广普及、充电设施配置简单、占用空间较小,适用于有慢充需求的停车场所,如住宅小区停车场、社会公共停车场等。

新能源汽车技术

图 2-76 小型充电站（充电桩）

（2）快速充电。

快速充电是以 150～400A 的大电流为蓄电池充电，安装成本较高，适用于大型充电站。大型充电站主要针对长距离行驶或需要快速补电的电动汽车，充电机功率一般大于 30kW，且采用三相四线制 380V 充电。充电时间一般为 10～30min。这种方式对电网的要求较高，一般应设在 10kV 以上的变电站附近。

（3）电池更换。

电池更换是指直接给电动汽车更换电池，可在短时间（5～10min）内完成。图 2-77 所示为美国 Better Place 公司车底部更换电池试验。

【美国Better Place
公司车底部更换
电池试验演示】

图 2-77 美国 Better Place 公司车底部更换电池试验

电池更换方向分为车身侧面、行李箱和车底部三种形式。

更换电池的主要优点：可让客户感受到接近传统的加油站加油，用户只需购买裸车，采用租赁电池的方式，大幅降低了整车价格；电池的集中管理便于集中回收和维护，以减少环境污染；可选择夜间用电低谷期慢速充电，降低服务运行成本，对电网起到"错峰填谷"作用。

更换电池的主要缺点：换电站的电池仓库等基础设施建设成本较高，占用场地面积大，电网配套要求高；电动汽车需解决好电池更换方面的问题，如电池设计安装位置、电池拆卸难易程度等；需要电动汽车行业严格统一众多标准，包括电池本身外形和各项参数的标准化、电池和电动汽车接口的标准化、电池和外置充电设备接口的标准化等；电池租赁带来的资产管理、物流配送、计价收费等一系列问题，使运作复杂性和成本提高。

（4）无线充电。

无线充电是利用无线电能传输技术对蓄电池进行充电的一种新型充电方式，主要有电磁感应充电方式、磁共振充电方式和微波充电方式。

相比有线充电，无线充电具有使用方便、安全、可靠、无电火花和触电危险、无机械磨损、可适应雨雪等恶劣天气和环境等优点。另外，无线充电还可降低人力成本、节省空间、不影响交通视线等。

Halo是美国高通公司推出的电动汽车用无线充电系统，它的原理是利用磁共振效应对纯电动汽车或混合动力电动汽车的动力电池组进行非接触式充电，如图2-78所示。该充电过程无须使用传统的电缆，在需要充电时，车主仅需将汽车停放在Halo充电板上方即可，因此更加方便、省力。图2-79所示为Halo无线充电系统的基本组成。

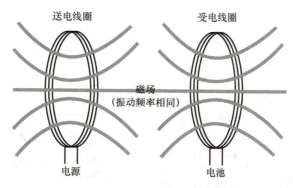

图2-78　Halo无线充电技术的原理

1—供电组件；2—充电板；3—电磁波；4—车载接收板；5—车载控制器；6—电池组

图2-79　Halo无线充电系统的基本组成

Halo无线充电技术的优势体现在以下六个方面。

①效率高。由于磁共振过程中的能量损失低于电流在传统线缆中的损耗，因此Halo无线充电的效率高达90%，超过了线缆充电。

②充电速度适应范围宽。Halo可以根据用户需求调整充电的功率，其范围为6.6～20kW。

若按照20kW计算，充满电池容量为85kW·h的特斯拉Model S仅需要不到5h。

③汽车底盘高度适应性好。由于Halo充电板可以在50～200mm的距离内完成对汽车的感应充电，因此底盘较低的Model S轿跑车和底盘较高的比亚迪唐SUV都可以方便地使用。

④磁感应强度低。Halo工作时的磁感应强度［即辐射强度］约为100μT，符合国际非电离辐射防护委员会（International Commission on Non-Ionizing Radiation Protection，ICNIRP）的相关标准。事实上，在进行手机通话时，磁感应强度可以达到220μT。

⑤安全可靠。高通公司为Halo设定了安全防护程序。一旦处于工作状态的充电板上有金属罐等异物或小动物、幼儿时，Halo将自动停止充电作业，以避免危险，同时会将相关信息发送至车主的手机客户端。

⑥Halo对电池的兼容性和通用性好。市面上的电动及混合动力车型采用的镍氢电池、锂离子电池甚至铅酸蓄电池都可以通过Halo进行充电。

使用Halo，除了需要安装充电板、控制器及线缆等的外部设备，还需要在汽车上安装一个用于接收电磁辐射的接收端。高通公司已经为包括宝马i系列、日产LEAF及雷诺ZOE（图2-80）等车型安装车载接收板和控制器，取得了很好的效果。

（a）宝马i3

（b）宝马i8

（c）日产LEAF

（d）雷诺ZOE

图2-80　Halo无线充电技术的应用

（5）移动式充电。

移动式充电是指电动汽车在路上边行驶边充电。在高通公司的规划中，未来要实现汽车的半动态及动态充电的目标，需要在城市道路中埋设大量充电板，当汽车在充电板上方驶过时，便可以连续充电，如图2-81所示。最理想的状态是电动汽车可以在行驶过程中为电池组充满电。

图 2-81 城市道路埋设充电板

2.11.2 动力电池组成组技术

由于单体电池的容量和电压往往不能很好地满足电动汽车的实际需要,因此可将电池组合成电池组使用,主要组合方式包括串联、并联和串并组合三种。

(1) 串联(图2-82)。通常用于满足高电压的工作条件。电池串联时,电池组电压等于单体电池电压与数量的乘积,电池组额定容量取决于单体电池中的容量最低者。

(2) 并联(图2-83)。通常用于满足大电流的工作条件。电池组电流是单体电池电流与数量的乘积,电池组的额定电压取决于单体电池中的电压最低者。

(3) 串并组合。要求满足电池组既提供高电压又有大电流放电的工作条件。单体电池先串后并(图2-84)还是先并后串(图2-85)取决于电池的实际需求。

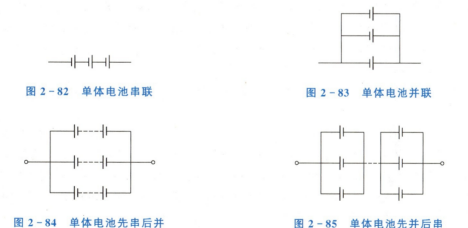

图 2-82 单体电池串联　　　　　图 2-83 单体电池并联

图 2-84 单体电池先串后并　　　图 2-85 单体电池先并后串

根据外形的不同,电池组可分为F型[图2-86(a)]和L型[图2-86(b)]两种。F型中,单体电池沿着直径并排排列在一起,彼此用镍条或钢片串联,并用热塑性材料固定;L型中,单体电池沿着轴向串联起来,并用热塑性材料固定。

电动汽车动力电池组常用F型,其由单体电池、电热调节器、过电流保护装置、热塑材料外壳等组成,如图2-87所示。

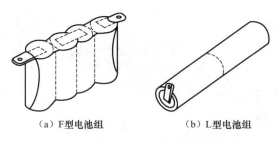

(a) F型电池组　　　　(b) L型电池组

图 2-86　F型和L型电池组

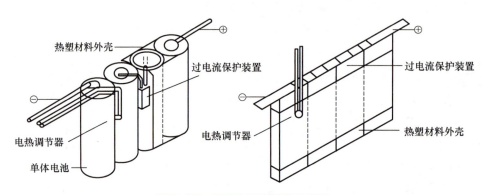

图 2-87　F型电池组的基本结构

2.11.3　动力电池组 SOC 估算

电动汽车的动力电池组 SOC 估算是电池管理系统中的重要研究内容。SOC 不能直接测得，只能通过电池特性（电压、电流、电池内阻、温度等参数）来综合估算。动力电池组不是一个简单的模型，它的电量会受到环境温度、充放电效率、自放电率、老化、不一致性等多种因素影响。

SOC 估算的常用方法有放电实验法、安时积分法、开路电压法、神经网络法和卡尔曼滤波法等。

(1) 放电实验法。在某温度下采用 1/3C 倍率的恒定电流连续放电，直到电池的端电压达到最低值（SOC=0），此时放电电流与时间的乘积即剩余容量。SOC 值为剩余容量与额定容量的比值。放电实验法是一种最准确、可靠的 SOC 估算方法，适用于所有电池，但通常只用于实验室内或电动汽车蓄电池的检修，不适用于行驶中的电动汽车，因为不仅花费时间长，而且做试验时需中断蓄电池正在进行的工作。

(2) 安时积分法。电池在一段时间内放出的容量是电流对时间的积分，故估算 SOC 可以用初始容量与放出容量之差（和）来表示。假设放电（或充电）初始状态为 SOC_0，那么当前状态（t_k 时刻）的 SOC 表示为 SOC_k，表达式为

$$SOC_k = SOC_0 \mp \int_{t_0}^{t_k} \frac{\eta I \, dt}{C_e} \tag{2-30}$$

式中：C_e 为电池的额定容量（A·h）；I 为电池的充放电电流（A）；η 为电池的充放电效率。

安时积分法是动力电池组的电池管理系统进行 SOC 估算的最常用的方法之一，SOC 估算的误差会随着时间累积，因此需要校正。SOC 估算模型如图 2-88 所示。

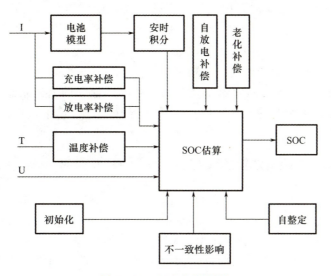

图 2-88　SOC 估算模型

(3) 开路电压法。随着放电电池容量的增大，电池的开路电压（Open Circuit Voltage, OCV）减小。可以根据一定充放电倍率下电池组的开路电压与 SOC 的对应曲线（图 2-89），通过测量电池组开路电压，插值估算出电池的 SOC。该方法只适用于电动汽车驻车状态，原理简单、操作方便，在充电初期和充电末期用开路电压法估算 SOC 的效果较好，常与安时积分法结合使用。

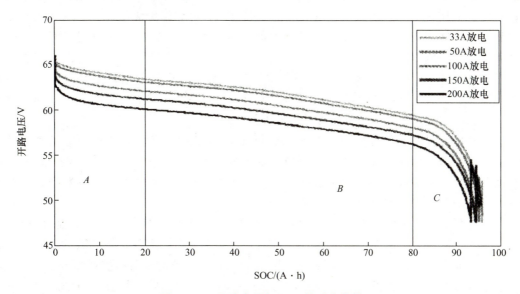

图 2-89　开路电压与 SOC 的对应曲线

(4) 神经网络法。电动汽车用动力电池是高度非线性系统，很难对其充放电过程建立准确的数学模型。神经网络具有非线性的基本特性，并具有并行结构和学习能力，能对外部激励给出相应的输出,所以能够模拟电池的动态特性来估算电池 SOC。神经网络法是依据大量的样本数据和神经网络模型,通过大量的数据分析,实时将电池 SOC 与输入数据建立联系。电池 SOC 的估算常采用三层(即输入层、中间层和输出层)典型神经网络模型。根据实际需要来确定输入层和输出层的神经元数量,用数学形式一般表现为线性函数,常用电压、电流、累积放出电量、温度、内阻及环境温度等作为输入变量;中间层神经元数量取决于问题的复杂程度及分析精度。

(5) 卡尔曼滤波法。卡尔曼滤波法的核心是根据已建立的电池状态模型,利用卡尔曼滤波原理,结合电池工作时的电流、电压、温度等状态进行递推,得到电池 SOC 的实时估算值及估算误差。

2.11.4 动力电池组电池管理系统

1. 电池管理系统的功能

电池管理系统(Battery Management System,BMS)是电动汽车动力电池组的核心组件,不仅要保证电池安全可靠,而且要充分发挥电池的性能和延长其使用寿命,作为电池和整车控制器与驾驶人沟通的桥梁,通过控制器控制动力电池组的充放电,并通过 CAN 向 VCU 反馈动力电池系统的基本参数及故障信息。

BMS 的主要功能:通过电压、电流及温度检测等功能实现对动力电池系统的过压、欠压、过流、过高温和过低温保护;具有数据采集、电池 SOC 估算、能量管理、故障诊断与报警、热管理、一致性补偿、数据通信功能;具有高压回路绝缘检测功能和为动力电池系统加热的功能。具体功能如下。

(1) 数据采集(实时采集电池系统运行状态参数)。实时采集电动汽车蓄电池组中每块电池的端电压和温度、充放电电流、电池组总电压、电池组绝缘状态等。由于电池组中的每块电池在使用中的性能和状态不同,因此要监测每块电池的电压、电流和温度数据。采样频率一般不低于 1Hz。

(2) 电池 SOC 估算。准确估算动力电池组的 SOC,从而即时监测电动汽车储能电池的剩余能量或 SOC,为整车控制策略提供判断标准,同时保证使用电池高效、安全。电池的 SOC 值一般控制在 30%~80% 的高效工作范围。

(3) 能量管理。能量管理是指对电池进行充放电控制,即根据 SOC、电池健康状态(State of Health,SOH)和温度来控制电池的充放电电流。通常设定一个控制充电和放电的逻辑算法,能够实现在电池的使用过程中,当电池电量过低时及时给电池补电;当电池电量过高时限制补电,同时增大用电量。

(4) 故障诊断与报警。在使用动力电池的过程中,各状态参数(电压、温度、电流、SOC)等有一定的运行范围。为保证电池的安全,需要明确规定各状态参数的限值,防止过充电、过放电等。BMS 实时监测各状态参数,在超出限值时及时报警或断开电路。

(5) 热管理。受电池本身特性限制,电池运行时的温度影响其性能。电池组热管理的基本功能是通过温度测量、风扇冷却系统或热电阻加热装置使电池处于正常工作温度范围内,以降低各电池模块之间的温度差异。电池组热管理的重点是通过分析传感器显示的温度和热源的关系,确定电池组外壳及电池模块的摆放位置,使电池箱具有有效的热平衡,当需要冷却或升温时可快速散热或加热。

（6）一致性补偿。电池组的一致性评价和均衡是电池成组应用的核心技术，直接影响到电池组使用的安全性和高效性。BMS 根据监测和计算得到的电池组状态（单体电压、SOC 和直流内阻等）评价电池组的一致性。同时，当电池组一致性较差时，通过 BMS 对电池组进行均衡控制，一般采用充电补偿措施，即设计旁路分流电路，以保证每个单体电池都可以充满电，以减缓电池老化的进度，延长电池的使用寿命。

（7）数据通信。BMS 与外部（整车控制器、充电机或电动机等）的数据通信主要通过 CAN 总线实现。一般采用双 CAN 网络，其内部各模块之间使用内部 CAN 总线，在电池综合管理器中由外部 CAN 通信接口接入整车 CAN 通信网络中。BMS 还留有与计算机通信的接口，便于在计算机上分析电池数据信息。

电动汽车动力 BMS 的基本功能如图 2-90 所示。

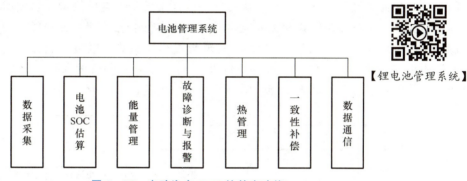

图 2-90　电动汽车 BMS 的基本功能

2. 电池管理系统的组成和结构

BMS 的组成：按性质不同，可分为硬件和软件；按功能不同，可分为数据采集单元和控制单元。

BMS 的硬件一般由检测电路（用传感器检测电压、电流、温度等数据）、信号调理、ECU、执行电路、通信接口等组成，如图 2-91 所示。

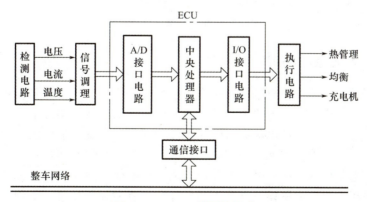

图 2-91　BMS 的硬件组成

BMS的软件一般监测电池的电压、电流、SOC、绝缘电阻值、温度值,通过与VCU、充电机的通信控制动力电池系统的充放电。

BMS的结构主要分为集散式和集中式两类。集散式结构由测控模块和主控模块构成,测控模块主要测量电压、温度等;主控模块主要测量电流、绝缘,进行数据存储和通信。测控模块和主控模块通过CAN总线或RS-485进行数据通信。集散式结构适用于采样点分散的场合,但是系统较复杂,电池箱内接线较多,不利于系统的维护。集中式结构集中测量电压、温度、电流、绝缘和通信等,要求采样点相对集中,具有接线简单、成本低和利于维护等优点。采用哪种结构方式主要取决于车型。由于电池箱分布较分散,因此无轨电车、公交车等客车一般采用集散式结构,而轿车一般采用集中式结构。

某纯电动客车的集散式锂电池管理系统如图2-92所示。该系统由一个中央控制模块和多个测控模块组成,每个电池箱配备一个电池测控模块。中央控制模块包括电流测量、绝缘检测和通信接口部分;测控模块的硬件设计主要实现电压测量、温度测量及热管理和通信等功能。中央控制模块和测控模块通过总线进行电池管理系统内部的通信。在中央控制模块上设计两路CAN接口,CAN1实现与整车控制器、电机控制器的通信;CAN2则保证中央控制模块与车载监控显示系统及充电过程中充电机的通信。另外,为了实现监控、参数修正、程序下载等功能,中央控制模块上还设计了RS-232接口。

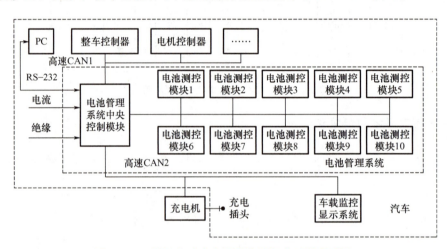

图2-92 某纯电动客车的集散式锂电池管理系统

2.11.5 动力电池组冷却技术

电动汽车用动力电池在充放电过程中会产生焦耳热、反应热等大量的热量,但由于动力电池组在整车布置空间受限等原因,散热条件较差,从而导致动力电池组热量累积及电池温度升高,以及出现各单体电池温度分布不均匀现象,严重影响电池使用性能,甚至产生电池热失控而引发危险。因此,很有必要研究动力电池组的冷却技术。

电池散热的主要目标:保证电池工作在最佳工作温度范围内;保持各单体电池间的温度均衡。电动汽车动力电池单体及电池组的冷却方式有多种,按是否受制于外部环境,可分为被动冷却和主动冷却。被动冷却是指主要依靠电池表面自然对流、热辐射等基于外界环境的方式来降低电池的温度,由于受制于时刻发生变化的外部环境,因此无法对散热效果进行准确有效的控制,且散热效果不佳,一般不建议采用。现在更多地采用主动冷却,它可以充分利用自身的结构设计以提高与外部环境的交换能力,并确保动力电池组在适当的温度下工作。动力电池组的主动冷却方式主要有四种,即空气冷却、液体冷却、相变材料冷却和热管冷却。

1. 空气冷却

空气冷却简称风冷(Air Cooling),即采用空气作为流动介质对动力电池组进行冷却,这是电动汽车上最常用的一种冷却方式,一般有如下两种方式。

(1) 风扇强制对流散热。风扇强制对流散热指在电池箱出入风口附近安装风扇,当风扇转动时,从外界环境中吸入空气,空气吹过电池以散热。该方式安装和使用方便,但需要消耗部分电池的电能,降低了整车的续驶里程,并易导致电池温差增大。丰田 Prius 采用该散热方式。

(2) 送风机构散热。送风机构散热指通过送风机构将汽车空调产生的冷空气送入电池箱内对电池进行降温。该方式需要消耗空调的电能,且送风机构设计及连接较复杂。

按照空气流动方向的不同,强制风冷通风形式分为串行通风和并行通风两种,如图 2-93 所示。

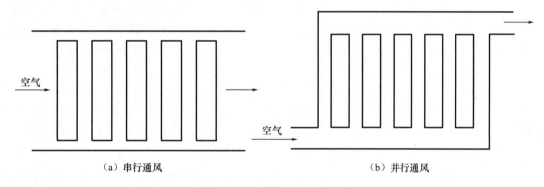

图 2-93 强制风冷通风形式

串行通风是指空气从入口进来后按顺序流经各电池,流到下游时已经被上游的电池加热,以致下游空气与电池的温差没有上游的大,散热条件较差,从而使得各电池散热不均匀。并行通风可克服这个缺点,使各电池的散热更加均匀。风冷系统的主要组件有风机、冷却风道等。

大多数电动公交车或客车采用风冷散热。采用风冷的日本新能源汽车有丰田的混合动力电动汽车 Prius,本田的混合动力电动汽车 Insight、Accord,日产的纯电动汽车 LEAF 等;国内的有比亚迪秦、北汽 EV160 等。

2. 液体冷却

随着电动汽车的发展,人们对电动汽车的性能和续驶里程提出了更高的要求,势必要增加电池组的容量及功率,这就导致电池组电池的发热量上升,空气冷却由于其自身的局限性难以满足大发热量的要求。而液体介质具有较高的导热率,容易满足电池大发热量的需求。

液体冷却简称液冷（Liquid Cooling），按液体介质是否与电池直接接触，可分为直接冷却和间接冷却。

直接冷却是指电池直接浸在绝缘的导热率高的液体介质中，通过电池壁面与冷却液的对流传热以带走热量。因为这种传热方式的液体介质一般为矿物油或硅基油，黏度较大，所以冷却液的流速较慢，而流速不足会导致换热能力的不足。

【电池组液冷散热】

间接冷却可以克服这个缺点。间接冷却是指冷却液和电池不采用直接接触方式，冷却液一般在管道中流动，电池与冷却液通过壁面和翅片等传热。由于冷却液不与电池直接接触，不存在导电问题，因此可选择黏度小且导热率高的液体，如乙二醇溶液。间接冷却的主要组件有冷却管道、冷却泵、冷却板等。

液冷多应用于高性能纯电动跑车、产生热量较多的 SUV 及对散热要求比较高的纯电动汽车，其中以欧美车系的纯电动汽车为主，如雪佛兰 Volt、特斯拉 Model S、宝马 i3、别克 VELITE 5 等；国内采用液冷散热的纯电动汽车有荣威 e50 等。

特斯拉有一套专门的液体循环温度管理系统围绕每节单体电池。冷却液呈绿色，是质量分数为 50% 的乙二醇溶液。冷却液不断地在管道中流动，热量最终通过位于汽车头部的热交换器散出去，从而保持电池温度的均衡，防止电池局部温度过高导致电池性能下降。

别克 VELITE 5 热管理系统采用液冷，以质量分数为 50% 的乙二醇溶液为冷却介质。单体电池间间隔布置了金属散热片（厚度为 1mm），散热片上刻有流道槽。冷却液可在流道槽内流动，带走热量。在低温环境下，加热线圈可以加热冷却液，使电池升温。

3. 相变材料冷却

相变材料冷却是指利用相变材料（Phase Change Material，PCM）在从固相到液相转变时可吸收大量热量而温度基本稳定不变，将石蜡、水合盐等 PCM 填充在电池间隙，为电池散热。当电池放热时，PCM 将吸收热量，降低电池温度。当外界环境温度较低时，PCM 相当于保温层，防止电池温度过低。该方法的优势在于可以很好地维持电池组整体温度的均匀性，但由于大部分相变材料的导热率不高，无法快速地将热量传递给外界，因此电池在温度上升后降温缓慢，甚至出现 PCM 完全融化而失去散热能力的情况。

有人提出在 PCM 中添加高导热率材料以增强 PCM 向外界散发热量的能力，如 W. Q. Li 等人在电池间隙填充了一种由泡沫铜和石蜡组成的复合材料，该材料利用了石蜡的相变潜热和泡沫铜的高导热率的特点。试验表明，在 1C 和 3C 的放电倍率下，各电池温度可以保持在安全范围内。

为克服 PCM 导热率低的缺点，有人设计了 PCM 和风冷或液冷混合散热的冷却方式，用 PCM 平衡各电池间的温度，并用风冷或液冷带走 PCM 储存的热量，以保证 PCM 能持续地吸收电池热量，不会完全融化而失去对电池的冷却能力。

4. 热管冷却

热管冷却是指利用热管（Heat Pipe）中低沸点液体相变潜热为电池组散热。热管是一种具有高导热性能的新型传热元件，通过在全封闭真空管内的低沸点液体的蒸发与冷凝来传热，冷却效果佳。热管一般由管壳、吸液芯和端盖组成。热管内部被抽成真空状态，充入适当的低沸点液体（易挥发），管壁有吸液芯，由毛细多孔材料构成。热管一端为蒸发段（简称热端），另一端为冷凝段（简称冷端），根据实际需求也可在两段中间布置绝热段，如图2-94所示。蒸发段一般与高导热率的贴片组合，以更好地吸收电池热量。冷凝段一般与翅片组合，以增强与外界的热交换能力。

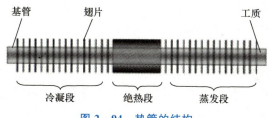

图2-94　热管的结构

当热管蒸发段吸收电池热量时，毛细管中的液体迅速蒸发汽化，蒸汽在微小的压差下流向另一端（冷凝段），温差促使蒸汽重新凝结成液体，并将热量释放到外界，液体再沿多孔材料靠毛细力的作用流回蒸发段，如此循环往复，热量由热管一端传至另一端，就可以将电池散发的热量传递到外界。

电动汽车用动力电池的回收利用研究

1. 研究背景和意义

1894年，英国经历了一场"马粪危机"。当今人类的生活似乎与马没有什么关联，但百年前可不是这样，没有马，人类生活则完全不同，马对人类文明作出了巨大贡献。可以说没有马，就没有现代文明，尤其是英国。夸张地说，如果没有马，就没有英国的工业革命。很多人认为工业革命的基础是钢铁或机器，但实际上，英国的工业革命是从马开始的。在伦敦，仅出租马车就有上万辆，还伴随有15000多个马车夫。

100多年前，伦敦人口将近500万人，是当时世界上人口最多的城市，而伦敦市区最重要的交通工具就是马，整个伦敦的生活几乎完全靠马来完成。所有货物运输进城要靠马拉，工人上下班要坐马车，当时伦敦的公交车、出租车、警察巡逻车甚至女王出巡车都是用马拉。总之，在伦敦大街小巷繁忙奔走的主要是马，约有30万匹。没有马，伦敦的生活会完全瘫痪。

虽然英国为这些马提供饲料不成问题，但其排泄物为伦敦带来了烦恼。伦敦的30万匹马每天至少排泄3000吨马粪和30万升马尿，这些排泄物无法避免地遗留在伦敦的大街小巷，不难想象，当时伦敦街头到处是马粪和马尿，不仅臭气熏天，而且马粪会招来苍蝇，尤其在夏季，可以说马粪和马尿污染了整个城市。1894年，伦敦被浸在马粪堆里。除此之外，当时西方国家凡是人口聚居的城市都存在马粪问题。而20世纪初汽车的出现使马粪危机很快就解除了。

正如马车给人类带来的污染一样，汽车带来的污染远远超过马粪。北京理工大学教授吴锋曾公开表示："1块20克的手机电池可污染3个标准游泳池容积的水，若废弃在土地上，可使1平方公里土地污染50年左右。"

随着新能源汽车产业的迅猛发展，动力电池作为新能源汽车的关键部件之一呈快速增长态势，大量动力电池报废导致的资源和环境问题日益凸显，亟待解决。从资源角度来看，制造动力电池所需的镍、钴、锂等元素在世界范围内含量稀少，且开采难度较大；从环境角度来看，废旧动力电池主要为化学电池，类型多样、成分复杂，随意丢弃会对环境造成危害，威胁人类健康。合理回收利用废旧动力电池既可实现有限资源的循环利用，也可减少对环境的污染和对人类健康的损害。

2. 研究内容

本书主要分析动力电池的回收利用方式、国外动力电池回收利用产业发展现状、国内废旧电池回收利用产业发展现状、动力锂电池的回收方法、发展趋势和存在的问题。

(1) 动力电池的回收利用方式。

电动汽车动力电池回收是指将废旧的动力电池进行收集、归类、处理、再利用，防止电池对环境造成污染。因性能衰减和损伤情况不同，动力电池回收利用有两种方式：一种是将性能衰减到一定范围的电池应用到其他领域，称为梯级利用；另一种是将废旧电池中的有价元素回收（目前以稀贵金属为主），再次作为电池制造的原材料，称为再生利用或资源化利用。

①梯级利用。

业界普遍认为动力电池的使用寿命为5~8年，当新能源汽车上的动力电池容量衰减至原容量的80%时就需要更换。为最大化利用资源，可梯级利用没有损坏的退役动力电池（或其中的蓄电池包、蓄电池模块、单体蓄电池），即将退役动力电池应用到比汽车电能容量要求低的领域，如通信储能应用、供电基站、备用电源、路灯等。梯级利用可以一级利用，也可以多级利用。

②再生利用。

再生利用是指对无梯级利用价值的废旧动力蓄电池进行拆解、破碎、冶炼等，以回收其中有价元素为目的的资源化利用过程，且梯级利用之后彻底报废的动力电池最终需要落实到再生利用这一点上，这也是目前动力电池回收的重点。国内的再生利用回收工艺已非常成熟，流程是通过拆解、破碎、分选等方法得到独立的各组分，电芯部分经化学处理可以重新得到稀贵金属的金属盐、单质、正极材料等。国内的动力电池以磷酸铁锂和镍钴锰酸锂为主，由于镍钴锰酸锂电池中含有的Ni、Co、Li元素远多于自然矿石，且回收技术成熟，因此废旧镍钴锰酸锂动力电池的资源化回收利用已具备成熟的商业盈利模式。典型电池再生利用技术的优缺点如表2-15所示。

表2-15 典型电池再生利用技术法的优缺点

技术	优点	缺点	技术成熟度	产品
干法回收	工艺简单，适用于粗处理	能耗高，污染严重	工业化应用	金属单质、氧化物、合金
湿法回收	回收率高，产品丰富	成本高，流程较长；需要大量化学试剂	工业化应用	金属盐、正极材料
生物回收	工艺简单，环境友好	高效菌种的培养，周期长	实验室研究	金属盐

资料来源：调研数据。

(2) 国外动力电池回收利用产业发展现状。

①美国：押金制度鼓励电池回收。

2005 年，美国加利福尼亚州政府颁布《可充电电池回收与再利用法案》，限定境内可充电电池的零售商应当无偿回收废旧可充电电池。美国国际电池协会颁布了《电池产品管理法》，执行押金制度，鼓励消费者收集并提交废旧电池。

美国政府推动电池回收利用网络的建设，执行附加环境费措施，消费者购买电池时缴纳的手续费和电池生产商出资的回收费构成电池报废回收的支持资金，同时废旧电池回收商以协议价将电池再生产品供应给电池生产商。

②德国：要求经销商组织回收机制。

德国的废旧电池回收体系在各个环节都有明确分工：电池生产商和进口商应当在政府相关部门登记；经销商应当组织回收，根据生产企业的要求免费向消费者宣传回收电池的机构；消费者应当将废旧电池交给授权的回收机构。

德国环境部设立了两个不同技术路径的动力电池回收利用示范项目：采用火法冶金的 LiBRi 项目和采用湿法合金的 LithoRec 项目。对比两种技术路径的回收利用效果，并采用生命周期分析法评估环境影响和经济效益。技术实践的比较有助于产业界找到最适合废旧动力电池再生利用的技术途径。

③日本：构建回收网点。

目前日本的混合动力电动汽车保有量约为 8%，预计 20 年后报废车辆数量将猛增。本田公司从 2017 年起逐步构建用于混合动力电动汽车的锂电池回收网点，并以锂电池为对象，取得日本环境省颁发的"广域认证"（日本首例），拥有该认证可在日本各地回收和处理自家产品的工业废料。

本田计划与研究资源再生技术的日本东北大学及日本重化学工业株式会社合作，开发低价回收锂电池中稀有金属的技术。该项计划的重点不是焚烧电池，而是在电池放电后分离电解液，回收其中所含稀有金属的 80% 左右，以作为镍氢电池原料。

(3) 国内废旧电池回收利用产业发展现状。

为引导建立合理高效的动力电池回收利用体系，我国中央政府和地方政府陆续出台了引导性的政策措施。2016 年 1 月 5 日，由发改委、工信部、中华人民共和国环境保护部（以下简称环保部）、商务部和质检总局联合发布了《电动汽车动力蓄电池回收利用技术政策（2015 年版）》，明确提出了管理方式和范围，逐步落实生产企业是回收的责任主体，建立编码制度和可追溯体系，鼓励梯级利用。

2016 年 11 月，由中国汽车技术研究中心有限公司牵头，联合整车企业、电池生产企业、回收利用企业、科研机构、高等院校等 25 家相关单位发起成立了电动汽车动力蓄电池循环利用战略联盟（简称联盟），联盟已成立"新能源汽车废旧动力蓄电池回收利用管理政策研究"工作组、"车用动力蓄电池回收利用标准研究"工作组，为国家相关部门提供技术支撑，联合产业链上下游企业共建循环利用生态圈，促进新能源汽车产业可持续发展。

全国汽车标准化技术委员会、全国废弃化学品处置标准化技术委员会等标准化组织正在制定废旧动力电池回收利用的一系列标准。在一系列国家标准和行业标准的规范下，动力电池回收行业秩序基本得到有效规范。动力电池回收利用相关标准如表 2-16 所示。

表 2-16 动力电池回收利用相关标准

标准级别	标准名称	标准号
国家标准	车用动力电池回收利用拆解规范	GB/T 33598—2017
	锂离子电池材料废弃物回收利用的处理方法	GB/T 33059—2016
	镍氢电池材料废弃物回收利用的处理方法	GB/T 33062—2016
	废电池处理中废液的处理处置方法	GB/T 33060—2016
行业标准	废电池中镍钴回收方法	HG/T 5019—2016
	废蓄电池回收管理规范	WB/T 1061—2016
地方标准	电动汽车用锂离子动力电池回收利用规范	DB44/T 1203—2013
	电动汽车用动力蓄电池回收利用技术条件	DB44/T 1371—2014
	电动汽车用动力电池污染评定方法 第1部分：镍氢电池	DB44/T 1772.1—2015
	电动汽车用动力电池污染评定方法 第2部分：锂离子电池	DB44/T 1772.2—2015

① 梯级利用。

因为废旧动力电池的数量比较少，所以国内梯级利用项目不多，主要围绕储能领域。我国动力电池梯级利用的典型示范工程如表 2-17 所示。

表 2-17 我国动力电池梯级利用的典型示范工程

应用领域	案例描述	参与主体
商业储能	2014年6月19日通过验收的 100kW·h 梯次利用电池储能系统的工程示范，历时2年	中国电力科学院、北京市电力公司、北京交通大学
低速电动车、电网储能	改装电动场地车、电动叉车和电力变电站直流系统，用退役动力电池取代传统的铅酸电池。经实测，性能和经济性较好，具有示范作用	北京市电力公司、北京工业大学、北京普莱德新能源电池科技有限公司
电网储能	河南省利用退役动力电池建成国内首个基于退役动力电池的混合微电网系统	河南省电力公司、南瑞集团公司等

② 再生利用。

国内动力电池以磷酸铁锂电池和镍钴锰酸锂电池为主，相比之下，磷酸铁锂电池容量较低，回收价值较小，且容量衰减后难以梯级利用，拆解回收金属收益较低，几乎无法实现盈利，大多回收企业不愿意回收该类电池。镍钴锰酸锂电池中含有 Co、Ni 等稀有贵重金属，国内废旧电池回收企业可依托成熟的数码电池回收工艺，合并处理镍钴锰酸锂电池，代表性企业有湖南邦普循环科技有限公司、格林美股份有限公司、赣州市豪鹏科技有限公司、深圳泰力废旧电池回收技术有限公司等。拆解三元锂电池获取的 Ni、Co、Li 等金属材料可以循环利用，可生产镍钴锰氢氧化物（三元前驱体）、Li_4O_4Ti 等，以实现"镍矿、钴矿—三元材料、钴酸锂—钴酸锂电池、三元电池—废旧电池—$NiSO_4$、$CoSO_4$—三元材料、$LiCoO_2$"产业链循环。

（4）动力锂电池的回收方法。

动力锂电池的回收工艺大致包括放电、拆解、粉碎、分选等预处理，然后是分离拆解塑料、金属外壳和电极材料，再对电极进行碱浸出、酸浸出、除杂后进行萃取；或者高温焚烧拆解碎片回收金属及进一步采用湿法回收焚烧残渣。动力锂电池的回收方法有高温冶金法、湿法冶金法和物理拆解。

① 高温冶金法。高温冶金法工艺相对简单，适合大规模处理种类繁杂的废旧锂电池，电池材料本身能提供焚烧所需的大量能耗，能最大限度地减小残留体积，但电池电解质和电极中其他成分的燃烧容易引起大气污染，焚烧尾气处理的压力大。高温冶金法是在高温炉中焙烧粉碎的锂离子电池，去除碳和有机物，燃烧时产生的还原性气体对金属元素起一定的保护作用。比利时优美科公司和德国博太科公司通过特制的超高温熔炉回收锂离子电池，制得 Co 或 Ni 合金和氧化稀土，石墨和有机溶剂则作为燃料放出能量。优美科公司位于比利时安特卫普的霍博肯工厂目前每年能够处理 7000t 的废旧二次电池。

② 湿法冶金法。湿法冶金法是指破碎废弃电池后，用合适的化学试剂将其选择性溶解，分离浸出液中的金属元素。由于处理设备投资成本低，因此适合中小规模废旧锂电池的回收。为了提高金属的提取效率，该工艺要求在破碎废弃锂电池前根据电池的材料化学成分精细分类，以配合浸出液化学体系。湿法冶金法可以单独使用，也可以结合高温冶金法一起使用，进一步回收焚烧后得到的固体残渣——金属和金属氧化物细粉体中的 Fe、Al 及稀土金属。

③ 物理拆解。物理拆解是指将电极活性物、电池外壳等电池组件经破碎、过筛、磁选分离、精细粉碎和分类后得到高含量的物质，然后进行下一步回收。虽然物理拆解回收处理的效率较低，但由于不用消耗额外的化学品，因此工艺非常环保。美国 Toxco 公司在 $-198℃$ 下将电池破碎后加入固体 NaOH，把电极材料中的锂转化成 LiOH，与加入的制剂生成 Li_2CO_3，球磨后与塑料分离。研究表明，$LiFePO_4$ 电极材料经低温处理再简单回收后，具有更大的容量（接近 $170mA·h/g$）。三菱采用液氮将废旧电池冷冻后拆解，分选出塑料，破碎、磁选、水洗后得到钢铁，振动分离，经分选、水洗后得到铜箔，燃烧剩余的颗粒后得到 $LiCoO_2$。

（5）发展趋势。

随着全球汽车制造商加大对新能源汽车产业的投入，动力电池行业发展迅速，"十三五"末期有望实现废旧动力锂电池规模化、批量化和资源化回收。专注于废旧动力电池回收利用的高科技企业将得到快速发展，成为废旧动力电池回收行业的领头羊。

中国汽车工业协会预测，到 2020 年，我国累计报废动力电池将达 12 万～20 万吨。动力电池回收市场将成为一个崛起的新兴市场。随着废旧电池回收渠道的日益规范、回收技术的改造升级及动力电池的蓬勃发展，电池回收企业的回收效益将大幅提升。

废旧动力电池回收利用行业渠道发展应包括向上的回收渠道和向下的销售渠道。随着互联网、大数据、云计算等现代信息技术的发展，一些新兴回收模式应运而生，如"互联网＋分类回收"、O2O、手机 App 和网站等多种形式的共享专用模式。

(6) 存在的问题。

国内外企业依托原有成熟的废旧数码电池再生利用工艺技术，同时对废旧动力电池的资源化利用也无技术工艺上的问题。尽管已经对动力电池的梯级利用有一些研究和示范，但要商业化大规模应用还存在以下几方面问题。

① 电池拆卸/拆解问题。不同车型的动力电池类型和规格不同，这决定了没有一套拆解流水线可以适合所有动力电池，电池本身是高能量载体，拆卸/拆解不当则极易发生安全事故。

② 剩余寿命预测问题。若退役动力电池的使用情况无数据记录，仅有出厂时的原始数据，使用过程和当前状态未知，则检测成本增加，梯级利用产品的品质风险增加。

③ 系统集成问题。电芯并不是一个特性明确的物理系统，而是不断变化的化学系统，其各项参数都与运行工况、外部环境、内部劣化速度相关，且不同批次、不同厂家的电池模组差异较大，如何在同一系统中混用是对系统集成技术的较大考验。

④ 产业链整合问题。产业链涉及消费者、汽车企业、动力电池企业、梯级利用企业，创建一个共生共赢的产业链生态圈具有重要意义。

另外，我国废旧动力电池回收利用水平并不落后于发达国家，但制造工艺和设备精度普遍低于国外先进水平。这个长久存在的问题未来将制约废旧动力电池回收行业的发展。

2017年12月，GB/T 33598—2017《车用动力电池回收利用拆解规范》已正式实施，其明确指出回收拆解企业应具有相关资质。动力电池回收政策扶持力度也给予市场更大的信心，随着新能源汽车报废潮的来袭，动力电池生产企业必然会成为回收过程中最关键的一环。

思考题

1. 电动汽车用动力电池主要有哪些类型？
2. 常见的物理电池有哪些类型？
3. 动力电池的性能指标主要有哪些？其作用和意义分别是什么？
4. 动力电池有哪些常用术语？其具体含义分别是什么？
5. 电动汽车用动力电池有哪些性能要求？
6. 目前常用的电动汽车蓄电池主要有哪几种？
7. 铅酸蓄电池的基本组成是什么？并说明其结构、工作原理和应用场合。
8. 为什么铅酸蓄电池充电后期会电解水？
9. 相比其他类型的蓄电池，铅酸蓄电池具有哪些优缺点？
10. 镍氢电池的基本组成是什么？并说明其结构、工作原理和应用场合。
11. 相比其他类型的蓄电池，镍氢电池具有哪些优缺点？
12. 为什么镍氢电池具有长期过充电和过放电自我保护能力？
13. 锂离子电池的基本组成是什么？并说明其结构、工作原理和应用场合。
14. 常用锂离子电池的正极材料有哪些？各有何特点？
15. 锂离子电池的充放电特性如何？充电过程分为哪几个阶段？
16. 相比其他类型的蓄电池，锂离子电池的优缺点有哪些？

17. 为什么锂离子电池的充放电效率高？
18. 锂离子电池充电时有哪些要求？
19. 磷酸铁锂离子电池的正负极材料分别是什么？说明其结构、工作原理和应用场合。
20. 磷酸铁锂离子电池相比普通锂离子电池具有哪些优势？
21. 为什么燃料电池是一种发电装置？
22. 质子交换膜燃料电池的组成结构和工作原理分别是什么？
23. 质子交换膜燃料电池有哪些优缺点？
24. 太阳能电池的发展历史和应用现状如何？
25. 太阳能电池的结构组成与工作原理分别是什么？
26. 太阳能电池应用在电动汽车上有哪些优势和劣势？
27. 太阳能电动汽车主要由哪些部分构成？有哪几种驱动方式？
28. 超级电容器的结构组成与工作原理分别是什么？
29. 超级电容器具有哪些优点和缺点？在电动汽车上有哪些应用？
30. 飞轮电池由哪些部分组成？分别起什么作用？
31. 飞轮电池如何实现充电和放电？
32. 飞轮电池的轴承为什么用磁悬浮轴承？
33. 飞轮电池具有哪些优点和缺点？在电动汽车上有哪些应用？
34. 三元锂电池的基本组成是什么？具有哪些特点？
35. 锌空气电池的结构与工作原理分别是什么？
36. 为什么锌空气电池的保存时间很长？
37. ZEBRA电池的基本组成是什么？在电动汽车上有哪些应用？
38. 常见的电动汽车充电设备有哪些类型？
39. 简述电动车动力电池的充电方法及其原理。
40. 脉冲式快速充电的原理是什么？
41. Halo无线充电系统由哪些部分组成？具有哪些优势？
42. 动力电池组的SOC估算主要有哪些方法？安时积分法的原理是什么？
43. 简析动力电池组不一致性的主要原因及具体类型。
44. 电动汽车的电池管理系统由哪些部分组成？主要实现哪些功能？
45. 动力电池回收利用有哪些方式？目前存在哪些问题？

第 3 章 电动机及驱动技术

1. 了解常用的电动汽车用电动机类型。
2. 了解电动汽车对电动机的性能要求、电动机的主要性能指标。
3. 熟悉直流电动机的分类、结构、特点、工作原理、基本方程、运行特性。
4. 掌握他励直流电动机的机械特性。
5. 掌握他励直流电动机的调速方式与控制原理。
6. 掌握无刷直流电动机的结构、工作原理和电子换向器的基本原理。
7. 掌握三相异步感应电动机的结构、特点、工作原理和相关概念(异步、转差率)。
8. 熟悉三相异步感应电动机的机械特性和调速方法。
9. 掌握永磁同步电动机的结构、特点、转速特性和调速方式。
10. 熟悉8/6四相开关磁阻电动机的结构、特点、工作原理和驱动控制。
11. 了解轮毂电动机和步进电动机的基本结构及应用。

知识要点	相关知识
电动汽车用电动机类型	直流电动机、无刷直流电动机、异步交流电动机、永磁同步电动机、开关磁阻电动机
电动汽车对电动机的性能要求、电动机的主要性能指标	起动转矩大、效率高、调速范围宽、能实现减速再生制动、可靠性高、体积小、质量轻等；额定功率、额定电压、额定电流、额定频率、额定转速等
直流电动机	分类、结构、特点、工作原理、基本方程、运行特性

续表

知识要点	相关知识
他励直流电动机	机械特性、理想空载转速、机械特性硬度、机械特性曲线、调速方式及控制、斩波式 DC/DC 转换器的电路原理及 PWM 脉宽调制的特点
无刷直流电动机	结构、工作原理和电子换向器的基本原理
三相异步感应电动机	结构、特点、工作原理和相关概念（异步、转差率），机械特性和调速方法
永磁同步电动机	结构、特点、转速特性和调速方式
8/6 四相开关磁阻电动机	结构、特点、工作原理和驱动控制

3.1 电动机概述

3.1.1 电动机驱动系统

电动机驱动系统是能量存储系统与车轮之间的纽带，是新能源汽车行驶过程中的主要执行结构，是电动汽车的心脏，由电动机、功率转换器、控制器、各种检测传感器和电源（蓄电池）组成，如图 3-1 所示。其具体任务是在驾驶人的控制下，将蓄电池的电能高效率地转换为车轮的动能驱动汽车，或者将车轮的动能反馈到蓄电池中。

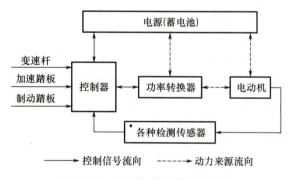

图 3-1 电动机驱动系统的组成

电动机是电动汽车驱动系统的核心部件，其性能直接影响电动汽车驱动系统的性能，尤其是电动汽车的动力性——最高车速、加速性能和爬坡性能等。在纯电动、太阳能和燃料电池电动汽车中，电动机取代发动机作为纯驱动装置；在串联式混合动力电动汽车中，电动机作为主要动力装置；在并联式混合动力电动汽车中，电动机作为辅助动力装置。由此可见，驱动电动机的性能直接影响新能源汽车的运行性能。因此，选择合适的电动机类型非常重要。

3.1.2 电动机的分类、特点与应用

1. 电动机的分类

电动机有很多类型,电动汽车上普遍应用直流电动机、无刷直流电动机、异步感应交流电动机、永磁同步电动机、开关磁阻电动机等类型。

(1) 按电动机工作电源不同,可分为直流电动机和交流电动机两类。其中直流电动机主要是指绕组励磁式直流电动机,如图3-2所示;交流电动机分为正弦波驱动电动机和矩形波驱动电动机。

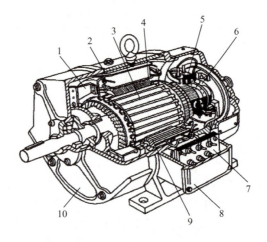

1—风扇;2—机座;3—电枢;4—主磁极;5—刷架;
6—换向器;7—接线板;8—出线盒;9—换向极;10—端盖
图3-2 绕组励磁式直流电动机

(2) 按结构及工作原理不同,可分为直流电动机、异步电动机和同步电动机三类。
(3) 按用途不同,可分为驱动用电动机和控制用电动机两类。
(4) 按转子结构不同,异步交流电动机可分为笼型和绕线型两类。
(5) 按转速不同分类,可分为高速电动机($n>10000$r/min)、低速电动机($n<500$r/min)、恒速电动机、调速电动机。

综上所述,根据驱动电动机的工作电源、结构及工作原理的不同,对电动汽车用驱动电动机进行总结分类,如图3-3所示。

2. 常用电动机的特点

(1) 直流电动机。直流电动机具有起动加速时驱动力大、技术成熟、调速控制简单等优点。其缺点是电枢电流由电刷和换向器引入,换向时产生电火花,换向器容易烧蚀,电刷容易磨损,需经常更换,维护工作量大;接触部分存在机械磨损,使电动机效率和转速较低,且体积和质量较大,新研制的电动汽车基本不使用直流电动机,其已逐渐被淘汰。

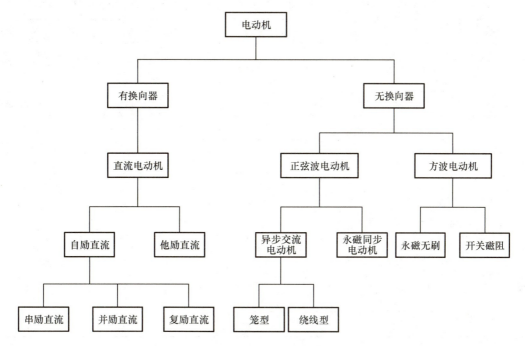

图 3-3　电动汽车驱动电动机的分类

（2）无刷直流电动机。无刷直流电动机是一种高性能的电动机，既有交流电动机的结构简单、运行可靠、维护方便等诸多优点，又具备运行效率高、转矩大、无励磁损耗、运行成本低和调速性能好等特点。因此，它在电动汽车上的应用日益广泛，但存在一定程度的转矩脉动和振动噪声。

（3）异步交流电动机。异步交流电动机常用类型为三相笼型异步感应电动机。其调速简单，采用变频调速时，可以取消机械变速器，实现无级变速，使传动效率大大提高。异步交流电动机具有结构简单、坚固耐用、工作可靠、价格便宜、效率高及维护方便等优点，且容易实现正反转，再生制动能量回收也更简单，在电动汽车中应用较广泛。

（4）永磁同步电动机。永磁同步电动机的结构与无刷直流电动机的相似，不同之处在于它采用正弦波驱动，所以在具备无刷直流电动机优点的同时，还具有噪声低、体积小、功率密度大、转动惯量小、脉动转矩小、控制精度高等特点，特别适用于混合动力电动汽车电动机驱动系统，以达到减小系统体积、改善汽车加速性能和行驶平稳等目的。

（5）开关磁阻电动机。开关磁阻电动机是一种新型高速电动机，因其结构简单、坚固、工作可靠、效率高、调速系统运行性能和经济指标比普通的交流调速系统好，具有很大的潜力，被公认为一种极有发展前途的电动汽车用驱动电动机。但其噪声大且转矩脉动较大，控制系统较复杂，设计和控制难度大，在电动汽车上应用不多。

直流电动机、异步交流电动机、永磁同步电动机和开关磁阻电动机的性能比较如表 3-1 所示。

表 3-1 直流电动机、异步交流电动机、永磁同步电动机和开关磁阻电动机的性能比较

性能参数	直流电动机	异步交流电动机	永磁同步电动机	开关磁阻电动机
功率密度	低	中	高	较高
功率因数/(%)	—	82～85	90～93	60～65
峰值效率/(%)	85～89	94～95	95～97	85～90
负荷效率/(%)	80～87	90～92	90～95	78～86
过载能力/(%)	200	300～500	300	300～500
转速范围/(r/min)	4000～6000	12000～20000	4000～10000	>15000
电动机质量	大	中	小	小
电动机尺寸	大	中	小	小
可靠性	一般	好	优良	好
控制器成本	低	高	高	一般
控制性能	最好	好	好	好
综合评价	差	一般（坚固）	优（高效）	较优

3. 驱动电动机在电动汽车上的应用

20 世纪 80 年代以前，几乎所有汽车的驱动电动机均为直流电动机，直到 80 年代中期其仍是国内外的主要研发对象。表面式永磁同步电动机于 20 世纪 80 年代中后期进入商品化阶段。90 年代后，交流电动机驱动系统的研制和开发有了突破并迅速发展，开关磁阻电动机和内置式永磁同步电动机相继进入市场。

（1）早期研发的电动汽车多采用直流电动机，1980—2000 年部分电动汽车使用电动机情况如表 3-2 所示。

表 3-2 1980—2000 年部分电动汽车使用电动机情况

研制（开发）厂家	车型	电动机类型
上海新联电动车厂	4 座电动汽车	永磁无刷直流电动机（10kW）
清华大学	16 座电动面包车	无刷直流电动机（22kW）
日本东京大学	UOT 电动汽车	直流串励电动机
法国雪铁龙公司	SAXO 电动汽车	直流串励电动机
意大利菲亚特公司	900E 电动汽车	直流他励电动机
日本马自达公司	BANGO 电动汽车	直流并励电动机
日本本田公司	Insight 混合动力电动汽车	永磁无刷直流电动机（10kW）

（2）我国电动汽车多采用永磁同步电动机，如东风、奇瑞、长安、一汽和上汽等生产的混合动力电动汽车；而客车多采用异步交流电动机。部分企业曾采用开关磁阻电动机作为驱动电动机，国内的华中科技大学、重庆电机厂等都在致力于电动汽车用开关磁阻电动

机的研发,如东风汽车集团有限公司研制的混合动力城市公交车采用风冷式开关磁阻电动机。2011—2015 年我国部分电动汽车使用电动机情况如表 3-3 所示。

表 3-3　2011—2015 年我国部分电动汽车使用电动机情况

车型名称	电动机
宇通电动客车 ZK6125EGAA	异步交流电动机
福田欧辉 BJ6123 串联式混合动力客车	异步交流电动机
比亚迪 F3DM	永磁同步电动机
长安 E30 纯电动轿车	永磁同步电动机
荣威 E50 纯电动轿车	永磁同步电动机
二汽 EQ6690 型电动汽车	开关磁阻电动机

(3) 美国的汽车公司大多采用高速、高效的异步交流电动机驱动系统,如克莱斯勒公司生产的 Epic Van、福特公司生产的 Ranger EV、通用公司生产的 Impact 和 EV1 电动汽车。该现状主要与路况有关,因为高速公路在美国已经具有一定的规模,除了大城市外,汽车一般均以一定的高速持续行驶,所以能够实现高速运转,效率较高的异步电动机得到了广泛应用。此外,还与技术积累及异步交流电动机自身的低廉价格有关。欧洲汽车公司多采用异步感应交流电机,如法国雷诺公司生产的 Clio Electric 等。欧美国家部分电动汽车使用异步感应交流电动机情况如表 3-4 所示。

表 3-4　欧美国家部分电动汽车使用异步感应交流电动机情况

车型名称	电动机类型	电机额定功率/kW
大众 GOLF EV	异步感应交流电动机	52.5
菲亚特 Tempra 并联式混合动力电动汽车	异步感应交流电动机	21.5
特斯拉 Model S	异步感应交流电动机	120

(4) 日本的丰田、本田、日产等新研制的电动汽车基本采用永磁同步电动机驱动系统。因为在日本供应永磁同步电动机使用的稀土磁铁的公司较多,同时汽车大多以中低速行驶,所以采用加减速时效率较高的永磁同步电动机较适宜。日本在发展混合动力电动汽车方面居世界领先地位,其中以丰田 Prius 最著名。日本部分电动汽车使用永磁同步电动机情况如表 3-5 所示。

表 3-5　日本部分电动汽车使用永磁同步电动机情况

车型名称	电动机类型	电机额定功率/kW	电机峰值功率/kW
日产 Altra 纯电动汽车	永磁同步电动机	62	—
丰田 Prius Ⅲ 混联式混合动力汽车	永磁同步电动机	33	—
本田 FCX-V4 燃料电池试验车	永磁同步电动机	—	40

异步交流电动机主要应用在纯电动汽车(包括轿车及客车)上;永磁同步电动机主要

应用在混合动力电动汽车（包括轿车及客车）上；开关磁阻电动机主要应用在大型客车上。国内外部分电动汽车使用电动机情况如表 3-6 所示。

表 3-6　国内外部分电动汽车使用电动机情况

厂商	车型	电动机类型	主要性能
宝马	Active Hybrid 7	永磁同步电动机	15kW，210N·m
通用	凯迪拉克 XTS	异步感应交流电动机	90kW，370N·m
梅赛德斯-奔驰	F800 Style	永磁同步电动机	40kW，200N·m
大众	奥迪 A8 Hybrid	永磁同步电动机	34kW，120N·m
标致	SR1	永磁同步电动机	70kW，178N·m
本田	CR-Z	永磁同步电动机	10kW，78N·m
斯巴鲁	Hybrid Tourer	永磁同步电动机	45kW，145N·m
铃木	SX4	永磁同步电动机	50kW，180N·m
长安	S460	永磁同步电动机	35kW，130N·m
东风	S30 BSG	永磁同步电动机	30kW，110N·m
丰田	Prius II	永磁同步电动机	50kW，400N·m
福特	Escape Hybrid	永磁同步电动机	70kW，175N·m
上汽荣威	e550	永磁同步电动机	50kW，317N·m
比亚迪	唐	永磁同步电动机	220kW，400N·m
梅赛德斯-奔驰	S500 PHEV	永磁同步电动机	85kW，340N·m
本田	FCX CLARITY	永磁同步电动机	80kW，272N·m
丰田	Mirai FCEV	永磁同步电动机	113kW，335N·m
日产	X-TRAIL FCEV	永磁同步电动机	85kW，285N·m
日产	LEAF	永磁同步电动机	80kW，280N·m
现代	ix35 FCEV	永磁同步电动机	110kW，221N·m
奥迪	Q5 HFC	永磁同步电动机	90kW，420N·m
梅赛德斯-奔驰	B Class FCEV	永磁同步电动机	100kW，290N·m
比亚迪	e6	永磁无刷直流电动机	75kW，450N·m
北汽	EV200	永磁同步电动机	53kW，180N·m

在电动汽车用驱动电动机的选择上，不同国家各有侧重。日本和美国侧重于采用永磁同步电动机；英国、法国侧重于采用无刷直流电动机；德国侧重于采用开关磁阻电动机；比利时、奥地利等主要采用异步感应交流电动机和开关磁阻电动机。我国广泛应用的电动汽车用驱动电动机是三相异步交流电动机和永磁同步电动机。我国稀土资源丰富，未来大力发展稀土永磁同步电动机不仅可以促进我国新能源汽车（电动汽车）驱动技术的发展，获得巨大的经济和社会效益，同时将对推动稀土事业的发展产生深远的影响。

电动汽车用驱动电动机未来的发展方向主要体现在以下几个方面：①小型、轻量化；②效率高；③更出色的转矩性能；④使用寿命长，可靠性高；⑤噪声低；⑥价格低廉。

3.1.3　电动机的主要性能指标

电动机的主要性能指标如下。

(1) 额定功率 P_N。在额定工况运行时，电动机轴端输出的机械功率。

(2) 额定电压 U_N。在额定工况运行时，电动机定子绕组输入的线电压值。

(3) 额定电流 I_N。电动机在额定运行（额定电压、额定输出功率）情况下，电枢绕组（或定子绕组）通过的线电流。

(4) 额定频率 f_N。电动机在额定工况运行时，电枢（或定子侧）的频率。

(5) 额定转速 n_N。电动机在额定运行（额定电压、额定频率、额定输出功率）情况下，电动机转子的转速。

(6) 额定转矩 T_N。电动机在额定功率和额定转速下的输出转矩。

(7) 最高转速 n_{max}。在空载条件下，电动机允许转动的最高转速。

(8) 峰值功率 P_{max}。在规定的持续时间内，电动机允许输出的最大功率。

(9) 峰值转矩 T_{max}。在规定的持续时间内，电动机允许输出的最大转矩。

(10) 机械效率 η。在额定工况运行时，电动机轴端输出的机械功率与外电源输入到电动机定子绕组上的功率的比值。

当电动机在额定运行情况下输出额定功率时称为满载运行，此时电动机的运行性能、经济性及可靠性等均处于优良状态。

当电动机输出功率超过额定功率时称为过载运行，此时电动机的负载电流大于额定电流，将引起电动机过热，影响电动机使用寿命，严重时可能导致电动机烧毁。

当电动机输出功率小于额定功率时称为轻载运行，此时电动机的效率和功率因数等较低，运行性能较差，因此电动机应尽量避免轻载运行。

3.1.4　电动汽车对驱动电动机的性能要求

与传统的工业驱动电动机不同，电动汽车用电动机驱动系统通常要求能够频繁地起动/停车、加速/减速，低速或爬坡时要求高转矩，高速行驶时要求高功率，并要求变速范围大。在蓄电池技术未取得突破的背景下，电动机及其驱动系统是保证电动汽车续驶里程，使之实用化的关键。电动汽车用驱动电动机的主要性能要求如下。

(1) 调速范围宽。应包括恒转矩区和恒功率区，低速运行输出的恒定转矩大，以满足汽车快速起动、加速、负荷爬坡等要求；高速运行输出恒定功率，有较大的调速范围，以满足平坦的路面上能够高速行驶的要求等。

(2) 效率和功率密度高。要保证在较宽的转速和转矩范围内都具有很高的效率，以降低功率损耗，提高一次充电的续驶里程。

(3) 瞬时功率大，过载能力强。要保证汽车具有 3～4 倍的过载能力，以满足短时内加速行驶和最大爬坡度的要求。

(4) 再生制动效率高。在汽车减速时，能够实现反馈制动，将能量回收并反馈给蓄电池，使得电动汽车具有最佳能量利用率。

(5) 体积小，质量轻。应尽量采用铝合金外壳，同时转速要高，以减轻整车的质量。扩大车体可利用空间，从而提高乘坐的舒适性。电动汽车用驱动电动机的质量一般为工业用驱动电动机的 1/3～1/2。

(6) 可靠性好。在任何情况下都要确保汽车具有高度的安全性及良好的抗振能力。

(7) 电压高。在允许范围内尽量采用高电压，以减小电动机和导线等装备的尺寸，特别是能够降低逆变器的成本，同时要有高压保护装置。

(8) 环境适应性好。能够在较恶劣的环境中长期工作。

(9) 其他。结构简单、坚固，价格便宜，噪声低，适合大批量生产，便于使用与维护。

3.2 直流电动机及驱动

直流电动机是指通入直流电流而产生机械运动的电动机。因其结构简单、技术成熟、控制容易，早期的电动汽车多采用直流电动机驱动系统。如图 3-4 所示，直流电动机驱动系统主要由直流电源、控制器（电源变换器和控制电路）、直流电动机三部分组成。

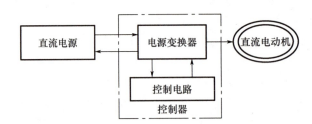

图 3-4　直流电动机驱动系统的组成

3.2.1　直流电动机的分类

按励磁方式不同，直流电动机可分为绕组励磁式直流电动机和永磁式直流电动机。在电动汽车采用的直流电动机中，小功率电动机采用的是永磁式直流电动机，大功率电动机采用的是绕组励磁式直流电动机。根据定子励磁绕组与转子电枢绕组的连接关系不同，绕组励磁式直流电动机又可细分为以下四种。

(1) 他励直流电动机。励磁绕组与电枢绕组无连接关系，由其他直流电源对励磁绕组供电，励磁电路与电枢电路相互独立。

(2) 并励直流电动机。励磁绕组与电枢绕组并联在同一电源上。

(3) 串励直流电动机。励磁绕组与电枢绕组串联在同一电源上。

(4) 复励直流电动机。励磁绕组与电枢绕组的连接既有串联又有并联，接在同一电源上。其可分为积复励直流电动机和差复励直流电动机。

直流电动机的电路如图 3-5 所示。图中，I_a 为电枢电流；I_f 为励磁电流；U 为电源电压；U_f 为励磁电压；I 为负载电流。

电动汽车常用的直流电动机有他励式、串励式、复励式、永磁式四类。

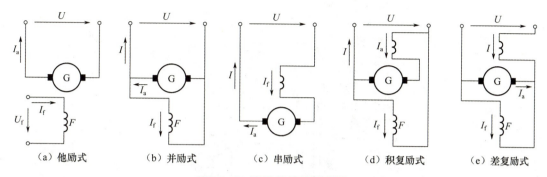

图 3-5 直流电动机的电路

小功率（100W～10kW）的电动机采用小型高效的永磁直流电动机，可以应用在小型、低速的搬运设备上，如电动自行车、休闲用电动汽车、高尔夫球车、电动叉车等。

中等功率（10～100kW）的电动机采用他励、复励或串励直流电动机，可以用于结构简单、要求转矩较大的电动货车上。

大功率（>100kW）直流电动机采用串励直流电动机，可用在要求低速、转矩高的专用电动汽车上，如矿石搬运电动车、玻璃电动搬运车等。

3.2.2 直流电动机的结构与特点

1. 直流电动机的结构

直流电动机主要由定子（固定不动）和转子（旋转）两部分组成，定子与转子之间的间隙称为气隙。定子的作用是产生磁场并作为电机的机械支承，主要包括机座、主磁极（S、N极）（图3-6）、换向极、电刷装置和端盖等。转子又称电枢，其作用是产生电磁转矩和感应电动势，主要由电枢铁芯、电枢绕组、换向器、轴和风扇等组成。图3-7所示为直流电动机的纵向剖面。图3-8所示为直流电动机的横向剖面。图3-9所示为直流电动机的主要部件。

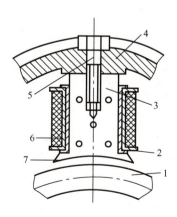

1—转子；2—框架；3—极身；4—机座；5—固定螺钉；6—励磁绕组；7—极靴（极掌）

图 3-6 主磁极

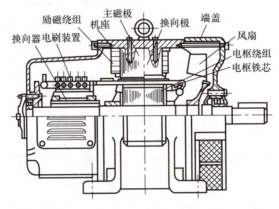

图 3-7 直流电动机的纵向剖面

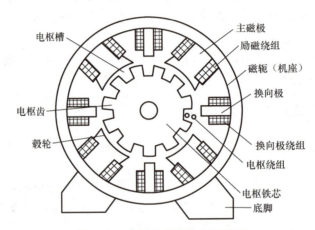

图 3-8 直流电动机的横向剖面

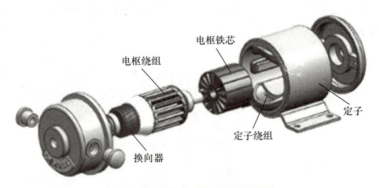

图 3-9 直流电动机的主要部件

下面简要介绍直流电动机主要部件的基本结构和作用。

(1) 定子。

① 机座。机座一般用导磁性好、机械强度较高的铸钢或厚钢板焊接而成,既可以作为电动机的结构框架,用来固定主磁极、换向极和端盖;又可以作为主磁路的一部分。机

座中有磁路通过的部分称为磁轭。

② 主磁极。主磁极的作用是产生主磁场，主磁极由主磁极铁芯和励磁绕组构成。主磁极的数目为偶数，其极性呈 N 极、S 极相间排列。主磁极铁芯一般由 1～1.5mm 厚的硅钢片叠压紧固而成，是主磁路的一部分。主磁极铁芯分为极身和极靴（极掌）两部分，上面套励磁绕组的部分称为极身；下面扩宽的部分称为极靴，极靴宽于极身，既可以调整气隙中磁场的分布，又便于固定励磁绕组。励磁绕组用扁铜线或圆铜线绕制而成，套在主磁极铁芯上，以产生励磁磁动势。整个主磁极用螺钉固定在机座上。

③ 换向极（图 3-10）。换向极又称附加极或间极，一般安装在两相邻主磁极之间，其作用是改善直流电动机的换向性能，减少直流电动机运行时电刷与换向器之间可能产生的换向火花。换向极的结构与主磁极的结构类似，由换向极铁芯和换向极绕组构成。换向极绕组用绝缘导线绕制而成，套装在铁芯上。换向极的数目与主磁极的数目相等，在功率很小的直流电动机中，也可不装换向极。

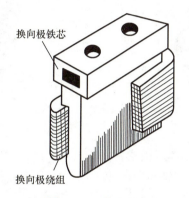

图 3-10 换向极

④ 电刷装置（图 3-11）。电刷装置主要由碳刷盒、电刷、铜丝辫和压紧弹簧等组成，用于电枢电路的引入或引出。电刷是由石墨制成的导电块，固定在刷握内，用弹簧压紧在换向器上。在电枢旋转时可以保持电刷固定不动。电刷的作用是使电枢绕组和外电路接通，同时通过换向器进行电流的换向。

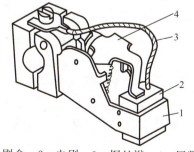

1—碳刷盒；2—电刷；3—铜丝辫；4—压紧弹簧

图 3-11 电刷装置

（2）转子。

直流电动机转子的组成如图 3-12 所示。

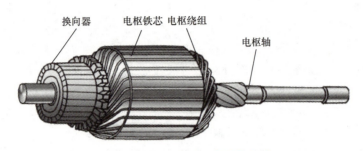

图 3-12 直流电动机转子的组成

① 电枢铁芯（图 3-13）。电枢铁芯既是主磁路的组成部分，又是电枢绕组的支撑部分，电枢绕组嵌入电枢铁芯槽内。电枢铁芯一般用 0.55mm 厚的硅钢冲片叠压紧固而成。

图 3-13 电枢铁芯

图 3-14 换向器

② 电枢绕组。电枢绕组由扁铜线或圆铜线按一定规律绕制而成，是直流电动机电路的主要组成部分，也是产生电动势和电磁转矩进行机电能量转换的部分。

③ 换向器（图 3-14）。换向器由若干彼此间用云母片绝缘的铜片（即换向片）组成，用于电枢电流的换向，以产生恒定的电磁转矩。

2. 直流电动机的特点

直流电动机具有以下特点。

（1）调速性能好。直流电动机可以在重负载条件下，实现均匀、平滑的无级调速，而且调速范围较宽，通常为 600～3000r/min。

（2）起动力矩大。直流电动机可以均匀而经济地实现转速调节，因此，凡是在重负载下起动或要求均匀调节转速的机械，如机床、轧钢机、卷扬机、电力机车、电车等，都可用直流电动机拖动。

（3）控制性能好。直流电动机一般用斩波器控制，具有效率高、控制灵活、质量轻、体积小、响应快等优点。

（4）有易损件。直流电动机由于存在电刷、换向器等易磨损器件，因此必须进行定期维护或更换，机械效率较低。

3.2.3 直流电动机的工作原理

直流电动机的工作原理如图 3-15 所示。其中，定子有一对 N、S 极，电枢绕组的末端分别接到两个换向片上，正、负电刷 A 和 B 分别与换向片 1、2 接触。

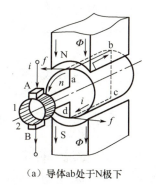 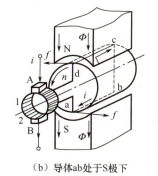

（a）导体ab处于N极下　　　（b）导体ab处于S极下　　　【直流电动机工作原理】

图 3-15　直流电动机的工作原理

直流电动机的工作原理是基于安培定律，即当载流导体放在磁场中将产生作用于导体且垂直于导体和磁场的磁场力。如图 3-15(a)所示，如果给两个电刷接上直流电源，则有直流电流从电刷 A 流入，经过线圈 abcd 从电刷 B 流出。根据电磁力定律，ab 和 cd 两段导体将受到电磁力的作用，其方向可根据弗莱明左手定则判定，如图 3-16(b)所示。

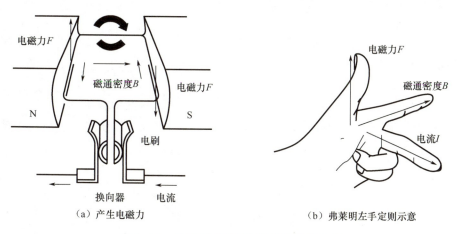

（a）产生电磁力　　　　　　　　　　（b）弗莱明左手定则示意

图 3-16　弗莱明左手定则判定电磁力方向

如图 3-15(a)所示，ab 和 cd 两段导体受到的电磁力大小相等、方向相反，作用线平行，即形成逆时针方向的电磁转矩（力偶矩），使得转子逆时针转动。如果转子转到图 3-15(b)所示的位置，电刷 A 与换向片 2 接触，电刷 B 与换向片 1 接触，直流电流依然从电刷 A 流入，在线圈中的流动方向是 d→c→b→a，从电刷 B 流出。此时载流导体 ab 和 cd 受到电磁力的作用方向也用费莱明左手定则判定，产生的电磁转矩使得转子逆时针转动。这就是直流电动机的工作原理。

外加的电源为蓄电池，输出直流电，但由于电刷和换向片的作用，在电枢绕组中产生的是交流电流（电流方向改变），最终获得的电磁转矩的方向保持不变，因此可以使得转子按一个方向持续旋转。

实际上，直流电动机转子上的绕组不是由一个线圈构成的，而是由多个线圈连接而成的，以减少直流电动机电磁转矩的波动。

直流电动机的工作原理总结如下。

（1）将直流电源通过电刷接通电枢绕组，使电枢绕组有电流流过。

（2）电动机的定子产生主磁场，载流的转子（即电枢）导体将受到电磁力 F 的作用（$F=BlI_a$）。

（3）所有电枢绕组导体产生的电磁力作用于转子，使转子以一定的转速 n 按某个方向连续旋转，以便拖动机械负载。

3.2.4 直流电动机的基本方程

在建立直流电动机基本方程时，先对方程中的参数做统一说明。假设：U_a 为电枢电压，I_a 为电枢电流，R_a 为电枢电阻，E_a 为电枢感应电动势，ω_m 为电枢转动角速度，U_f 为励磁电压，I_f 为励磁电流，R_f 为励磁电阻，U 为电源电压，I 为负载电流，n 为电动机转速，Φ 为磁场每磁极磁通量。

（1）电枢绕组的感应电动势。

直流电动机电枢绕组的感应电动势是指从一对正负电刷引出的电动势，可表示为

$$E_a = C_e \Phi n \tag{3-1}$$

式中：C_e 为电动势常数，与电动机结构有关。

（2）直流电动机的电磁转矩。

直流电动机的电磁转矩是指电枢上所有绕组（载流导体）在磁场中受电磁力所形成的电磁转矩的总和，可表示为

$$T_e = C_T \Phi I_a \tag{3-2}$$

式中：T_e 为电磁转矩（N·mm）；C_T 为转矩常数，与电动机结构有关。

以常用的他励直流电动机为例，得出电压方程和功率方程。图 3-17 所示为他励直流电动机的等效电路。

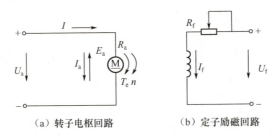

（a）转子电枢回路　　　　（b）定子励磁回路

图 3-17　他励直流电动机的等效电路

（3）电压方程。

根据图 3-17 得，转子电枢回路和定子励磁回路的电压方程分别为

$$U_a = E_a + I_a R_a \tag{3-3}$$

$$U_f = I_f R_f \tag{3-4}$$

（4）功率方程。

他励直流电动机的输入功率为

$$P_1 = U_a I_a = I_a(E_a + I_a R_a) = E_a I_a + I_a^2 R_a = P_{em} + P_{cua} \tag{3-5}$$

式中：P_1 为输入功率（W）；P_{em} 为电磁功率（W）；P_{cua} 为电枢回路的铜耗功率（W）。

3.2.5 直流电动机的运行特性

直流电动机的运行特性主要包括工作特性和机械特性。

直流电动机的工作特性是指直流电动机的转速特性、转矩特性和效率特性，即在保持额定电压、额定励磁电流（他励、并励）或励磁调节电阻不变（串励、复励）的情况下，电动机的转速、电磁转矩和效率随电枢电流（或输出功率）变化的特性。

直流电动机的机械特性是指在电源电压恒定、励磁调节电阻和电枢回路电阻不变的情况下，其转速与电磁转矩之间的关系，又称转矩-转速特性，是电动机的重要特性。

现以他励（并励）直流电动机为例，分析其运行特性。

1. 工作特性

（1）转速特性。他励（并励）直流电动机的转速特性为

$$n = \frac{U_a - I_a R_a}{C_e \Phi} = n_0 - \Delta n \tag{3-6}$$

式中：n_0 为电动机的理想空载转速（r/min），$n_0 = \frac{U_a}{C_e \Phi}$；$\Delta n$ 为转速调整率（%），$\Delta n = \frac{I_a R_a}{C_e \Phi}$，即由电枢电阻压降引起的转速，一般为 3%～8%。

他励（并励）直流电动机运行时，励磁绕组绝对不能断开。若励磁电流为零，则定子每磁极磁通量 Φ 为零，电枢电流迅速增大，当负载较小或空载时，将引起电动机转速极高而严重失控，造成"飞车"事故。

（2）转矩特性。他励（并励）直流电动机的转矩特性为式（3-2）。若电动机结构和定子磁场每磁极磁通量不变（励磁电流不变），则电磁转矩 T_e 与电枢电流 I_a 成正比关系；若忽略电枢反应，转矩特性是一条过原点的斜直线。

（3）效率特性。他励（并励）直流电动机的效率特性为

$$\eta = \frac{P_2}{P_1} \times 100\% = \frac{P_2}{P_2 + P_b + P_k} \times 100\% \tag{3-7}$$

式中：P_2 为输出功率（W）；P_b 为不变损耗（W），与负载电流变化无关；P_k 为可变损耗（W），随负载电流的平方变化。

直流电动机的效率具有普遍意义。一般直流电动机的效率为 75%～85%。电动机的额定效率是指电动机额定工况运行时的效率。

他励（并励）直流电动机的工作特性曲线如图 3-18 所示。

2. 机械特性

（1）机械特性方程。

由式（3-2）和式（3-6）可知，他励（并励）直流电动机的机械特性为

$$n = \frac{U_a}{C_e \Phi} - \frac{R_a + R_J}{C_e C_T \Phi^2} T_e \tag{3-8}$$

式中：R_J 为电枢回路上的串联可调附加电阻（Ω）。

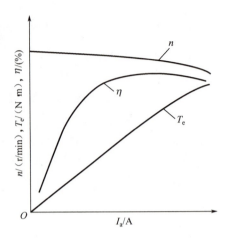

图 3-18　他励（并励）直流电动机的工作特性曲线

（2）机械特性曲线。

由他励直流电动机的电压方程可知，励磁电流 I_f 与电枢电流 I_a 无关，只取决于 R_f 和 U_f。当 R_f 和 U_f 一定时，I_f 为定值，即每磁极磁通量 Φ 为定值。考虑到 C_e 和 C_T 均为电动机结构常数，保持不变，当电枢电压、电枢电阻及附加串联电阻为定值时，他励直流电动机的转速与转矩的变化规律为一条斜直线，如图 3-19 所示，即机械特性曲线。

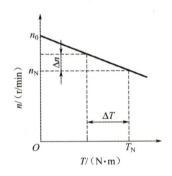

图 3-19　他励直流电动机的机械特性曲线

机械特性曲线的说明如下。

①理想空载转速。理想空载转速是指当 $I_a=0$、$T_e=0$ 时的转速值，用 n_0 表示，即

$$n_0 = \frac{U_a}{C_e \Phi}$$

②机械特性硬度。机械特性硬度是指转矩变化量与所引起的转速变化量的比值，反映了机械特性曲线的平直度，其表达式为

$$\beta = \frac{\mathrm{d}T}{\mathrm{d}n} = \frac{\Delta T}{\Delta n} \times 100\% \tag{3-9}$$

根据 β 值的不同，可将他励直流电动机的机械特性分为以下三类。

a. 绝对硬特性：$\beta \to \infty$。

b. 硬特性：$\beta > 10$。

c. 软特性：$\beta < 10$。

β 值越大，表示他励直流电动机的机械特性曲线越平直，机械特性越硬，即相同转矩变化量下对应的转速变化量越小，他励直流电动机运转越平稳；反之，β 值越小，机械特性越软，他励直流电动机运转越不平稳。

（3）固有机械特性。

他励直流电动机的固有机械特性是指在额定条件（额定电压 U_N、额定磁通量 Φ_N）下，电枢回路内不串联任何电阻时（$R_J = 0$，$R = R_a$ 不变）的机械特性曲线。其表达式为

$$n = \frac{U_N}{C_e \Phi_N} - \frac{R_a}{C_e C_T \Phi_N^2} T_e \tag{3-10}$$

固有机械特性曲线为一条略微向下倾斜的直线。当 $T = T_N$ 时，$n_N = n_0 - \Delta n_N$，Δn_N 为额定转速降。

根据电动机的铭牌数据求出两个特殊点 $(0, n_0)$ 和 (T_N, n_N)，即可绘出他励直流电动机的固有机械特性曲线。通常直流电动机铭牌上会给出额定功率 P_N、额定电压 U_N、额定电流 I_N 和额定转速 n_N，则额定转矩为

$$T_N = 9550 \frac{P_N}{n_N} \tag{3-11}$$

（4）人为机械特性。

他励直流电动机的人为机械特性是指人为地改变电动机电枢外加电压 U_a、励磁磁通 Φ（励磁电流 I_f）及电枢回路串联可调附加电阻 R_J 所得到的机械特性曲线。

改变电动机的参数即可人为地改变电动机的机械特性，使工作点和转速发生变化。调速前后，电动机工作在不同的机械特性上。

① 改变电枢回路中串联可调附加电阻时的人为机械特性。当 $U = U_N$，$\Phi = \Phi_N$ 时，如图 3-20 所示，在电枢回路中串联可调附加电阻 R_J，得到电枢回路电压平衡方程式：

$$U_N = E_a + I_a (R_a + R_J) \tag{3-12}$$

此时人为机械特性表达式为

$$n = \frac{U_N}{C_e \Phi_N} - \frac{R_a + R_J}{C_e C_T \Phi_N^2} T_e \tag{3-13}$$

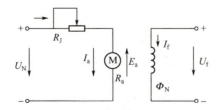

图 3-20 电枢回路中串联可调附加电阻的他励直流电动机等效电路

通过逐渐增大 R_J 阻值，得出一组人为机械特性，机械特性曲线如图 3-21 所示。具体特点如下。

a. 理想空载转速不变，且与串联可调附加电阻 R_J 无关。

b. 串联可调附加电阻 R_J 越大，机械特性斜率越大，硬度 β 值越小，机械特性越软。

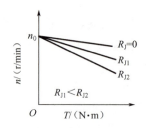

图 3-21 改变附加电阻 R_J 时的人为机械特性曲线

②改变电枢电压 U 时的人为机械特性。当 $R=R_a$，$\Phi=\Phi_N$ 时，逐渐减小电枢电压 U，并使 $U<U_N$（只能在额定电压以下调节），得出一组人为机械特性，机械特性曲线如图 3-22 所示。

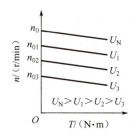

图 3-22 改变电枢电压 U 时的人为机械特性曲线

具体特点如下。

a. 理想空载转速与电枢电压 U 成正比，随 U 的减小而减小。

b. 各条机械特性曲线平行，机械特性曲线斜率不变，转速降落不变，机械特性硬度 β 不变。

③改变磁通量 Φ 时的人为机械特性。当 $R=R_a$，$U=U_N$ 时，逐渐减小励磁电流或磁场强度以减小磁极磁通量 Φ，并使 $\Phi<\Phi_N$（只能在额定磁通量以下调节），得出一组人为机械特性，机械特性曲线如图 3-23 所示。此时机械特性表达式为

$$n=\frac{U_N}{C_e\Phi}-\frac{R_a}{C_eC_T\Phi^2}T_e \tag{3-14}$$

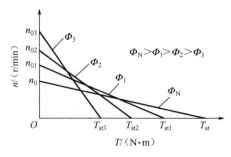

图 3-23 改变磁通量 Φ 时的人为机械特性曲线

具体特点如下。

a. 理想空载转速随 Φ 的减小而增大。

b. 机械特性曲线斜率增大，机械特性硬度 β 减小，机械特性变软。

逐渐减小励磁电流时，理想空载转速逐渐上升，机械特性曲线斜率逐渐增大，机械特性变软，电动机运行的稳定性变差。过度"弱磁"时，直流电动机转速过高，甚至引起"飞车"事故。因此，直流电动机采用弱磁调节时必须谨慎。

3.2.6 直流电动机的驱动与控制

直流电动机评价调速的指标主要包括调速范围、静差率（相对稳定性）、平滑性、经济性。

（1）调速范围。调速范围是指最高转速与最低转速之比。

$$D = \frac{n_{\max}}{n_{\min}} \qquad (3-15)$$

（2）静差率。静差率是指负载变化时，转速变化的程度。转速变化越小，稳定性越强。

$$\delta = \frac{n_0 - n_N}{n_0} \times 100\% = \frac{\Delta n_N}{n_0} \times 100\% \qquad (3-16)$$

（3）平滑性。在一定的调速范围内，调速的级数越多，调速越平滑。相邻两级转速之比称为平滑系数。

$$\varphi = \frac{n_i}{n_i - 1} \qquad (3-17)$$

平滑系数越接近1，平滑性越好。当平滑系数等于1时，称为无级调速，即转速可以连续调节；调速不连续时，级数有限，称为有级调速。

（4）经济性。经济性主要指调速设备的投资、运行效率及维修费用等。

通过改变传动机构速比进行调速的方法称为机械调速；通过改变电动机参数进行调速的方法称为电气调速。从他励直流电动机的转速特性和机械特性可以看出，其转速控制方法属于电气调速，主要有电枢调压控制、磁场控制和电枢回路串接电阻控制三种。

（1）电枢调压控制。

电枢调压控制又称降压调速，是指通过改变电枢的端电压来控制电动机的转速。他励直流电动机改变电枢端电压时的转速控制特性曲线如图 3-24 所示。

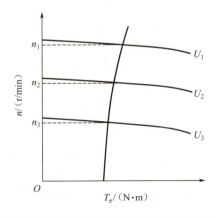

图 3-24 他励直流电动机改变电枢端电压时的转速控制特性曲线

电枢调压控制需要专用的可控直流电源，电动汽车用直流电动机常用斩波控制器作为电枢调压控制电源。

电枢调压控制的调速过程：当磁通 Φ 和电枢电阻 R_a 保持不变时，减小电枢电压 U，由于机械惯性，转速不会立即发生变化，根据式（3-1）至式（3-3）可知，感应电动势 E_a 暂时不变，电枢电流 I_a 减小，电磁转矩 T_e 减小。如果负载阻转矩不变，则电动机转速 n 下降。随着转速 n 的下降，感应电动势 E_a 减小，电枢电流 I_a 和电磁转矩 T_e 随之增大，直到电磁转矩与负载阻转矩再次平衡为止，但此时转速已经较原来下降了。整个调速过程可用简单箭头形式表示：$U\downarrow \to I_a\downarrow \to T_e\downarrow \to n\downarrow \to E_a\downarrow \to I_a\uparrow \to T_e\uparrow$。

从图 3-24 可知，当负载阻转矩恒定时，电枢外加不同端电压可以得到不同的转速。如在电压分别为 U_1、U_2、U_3（均小于 U_N）的情况下，可以分别得到对应的转速 n_1、n_2、n_3，即改变电枢电压可以达到调速的目的。

电枢调压控制的特点如下。

①当电枢电压 U 连续变化时，转速 n 可实现平滑无级调速，且只能在额定转速 n_N（基速）以下调节，最高转速为电动机的额定转速 n_N。

②调速特性曲线与固有机械特性曲线互相平行，斜率不变，机械特性硬度较高且不变，稳定性好，无论是轻载还是重载，调速范围一般为 $D=2.5\sim12$。

③调速时，电枢电流 I_a 和电磁转矩 T_e 在调速过程中先减小后增大，最终保持不变，因此该调速属于<u>恒转矩调速</u>。

④电能损耗为 $P_{cua}=I_a^2 R_a$，保持不变且数值很小，故效率高。

⑤需要一套电压可连续调节的直流电源。

（2）磁场控制。

<u>磁场控制又称弱磁调速</u>，是指通过调节直流电动机的励磁电流改变每磁极磁通量，从而调节电动机的转速。他励直流电动机磁场控制的转速控制特性曲线如图 3-25 所示。

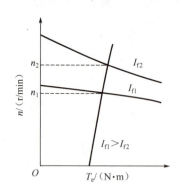

图 3-25　他励直流电动机磁场控制的转速控制特性曲线

磁场控制可用可变电阻器，也可用可控整流电源作为励磁电源。

磁场控制的调速过程：当电枢电压 U 和电枢电阻 R_a 保持恒定时，减小磁通 Φ，由于机械惯性，转速不会立即发生变化，根据式（3-1）至式（3-3）可知，感应电动势 E_a 减小，电枢电流 I_a 增大。由于电枢电流增大的影响超过磁通减小的影响，因此电磁转矩 T_e 也增大。如果负载阻转矩不变，则电动机转速 n 上升。随着转速 n 的升高，感应电动势 E_a

增大,电枢电流 I_a 和电磁转矩 T_e 也随之减小,直到电磁转矩与负载阻转矩再次平衡为止,但此时转速已经较原来升高了。

整个调速过程可用简单箭头形式表示:$\Phi\downarrow \to E_a\downarrow \to I_a\uparrow \to T_e\uparrow \to n\uparrow \to E_a\uparrow \to I_a\downarrow \to T_e\downarrow$。

从图 3-25 可知,当负载阻转矩恒定时,不同的励磁电流对应不同的磁极磁通量,可得到不同的转速。如在励磁电流分别为 I_{f1}、I_{f2}(均小于 I_f)的情况下,可分别得到对应的转速 n_1、n_2,即改变磁极磁通量可以达到调速的目的。

磁场控制的特点如下。

①可实现平滑无级调速,但只能弱磁调速,磁场越弱,转速越高。在额定转速 n_N(基速)以上调节,即 $n \geqslant n_N$。

②转速的升高受电动机换向能力和机械强度的限制,一般转速升至 $1.2n_N \sim 1.5n_N$,一般调速范围 $D \leqslant 2$。

③调速特性较软,转速的稳定性较差。

④调速时,电枢电压 U 和电枢电流 I_a 保持恒定,电动机的输出功率 $P=UI_a$ 保持恒定,因此该调速属于恒功率调速。

⑤在电流较小的励磁回路内进行调节,方便且功耗小。

(3)电枢回路串接电阻控制。

电枢回路串接电阻控制又称串电阻调速,是指当电动机的励磁电流 I_f 和电枢电压 U 不变时,通过改变电枢回路串接电阻阻值来调节电动机的转速。电枢回路串接电阻时的转速控制特性曲线如图 3-26 所示。

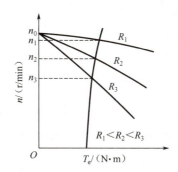

图 3-26 电枢回路串接电阻时的转速控制特性曲线

整个调速过程可用简单箭头形式表示:$R_J\uparrow \to I_a\downarrow \to T_e\downarrow \to n\downarrow \to E_a\downarrow \to I_a\uparrow \to T_e\uparrow$。

电枢回路串接电阻控制的特点如下。

①各条特性曲线的理想空载转速 n_0 相同。

②在额定负载下,能提供的最高转速为额定转速 n_N,属基速以下调节。

③串接电阻 R_J 越大,斜率越大,机械特性越软,稳定性越差,稳定转速越低。

④调速时,串接电阻 R_J 将消耗部分电能,效率较低。

⑤一般额定负载时调速范围 $D \leqslant 2$;实现无级调速困难,属有级调速。

由于这种控制方法的机械特性较软,而且电动机运行不稳定,因此一般很少应用。

在实际应用中,为了扩大他励直流电动机的调速范围,通常采用电枢调压控制与磁场控制相结合的方式,特性曲线如图 3-27 所示。

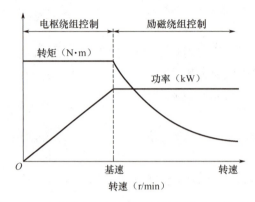

图 3-27 电枢调压控制与磁场控制相结合的特性曲线

当他励直流电动机转速在零与基速之间时,励磁电流额定值保持不变,采用电枢调压控制,输出恒转矩;当他励直流电动机转速超过基速时,电枢电压额定值保持不变,采用磁场控制,输出恒功率。在额定转速以上采用弱磁调速;在额定转速以下采用降压调速。

3.2.7 直流电动机的电机控制器

电动汽车用直流电动机驱动系统电机控制器中的功率转换器一般采用降压斩波控制器,简称直流斩波器,主要由功率开关模块和中央控制器构成。它是直流电源与负载电动机之间的一个周期性通断的开关控制装置,作用是改变供给直流电动机的电枢电压,从而实现直流电动机的调速。

根据作用模式不同,直流斩波器一般可分为第一象限型、第二象限型和第四象限型。第一象限型直流斩波器适用于电动模式,能量从电源流向负载;第二象限型直流斩波器既适用于电动模式又适用于再生制动模式(能量从负载流向电源),在电动汽车用直流电动机驱动系统中广泛应用;第四象限型直流斩波器无须借助机械接触器,而是通过电子控制实现正向的电动模式和反向的再生制动模式。第一象限型直流斩波器和第二象限型直流斩波器如图 3-28 所示。

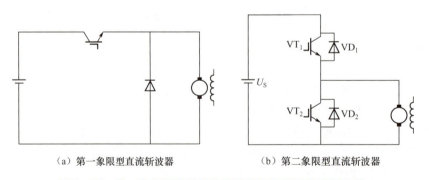

(a) 第一象限型直流斩波器　　　　　　(b) 第二象限型直流斩波器

图 3-28 第一象限型直流斩波器和第二象限型直流斩波器

如图 3-29 所示，直流斩波器的输出电压有以下三种调节方式。

（1）脉宽调制（Pulse Width Modulation，PWM）方式。保持频率不变，只改变脉冲宽度。

（2）频率调制方式。保持脉冲宽度不变，只改变频率。

（3）限流控制方式。脉冲宽度和频率都可变，使负载电流控制在某个特定的最大值和最小值之间。

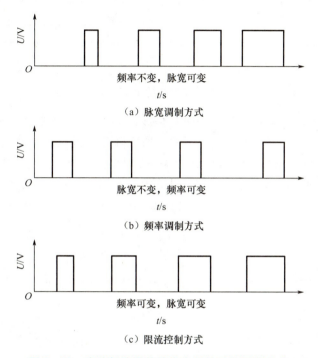

（a）脉宽调制方式

（b）频率调制方式

（c）限流控制方式

图 3-29　直流斩波器的输出电压的三种调节方式

电动汽车的直流电机驱动通常采用 PWM 控制方式，通过斩波器电路控制。

通过控制绝缘栅双极型晶体管（Insulated Gate Bipolar Transistor，IGBT）[图 3-28(b)中的 VT_1]的门极实现 VT_1 的通断，调节 VT_1 的开关占空比 δ，从而改变直流电动机的电枢电压。通过控制 IGBT[图 3-28(b)中的 VT_2]的门极实现 VT_2 的通断来升高直流电动机的电枢电压，从而给动力电池[图 3-28(b)中的 U_s]充电，完成电动机的再生制动过程。

电动汽车的加速踏板位移、制动踏板位移和转向盘转角映射到驱动电动机及其控制系统的是转矩（或转速）控制信号，电动机及其控制系统采取转矩和转速闭环控制，通过调节占空比 δ 来控制电动机电枢电压，以实现电动机电磁转矩和电动机转速的调节。

1. 降压斩波器（Buck Chopper）

图 3-30 所示为直流降压斩波器的电路原理及电压波形图。图中 V 为全控型器件，选用 IGBT 功率开关管；D 为续流二极管；L_1 和 C_1 分别为电感和电容，对输出电压和电流进行滤波；U_i 为输入电压；U_o 为输出电压。当 V 导通时，电源 U_i 向负载供电，电感储能。

当 V 截止时，电感 L_1 中的电流不能突变，产生的感应电动势阻止电流减小，感应电动势的极性为右正左负，使二极管 D 导通续流，$U_D=0$。

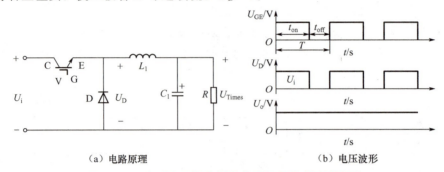

（a）电路原理　　　　　　　　　　（b）电压波形

图 3-30　直流降压斩波器的电路原理及电压波形图

若定义一个 PWM 周期内功率开关闭合持续时间为 t_{on}，功率开关断开时间为 t_{off}，则 PWM 周期时间 $T=t_{on}+t_{off}$。忽略二极管的导通压降且假设电感电流连续，t_{on} 时间内电感两端电压 $U_{L1}=U_i-U_o$，t_{off} 时间内电感两端电压 $U_{L2}=-U_o$。当该电路工作于稳态时，在一个开关周期 T 内，根据电感伏秒平衡法则有

$$U_{L1}t_{on}+U_{L2}t_{off}=0 \tag{3-18}$$

从而得出

$$U_o=\frac{t_{on}}{t_{on}+t_{off}}U_i=\frac{t_{on}}{T}U_i=\delta U_i$$

式中：δ 为 PWM 占空比（$0\leqslant\delta\leqslant1$），指高电平所占周期时间与整个周期时间的比值，$\delta=\frac{t_{on}}{T}$。

通过功率开关周期性的交替导通与截止，并由 PWM 控制器输出频率不变（周期 T 不变）、脉宽可变（t_{on} 可变）的信号，以调节占空比 δ 的大小，从而获得给定可调的输出电压 U_o，达到降压的目的。

图 3-30 所示降压电路是非隔离式的，广泛应用于车载小功率高压直流电机的调速。

2. 升压斩波器（Boost Chopper）

升压斩波器的电路原理及电压波形如图 3-31 所示，由功率开关管 V、二极管 D、储能电感 L_1 和输出滤波电容 C_1 组成。当 V 导通时，电源 U_i 向电感 L_1 充电，充电电流基本恒定为 I_1，由于 V 导通期间正向饱和压降很小，二极管 D 截止；同时电容 C_1 上的电压向负载供电，因 C_1 值很大，基本保持输出电压 U_o 为恒值。设 V 导通时间为 t_{on}，此阶段电感两端电压为 $U_{L1}=U_i$；当 V 截止时，电感 L_1 中的电流不能突变，产生的感应电动势阻止电流减小，感应电动势的极性为右正左负，使二极管导通，电感 L_1 中储存的能量经二极管流入电容 C_1，相当于 U_i 和 L_1 共同向电容 C_1 充电，并向负载提供能量。设 V 截止时间为 t_{off}，则在此期间电感两端电压为 $U_{L2}=U_i-U_o$。当该电路工作于稳态时，在一个开关周期 T 内，根据电感伏秒平衡法则有

$$U_{L1}t_{on}+U_{L2}t_{off}=0$$

从而得出

$$U_o = \frac{t_{on}+t_{off}}{t_{off}}U_i = \frac{T}{t_{off}}U_i = \frac{1}{1-\delta}U_i \tag{3-19}$$

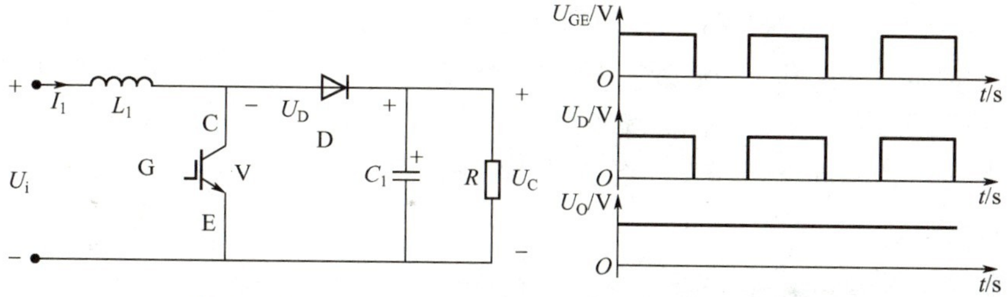

(a) 电路原理 (b) 电压波形

图 3-31 升压斩波器的电路原理及电压波形

通过功率开关周期性的交替导通与截止，并通过 PWM 控制器输出频率不变（周期 T 不变）、脉宽可变（t_{on} 可变）的信号，调节占空比 δ，从而获得给定可调的输出电压 U_o，达到升压的目的。

3. 二象限型直流斩波器——双向功率转换器（Boost-Buck Chopper）

如图 3-32 所示，双向功率转换器采用 Boost-Buck 复合电路结构，广泛应用于混合动力电动汽车中。

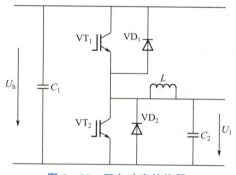

图 3-32 双向功率转换器

在 Boost 工作模式下，蓄电池组端电压为 U_l，总线电压为 U_h，U_l 通过升压电感 L、功率开关管 VT_2 的升压变换，经二极管 VD_1 接到负载电压 U_h，给电动机提供电压。

在 Buck 工作模式下，负载电压 U_h 通过开关管 VT_1 的斩波降压经电感 L、电容 C_2 的滤波作用输出 U_l，对蓄电池组进行充电，二极管 VD_2 在降压过程中实现输出电流的反向续流作用。

3.3 无刷直流电动机及驱动

无刷直流电动机（Brushless DC Motor，BLDCM）是用电子换向装置代替有刷直流电动机的机械换向装置，保留了有刷直流电动机宽阔而平滑的优良调速性能，克服了有刷直流电动机机械换向带来的一系列缺点（易磨损、效率低、维护不方便），具有结构紧凑、运行可靠、体积小、质量轻、外形尺寸设计灵活、效率高、转矩大、精度高、数字式控制等诸多优点，在纯电动汽车和混合动力电动汽车上有广泛的应用前景。近年来，越来越多的科研单位和企业逐渐加快研究和开发用于电动汽车的无刷直流电动机。例如，本田的混合动力电动汽车 Insight 和 Civic 分别采用了额定功率为 10kW 和 13kW 的无刷直流电动机；清华大学研发的 EV6580 电动汽车、宇通客车公司生产的混合动力电动中巴等采用 BLDCM；大连恒田电机公司开发的混合动力汽车采用额定功率为 100kW 的无刷直流电动机作为牵引电机。

3.3.1 无刷直流电动机的分类

根据磁通的路径和电流的走向，常用的无刷直流电动机为径向型。根据施加电流和反电动势波形的特性不同，径向型无刷直流电动机可以分为具有直流电动机特性的无刷直流电动机和具有交流电动机特性的无刷直流动机。

（1）具有直流电动机特性的无刷直流电动机。具有直流电动机特性的无刷直流电动机，施加电流波形和反电动势波形都是矩形波，故又称矩形波同步电动机。该类电动机由直流电源供电，借助位置传感器检测主转子的位置，由检测到的信号触发相应的电子换相线路以实现无接触式换相。显然，这种无刷直流电动机具备有刷直流电动机的各种运行特性。

（2）具有交流电动机特性的无刷直流电动机。具有交流电动机特性的无刷直流电动机，施加电流波形和反电动势波形都是正弦波，故又称正弦波同步电动机。该类电动机也是由直流电源供电，但通过连接逆变器后，直流电转换成三相交流电，然后驱动同步电动机，因此具有同步电动机的各种运行特性。

下面主要介绍具有直流电动机特性的无刷直流电动机。

3.3.2 无刷直流电动机的结构与特点

1. 无刷直流电动机的结构

由于有刷直流电动机具有旋转的电枢和固定的磁场，因此必须带有机械换向装置——电刷和换向器，通过它们把电流反馈给转动的电枢。无刷直流电动机与有刷直流电动机相反，它具有旋转的磁场和固定的电枢，主要由电动机本体、电子换相器和转子位置传感器三部分组成，电子换相器和转子位置传感器一起作为电子换向装置，替代了有刷直流电动机的机械换向装置，如图3-33所示。

（1）电动机本体。
无刷直流电动机的电动机本体由定子和转子两部分组成。

定子是电动机本体的静止部分，由导磁的定子铁芯、定子绕组及固定铁芯和绕组用的一些零部件、绝缘材料、引出部分等组成，如机壳、绝缘片、槽楔、引出线及环氧树脂等。定子采用叠片结构并在槽内铺设绕组，定子绕组目前多为三相并以星形方式连接，

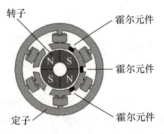

图3-33　无刷直流电动机的组成

定子结构及绕组连接方式如图 3-34 所示。

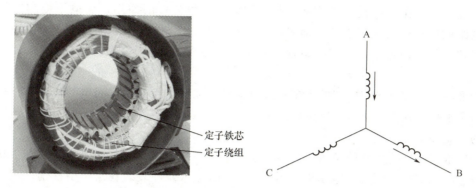

图 3-34　定子结构及绕组连接方式（星形）

转子是电动机本体的转动部分，是产生激磁磁场的部件，由永磁体、导磁体和支撑零部件组成。转子永磁体目前多使用高磁通密度的稀土永磁材料，如钕铁硼（NdFeB）等。永磁体的布置方式分为表面贴装式和嵌入内置式两种，大部分无刷直流电动机的转子永磁体采用表面贴装式，且磁极多为 2~3 对。永磁体的布置方式如图 3-35 所示。

图 3-35　永磁体的布置方式

（2）电子换相器。

电子换相器由功率开关和位置信号处理电路构成，主要用来控制定子各绕组通电的顺序和时间。无刷直流电动机本质上是自控同步电动机，电动机转子跟随定子的旋转磁场运动，因此，应按一定的顺序给定子各相绕组轮流通电，使之产生旋转的定子磁场。无刷直流电动机的定子三相绕组中通过的电流是 120°电角度的方波，绕组在持续通过恒定电流的时间内产生的定子磁场在空间静止不动。

电子换相器电路由功率变换电路和控制电路两部分组成，与位置传感器配合，控制电动机定子各相绕组的通电顺序和时间，起到与机械换向类似的作用。

当系统运行时，功率转换器接收控制电路的控制信息，该系统工作电源的功率以一定的逻辑关系分配给无刷直流电动机定子上的各相绕组，以便使电动机产生持续的转矩。电子换相器将直流电流转换成交流电流向电动机供电，与一般电子换相器不同，它的输出频率不是独立调节的，而是受控于转子位置信号，是一个"自控式电子换相器"。由于无刷直流电动机采用自控式电子换相器，电动机输入电流的频率和电动机转速始终保持同步，因此电动机和电子换相器不会产生振荡和失步，这也是其显著优点之一。

(3) 位置传感器。

位置传感器在无刷直流电动机中起检测转子磁极位置的作用，为电子换相器的功率开关电路提供正确的换相信息，即将转子磁极的位置信号转换成电信号，经位置信号处理电路处理后控制定子的三相绕组换相。常用的位置传感器有电磁式、磁敏式和光电式三类。

①采用电磁式位置传感器的无刷直流电动机，在定子组件上安装电磁传感器部件，当永磁体转子位置发生变化时，电磁效应将使电磁传感器产生高频调制信号（其幅值随转子位置的变化而变化）。

②磁敏式位置传感器的基本原理为霍尔效应或磁阻效应，目前主要应用霍尔效应。霍尔式位置传感器的无刷直流电动机（图 3-33）的霍尔元件装载在定子组件上，用来检测永磁体、转子旋转时产生的磁场变化。

③采用光电式位置传感器的无刷直流电动机，在定子组件上按一定位置配置了光电传感器件，转子上装有遮光板，光源为发光二极管或小灯泡。转子旋转时，由于遮光板的作用，定子上的光敏元器件将按一定频率间歇发出脉冲信号。

近年来还出现了无位置传感器的无刷直流电动机，利用定子绕组的反电动势作为转子磁铁的位置信号，该信号被检测出后，经数字电路处理，传送给逻辑开关电路去控制无刷直流电动机的换相。由于这种无刷直流电动机省去了位置传感器，因此其结构更加紧凑，应用日趋广泛。

2. 无刷直流电动机的特点

无刷直流电动机具有以下优点。

（1）外特性好，非常符合电动汽车的负载特性，尤其是具有低速大转矩特性，能够提供较大的起动转矩，满足电动汽车的加速要求。

（2）可以在低、中、高速范围内运行，而有刷直流电动机由于受机械换向的影响，只能在中低速下运行。

（3）效率高，尤其是在轻载车况下，仍能保持较高的效率。

（4）过载能力强，比 Y 系列电动机的过载能力高 2 倍以上，可满足电动汽车的突起堵转需要。

（5）再生制动效果好。无刷直流电动机的转子具有永久磁场，在汽车下坡或制动时电动机可完全进入发电机状态，给蓄电池充电，同时起到电辅助制动作用。

（6）体积小、质量轻、比功率大，可有效地减轻质量、节省空间。

（7）无机械换向器，采用全封闭式结构，防止尘土进入电动机内部，运行可靠性高。

（8）控制系统比异步电动机简单。

无刷直流电动机的缺点是电动机结构比交流电动机的复杂，控制器比有刷直流电动机的复杂。

3.3.3 无刷直流电动机的工作原理

无刷直流电动机的工作原理与有刷直流电动机的工作原理基本相同。它利用电动机转子位置传感器的输出信号控制电子换相器电路中驱动逆变器的功率开关器件，使定子三相绕组依次通电,从而在定子上产生跳跃式的旋转磁场,拖动电动机转子旋转。同时,随着电动机转子的转动,转子位置传感器又不断输出位置信号,从而不断改变定子三相绕组的通电状态,使得在某磁极下导体中的电流方向保持不变,电动机持续旋转。无刷直流电动机的全桥逆变电路如图3-36所示。

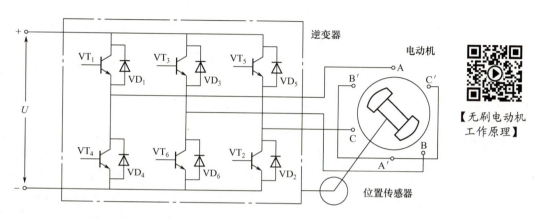

图3-36 无刷直流电动机的全桥逆变电路

为了更好地阐述无刷直流电动机的工作原理,现对电动汽车用三相六极星形连接式全桥逆变电路进行具体分析。

图3-36中全桥逆变电路的组成:U为直流电源电压;$VT_1 \sim VT_6$为晶体管,用作电路的功率开关;$VD_1 \sim VD_6$为反向续流二极管;AA'、BB'、CC'为电动机本体的定子三相六级绕组。上半桥和小半桥电路结构完全一致,故称全桥。

首先假定无刷直流电动机的定子为三相六极星形连接,转子为一对磁极,如图3-37所示。

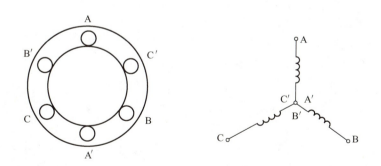

图3-37 三相六极星形连接的无刷直流电动机

当电动机的转子处于图3-38(a)所示位置时,A相没有通电,B相、C相通电。结合图3-36进行电路分析,其电流流通路径:电源正极→VT_5→C相→B相→VT_6→电源负极(仅VT_5、VT_6导通,其他晶体管截止)。

当电动机的转子处于图3-38(b)所示位置时,B相没有通电,A、C相通电。结合图3-36进行电路分析,其电流流通路径:电源正极→VT_1→A相→C相→VT_2→电源负

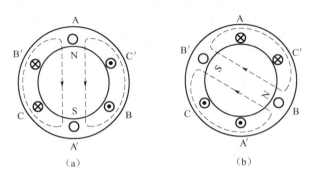

图 3-38 永磁无刷直流电动机的工作原理

极（仅 VT_1、VT_2 导通，其他晶体管截止）。

当电动机的转子处于图 3-38(a) 所示位置时，来自位置传感器信号通过控制系统进行逻辑变换后输出控制信号，使电动机的 C、B 两相绕组导通，电流从 C 相首端流入，从 C 相末端 C′流出，B 相末端 B′流入，从 B 相首端流出，形成磁场方向，继而产生电磁转矩，使电动机顺时针转动；依此类推，经过 120°电角度后，电动机转子到达图 3-38(b) 所示位置时，电动机的 A、C 两相绕组导通。

当绕组导通相的顺序为 AB—AC—BC—BA—CA—CB—AB 时，电动机沿顺时针方向转动。同理，当在图 3-38(a) 所示位置时，若电流经过 B、C 两相，则产生的电磁转矩会使电动机反向转动。当绕组导通相的顺序为 BC—AC—AB—CB—CA—BA—BC 时，电动机就会逆时针转动。因此，要实现电动机的顺时针或者逆时针转动，只需改变电动机导通相的逻辑顺序即可。

通过图 3-36 中的电路连接，电动机 A、B、C 三相定子绕组将得到三相交流电压。通过改变逆变器功率开关组的通断周期，就可以改变逆变电路输出交流电压的频率；通过改变逆变器的输入电压，就可以改变逆变器输出交流电压。晶体管功率开关组的通断状态如图 3-39 所示，具体特点如下。

(1) 定子合成磁场为跳跃式旋转磁场，每个步进角为 60°电角度。

(2) 转子每转过 60°电角度，电子换相器的功率开关换流一次。

(3) 电动机共有 6 个磁状态，每个磁状态均为两相导通。

(4) 每相绕组流过电流的时间相当于转子转动的电角度，每个功率开关的导通角为 120°。

三相全桥逆变驱动电路的原理：在每个瞬时，只有上半桥和下半桥中各一个晶体管导通，使外部直流电源接入 A、B、C 三个接线端中的两个，使得三个绕组中的两个串联接到电源上，第三个绕组不通电。其换相共有 6 个节拍，每个节拍代表三相绕组的一个状态，产生定子磁场的一个确定角度。这 6 个节拍的换相顺序、导通的晶体管和导通绕组的对应关系如表 3-7 所示，如果在正向旋转状态下各节拍的顺序为 1—2—3—4—5—6—1 的循环，那么在反向旋转状态下的顺序为 6—5—4—3—2—1—6 的循环。

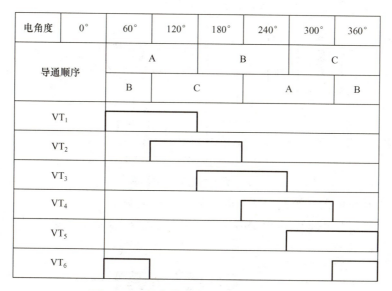

图3-39 晶体管功率开关组的通断状态

表3-7 6个节拍的换相顺序、导通的晶体管和导通绕组的对应关系

序号	导通晶体管	导通绕组	
		正极	负极
1	VT_1，VT_6	A	B
2	VT_1，VT_2	A	C
3	VT_3，VT_2	B	C
4	VT_3，VT_4	B	A
5	VT_5，VT_4	C	A
6	VT_5，VT_6	C	B

3.3.4 无刷直流电动机的驱动与控制

无刷直流电动机的驱动系统综合了当前电动机的最新驱动技术，主要包括电力电子技术、自动控制技术、电源技术和材料技术等，具有转矩和功率密度大、位置检测和控制方法简单、效率高等优点。它一般由直流电源、功率转换器、无刷直流电动机、位置传感器和控制器等组成，如图3-40所示。

无刷直流电动机的机械特性方程为

$$n = \frac{U}{K_e} - \frac{2r}{K_T K_e} T_e \tag{3-20}$$

式中：K_e 和 K_T 分别为电动势常数和转矩常数。

可见，无刷直流电动机与有刷直流电动机的机械特性类似，可以通过调节电枢电流实现转矩控制，通过调节电源电压实现调速控制。

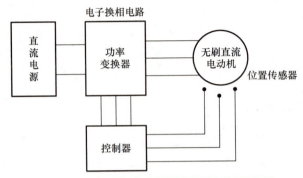

图 3-40 无刷直流电动机的驱动系统的组成

无刷直流电动机的调速控制方法有降压调速和弱磁调速两种。

（1）降压调速。可用 PWM 控制器实现。某电动汽车的无刷直流电动机 PWM 闭环控制如图 3-41 所示。

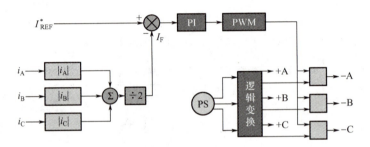

图 3-41 某电动汽车的无刷直流电动机 PWM 闭环控制

降压调速的控制原理如下。

① 三相绕组电流经绝对值处理后相加再除以 2 得到反馈电流 I_F，该电流代表了电动机的等效电枢电流。

② 无刷电动机三相绕组的通电顺序由转子位置传感器 PS 的 3 个信号决定，对该信号进行逻辑处理后得到 3 相全桥逆变电路 6 个功率开关的驱动信号。

③ 给定信号 I_{REF}^* 与反馈电流 I_F 进行比较，根据比较结果，由 PI 调节器调节 PWM 脉冲宽度，当 $I_F < I_{REF}^*$ 时，PI 调节器使 PWM 脉冲变宽；反之，使 PWM 脉冲变窄。

④ 通过 PWM 脉冲宽度的变化，控制功率转换器的功率开关导通时间 t_{on}，从而改变电路占空比 δ，调节电源电压，实现调速。

（2）弱磁调速。可通过改变控制参数或结构来实现。

① 改变逆变器开关元件的触发角，使定子电流的相位提前，产生一个去磁的电枢磁动势，削弱永磁磁场。

② 在电动机定子铁芯中加入弱磁线圈，通入直流电流，产生一个轴向附加磁场，根据电流方向不同，可以削弱（或增强）永磁磁场。

按照获取转子位置信息的方法划分，无刷直流电动机的控制方法可以分为有位置传感器控制和无位置传感器控制两种。

有位置传感器控制方法是指在无刷直流电动机定子上安装位置传感器来检测转子旋转

过程中的位置，将转子磁极的位置信号转换成电信号，为电子换相器提供正确的换相信息，以控制电子换相器中功率开关管的开关状态，保证电动机各相按顺序导通，在空间形成跳跃式的旋转磁场，驱动永磁转子连续旋转。基于单片机的 BLDCM 系统如图 3-42 所示。

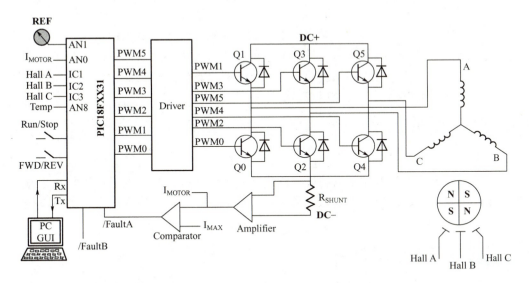

图 3-42 基于单片机的 BLDCM 系统

图 3-42 所示系统采用 3 个开关型霍尔传感器测量转子的位置，由其输出的 3 位二进制编码去控制电子换相器中 6 个功率开关的导通实现换相。根据转速要求设定不同占空比，然后输出 6 路 PWM 信号，分别加到 6 个功率开关上，实现各自调速。

无位置传感器控制近年来倍受关注。它一般通过感应电动势法、电感变化法、磁链变化法等实现位置信号的采集而无需位置传感器，可以与模糊控制、神经网络控制等方法良好结合，实现精确控制。

常用的无刷直流电动机的控制技术主要有比例-积分-微分（Proportion Integral Derivative，PID）控制、模糊控制和神经网络控制等。

（1）PID 控制。PID 控制是一种在工业生产中广泛应用的常规控制算法，它根据系统给定值与实际输出值的偏差的比例、积分、微分，通过线性组合构成控制量，对控制对象进行控制。这种控制方式的优点是结构简单、稳定性好、工作可靠、参数调整方便、具有较高的控制精度。

（2）模糊控制。模糊控制是指在控制方法上应用模糊集理论、模糊语言变量及模糊逻辑推理来模拟人的模糊思维方法，用计算机实现与操作者相同的控制。模糊控制技术无须依赖精确的数学模型，对参数变换不敏感，适用性强，具有很好的鲁棒性。它通过把专家的经验或手动操作人员长期积累的经验总结成若干条规则，采用简便、快捷、灵活的手段完成用经典和现代控制理论难以完成的自动化和智能化的目标。

（3）神经网络控制。神经网络控制是指利用模拟人脑神经细胞的人工神经元广泛互连而成的网络，对难以精确建模的复杂非线性系统进行神经网络建模、充当控制器、优化计算、进行推理、故障诊断等，或同时兼有上述某些功能，具有控制精度高、自适应性和学习能力强等优点，已广泛应用于复杂对象的控制。

3.4 异步电动机及驱动

异步电动机又称感应电动机,是由定子绕组旋转磁场与转子绕组的电磁感应作用产生电磁转矩,从而实现将电能转换为机械能的一种交流电动机。因其具有结构简单、运行可靠、制造容易、成本低、使用和维护简单等优点,故广泛应用于工业、农业和家用电器等领域,在我国低速纯电动汽车上应用较多。

3.4.1 异步电动机的分类

异步电动机的种类很多,最常见的分类方法是按转子结构和定子绕组相数分类。按照转子结构来分,可分为笼型异步电动机和绕线型异步电动机;按照定子绕组相数来分,可分为单相异步电动机、两相异步电动机和三相异步电动机。在电动汽车中,主要应用三相笼型异步交流电动机。

3.4.2 异步电动机的结构

异步电动机主要由静止的定子和旋转的转子两部分组成,且定子和转子之间存在一定气隙,还有轴承盖、端盖、轴承、机座、风扇、罩壳等部件,如图 3-43 所示。

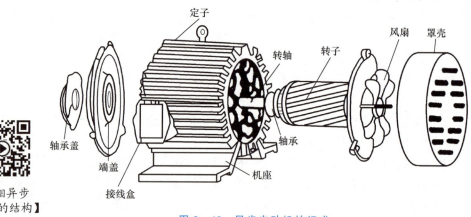

【三相异步电动机的结构】

图 3-43 异步电动机的组成

1. 定子

异步电动机的定子主要由定子铁芯、定子绕组和机座等组成。

(1) 定子铁芯——导磁部分。定子铁芯是电动机磁路的一部分,起固定定子绕组的作用。为了提高导磁能力和减少铁耗,定子铁芯常由 0.5mm 或 0.35mm 厚的硅钢片冲制叠压而成,片间涂有绝缘漆。定子铁芯内圆均匀冲出许多形状相同的槽,以嵌放定子绕组。

(2) 定子绕组——导电部分。定子绕组是电动机的电路部分,通入三相交流电,产生旋转磁场。它由 3 个在空间互隔 120°电角度、对称排列的结构完全相同的绕组连接而成,形成三相对称绕组,各绕组的线圈按一定规律分别嵌放在定子铁芯内圆槽内,其材料主要为纯铜。三相对称绕组的6个出线端子均接在机座侧面的接线盒上，可根据需要将三相对称绕组接成星形或三角形。

(3) 机座——支撑部分。机座是电动机的外壳，支撑电动机各部件，并通过机座的底脚将电动机安装固定。全封闭式电动机的定子铁芯紧贴机座内壁，故机座外壳上的散热筋是电动机的主要散热面。中小型电动机采用铸铁机座；大型电动机一般采用钢板焊接机座。

2. 转子

异步电动机的转子主要由转子铁芯、转子绕组和转轴等组成。

(1) 转子铁芯。转子铁芯由0.5mm厚的硅钢片冲制叠压而成，固定在转轴上。在硅钢片外圆冲有均匀分布的槽，用于嵌放转子绕组。

(2) 转子绕组。转子绕组是转子的电路部分，它的作用是切割定子旋转磁场以产生感应电动势及电流，并形成电磁转矩而使电动机旋转。转子绕组分为笼型和绕线型两种。笼型转子绕组一般由转子铁芯槽内的铜条和连接铜条两端的铜端环组成；绕线型转子绕组为三相对称绕组，其极数与定子绕组极数相同，嵌放在转子铁芯槽内。

(3) 转轴。转轴用于固定和支撑转子铁芯，并输出机械功率。转轴一般由中碳钢制成。

3. 气隙

异步电动机的定子与转子之间存在一定的均匀间隙，称为气隙。中小型异步电动机的气隙一般为0.2~2 mm。功率越大，转速越高，气隙越大。

3.4.3 异步电动机的工作原理

为了便于理解，将异步电动机的工作原理简化为以下三个过程来分析。

(1) 电生磁。当三相正弦波交流电通入定子三相对称绕组后，将在气隙空间产生旋转磁场，即一个电流周期，旋转磁场在空间转过360°，见式(3-21)。旋转磁场的转速称为同步转速 n_0。三相正弦交流电通入三相对称线组如图3-44所示。三相电流合成磁场的变化——旋转磁场如图3-45所示。

$$\left.\begin{array}{l} i_A = I_m \sin\omega t \\ i_B = I_m \sin(\omega t - 120°) \\ i_C = I_m \sin(\omega t - 240°) \end{array}\right\} \qquad (3-21)$$

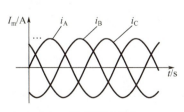
(a) 三相正弦波交流电

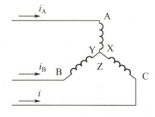
(b) 定子三相对称绕组

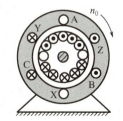
(c) 电流流入($\otimes$)，电流流出($\odot$)

图3-44 三相正弦交流电通入三相对称绕组

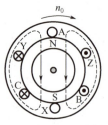

(a) $\omega t=0°$,合成磁场方向向下　　(b) $\omega t=60°$,合成磁场顺时针旋转60°　　(c) $\omega t=90°$,合成磁场顺时针旋转90°

图 3-45　三相电流合成磁场的变化——旋转磁场

【三相电流产生旋转磁场】

(2) **磁生电**。定子旋转磁场切割转子绕组,在转子绕组中产生感应电动势,电动势的方向用右手定则判定。由于转子绕组是闭合通路,转子中便有感应电流产生,电流方向与电动势方向相同。

(3) **电生磁**。载流的转子绕组将在定子的旋转磁场中产生电磁力,电磁力的方向可用弗莱明左手定则判定,进而形成电磁转矩,驱动电动机旋转。电动机旋转方向与旋转磁场方向相同。三相笼型异步交流电动机的工作原理简化框图如图 3-46 所示。

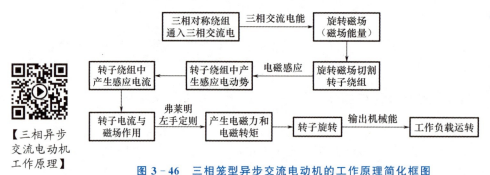

【三相异步交流电动机工作原理】

图 3-46　三相笼型异步交流电动机的工作原理简化框图

异步电动机定子旋转磁场的同步转速 n_0 取决于定子磁极对数和电流频率,即

$$n_0 = \frac{60f}{p} \tag{3-22}$$

式中:p 为定子磁极对数;f 为电流频率(Hz)。

我国工业用电的额定频率 $f=50\text{Hz}$,故常用异步电动机的同步转速 n_0 为 3000r/min、1500r/min、1000r/min、750r/min 等。电动机的实际转速(转子转速)与旋转磁场的同步转速有差异,存在转速差,故称异步。通常将同步转速与转子转速之差与同步转速的比值称为转差率(滑差),用 s 表示,即

$$s = \frac{n_0 - n}{n_0} \tag{3-23}$$

式中:n 为转子转速(r/min)。

转差率是异步电动机的重要物理量之一,反映电动机的各种运行状态。在正常运行时,转差率范围为 $0<s<1$;在额定负载条件下运行时,转差率 $s=0.01\sim0.06$,即异步电动机转子转速接近旋转磁场的同步转速。

此外,负载越大,转子转速越低,转差率越大;反之,转差率越小。转差率也能够反

映电动机的转速和负载。

$$n = (1-s)n_0 = (1-s)\frac{60f}{p} \tag{3-24}$$

异步电动机的额定参数包括额定功率 P_N、额定电压 U_N、额定电流 I_N、额定频率 f_N、额定转速 n_N、额定功率因数 $\cos\varphi_N$。

3.4.4 异步电动机的机械特性

异步电动机的机械特性是指在定子恒定电压和恒定频率的条件下，电动机转速 n（或转差率 s）与电磁转矩 T 之间的关系，即 $n = f(T)$ 或 $s = f(T)$。异步电动机的机械特性分为固有机械特性和人为机械特性。

1. 固有机械特性

异步电动机的固有机械特性是指在额定电压 U_N 和额定频率 f_N 下，定子、转子回路中不外接任何附加阻抗时的机械特性。异步电动机的固有机械特性曲线如图 3-47 所示。

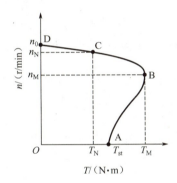

图 3-47 异步电动机的固有机械特性曲线

图 3-47 所示的固有机械特性有以下四个特殊点。

(1) 起动点 A。$n = 0, s = 1, T = T_{st}$。
(2) 最大转矩点（临界工作点）B。$n = n_M, s = s_M, T = T_M$。
(3) 额定运行点 C。$n = n_N, s = s_N, T = T_N$。
(4) 同步运行点（理想空载点）D。$n = n_0, s = 0, T = 0$。

额定转矩 T_N 代表额定状态，最大转矩 T_M 代表临界状态，起动转矩 T_{st} 代表起动状态，是异步交流电动机的三个重要工作状态。

(1) 额定状态反映了异步电动机长期运行能力。在额定电压 U_N 下，以额定转速 n_N 运行，输出额定功率 P_N 时，电动机转轴上输出额定转矩 T_N。

(2) 临界状态体现了异步电动机的过载能力。要求转轴上的机械负载转矩 T_L 不能大于最大转矩 T_M，否则将造成堵转（停车）。反映异步电动机过载能力的参数为过载系数：

$$\lambda = \frac{T_M}{T_N} \tag{3-25}$$

通常异步电动机 $\lambda = 2 \sim 2.5$。

(3) 起动状态体现了电动机直接起动的能力。要求 $T_{st} > T_L$（负载转矩），异步电动机才能起动，否则起动不了。反映异步电动机的起动能力的参数有起动转矩系数 K_S 和起动电流系数 K_C：

$$K_S = \frac{T_{st}}{T_N} \quad (3-26)$$

$$K_C = \frac{I_{st}}{I_N} \quad (3-27)$$

通常，异步电动机的 $K_S=1.6\sim2.2$，$K_C=5.5\sim7.0$。

在图 3-47 中，BCD 曲线段为稳定运行段，AB 曲线段为非稳定运行段。稳定运行时，异步电动机的电磁转矩可以随负载的变化而自动调整，这种能力称为自适应负载能力。

2. 人为机械特性

异步电动机的人为机械特性是指人为改变电源参数或电动机参数而得到的机械特性。

（1）降低定子电源电压时的人为机械特性。如图 3-48 所示，由于电源频率不变，所以同步转速点不变，电磁转矩与电源电压的平方成正比，但各条曲线的最大转矩点对应的转差率基本保持不变。

（2）降低定子电源频率时的人为机械特性。如图 3-49 所示，随着频率的减小，同步转速 n_0 减小，临界转差率 S_M 减小，起动转矩 T_{st} 增大，最大转矩 T_M 不变。

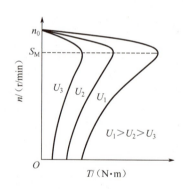

图 3-48 降低电源电压时的人为机械特性

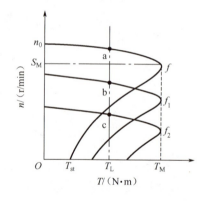

图 3-49 降低电源频率时的人为机械特性

3.4.5 异步电动机的驱动与控制

由式（3-24）知，异步电动机的调速方法主要有以下三种。

（1）改变定子磁极对数 p。改变定子绕组的连接方式。

（2）改变转差率 s。改变转子电路串联电阻，适用于绕线型异步电动机。

（3）改变电源频率 f。改变交流电源的频率，适用于笼型异步电动机。

异步电动机是一个多变量（多输入输出）、非线性、强耦合的系统，其中变量电压（电流）、频率、磁通、转速等参数之间相互影响。

异步电动机的调速控制主要有变压变频（电压/频率的比值不变，简称恒压频比）控制（Variable Voltage and Variable Frequency，VVVF）、转差控制、矢量控制（Vector Control，VC）及直接转矩控制（Direct Torque Control，DTC）等方法。应用最广的为变压变频控制。

（1）变压变频控制。保持电动机定子每磁极磁通量Φ为额定值不变，同时调节定子电源的电压和频率，使异步电动机的机械特性平滑地上下移动，并获得较高的运行效率。这种调速控制的调速范围宽。变压变频控制的异步电动机驱动系统如图3-50所示。

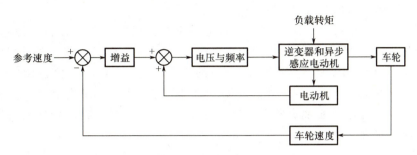

图 3-50　变压变频控制的异步电动机驱动系统

变压变频控制中，需要考虑基频（额定频率）以下和基频以上两种情况。在基频以下调速时，要保持磁通量不变，当频率从额定值降低时，必须同时降低电源电压，属于"恒转矩调速"，当处于过度低频时，电源电压和反电动势都较小，定子阻抗下降，使得系统控制性能变差，可能引起振荡和不稳定现象，可使用辅助电压来补偿反电动势的下降；在基频以上调速时，频率从额定值升高，但定子电源电压不可能超过额定电压，最大值只能保持为额定电压，迫使磁通量随频率成反比地减小，相当于直流电动机弱磁调速的情况，属于"恒功率调速"。

异步电动机的驱动特性曲线如图3-51所示，可分为三段。第一段，电源频率低于基频，压频比恒定不变，产生额定转矩，称为恒转矩区；第二段，定子电源电压保持恒定，电源频率高于基频，转差增大到最大值，电动机功率维持额定值不变，称为恒功率区；第三段，转差维持常数，定子电流衰减，转矩随转速的平方减小，称为高速区。

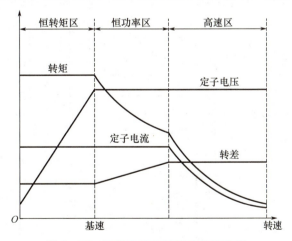

图 3-51　异步电动机的驱动特性曲线

（2）转差控制。根据异步电动机电磁转矩和转差频率的关系来直接控制电动机的转矩，可以在一定的转差频率范围内、一定程度上通过调节转差来控制电动机的电磁转矩，从而改善调速系统的控制性能。

(3) 矢量控制。通过测量和控制电动机定子电流矢量,根据磁场定向原理分别对电动机的励磁电流和转矩电流进行控制,从而达到控制电动机转矩的目的。可通过坐标变换,将交流电动机的定子电流分解成转矩分量和励磁分量,分别控制电动机的转矩和磁通。常用的控制策略为按转子磁场定向的矢量控制。

按转子磁场定向的矢量控制原理将异步电动机在三相坐标系下的定子电流 i_A、i_B、i_C 通过三相/两相变换,将其等效成两相静止坐标系 $\alpha-\beta$ 下的交流电流;再通过转子磁场定向旋转变换,等效成同步旋转坐标系 $d-q$ 下的直流电流 i_d、i_q(i_d 模拟励磁电流,i_q 模拟与转矩成正比的电枢电流);然后模仿直流电动机的控制方法,求出电动机控制量;最后经过相应的坐标反变换,实现对异步电动机的参量控制。按转子磁场定向的矢量变换控制系统如图3-52所示。

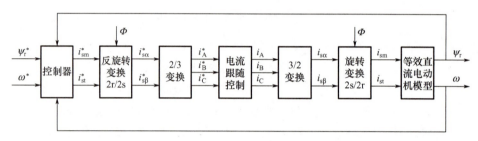

图3-52 按转子磁场定向的矢量变换控制系统

(4) 直接转矩控制。直接转矩控制是继矢量控制技术之后发展起来的一种新型的具有高性能的交流变频调速技术。它摒弃了矢量控制中电流解耦的控制思想,去掉了PWM脉宽调制器和电流反馈环节,而是通过检测母线电压和定子电流,直接计算出电动机的磁场和转矩,并利用两个滞环比较器,直接实现对定子磁场和转矩的解耦控制。

异步电动机的直接转矩控制系统(图3-53)的控制原理是通过传感器检测得到定子

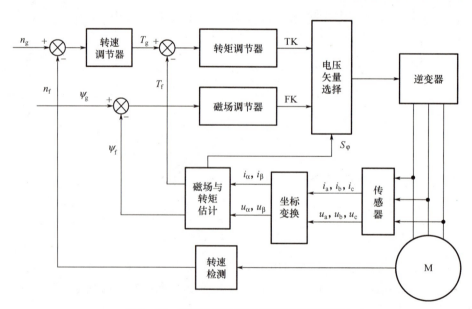

图3-53 异步电动机的直接转矩控制系统

电流、电压的 $\alpha-\beta$ 分量，然后通过磁场调节器和转矩调节器分别获得定子磁场的实际值 ψ_f 和转矩的实际值 T_f，将定子磁场的实际值 ψ_f 与给定值 ψ_s 输入磁场调节器，通过滞环比较器实现磁场的自控制。转速给定值 n_g 与测量得到的转速 n_f 之差经过转速调节器得到转矩给定值 T_g，将转矩的实际值 T_f 与给定值 T_g 输入转矩调节器，实现转矩的自控制。

3.5 永磁同步电动机及驱动

永磁同步电动机（Permanent Magnet Synchronous Motor，PMSM）是指用永磁材料代替传统电机的励磁绕组，去掉传统的电刷、换向器和励磁绕组的铜损，采用正弦交流电及无刷结构，因此又称永磁无刷同步交流电动机。永磁体在气隙中产生的磁场在空间呈正弦分布，电动机的反电动势和定子电流均为正弦波。

永磁同步电动机具有效率高、体积小、质量轻、控制精度高、能量密度高、转矩平稳性好、振动噪声低等优点，主要采用矢量控制策略实现宽范围的恒功率弱磁调速。但因控制器较复杂，故目前成本偏高。永磁同步电动机是一种很有前途的节能电动机，受到国内外电动汽车界的高度重视，广泛应用于主流的纯电动汽车、混合动力电动汽车和燃料电池电动汽车上。

3.5.1 永磁同步电动机的结构与特点

1. 永磁同步电动机的结构

正弦波驱动电流的永磁同步电动机的结构如图 3-54 所示，主要由定子和转子两部分组成。

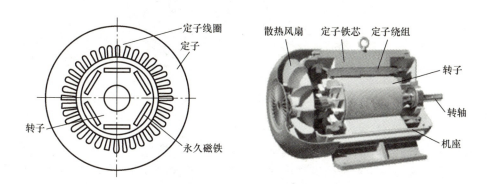

图 3-54 正弦波驱动电流的永磁同步电动机的结构

（1）定子。

定子与异步电动机的定子基本相同，由定子铁芯、定子绕组和机座组成，如图 3-55

所示。定子铁芯一般由 0.5mm 或 0.35mm 厚的硅钢片冲制叠压而成,定子三相对称绕组采用正弦分布。

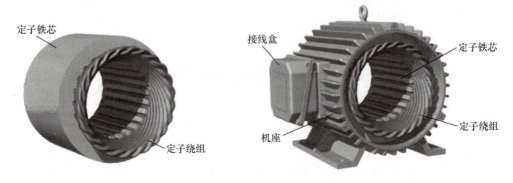

图 3-55 定子的组成

(2) 转子。

转子主要由永磁体、转子铁芯和转轴等组成。

①永磁体。永磁体材料主要有陶瓷(铁氧体)和稀土(钕铁硼 NdFeB)两类。永磁体在转子上的布置方式多样,主要有表面式和内置式两种。表面式转子结构:永磁体通常呈瓦片形,并位于转子铁芯的外表面,永磁体提供径向磁通。表面式转子又分为凸出式和嵌入式两种,如图 3-56 所示。

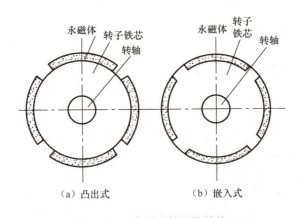

图 3-56 表面式转子的结构

内置式转子结构:又称内埋式,永磁体位于转子铁芯内部。可充分利用由转子磁路的不对称性产生的磁阻转矩,提高电动机的功率密度,改善动态性能。根据永磁体供磁方向与转子旋转方向的关系,内置式转子结构又分为径向式、切向式、U 形混合式和 V 形径向式四种,如图 3-57 所示。

为防止永磁体磁通短路,在转子铁芯内还要开设隔磁槽(图 3-58),在槽内填充隔磁材料(图 3-59)。

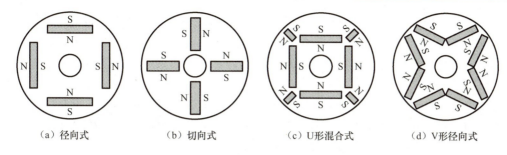

(a)径向式　　　(b)切向式　　　(c)U形混合式　　　(d)V形径向式

图 3-57　内置式转子的结构

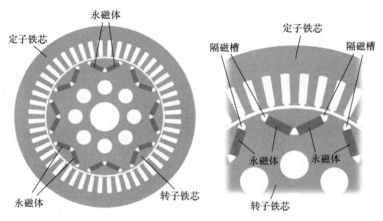

图 3-58　V形径向式转子开设隔磁槽

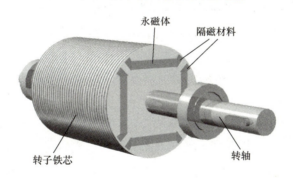

图 3-59　径向式转子填充隔磁材料

②转子铁芯。可根据磁极结构的不同,选用实心钢、钢板或硅钢片冲制叠压而成。与普通电动机相比,永磁同步电动机还必须装有转子永磁体位置传感器,以检测磁极位置,并对定子电流进行控制,以实现对永磁同步电动机的驱动控制。

2. 永磁同步电动机的特点

永磁同步电动机与其他电动机相比,具有以下优点。

(1)用永磁体取代转子绕组,从而省去了电枢绕组、换相器和电刷,以电子换相实现无刷运行,结构简单,运行可靠。

(2)永磁同步电动机的转速与电源频率间始终保持准确的同步正比关系,调节电源频率就能调节电动机的转速,即变频调速,且调速范围宽。

（3）永磁同步电动机具有较硬的机械特性，对由负载变化引起的电动机转矩的扰动具有较强的承受能力，瞬间过载系数可达3以上，适合在负载转矩变化较大的工况下运行。

（4）永磁同步电动机与异步电动机相比，不需要无功励磁电流，因而定子电流和定子铜耗小，效率高。

（5）体积小、质量轻。近年来，随着稀土等高性能永磁材料的不断推出和应用，永磁同步电动机的功率密度得到很大提高，因此体积和质量都大幅减小，结构更加紧凑，有利于电动汽车轻量化设计，节省布置空间。

（6）结构多样化，应用范围广。由于转子结构多样，因此永磁同步电动机衍生出多种类型，应用范围从工业到农业，从民用到国防，从日常生活到航空航天，从简单电动工具到高科技产品，几乎无所不在。

永磁同步电动机还存在以下缺点。

（1）由于永磁同步电动机转子为永磁体，无法调节磁场，必须通过加定子直轴去磁电流分量来削弱磁场，将增大定子的电流，增加铜耗。

（2）永磁同步电动机的磁钢价格较高。

由此可见，一方面，永磁同步电动机体积小、质量轻、转动惯量小、功率密度高，适合电动汽车空间有限的特点；另一方面，永磁同步电动机过载能力强，低转速时输出大转矩，适合电动汽车的起动加速。因此，永磁同步电动机已在国内外电动汽车界广泛应用，日本新研制的电动汽车大多采用永磁同步电动机。

3.5.2　永磁同步电动机的工作原理与机械特性

【永磁同步电动机工作原理】

永磁同步电动机的工作原理类似于异步电动机的工作原理，定子三相对称绕组通入三相正弦波交流电后产生旋转磁场，不同的是，永磁体转子没有异步电动机的电磁感应及产生的电磁力和电磁转矩，而是跟随旋转磁场同步旋转，其转速和转向均与旋转磁场一致，故称同步。永磁同步电动机的工作原理如图3-60所示。

永磁同步电动机的转子转速等于旋转磁场的同步转速，即

$$n = n_0 = \frac{60f}{p} \quad (3-28)$$

永磁同步电动机的机械特性是指在定子恒定电压和恒定频率的条件下，电动机的转速n与转矩T_e之间的关系。由于稳态正常运行时，永磁同步电动机的转速始终保持同步转速，因此，其机械特性曲线为一条平行于横轴的水平直线，通过调节电源频率调节电动机转速时，转速与频率成正比。永磁同步电动机的机械特性曲线（$f_1 > f_2 > f_3$）如图3-61所示。

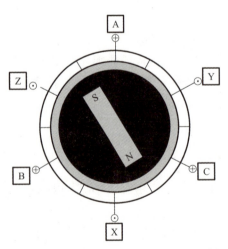

图3-60　永磁同步电动机的工作原理

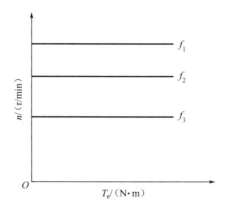

图 3-61 永磁同步电动机的机械特性曲线 ($f_1 > f_2 > f_3$)

3.5.3 永磁同步电动机的驱动与控制

为了获得响应速度更快、控制精度更高、调速范围更宽的控制性能，永磁同步电动机主要应用比较成熟的矢量控制策略。

永磁同步电动机矢量控制的基本原理：以转子磁场旋转空间矢量为参考坐标，将定子电流分解为相互正交的两个分量，一个与磁场同向，代表定子电流的励磁分量；另一个与磁场方向正交，代表定子电流的转矩分量，分别对其进行控制，获得与直流电动机一样良好的动态特性。

永磁同步电动机矢量控制策略与异步电动机矢量控制策略有些不同。由于永磁同步电动机转速与电源频率严格同步，其转子转速等于旋转磁场转速，转差恒等于零，没有转差功率，控制效果受转子参数影响小，因此，在永磁同步电动机上更容易实现矢量控制。永磁同步电动机矢量控制系统能实现高精度、高动态响应性能和大范围的调速或伺服控制。

图 3-62 为某电动汽车的永磁同步电动机矢量控制系统框图。从图中可知，通过分别比较控制永磁同步电动机的电流实际值 i_d、i_q 与给定值 i_d^*、i_q^*，实现转速和转矩控制。并且，i_d 和 i_q 独立控制，便于实现各种先进的控制策略。

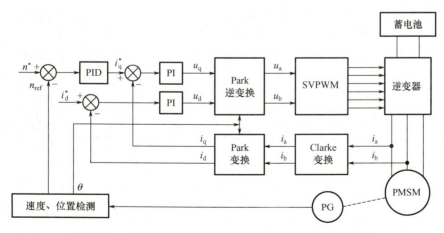

图 3-62 某电动汽车的永磁同步电动机矢量控制系统框图

当电动汽车正常行驶时，电动机转速处于基速以下，在定子电流给定的情况下，采用 $i_d = 0$ 控制，此时只要控制 i_q 就能控制转速和转矩，实现矢量控制；当电动机转速在基速以上时，由于永磁体的励磁磁场为常数，电动机感应电动势随着电动机转速成正比增加，电动机感应电流也随之增大，但是电动机相电压和相电流的有效值的极限值受到与电动机端相连的逆变器的直流侧电压和逆变器的最大输出电流的限制，所以必须进行弱磁升速。通过控制 i_d 来控制磁场，通过控制 i_q 来控制转速，实现矢量控制。在实际控制中，不能直接检测 i_d、i_q，必须通过实时检测到的定子三相电流和转子位置经坐标变换得到。

3.6　开关磁阻电动机及驱动

20世纪80年代，开关磁阻电动机（Switched Reluctance Motor，SRM）问世，打破了传统的电动机设计理论和正弦波电压源供电方式，推出了新一代电动机驱动系统。开关磁阻电动机适合在电动汽车的各种工况下运行，是电动汽车中极具潜力的电动机类型。其产品功率范围为10W～5MW，广泛应用于电动汽车、航空航天、家用电器和纺织机械等领域。

开关磁阻电动机是一种新型调速电动机，调速系统兼具直流、交流两种调速系统的优点，是继变频调速系统、无刷直流电动机调速系统后的最新一代无级调速系统。它结构简单坚固、调速范围宽、调速性能优异，且在整个调速范围内都具有较高效率，系统可靠性高，适合高速运行，最高转速达100000r/min。

3.6.1　开关磁阻电动机的结构与特点

1. 开关磁阻电动机的结构

开关磁阻电动机的定子和转子均为凸极结构，称为双凸极，由导磁良好的硅钢片冲制叠压而成。定子内凸极上绕有集中绕组，径向相对的两个绕组串联成一个两级磁极，称为"一相"，每相绕组相互独立；转子外凸极上无绕组和永磁体，一般装有位置传感器。

开关磁阻电动机可设计成多种相数结构，如三相、四相及多相等。定子和转子极数不同，转子比定子少两极，二者有多种组合方式。常用的定子和转子极数组合方案如表3-8所示。

表3-8　常用的定子和转子极数组合方案

相数	定子凸极数	转子凸极数	步进角
3	6	4	30°
4	8	6	15°
5	10	8	9°
6	12	10	6°

低于三相的开关磁阻电动机一般没有自起动能力。相数越多,步进角越小,有利于减小转矩脉动,但结构越复杂,功率转换器主开关器件越多,成本越高。应用较多的是三相6/4极结构和四相8/6极结构,如图3-63所示。

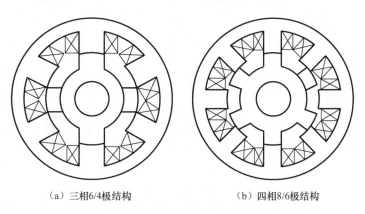

(a) 三相6/4极结构　　　　　(b) 四相8/6极结构

图3-63　开关磁阻电动机的两种结构

2. 开关磁阻电动机的特点

开关磁阻电动机与其他电动机相比,具有以下优点。

(1) 结构简单紧凑,成本低。开关磁阻电动机转子无绕组和永磁体,定子为集中绕组,制造简单,维护方便;功率转换器元器件少,结构简单,成本低。

(2) 损耗小,效率高。转子没有绕组损耗,功率转换器元器件损耗也小,主要是定子损耗,因此整体效率高。

(3) 可控参数多,调速性能好。可控参数主要有主开关开通角、主开关关断角、相电流幅值、直流电源电压等;控制较灵活,可以实现电动机的四象限运行;起动转矩大,可以在很宽的转速范围内实现恒功率运行。

(4) 功率转换器结构简单,容错性能强。由于各相绕组相互独立,因此系统可以断相工作,容错能力强。系统中每个功率开关均直接与绕组串联,避免了直通短路现象。

(5) 适合高速、高温条件。转子上无绕组和永磁体,转动惯量小,易于加/减速,适用于高速运转情况,且耐高温。

(6) 具有较强的再生制动能力。

但是,由于开关磁阻电动机的特殊结构和工作方式,因此存在转矩脉动和噪声较大等缺点。与其他电机相比,由于双凸极结构和每相独立产生分散转矩会导致较高的转矩脉动,从而在直流电源中产生大的电流波动;转子径向磁力与定子圆周结构产生的共鸣引起较大噪声。

3.6.2　开关磁阻电动机的工作原理

开关磁阻电动机的工作原理遵循"磁阻最小原理"——磁通总要沿着磁阻最小的路径闭合,所以具有一定形状的转子铁芯在移动到最小磁阻位置时,必须使自己的中心线与定子磁场的中心线重合。两相4/2极结构的开关磁阻电动机的磁阻最小原理如图3-64所示。

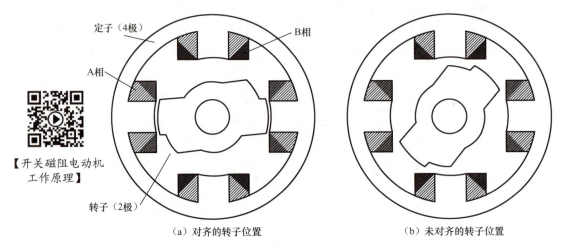

图 3-64 两相 4/2 极结构的开关磁阻电动机的磁阻最小原理

开关磁阻电动机的每相绕组的电感 L 随转子的位置改变而改变。因电感与磁阻成反比，故磁阻随着转子磁极与定子磁极的中心线对齐或错开而变化。当转子磁极中心线与定子磁极中心线正对齐时，相绕组电感最大；当转子磁极中心线与定子磁极中心线完全错开时，相绕组电感最小。电感、转矩与转子位置的关系曲线如图 3-65 所示。

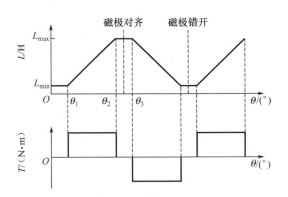

图 3-65 电感、转矩与转子位置的关系曲线

开关磁阻电动机的工作机理与磁阻（反应）式步进电动机的相同，基于磁通总沿磁阻小的路线闭合，通电的定子以磁力吸引铁磁性的转子，使磁力产生切向分力，即产生对转子的转矩。

可根据转子位置判定定子的通电顺序，即转子位置传感器检测到的转子位置信号转换成电信号，由电动机控制器输出指令控制该转子位置对应的最有利于使转子产生转矩的一相定子通电，转过一定步进角后，又由下一个最有利于转子产生转矩的某相通电。不断变换定子的通电相绕组，使转子朝某个方向连续转动。

图 3-66 所示为四相 8/6 结构的开关磁阻电动机，图中仅画出 A 相绕组的连接情况，其他各相类似。当定子磁极 D-D′ 通电励磁时，在磁力吸引下，转子磁极 1-1′ 从现有位置向与定子磁极 D-D′ 中心线重合的位置逆时针转动一定角度（15°），直至正对齐，使 D 相励磁绕

组的磁阻最小（电感最大）。若以图中定子、转子所处的相对位置为起始位置，根据转子位置传感器反馈的位置信号，若定子相绕组依次按 D→A→B→C 顺序通电，转子将沿逆时针方向连续旋转；若依次按 B→A→D→C 顺序通电，则转子将沿顺时针方向转动。可见，开关磁阻电动机的转向与相绕组的电流方向无关，而仅取决于相绕组通电的顺序。另外，从图 3-66 可以看出，当主开关器件 S_1、S_2 导通时，A 相绕组从直流电源 U 吸收电能；而当 S_1、S_2 关断时，绕组电流经续流二极管 VD_1、VD_2 导通并反馈给直流电源 U。因此，开关磁阻电动机具有再生作用，系统效率高。

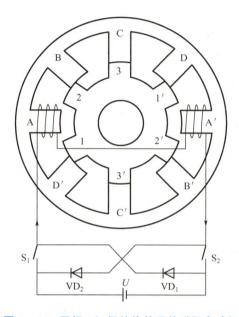

图 3-66 四相 8/6 极结构的开关磁阻电动机

3.6.3 开关磁阻电动机的驱动与控制

1. 开关磁阻电动机的驱动

开关磁阻电动机驱动系统（Switched Reluctance Drive，SRD）主要由电动机本体、功率转换器、控制器、位置检测器、电流检测器等组成，如图 3-67 所示。

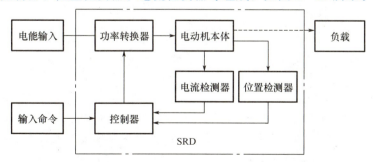

图 3-67 开关磁阻电动机驱动系统的组成

开关磁阻电动机的功率转换器是驱动系统的重要组成部分，其主要作用如下。

（1）连接直流电源与电动机本体，为系统正常运行提供电能。

（2）起开关作用，使定子相绕组与电源接通或断开。

（3）起续流作用，相绕组电流经续流二极管导通反馈给直流电源储能。

在电动汽车用开关磁阻电动机驱动系统中，常用双开关型功率转换器。四相 8/6 极结构的双开关型功率转换器如图 3-68 所示。

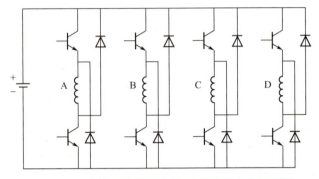

图 3-68　四相 8/6 极结构的双开关型功率转换器

双开关型功率转换器电路中，相互独立的各相电路并联且结构相同，每相具有两个功率开关和两个续流二极管，各相电路控制各相绕组。

双开关型功率转换器的工作过程分为以下两种情况。

（1）励磁阶段（通电）。当两个功率开关同时导通时，电源向电动机定子相绕组供电。

（2）去磁阶段（续流）。当两个功率开关同时断开时，定子相绕组电流通过续流二极管续流，将电动机绕组中磁场储能以电能形式迅速回馈给直流电源。

例如，当 A 相绕组的两个功率开关导通时，电源给 A 相绕组励磁，电流的流向是电源正极→上功率开关→A 相绕组→下功率开关→电源负极，如图 3-69 所示。

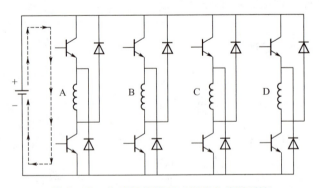

图 3-69　A 相绕组励磁（通电）电流流向

当 A 相绕组的两个功率开关断开时，由于 A 相绕组本为电感，电感的电流不允许突变，产生反电动势，此时电流的续流流向是 A 相绕组→上续流二极管→电源"+"→电源"-"→下续流二极管→A 相绕组，如图 3-70 所示。

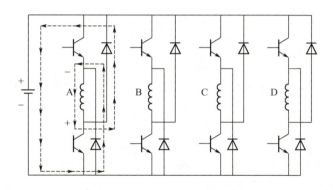

图 3-70　A 相绕组去磁（续流）电流流向

2. 开关磁阻电动机的控制

开关磁阻电动机因其自身结构的特殊性，既可以通过电动机自身参数（如主开关导通角、关断角、直流电源电压等）实现控制，又可以采用经典控制理论（如 PID 控制、模糊控制等）进行控制，实现电动机的调速。

针对开关磁阻电动机自身参数的控制，主要使用三种基本控制方式：角度位置控制（Angular Position Control，APC）、电流斩波控制（Chopped Current Control，CCC）和电压控制（Voltage Control，VC）。

(1) 角度位置控制。角度位置控制是指在电压恒定的情况下，通过改变绕组上主开关的开通角和关断角来改变相绕组的通、断电时刻，调节相电流的波形，实现转速闭环控制。

角度位置控制的优点：转矩调节范围宽；可同时多相通电，以增大电动机的输出转矩；通过角度的优化，能实现效率最优控制或转矩最优控制。适用于转速较高场合。

(2) 电流斩波控制。电流斩波控制一般不对主开关的开通角、关断角进行控制，而是直接选择在每相的特定导通位置对电流进行斩波控制。常用的两种方案为对电流上、下限进行限制的控制及限制电流上限值和恒定关断时间的控制。

按照续流方式的不同，分为单管斩波方式和双管斩波方式。单管斩波方式中，连接在每相绕组中的上、下桥臂的两个开关管中只有一个处于斩波状态，另一个一直导通；而双管斩波方式中，两个开关管同时导通和关断，对电压进行斩波控制。考虑到系统效率等因素，实际应用中一般常用单管斩波方式。

电流斩波控制的优点：适用于低速调速，可以控制电流峰值的增长，并有很好的电流调节作用；转矩脉动较小。

(3) 电压控制。电压控制是在保持开通角、关断角不变的前提下，使功率开关工作在 PWM 方式。通过调节 PWM 的占空比来调整加在绕组两端电压的平均值，进而改变绕组电流，实现对转速的调节。

电压控制的优点：通过调节绕组电压的平均值来调节电流，适用于低速和高速系统，且控制简单，但调速范围有限。

3.7 轮毂电动机

除了常用电动机外，电动汽车还应用其他特殊电动机，如轮毂电动机等。

3.7.1 轮毂电动机的发展

轮毂电动机就是将动力、传动和制动装置都整合到轮毂内，如图3-71所示。早在1900年，保时捷就首先制造出了前轮装备轮毂电动机的混合动力电动汽车，如图3-72所示；20世纪50年代，轮毂电动机驱动技术由美国人罗伯特发明。20世纪70年代，该技术在矿山运输车等领域得到应用；20世纪90年代后，日本、美国的汽车企业相继对乘用车用轮毂电动机技术进行研发。

【沃尔沃轮毂电动机电动汽车】

图3-71 轮毂电动机

图3-72 保时捷制造的世界第一辆前轮装备轮毂电动机的混合动力汽车

国外应用轮毂电动机的电动汽车车型情况如表3-9所示。日本庆应义塾（Keio）大学研制的Eliica如图3-73所示。

表 3-9 国外应用轮毂电动机的电动汽车车型情况

车型	年份	厂家	动力类型	电驱动形式
IZA	1991 年	日本 TEPCO	纯电动	轮毂电动机四轮驱动
ECO	1996 年	日本 NIES	纯电动	轮毂电动机后轮驱动
Eliica	2000 年	日本 Keio 大学	纯电动	轮毂电动机八轮驱动
Autonomy	2002 年	通用	燃料电池	轮毂电动机四轮驱动
Sequel	2005 年	通用	燃料电池	轮毂电动机后轮驱动
Colt	2005 年	三菱	纯电动	轮毂电动机后轮驱动
FCX Concept	2005 年	本田	燃料电池	轮毂电动机后轮驱动
CT-MIEV	2006 年	三菱	混合动力	轮毂电动机四轮驱动
eWheelDrive	2013 年	福特	纯电动	轮毂电动机后轮驱动

图 3-73 日本 Keio 大学研制的 Eliica

3.7.2 轮毂电动机的驱动方式及其结构

轮毂电动机电动汽车电动轮的驱动方式可以分为直接驱动和减速驱动两类，取决于采用的是低速外转子还是高速内转子电动机。

1. 直接驱动

直接驱动是指多采用低速外转子电动机，即直接将外转子安装在轮辋上。其主要优点是电动机体积小、质量轻、成本低、传动效率高、结构紧凑，有利于整车结构布置、车身设计和改型设计。为了使汽车顺利起步，要求电动机在低速时能提供大转矩；为了使汽车获得较好的动力性，电动机需具有较宽的调速范围；由于电动机工作时产生一定的冲击和振动，要求车轮轮辋和车轮支承必须坚固、可靠；由于非簧载质量大，为保证车辆的舒适性，要求对悬架系统弹性元件和阻尼元件进行优化设计；电动机输出转矩和功率受到车轮尺寸的限制，系统成本高。直接驱动的组成如图 3-74 所示。

直接驱动的优点是没有减速机构，不但使整个驱动轮结构更加简单、紧凑，轴向尺寸也减小，而且效率更高，响应速度也更快。缺点是起步、加速或爬坡等承载大转矩时需大电流，易损坏电池和永磁体；电动机效率峰值区域很窄，负载电流超过一定值后效率急剧下降。直接驱动适用于平路、负载较轻、代步等场合。

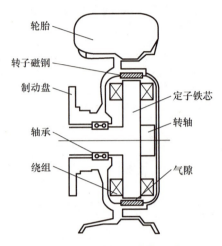

图 3-74 直接驱动的组成

2. 减速驱动

减速驱动是指带轮边减速器轮毂电动机的驱动系统,即采用高速内转子电动机,适合现代高性能电动汽车的运行要求,如图 3-75 所示。这种电动机通常转速较高,而对其他性能没有特殊要求。减速机构布置在电动机与车轮之间,起减速和增矩的作用,从而保证电动汽车在低速时能够获得足够大的转矩。电动机输出轴通过减速机构与车轮驱动轴连接,使电动机轴承不直接承受车轮与路面的载荷作用,改善了轴承的工作条件;采用固定速比行星齿轮减速器,使系统具有较大的调速范围和输出转矩,充分发挥驱动电动机的调速特性,消除了电动机输出转矩和功率受车轮尺寸的影响。

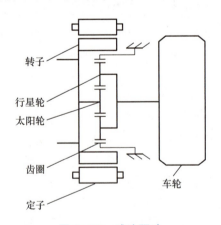

图 3-75 减速驱动

减速驱动的优点是电动机运行在高转速下,具有较高的比功率和效率,体积小,质量轻,通过齿轮增力后,转矩大,爬坡性能好。另外,能保证汽车在低速运行时获得较大的平稳转矩。其缺点是难以实现液态润滑、齿轮磨损较快、使用寿命短、不易散热、噪声大。减速驱动适用于丘陵或山区、要求过载能力强等场合。

3. 轮毂电动机的组成

轮毂电动机主要由定子、转子、轮轴轴承等组成，如图 3-76 所示。

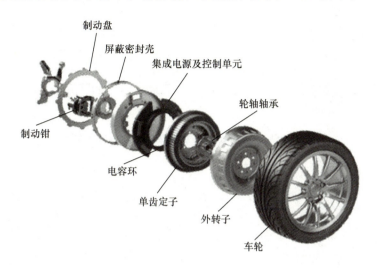

图 3-76 轮毂电动机的组成

3.7.3 轮毂电动机的特点

轮毂电动机具有以下优点。

(1) **简化了机械传动机构，减轻了车载自重**。采用轮毂电动机直接驱动车轮，大大缩短了机械传动链，可实现"零传动"，使电动汽车的结构发生脱胎换骨的变化，既可以省去发动机冷却系统、排气消音系统和油箱等辅助装置，又可以省去变速器、万向传动部件及驱动桥等机械传动装置，不仅节省了大量的机械部件成本，还减轻了汽车自重，有利于提高整车的驱动效率，对节能和减噪都有益。

(2) **提高整车空间利用率**。由于省去了大量机械装置，因此整车结构简化，腾出了许多有效空间，便于汽车总体布局，使增加的蓄电池可按汽车动力学要求适当分散，作为配重物按尽可能降低车辆质心高度等要求来进行结构布局，并将动力、传动与制动装置均集成到轮毂内，底盘结构简单归一，极大地节省了车内空间，大幅提高了整车空间利用率。

(3) **提高传动效率，有效节能**。如图 3-77 所示，由整车控制器直接调配各轮动力，可实现整车能源的最优化控制与管理；省去了原有机械传动方式带来的能量损失，提升了传动效率；更容易实现制动过程中的能量回收，采用轮毂电动机驱动，在汽车滑行降速制动和下坡过程中实现电磁制动和发电，其回收的电能至少比用其他方式回收的提高1倍多，可有效节能。

(4) **便于实现多种复杂的驱动方式**。前驱、后驱、四驱等都可以实现。

(5) 适用于多种新能源车型，即纯电动汽车、混合动力电动汽车、增程式电动汽车和燃料电池电动汽车，应用范围广。

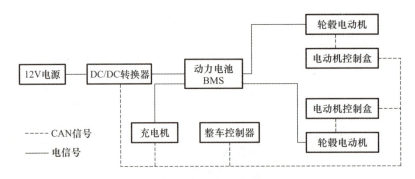

图 3-77 轮毂电动机电动汽车整车动力系统架构

轮毂电动机具有以下缺点。

(1) 轮毂电动机安装在轮毂内，增大了汽车簧下质量，对汽车的平顺性和操纵稳定性有一定影响，需要对汽车悬挂系统的参数做针对性的改动。

(2) 轮毂电动机安装在轮毂内部，在汽车行驶过程中，将直接受到地面的振动冲击及路面泥水砂石的飞溅，工作环境十分恶劣，因此在电动机的密封方面有较高要求。

(3) 机械制动的集成方案尚不够成熟，其制动能力和可靠性有待验证。

3.7.4　轮毂电动机的典型应用实例

(1) 福特嘉年华 eWheelDrive（图 3-78）。

福特嘉年华 eWheelDrive 纯电动汽车以现有三门嘉年华汽车为蓝本，由福特公司与舍弗勒公司共同开发。这款车型的动力来自两个后轮轮毂电动机（图 3-79），无须传统车型中的发动机和变速箱，从而真正节省了车身空间。

图 3-78　福特嘉年华 eWheelDrive

图 3-79　后轮轮毂电动机

福特嘉年华 eWheelDrive 纯电动汽车的动力系统主要由传统蓄电池、电池组、轮毂电动机、逆变器及动力控制单元等组成，如图 3-80 所示。其中电池组布置在原发动机位置的前盖舱内，这样不但提升了散热效率，而且增强了安全性、减少了对座舱空间的依赖。轮毂内集成了电动机、电子控制器、制动装置和轮毂轴承等，图 3-81 所示的单个轮毂电动机总成质量约为 53kg，与传统车轮轮毂轴承加制动装置的质量相比大很多。

单个电动机最大功率为 40kW，最大转矩可达 700N·m。

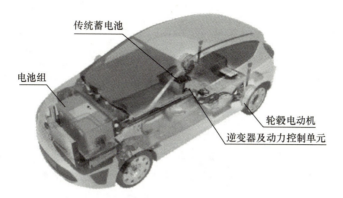

图 3-80　福特嘉年化 eWheelDrive 的动力系统的组成

(a) 结构分解　　　　　　(b) 整体结构

图 3-81　福特嘉年华 eWheelDrive 轮毂电动机的结构

(2) 比亚迪 K9。

比亚迪 K9（图 3-82）作为比亚迪汽车的首款纯电动客车，是一款零排放、零污染、低噪声的新能源汽车。整车搭载了比亚迪自主研发的全球领先的铁电池、轮毂电动机（轮边减速）驱动技术及控制系统，动力强劲。两后轮轮毂电动机的最大总功率为 180kW，最大总转矩为 1000N·m，续驶里程达 250km，是国内规模化成功运行的城市纯电动客车，已在深圳、韶关、长沙、西安、洛杉矶等国内外地区成功运行。比亚迪 K9 纯电动客车车身长 12m，外表设计时尚大气，整体设计遵循以人为本的设计理念，采用一级踏步全通道低地板结构，配以宽敞、舒适、现代、极具人性化的车内装饰，充分体现"绿色、环保、科技"的主题。

图 3-82　比亚迪 K9

扩展阅读

汽车线控技术

1. 线控技术简介

线控技术（X-by-Wire）源于飞机控制系统，飞机的新型飞行控制系统是一种线控系统（Fly-by-Wire），将飞机驾驶员的操作命令转换成电信号，利用计算机控制飞机飞行。可将这种控制方式引入到汽车驾驶上，图3-83所示为线控系统的组成框图。

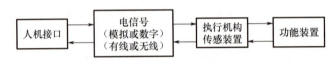

图3-83 线控系统的组成框图

汽车线控技术就是将驾驶员的操作意图和动作经过特定传感器转换成电信号，再通过电缆直接传输到汽车执行机构的一种系统。它用电缆传输取代传统汽车通过机械、液压、气压等连接传递驾驶人操作动作的复杂结构。汽车线控技术主要有线控制动（Brake-by-Wire）、线控转向（Steering-by-Wire）、线控油门（Throttle-by-Wire）、线控悬架（Suspension-by-Wire）、线控增压（Supercharge-by-Wire）等。

汽车线控技术的核心是智能控制技术，是用传感器检测驾驶员的操作动作相关数据，然后通过数据总线将信号传递给车载ECU，ECU再经过分析、处理、校正，按驾驶人意图，通过数据总线向执行机构发送指令，并将执行机构的动作情况反馈给ECU；ECU实时监控整个系统中各元件的工作情况，指挥整个系统协调工作。

2. 线控技术的特点

（1）线控技术的优点。

①驾驶人可以不用直接操作机械，操作轻便、省力，更加人性化。线控消除了机械连接冲击的传递，可以降低噪声、减少振动，提高了驾驶的舒适性。

②可省去大量机械和管路系统及部件，更容易布置电线，使汽车的结构更加合理。同时可减轻汽车的整车质量，也减少了机械在事故碰撞中对人员的潜在危险。

③通过计算机进行控制，缩短了动作响应时间，并能对驾驶人的动作和执行元件的动作进行实时监控和修正，使操控更加精确，提高了系统性能。

④线控系统的制造、装配、测试简单快捷，同时采用简化结构，维护简单、适应性好、系统耐久性良好。

⑤便于实现个性化设计。驾驶人的驾驶特性（如制动、转向、加速等过程）都是设计师根据用户设计的。这些程序易改进，略加变化即可增设各种电控功能；易实现汽车导航、车载娱乐和自动驾驶。

⑥维护简单。线控制动无须制动液，汽车更环保，无须另加维护。

(2) 线控技术的缺点。

① 存在控制系统及其电子设备的可靠性问题。线控系统中存在电子元器件失效、电磁干扰、网络攻击等破坏，从而影响使用的可靠性。一旦电路失效而没有机械冗余，就会导致转向失灵、油门难以控制和不能制动等。

② 对网络要求高。线控系统要在人机接口通信、执行机构和传感机构之间，以及与其他系统之间传输大量信息，要求网络的通信协议精确高速、实时性好、可靠性高，且具有一定的容错技术，以保证出现故障时仍可实现装置的基本功能。

③ 线控技术需要42V以上的电源，以提供高能量。

④ 成本高。由于线控系统技术难度大、科技含量高，因此研制成本高。而且为了确保汽车安全，除了主系统外，还要增加备用系统，从而增加了成本。线控技术需要高性能的控制器，成本较高。

3. 国内外线控技术的发展现状

所有大型汽车制造商都在开发线控系统雏形及其产品。

美国天合汽车集团开发的线控驾驶系统使得燃油经济性上升5%；德尔福、博世、法雷奥等公司和其他设备制造商已开发或正在开发线控技术和产品；本田在新一代雅阁V6汽车上使用线控油门技术；大众已有线控技术概念车。德尔福系统如图3-84所示。

图3-84 德尔福系统

通用公司在2003年研制的Hy-Wire概念车和2005年研制的Sequel概念车上采用了线控转向和线控制动技术。

图3-85和图3-86所示分别为通用Hy-Wire概念车的车内舱和底盘。该车采用氢动力和线控技术，通过电动机驱动实现汽车的起动、转向和制动等，是一种全新的概念车。

图3-85 通用Hy-Wire概念车的车内舱

图3-86 通用Hy-Wire概念车的底盘

Hy-Wire 线控汽车采用电子信号操纵油门、制动和转向机构，取消了传统的转向盘、节气门、制动踏板，所有操作集中在一个手柄上，驾驶人可以单手完成所有操作。当加速或减速时，驾驶人可以向左或者向右推动手柄；当制动时，只需按一下手柄上的制动按钮；当转弯时，只需向上或者向下推动手柄。

4. 线控技术在汽车上的应用

线控技术在汽车上的普遍应用得益于：微电子器件的成本降低、可靠性提高，如单片机、DSP 等；汽车电子化的不断深入，电力电子装置的功能增强、成本降低、可靠性提高，如步进电动机、伺服电动机、传感器等。

几乎所有汽车上需操纵控制动作的地方都可以用电（线）控，下面介绍汽车线控技术的几个具体应用。

（1）线控制动。

传统轮式汽车制动系统的气体或液体传输管路长、阀类元件多。对于长轴距或多轴汽车及远距离控制汽车，由于管路长、速度慢，易产生制动滞后现象，制动距离增加，安全性降低，而且制动系统的成本较高。

线控制动用电线取代部分或全部制动管路，可省去制动系统的很多阀。在电子控制器中设计相应程序，操纵电控元件来控制制动力及各轴制动力的分配，可完全实现使用传统阀类控制件达到的 ABS 及 ASR 等功能。

线控制动系统可分为两类：①电液制动系统（Electronic-Hydraulic Brake，EHB），将电子与液压系统相结合，由电子系统控制，液压系统提供动力；②电子机械制动系统（Electronic-Mechanical Brake，EMB），用电线取代传统制动系统中的空气或制动液等传力介质，用电制动器取代传统制动器，EMB 制动控制结构如图 3-87 所示。

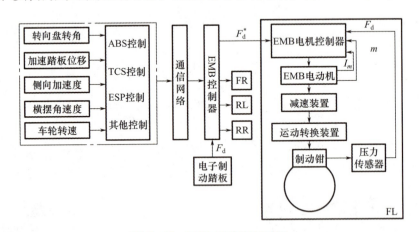

图 3-87　EMB 制动控制结构

线控制动系统的共同特点：都具有踏板转角与踏板力可按比例调控的电子踏板；具有控制制动力矩与踏板转角相对应的程序控制单元；程序控制单元可基于其他传感器或控制器的输入信号实现主动制动及其他功能。其中，电子机械制动系统是未来制动系统的发展方向。

线控制动系统主要由以下三部分组成。

① 接收单元。接收单元包括制动踏板、踏板位移传感器、轮速传感器等。

② ECU。ECU 接收制动踏板发出的信号，控制制动器制动；接收驻车制动信号，控制驻车制动；接收车轮传感器信号，识别车轮是否抱死、打滑等；控制车轮制动力，实现防抱死和驱动防滑，并兼顾其他系统的控制。

③ 执行单元。执行单元包括电制动器或液压制动器等。

线控制动处于应用于汽车领域的研究和改进阶段，随着技术的进步，各种问题会逐步得到解决，线控制动系统最终会取代传统的以液压为主的制动控制系统和电液复合制动系统。线控制动是未来制动系统发展的方向，具有传统制动系统无法比拟的优点。

① 结构简单，系统质量比传统制动系统少很多，从而减轻了整车质量。

② 制动响应时间短，提高了制动性能，缩短了制动距离。

③ 系统无须制动液，维护简单，采用电线连接，系统的耐久性良好。

④ 系统总成的制造、装配、调试、标定更快，易采用模块化结构。

⑤ 已经开发出具有容错功能的适用于汽车的网络通信协议，如 TTP/C，FlexRay 等。

⑥ 易改进和增加功能，可以并入汽车 CAN 通信网络进行集中管理和共享信息。

线控制动技术为将来的智能化汽车提供了条件。基于现在的技术条件，要全面应用线控制动，还需要面对以下问题。

① 驱动能源问题。采用线控制动需要较多电能，12V 的汽车电源无法提供足够多的能量，未来的汽车电源系统需采用高压电源（如 42V 电源系统）增加能源供应，以满足各系统能量的需求，同时需解决好高压电源的安全问题。

② 制动系统的失效问题。ECU、传感器、制动器本身、线束失效都应能使制动系统保证制动的基本性能，除了 ECU 可以采用冗余设计外，实现线控制动的一个关键技术是制动系统失效时的信息通信协议（如 TTP/C 等）的研究和应用。

③ 实现线控制动系统和汽车底盘其他控制系统的集成仍有待研究。

④ 成本比原有液压制动系统高，线控制动系统的性价比有待提高。

许多著名汽车公司和零（部）件厂商对线控制动系统进行了研究和推广，如德尔福、奔驰、西门子、博世、特维斯等公司已经研制出一些线控制动技术的试验成果。2001 年，在日内瓦车展上亮相的 Bertone-SKFFilo 概念车，其线控制动系统是由 SKF 集团与意大利著名制动系统生产商 Brembo 合作研制的。该车使用了 GUIDA 驾驶人操作系统，需要制动时，驾驶人只需双手挤压 GUIDA 的手柄，就可以通过线控系统控制汽车制动。

戴姆勒-克莱斯勒公司在奔驰乘用车上安装了一种线控制动系统——测控一体化制动系统，它是一种功能强大的机电一体化系统，可以根据驾驶人制动踏板的加速度来判别是否紧急制动，并迅速作出反应，缩短制动距离。这种系统可提高驾驶人的安全感和舒适感，使停车过程平顺。

德尔福公司在 2004 年推出了一种混合线控制动系统，用后轮电动制动钳来代替传统后轮液压制动钳，并与电动驻车制动集成，主要应用于乘用车、运动型多功能汽车和轻型汽车，于 2006 年推广使用。德尔福混合线控制动系统如图 3-88 所示。

2016 年，浙江万安科技股份有限公司与瑞典 Haldex Brake Products AB 公司（以下简称 Haldex 公司）签订合同，建立瀚德万安（中国）电控制动系统有限公司。双方将在中国市场共同开发电控制动系统产品，包括 EMB（电子机械制动系统）等。EMB 可用来

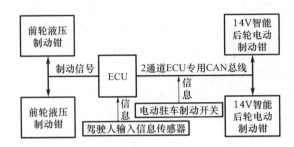

图 3-88 德尔福混合线控制动系统

取代老式的汽车液压或气压制动系统，使汽车底盘进一步一体化、集成化，使汽车的制动响应时间、制动距离及舒适度和安全性能都有较大提升，是未来汽车制动技术发展的主要方向。图 3-89 所示为瑞典 Haldex 公司研制的 EMB 系统。

图 3-89 瑞典 Haldex 公司研制的 EMB 系统

（2）线控转向。

线控转向系统由数据总线、力反馈机构、转向执行机构、转向盘位置传感器、轮胎角度传感器和环境传感器等组成，如图 3-90 所示。它取消了转向盘与转向轮之间的机械连接，完全由电实现转向，摆脱了传统转向系统的各种限制。不但可以自由设计汽车转向的力传递特性，而且可以设计汽车转向的角传递特性，给汽车转向特性的设计带来无限的空间。

驾驶人操纵转向盘时，转向盘传感器检测驾驶人的转向数据（横摆角传感器、摄像机等），向转向辅助系统 ECU 提供环境检测数据，转向数据和环境检测数据通过网络总线实时传送给电子控制单元 ECU，ECU 按照驾驶人的转向数据和环境检测数据，控制转向执行器动作实现转向，并将车轮的转角、转矩和路感等反馈给驾驶人。为确保转向系统安全可靠，系统设置了冗余电控单元，在紧急情况下，系统会忽略错误信息，使汽车安全平稳地运行。

① 线控转向系统的优点。

线控转向系统能满足环保、节能和安全的汽车工业发展方向，是汽车智能化和自动化的线控技术的一个分支，具有良好的商业化和产业化的市场前景。其主要优点如下。

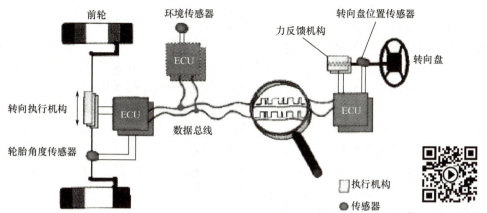

图 3-90 线控转向系统的组成

a. 改善了安全性。取消了转向柱等机械连接，避免了撞车事故中转向柱对驾驶人的伤害；电控单元根据汽车的行驶状态对驾驶人的操作做出相应的调整，当汽车运行在非正常工况时，能够自动稳定控制汽车。

b. 提高了舒适性。由于取消了机械结构连接，驾驶人的腿部活动空间明显增大，而且地面的不平整和转向轮的不平衡不会被传递到转向轴上，从而减缓了驾驶人的疲劳。

c. 经济性好。取消了转向柱等机械连接，减轻了转向机械结构的质量，降低了汽车零（部）件的制造成本，改善了整车燃油经济性。

d. 操纵稳定性好。线控转向系统改善了传统汽车转向系统不能解决的汽车转向过程中转向力和方向响应时间的矛盾，使得转向系统和转向盘同步工作，控制更加灵敏；具有变传动比特点的线控系统，克服了传统的固定转向角传动比所带来的转向特性随着汽车行驶姿态不同而不同的缺点；通过优化控制稳定性因数，提高了整车的操纵稳定性。

e. 个性化的设置。可以根据驾驶人的要求设置转向传动比和转向盘反馈力矩，以满足不同驾驶人的要求和适应不同的驾驶环境，与转向相关的驾驶行为都可通过软件设置来实现。

② 线控转向系统应用。

2005 年 12 月 6—9 日，2015 中国（上海）国际汽车零部件博览会在上海国际展览中心举行，同济大学自主研发的"春晖三号-嘉乐"微型电动轿车在展会中亮相。"春晖三号-嘉乐"酷似甲壳虫，最大亮点就是采用了线控转向技术，属于线控转向四轮驱动的微型概念车。

国家高技术研究发展计划（863 计划）电动汽车专项首席科学家、时任同济大学校长的万钢教授领衔研发了"线控转向四轮驱动微电动轿车技术"汽车。汽车的四个车轮轮边各有一个轮毂电动机，通过线传电控技术控制车轮的转向和车速，提高了整车的主动安全性和操纵稳定性。同时，该车采用了高能蓄电池和小型氢燃料电池的混合动力，突显出环保、节能的理念。

（3）线控节气门。

线控节气门也称电控节气门，即通过电子控制发动机节气门。传统的节气门控制方式是驾驶人通过踩节气门踏板，由节气门拉杆直接控制发动机节气门的开合程度，从而决定加速或减速，驾驶人动作与节气门动作之间通过拉杆的机械作用连接。而线控节气门用电子连接代替机械连接，驾驶人仍通过踩节气门踏板控制拉杆，拉杆不是直接连接到节气门的，而是连着一个节气门踏板位置传感器，传感器将拉杆的位置变化转换成电信号传送至汽车的电子控制单元，电子控制单元对采集到的相关传感器信号进行处理后发送指令至节气门执行器控制模块，节气门执行器控制模块再给节气门执行器发送信号，从而控制节气门的开合程度。也就是说，驾驶人动作与节气门动作之间通过电子元件的电信号连接。线控节气门比传统节气门控制精确，发动机能够根据汽车的各种行驶信息精确调节进入气缸的燃油空气混合气，改善发动机的燃烧状况，从而大大提高了汽车的动力性和经济性。

线控节气门系统由节气门踏板、踏板位置传感器、EGAS 控制单元（ECU）、数据总线、电动机、节气门机构组成，如图 3-91 所示。

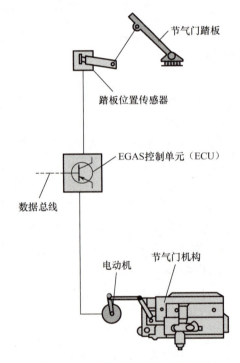

图 3-91　线控节气门系统的组成

线控节气门已经作为一项成熟的技术广泛应用于多种车型。

丰田公司在雷克萨斯旗舰车型 LS430 上采用了全电子的线控节气门系统。系统有两个加速踏板位置传感器，都向发动机控制单元 ECU 发送数据，如果其中一个加速踏板位置传感器没有信号，汽车仍能行驶，发动机报警灯点亮；如果两个加速踏板位置传感器都没有信号，则发动机在怠速状态下工作。线控节气门系统根据驾驶人的动作分析其意图，精确地控制节气门，提高了驾驶稳定性和动力经济性。

新一代雅阁 V6 汽车的 2.4L 和 3.0L 发动机上也采用了线控节气门的新技术。通过传感器监测节气踏板位置，ECU 对动力进行控制。其优点是改善了起步的平顺性、提高了燃油经济性；缺点是发动机响应稍有滞后。由线控技术带来的另一个好处就是定速巡航功能，其控制键被集成在转向盘上，操作简单便捷。

本田的Civic系列采用了1台1.8L直列4缸发动机，应用了本田的i-VTEC技术，采用了线控技术的节气门，进气效率和压缩比都进一步提高，能够得到103kW的最大功率，峰值转矩可以达到174N·m，并且能够非常有效地提高燃油经济性、减少有害物的排放。

5. 汽车线控技术的应用前景

在国内，除了同济大学研究完成的线控转向系统外，由北京理工大学完成的"一种电动车辆动力系统关键技术产品及其应用"获得了2004年国家技术发明奖，利用线控同步换挡和行星传动技术，取消了主离合器，简化了换挡机构，是一种结构简单、性能匹配优良的线控行星变速器。

线控技术研究的难点在于高性能控制器的研制，要求在整个系统中有精确高速的通信协议网络，使控制中心和执行器之间能完全协调、匹配工作，而且需要高效的容错技术，使得系统出现故障时能够具有一定的可靠性。

线控技术在汽车中的应用还不成熟，但随着汽车各系统的电子化、集成化的发展需要，作为一种汽车高新电子技术，其必将得到广泛的应用。

思考题

1. 电动汽车用电动机主要有哪几种？其特点分别是什么？
2. 电动汽车对电动机有哪些要求？
3. 直流电动机有哪些类型？其运行特性分别如何？
4. 直流电动机的转速控制方法有哪些？
5. 无刷直流电动机的工作原理是什么？其控制方法有哪些？
6. 异步电动机的工作原理是什么？其控制方法有哪些？
7. 永磁同步电动机的工作原理是什么？特性如何？
8. 开关磁阻电动机的工作原理是什么？其控制方法有哪些？
9. 轮毂电动机的应用前景如何？
10. 目前有哪些线控技术的应用？

第 4 章 纯电动汽车

 学习目标

1. 掌握纯电动汽车的基本结构和工作原理。
2. 掌握纯电动汽车的续驶里程和影响因素。
3. 掌握纯电动汽车的经济性评价指标和能耗计算方法。
4. 熟悉纯电动汽车的动力系统参数设计。
5. 熟悉纯电动汽车的制动能量回收系统。
6. 熟悉高压电安全防护知识和纯电动汽车高压安全设计原则。
7. 了解目前常见纯电动汽车车型的基本性能。

 主要学习内容

知识要点	相关知识
纯电动汽车的动力系统	动力布置形式、储能装置布置形式、动力传递路径、动力系统参数设计
纯电动汽车的关键技术	动力电池技术、电动机驱动技术、电力控制及能源管理技术、整车能量管理技术、整车轻量化技术、CAN总线技术
纯电动汽车的续驶里程	续驶里程的概念、计算公式、影响因素
纯电动汽车的能耗计算	纯电动汽车的经济性评价指标、能耗定义及测定方法、测定标准
纯电动汽车的制动能量回收	制动能量回收系统的主要结构和工作原理
纯电动汽车的高压安全技术	汽车高压电器件认知、高压安全防护原理、汽车高压安全设计内容及原则

4.1 纯电动汽车概述

4.1.1 纯电动汽车的发展

在汽车的进化历史中,纯电动汽车一直扮演着挑战者的角色,从未在道路运输领域占据"舞台中心"的位置。随着新时代的环保需求、石油资源压力及新技术的爆炸式发展,纯电动汽车迎来了挑战内燃机汽车的机会。

在历史上,纯电动汽车在发展历程里大致有三次高峰。第一次发展高峰是在20世纪初,在1886年汽车被发明后,随着直流电机和交流电机的发明,欧美的诸多发明家和工业家尝试开发纯电动汽车,利用直流/交流电动机做动力设备,铅酸蓄电池做能源提供装置,试图完成纯电动汽车的研发,限于电池的低比能量(远小于燃油的比能量)和电机控制技术的不成熟,第一次挑战未能撼动内燃机汽车的统治地位。第二次发展高峰是在第三次中东石油危机后,世界石油价格疯涨,促使当时主要工业国再次把纯电动汽车的开发提上日程,以期应对高油价带来的挑战。但同样限于电池技术的不成熟,没有研发出高比能量的电池解决方案,纯电动汽车在油价回落后,也不得不再次被封存。在进入知识大爆炸时代后,由于电池技术的进步,如在1992年锂电池技术商业化应用及燃料电池技术研究的突飞猛进,松动了纯电动汽车研发瓶颈,加上汽车市场的细分化,为纯电动汽车的迅猛发展提供了机会,形成了现在的新能源汽车(包括纯电动汽车)的第三次发展高峰。从微型车到家用轿车再到SUV,都有比较成熟的纯电动汽车的技术解决方案,并且在商用车(主要是客车)产业中占据了一定市场份额。

互联网技术与汽车产业的结合,推动了纯电动汽车的快速技术迭代,在市场竞争中出现了比亚迪、日产、特斯拉等世界著名的纯电动汽车生产制造企业,也迎来了诸如蔚来汽车、小鹏汽车等汽车产业的"新玩家",带来了"新玩法",开发出新技术和新方案,促进了该行业和产业的深入发展,丰富了产品线,同时实现了能耗的降低和污染排放的减少,为国家的可持续发展树立了标杆。

4.1.2 纯电动汽车的分类与特点

纯电动汽车可分为两类:以纯蓄电池作为动力源的纯电动汽车和装有辅助动力源的纯电动汽车。使用单一蓄电池作为动力源的纯电动汽车只装配蓄电池组,其电力和机械动力传输系统如图4-1所示。

图4-1 使用单一蓄电池组的纯电动汽车电力和机械动力传输系统

使用单一蓄电池组作为动力源的纯电动汽车,蓄电池的比能量和比功率偏低,蓄电池的质量和体积较大。因此，某些纯电动汽车增加了辅助动力源，如超级电容器、发电机组、太阳电池等，以改善纯电动汽车的起动性能和增加续驶里程。装有辅助动力源的纯电动汽车的电力和动力传输系统如图 4-2 所示。

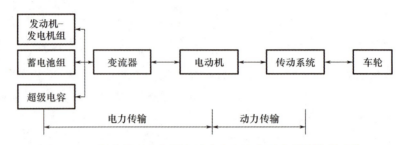

图 4-2 装有辅助动力源的纯电动汽车电力和动力传输系统

与内燃机汽车相比，纯电动汽车具有以下特点。

(1) 无污染，噪声低。纯电动汽车工作时不产生废气，没有废气污染，对环境友善，可实现使用阶段的"零污染"；另外，由于电动机工作时的噪声远小于内燃机，因此纯电动汽车也无内燃机汽车产生的明显噪声。

(2) 能源效率高，来源多样化。首先，纯电动汽车的能量利用效率远超过与内燃机汽车的，特别是在城市运行时经常遇到的走走停停、行驶速度不高的工况下。其次，纯电动汽车停止时不消耗电量，在制动过程中，电动机可自动转换为发电机，实现制动能量的回收再利用。与此同时，电能作为二次能源，来源广泛，可由煤炭、天然气、水力、风力、太阳能、潮汐能和核能等能源转化，可有效减少交通运输行业对石油资源的依赖，部分解决能源供给的安全问题。除此之外，在夜晚对蓄电池组充电，可避开用电高峰，利于电网均衡负载，减少用电费用。

(3) 结构简单，使用维修方便。纯电动汽车比内燃机汽车结构简单，运转、传动部件少，维修保养工作量少。电机电控技术的进步，促使电动汽车的动力传动操控更简便，降低了使用门槛。

(4) 动力电池使用成本高，续驶里程短。纯电动汽车技术发展还存在不尽如人意之处，例如动力电池的使用寿命短、使用成本高。首先，应用于车上的蓄电池组的储能密度低，一次充电后的续驶里程短，少有超过 400km 续驶里程的纯电动汽车。其次，蓄电池组在纯电动汽车整车成本中约占 1/3，电池成本高昂，致使纯电动汽车价格偏高，使用成本高。但随着相关技术的不断进步，纯电动汽车存在的问题会逐步得到解决。

4.1.3 纯电动汽车的组成与原理

纯电动汽车一般有三大子系统，即电力驱动子系统、主能源子系统和辅助控制子系统。如图 4-3 所示，电力驱动子系统由电动机、电控单元（电子控制器）、功率转换器、机械传动装置［变（减）速器和差速器］和车轮等组成；主能源子系统由主电源（蓄电池组）、能量管理系统和充电系统等组成；辅助控制子系统由动力转向单元、温度控制单元和辅助动力源等组成。纯电动汽车系统举例如图 4-4 所示。

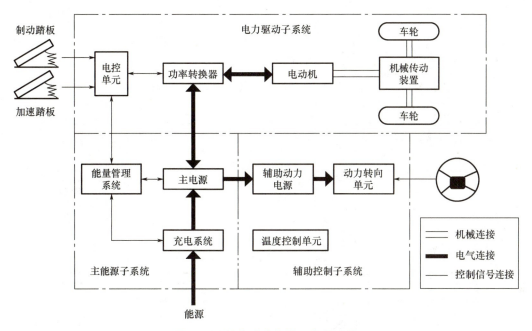

图 4-3 纯电动汽车的三大子系统

(a) 江淮iEV7S动力系统　　　(b) 宝马i3动力系统

图 4-4 纯电动汽车系统举例

【江淮iEV7S】

4.1.4 纯电动汽车驱动系统的布置形式

纯电动汽车的驱动系统决定了其性能,具体布置形式取决于电机驱动形式。常见驱动系统的布置形式如图 4-5 所示。

(1) 电动机与驱动轴垂直布置形式。该布置形式与内燃机汽车一致,带变速器和离合器,只是将发动机替换为电动机,属于改造型电动汽车,如图 4-5(a)所示。该布置形式可提高电动汽车的起动转矩和低速时电动汽车的后备功率。

(2) 电动机-驱动桥组合式。该布置形式取消了离合器和变速器,仅具有减速差速传动机构,由 1 台电动机驱动两轮转动,如图 4-5(b)和图 4-5(c)所示。优点是可以继承沿用燃油发动机的动力传动装置,只需要 1 组电动机和逆变器。该布置形式要求电动机具有较大的起动转矩和后备功率,以保证汽车的起动、爬坡、加速等动力性。

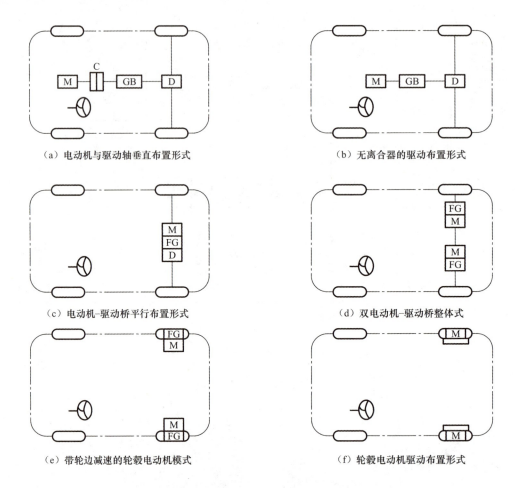

(a) 电动机与驱动轴垂直布置形式　　(b) 无离合器的驱动布置形式

(c) 电动机-驱动桥平行布置形式　　(d) 双电动机-驱动桥整体式

(e) 带轮边减速的轮毂电动机模式　　(f) 轮毂电动机驱动布置形式

C—离合器；D—差速器；FG—固定传动比变速器；GB—变速器；M—驱动电动机

图 4-5　常见驱动系统的布置形式

（3）双电动机-驱动桥整体式。将电动机装到驱动轴上，直接由电动机实现变速和差速。如图 4-5(d) 所示，该布置形式对电动机要求较高，要求其具有起动转矩大和后备功率高的特征，同时要求控制系统有较高的控制精度、具备良好的可靠性，保证汽车行驶的安全和平稳。

（4）轮毂电动机模式。如图 4-5(e) 和图 4-5(f) 所示，类似于双电动机-驱动桥整体式，直接将电动机安装在驱动轮上，省略驱动桥的传动轴，让电动机直接驱动车轮。

4.1.5　纯电动汽车的关键技术

纯电动汽车发展的关键技术主要包括动力电池技术、电动机驱动技术、电力控制及能源管理技术、整车能量管理技术、整车轻量化技术、控制器局域网络（Controller Area Network，CAN）总线技术。

1. 动力电池技术

电池是纯电动汽车的动力源，是纯电动汽车的核心技术之一，也是制约电动汽车发展的瓶颈因素。动力电池的主要指标包括比能量、比功率、能量密度、循环寿命、充电时间和成本等。为达到与内燃机汽车相似的性能指标，要求开发出比能量高、比功率大、使用寿命长的高效电池。

电池组性能直接影响整车的加速性能、续驶里程及制动能量回收的效率等。电池的成本和循环寿命直接影响汽车的成本和可靠性，所有影响电池性能的参数必须得到优化。纯电动汽车的电池在使用过程中发热量大，电池温度影响其电化学系统的运行、循环寿命和充电可接受性等。所以，为了达到最佳的性能和使用寿命，需将电池组的温度控制在一定范围内，减小电池组内不均匀的温度分布以避免模块间的不平衡、电池性能下降及消除相关的潜在危险。

纯电动汽车用动力电池主要有铅酸蓄电池、镍氢电池、锂离子电池等。铅酸蓄电池中应用最多的主要是密封式阀控铅酸蓄电池，由于其比能量较高、价格低且能高倍率放电，因此广泛应用于低速电动汽车。但因其比功率低，能量密度上限低，铅酸蓄电池未能在电动汽车普及中扮演重要角色。

制约电动汽车发展的主要问题集中于电池成本较高、充电时间长和续驶里程较短。镍氢电池和锂电池等技术方案被广泛应用于混合动力电动汽车。其中，镍氢电池可快速充电，循环寿命长，不存在重金属污染，但比能量不及锂电池的。锂电池种类有很多，如锂离子电池、锂熔盐电池、锂聚合物电池，具有较高的能量密度，比功率大，比能量高。试验表明，改进的螺旋缠绕铅酸蓄电池的能量密度极限约为 $40W \cdot h/kg$，镍氢电池的能量密度极限约为 $65W \cdot h/kg$，锂离子电池的能量密度极限约为 $250W \cdot h/kg$。

锂电池的技术创新使其在循环寿命和稳定性方面有了大幅提升，特别是纳米级锂离子电池正极材料的突破发展，大大提高了电动汽车的动力性能、增加了续驶里程，电池安全性能也有明显提升，但其价格远高于铅酸蓄电池的价格。锂离子电池已成为纯电动汽车的主要动力电池类型。

2. 电动机驱动技术

电动汽车的驱动电动机属于特种电动机，为满足纯电动汽车的良好使用性能，驱动电动机应具有较宽的调速范围、较高的转速、足够大的起动转矩，还要体积小、质量轻、效率高，且动态制动性能和能量回馈性能好。另外，要具有可靠性强、耐高温及耐潮、结构简单、成本低、维护简便、适合大规模生产等特点。

电动机应具有良好的转矩-转速特性，一般转速为 $6000\sim15000r/min$。根据汽车行驶工况，驱动电动机可以在恒转矩区和恒功率区运转。驱动电动机应经常保持在高效率范围内运转。驱动电动机在低速-大转矩（恒转矩区）运转范围内的效率为 $0.75\sim0.85$，在恒功率运转范围内的效率为 $0.8\sim0.9$。某异步电动机驱动的电动汽车效率分布如图 4-6 所示。

电动机可以在相当宽的速度范围内高效地产生转矩，意味着电动汽车只需要单级减速齿轮就可以驱动汽车。电动机相比于燃油发动机具有两大优势：一是燃油发动机能高效产

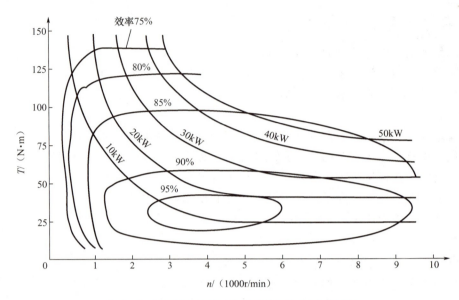

图 4-6　某异步电动机驱动的电动汽车效率分布

生转矩的转速被限定在较窄的范围内（经济运行区），需要变速器适应此特性，而电动机不需要配备变速器；二是由于高度电气化的控制系统的引入，电动机实现动力输出的快速响应能力远高于燃油发动机的。

近年来，由感应电动机驱动的电动汽车几乎都采用矢量控制和直接转矩控制技术。由于直接转矩控制具有结构简单、控制性能优良且动态响应迅速的优点，因此非常适合电动汽车的控制。欧美各国研制的纯电动汽车多采用此类电动机及其控制技术。

永磁无刷电动机可以分为由方波驱动的无刷直流电动机系统和由正弦波驱动的无刷直流电动机系统，它们都具有较高的功率密度。其控制方式基本与感应电动机的控制方式相同，因此在电动汽车上得到广泛应用。无刷直流电动机具有较高的能量密度和效率，其体积小、惯性小、响应快，非常适合电动汽车的驱动系统。日本研制的电动汽车主要采用此类电动机。

开关磁阻电动机具有简单可靠、可在较宽转速和转矩范围内高效运行、控制灵活、可四象限运行、响应速度快和成本较低等优点。但实际应用中发现开关磁阻电动机存在转矩波动大、噪声大、需要位置检测器等缺点，限制了其应用范围，主要应用于客车等商用车上。

随着电动机及驱动系统的技术发展，控制系统也趋于智能化和数字化。变结构控制、模糊控制、神经网络、自适应控制、专家系统、遗传算法等非线性智能控制技术，都将各自或结合应用于电动汽车的电动机控制系统。新控制技术的应用使系统结构简单、响应迅速、抗干扰能力强且参数变化具有鲁棒性，将大大提高整个系统的综合性能。

3. 电力控制及能源管理技术

电力驱动控制系统是电动汽车的神经中枢，将电动机、电池和其他辅助系统连接在一起并加以控制。电力驱动控制系统按工作原理可划分为车载电源模块、电力驱动模块和辅助模块三部分。

车载电源模块主要由电池电源、能源管理系统和充电控制器三部分组成。电动机驱动所需电压等级往往与辅助装置的电压要求不一致，辅助装置一般要求为12V或24V的低压电源，而电动机驱动一般要求为高压电源，并且所采用的电动机类型不同，其要求的电压等级也不同。为满足要求，可用多组电池串联成96～384V高压直流电源（电池组），再通过DC/DC转换器或DC/AC逆变器供给所需电压。纯电动汽车常用电压等级如表4-1所示。

表4-1 纯电动汽车常用电压等级

电动车类型	参考电压等级/V	常用电压/V
电动工具车	48～160	48、60、72、100
电动旅游观光车	48～220	60、72、120
小型电动车	150～450	180、222、300、320、400
电动客车	250～680	320、400、480、500、520、600、650
电动货车	300～720	480、500、520、600、650

电力驱动模块主要由中央控制单元、驱动控制器、电动机、机械传动装置等组成。中央控制单元根据加速踏板和制动踏板的输入信号，向驱动控制器发出相应的控制指令，对电动机进行起动、加速、降速和制动控制。驱动控制器的功能是按中央控制单元的指令和电动机的速度、电流反馈信号，对电动机的速度、驱动转矩和旋转方向进行控制。

电动汽车的电力驱动控制系统直接影响汽车的行驶性能，控制汽车在各类工况下的行驶速度、加速度和能量转换情况。电力驱动控制系统的关键问题在于以下三方面。

（1）电动机电子换相器、控制系统和电动汽车使用条件的合理匹配。

（2）智能化控制系统的工程应用及其减轻质量、降低造价、抗振、抗扰和降噪的研究。

（3）提高控制系统在电动机制动时的能量回收效率。

4. 整车能量管理技术

能量管理技术主要是汽车行驶中能量分配解决方案，协调各功能部分工作的能量管理，使有限的能量最大限度地被使用。能量管理系统与电力驱动模块的中央控制单元配合，一起控制发电回馈，使纯电动汽车在降速制动和下坡滑行时回收能量，从而提高其续驶能力。电动汽车要获得好的动力性能，必须对蓄电池组进行系统管理。设计优异的纯电动汽车除了有良好的机械性能、电驱动性能，并装有高性能动力电池外，还应具备协调各功能部分工作的能量管理系统，其作用是检测单体电池或电池组的荷电状态，并根据各种传感信息（包括力、加减速命令、行驶路况、蓄电池工况、环境温度等）合理地调配和使用有限的车载能量；还要能够根据电池组的使用情况和充放电历史选择最佳充电方式，以尽可能延长电池使用寿命。

纯电动汽车实时电池监控系统可以实时监测电池的电压、电流和温度，并记录下电池的充发电次数等各种影响电池工作状态的参数，比较准确地估算电池SOC和最佳工作参数。根据这些实时信息，可以随时让使用者了解电池的真实情况，更加合理地使用电动汽车，并能更好地提前做好维护工作，延长电动汽车的使用寿命；同时，内置的ECU控制程序可以主动管理和限制不合理使用情况，既可以最大限度地满足使用者要求，又可以主动避免因使用不当对电池等主要部件造成损害。

5. 整车轻量化技术

整车轻量化技术始终是汽车发展的重要研究内容，是解决纯电动汽车行续驶里程过短的既有可行路径之一。由于纯电动汽车布置了电池组，整车质量增大很多，因此轻量化问题更突出。北汽新能源的电动汽车广泛采用碳纤维复合材料和铝合金等，其轻质材料应用情况如图 4-7 所示。

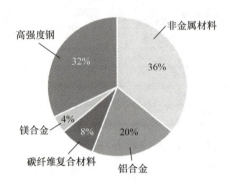

图 4-7 北汽新能源汽车轻质材料应用情况

可以通过以下措施减轻整车质量。

（1）通过分析整车实际使用工况和使用要求，对电池的电压、容量，驱动机的功率、转速和转矩及整车性能等参数进行整体优化，合理选择电池和电动机参数。

（2）通过结构优化、集成化和模块化优化设计，减轻动力总成和车载能源系统的质量，包括电动机及其驱动器、传动系统、冷却系统、空调和制动真空系统的集成和模块化设计，使系统得到优化；通过对电池、电池箱、电池管理系统、车载充电机组成的车载能源系统合理集成和分散，实现系统优化。

（3）积极采用轻质材料，如电池箱的结构框架、箱体封皮、轮毂等采用轻质合金材料。

（4）利用 CAX 技术对车身承载机构件（如前后桥、新增的边梁、横梁等）进行有限元分析研究，采用仿真计算和试验相结合的方式，实现结构最优化。

6. CAN 总线技术

新型纯电动汽车整车控制系统是两种总线的网络结构，即驱动系统的高速 CAN 总线和车身系统的低速 CAN 总线。高速 CAN 总线的每个节点为各子系统的 ECU，低速 CAN 总线按物理位置设置节点，基本原则是基于空间位置的"区域自治"。纯电动汽车 CAN 总线结构如图 4-8 所示。

总线即传输信息的公共通道。现场总线是指安装在制造或过程区域的现场装置与控制室内的自动控制装置之间的数字式、串行、多点通信的数据总线。现场总线技术是一种全数字化、全分散式、可互操作和开放式互联网络的新一代控制技术，是计算机技术、通信技术和控制技术的综合与集成。总线有多种标准和类型，其中由德国博世公司研发的 CAN 总线技术广泛应用于汽车工业、航天工业等，是最有发展前景的现场总线之一。

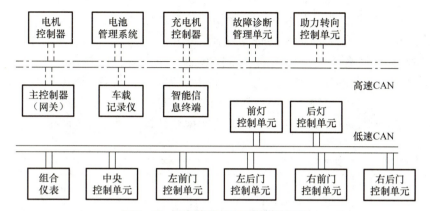

图 4-8 纯电动汽车 CAN 总线结构

CAN 总线在诸多汽车总线中起到很重要的作用，已成为汽车数字化的一个重要标志。

CAN 总线具有以下特征和优势，促使其成为车载网络的标配总线技术。新能源汽车控制技术的集成度更高，使 CAN 总线技术在新能源汽车通信领域中大放异彩。

(1) CAN 支持从几 Kbit/s 到 1Mbit/s 的传输速率。

(2) 使用廉价的物理传输媒介，成本低廉。

(3) 数据帧短，实时性好，降低了有效数据传输的需求速度。

(4) 错误检测校正能力强，系统可靠性高。

(5) 多站同时发送信息，模块可以优先获取数据。

(6) 能判断暂时错误和永久错误的节点，具有故障节点自动脱离功能。

(7) 大部分 CAN 在丢失仲裁或出错时，具有信息自动重发功能。

(8) 组网自由，功能扩展能力强，即可在不改变网络拓扑结构的条件下增加节点。

(9) CAN 总线符合国际标准，便于同一辆汽车上不同生产厂家的电控单元间进行数据交换。

CAN 总线的位数值指使用显性（Dominant）和隐性（Recessive）两个互补逻辑值表示 0 和 1。当总线上同时发动显性位和隐性位时，总线数值为显性（即 0 与 1 的结果为 0）。V_{CAN-H} 和 V_{CAN-L} 为总线收发器与总线之间的两接口端子电压，信号以两线之间的差分电压形式出现。CAN 总线的位数值表示如图 4-9 所示。

CAN 总线的帧结构在逻辑链路控制层（Logical Link Control，LLC）分为数据帧、远程帧、超载帧等；在媒介访问控制层（Media Access Control，MAC）分为数据帧、远程帧、出错帧、超载帧和帧间空间，其功用分别如下。

(1) 数据帧携带数据由发送器至接收器。

(2) 远程帧通过总线单元发送，以请求发送具有相同标识符的数据帧。

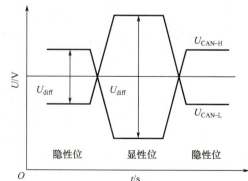

图 4-9 CAN 总线的位数值表示

(3) 出错帧由检测出总线错误的任意单元发送。

(4) 超载帧用于提供当前的和后续的数据帧的附加延迟。

(5) 数据帧和远程帧借助帧间空间与当前帧分开。

MAC 层的数据帧由 7 个位场组成，即帧起始、仲裁场、控制场、数据场、CRC 场、ACK 场和帧结束，如图 4-10 所示。数据场长度可为 0。在 CAN 2.0B 协议中存在两种帧格式，其主要区别在于标识符的长度，具有 11 位标识符的帧称为标准帧；而具有 29 位标识符的帧称为扩展帧。标准格式和扩展格式的数据帧结构如图 4-11 所示。

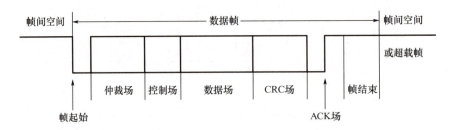

图 4-10 MAC 层的数据帧结构

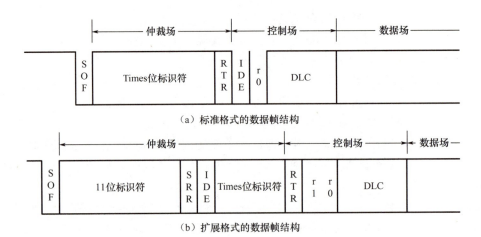

图 4-11 标准格式和扩展格式的数据帧结构

远程帧由 6 个位场组成：帧起始、仲裁场、控制场、CRC 场、ACK 场和帧结束。远程帧与数据帧的结构基本相同，其 RTR 位为隐性位，且不存在数据场。远程帧的结构如图 4-12 所示。

出错帧由两个位场组成，第一个位场由来自各站的错误标识迭加而成；第二个位场是出错界定符（包括 8 个隐性位）。出错帧的结构如图 4-13 所示。

超载帧包括两个位场：超载标志和超载界定符。存在两种导致发送超载标志的超载条件：一个是要求延迟下一个数据帧或远程帧的接收器的内部条件；另一个是在间隙场检测到显性位。超载标志由 6 个显性位组成，超载界定符由 8 个隐性位组成。超载帧的结构如图 4-14 所示。

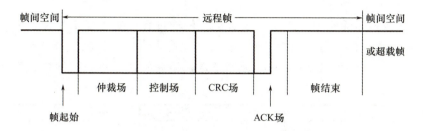

图 4-12　远程帧的结构

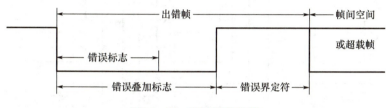

图 4-13　出错帧的结构

图 4-14　超载帧的结构

CAN 总线的纠错能力非常强大，可以识别的错误类型有如下 5 种。

(1) 位错误。正在向总线发送一位的节点同时在检测总线。当检测到的位数值与送出的位数值不同时，则检验到位错误。

(2) 填充错误。在使用位填充方法进行编码的帧场中，出现第 6 个连续相同电平的位时，则检测到填充错误。

(3) CRC 错误。CRC 序列由发送器的 CRC 计算结果构成，接收器以与发送器相同的方法计算 CRC。

(4) 形式错误。当固定格式位场含有一个或多个非法位时，则检测到形式错误。但当接收器在帧结束的最后位检测到显性位时，不将其理解为形式错误。

(5) 应答错误。在发动 ACK 间隙器件未检测到显性位（数值 0）时，检测到一个应答错误。

CAN 总线的基本组成如图 4-15 所示，包括电控单元、CAN 控制器、CAN

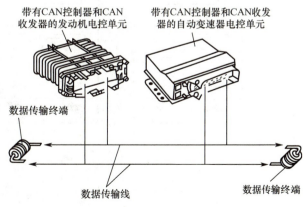

图 4-15　CAN 总线的基本组成

收发器、数据传输终端和数据传输线。

CAN 总线数据传输原理如图 4-16 所示。传输过程：首先是信息格式转换与请求发送信息，将需要传送的信息转换为 CAN 总线帧格式的信息；其次发送开始（总线空闲判断），检测总线是否使用，在使用中则延迟发送；然后发送信息，按帧格式发送信息至总

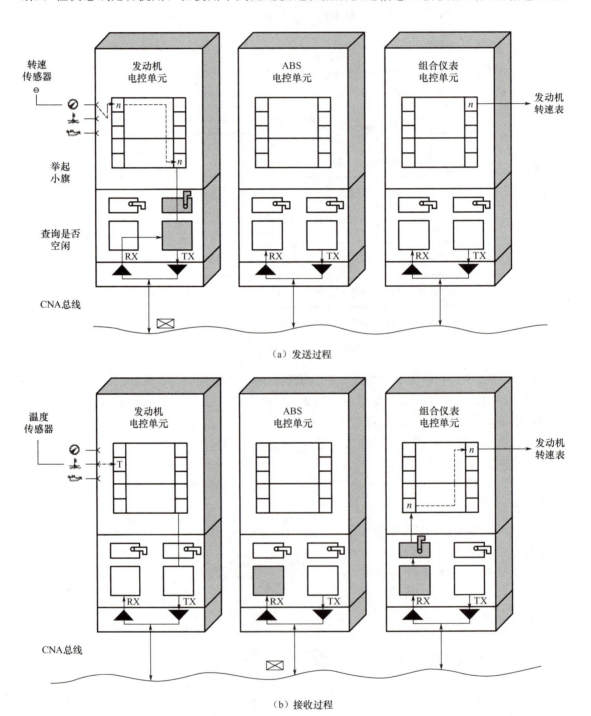

图 4-16 CAN 总线数据传输原理

线上,使所有在线节点接收信息;最后节点接收信息,先检查信息是否正确(监控层),判断是否有错误产生,再检查信息是否可用(接收层),判断是否是该节点接收信息,若不是则丢弃信息。为解决多点收发的竞争问题,CAN 总线使用位仲裁方式处理总线竞争问题。在几个站都需要发送数据时,要求快速进行总线分配。CAN 总线以报文为单位进行数据传输,报文的优先级结合在 11 位(或 29 位)标识符中,最低二进制数的标识符具有最高的优先级。图 4-17 是某纯电动汽车的电池组与 BMS 通信 CAN 报文数据,其中图 4-17(a)为接收的报文帧数据,图 4-17(b)为总线波形图。

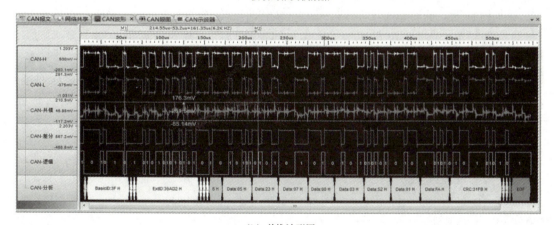

(a) 接收的报文帧数据

(b) 总线波形图

图 4-17 某纯电动汽车的电池组与 BMS 通信 CAN 报文数据

4.1.6 纯电动汽车的主要技术指标

纯电动汽车主要以乘用车为主,GB/T 28382—2012《纯电动乘用车 技术条件》规定了座位在 5 座及以下的纯电动汽车的技术条件。

(1) 质量分配。

车辆电机及动力蓄电池系统应合理布置,质量分布均衡;车辆的动力电池(含电池箱及箱内部件)总质量与整车整备质量的比值,不宜大于 30%。

(2) 行李舱容积。

车辆应具有适宜的行李舱容积,对 4 座及 5 座车辆,按 GB/T 19514—2004《乘用车 行李舱 标准容积的测量方法》测量,行李舱容积不宜小于 $0.3m^3$。

(3) 安全要求。

车辆的特殊安全、制动性能、乘员保护等应符合以下要求。

① 需满足 GB/T 18384.1—2015《电动汽车 安全要求 第 1 部分:车载可充电储能系统(REESS)》、GB/T 18384.2—2015《电动汽车 安全要求 第 2 部分:操作安全和故障防护》、GB/T 18384.3—2015《电动汽车 安全要求 第 3 部分:人员触电防护》等标准对纯电动汽车特殊安全的规定。

② GB 21670—2008《乘用车制动系统技术要求及试验方法》对制动性能的要求。

③ GB 11551—2014《汽车正面碰撞的乘员保护》和 GB/T 20071—2006《汽车侧面碰撞的乘员保护》对乘员保护的规定。

④ 车辆在设计时应考虑车辆起动、速度低于 20km/h 时,能够对车外人员发出适当的提示性声响。

(4) 动力性能要求。

车辆动力性能应满足以下要求。

① 30min 最高车速。30min 最高车速是指电动汽车能够持续行驶 30min 以上的最高平均车速。按照 GB/T 18385—2005《电动汽车 动力性能 试验方法》规定的试验方法测量 30min 最高车速,其值应不低于 80km/h。

② 加速性能。按照 GB/T 18385—2005《电动汽车 动力性能 试验方法》规定的试验方法测量车辆 0~50km/h 和 50~80km/h 的加速性能,其加速时间应分别不超过 10s 和 15s。

③ 爬坡性能。按照 GB/T 18385—2005《电动汽车 动力性能 试验方法》规定的试验方法测量车辆爬坡速度和最大爬坡度,车辆通过 4% 坡度的爬坡速度不低于 60km/h;车辆通过 12% 坡度的爬坡速度不低于 30km/h;车辆最大爬坡度不低于 20%。

(5) 低温启动性能要求。

车辆在 (-20±2)℃ 的试验环境温度下,浸车 8h 后,应能正常起动、行驶。

(6) 续驶里程要求。

按照 GB/T 18386—2017《电动汽车 能量消耗率和续驶里程 试验方法》用工况法测量续驶里程,其值要大于 80km。

(7) 操纵稳定性要求。

按照 QC/T 480—1999《汽车操作稳定性指标限值与评价方法》进行操纵稳定性试验,其指标应满足要求。

(8) 可靠性要求。

车辆的可靠性应满足以下要求。

① 里程分配。可靠性行驶的总里程为 15000km,其中强化坏路 2000km,平坦公路 6000km,高速公路 2000km,工况行驶 5000km(工况行驶按照 GB/T 19750—2005《混合动力电动汽车 定型试验规程》中的要求进行);可靠性行驶试验前的动力性试验里程以及各试验间的行驶里程等可计入可靠性试验里程。

② 故障。整个可靠性试验过程中，整车控制器及总线系统、动力电池及管理系统、电机及电机控制器、车载充电机等系统的设备不应出现危及人身安全、引起主要总成报废、对周围环境造成严重危害的故障；也不应出现影响行车安全、引起主要零部件和总成严重损坏或易损备件和随车工具不能在短时间内排除的故障。

③ 车辆维护。车辆的正常维护和充电应按照车辆制造厂商的规定；整个行驶试验期间，不应更换动力系统的关键部件，如电机及其控制器、动力电池及管理系统、车载充电机等。

④ 性能复试。可靠性试验结束后，进行30min最高车速、续驶里程复试。其30min最高车速复测值应不低于初始所测值的80%，且应不低于70km/h；用工况法测量续驶里程复试值应不低于初始所测值的80%，且应不低于70km。

(9) 动力电池安装要求。

纯电动汽车上安装的动力电池应满足以下要求。

① 一般要求。动力电池根据其类型，应符合QC/T 742—2006《电动汽车用铅酸蓄电池》、QC/T 743—2006《电动汽车用锂离子蓄电池》或QC/T 744—2006《电动汽车用金属氢化物镍蓄电池》的要求。

② 低温容量。在环境温度为-20℃时，动力电池模块容量与常温下的容量比应不小于70%；动力电池根据其类型，试验方法参照QC/T 742—2006、QC/T 743—2006或QC/T 744—2006中相应条款。

4.2 纯电动汽车的续驶里程

4.2.1 纯电动汽车的功率平衡

纯电动汽车与内燃机汽车的差别主要体现为动力源的驱动方式不同，但外部应用场合相同。因此，汽车的行驶方程可以从内燃机汽车延伸至纯电动汽车领域，即纯电动汽车也要满足汽车行驶方程式：

$$F_t = F_f + F_w + F_i + F_j \qquad (4-1)$$

展开形式为

$$\frac{T_{tq} i_g i_0 \eta_T}{r} = Gf\cos\alpha + G\sin\alpha + \frac{C_D A u_a^2}{21.15} + \delta \frac{G}{g} \frac{dv}{dt} \qquad (4-2)$$

式中：T_{tq}为发动机转矩（N·m）；i_g为变速器传动比；i_0为主减速器传动比；η_T为传动系总效率；r为车轮半径（m）；G为整车重力（N）；f为滚动阻力系数；α为坡度夹角（°）；u_a为车速（m/s）；C_D为风阻系数；A为迎风面积（m²）；δ为汽车旋转质量换算系数，$\delta>1$。

汽车车速公式为

$$V_a = 0.377 \frac{nr}{i_g i_0} \qquad (4-3)$$

式中：n为发动机/电动机输出轴的转速（r/min）。

以纯电动汽车的行驶速度v_a乘以式（4-2）两端，并经过单位换算后，可得到

$$P_t = \frac{Gf\cos\alpha v_a}{3600} + \frac{G\sin\alpha v_a}{3600} + \frac{C_D A v_a^3}{76140} + \frac{\delta G v_a}{3600g} \frac{dv}{dt} \qquad (4-4)$$

式中：P_t 为电动汽车驱动功率（kW）。

电动机的输出功率换算到驱动轮上的输出功率时，需要考虑机械损失，即

$$P_t = \eta P_M \tag{4-5}$$

因此，有

$$P_M = \frac{1}{\eta}\left(\frac{Gf\cos\alpha v_a}{3600} + \frac{G\sin\alpha v_a}{3600} + \frac{C_D A v_a^3}{76140} + \frac{\delta G v_a}{3600g}\frac{dv}{dt}\right) \tag{4-6}$$

式中：P_M 为电机输出功率（kW）；η 为整车机械总效率。

克服电动汽车滚动阻力所消耗的功率为

$$P_f = \frac{Gf\cos\alpha v_a}{3600} \approx \frac{Gf v_a}{3600} \tag{4-7}$$

克服空气阻力所消耗的功率为

$$P_w = \frac{C_D A v_a^3}{76140} \tag{4-8}$$

克服坡度阻力所消耗的功率为

$$P_i = \frac{G\sin\alpha v_a}{3600} \approx \frac{G i v_a}{3600} \tag{4-9}$$

克服加速阻力所消耗的功率为

$$P_j = \frac{\delta G v_a}{3600g}\frac{dv}{dt} \tag{4-10}$$

电动汽车在行驶时，电动机传递到驱动轮的输出功率与驱动轮上的阻力功率始终保持平衡，则有

$$P_M = \frac{1}{\eta}(P_f + P_w + P_i + P_j) \tag{4-11}$$

或

$$P_i + P_j = \eta\left[P_t - \frac{1}{\eta}(P_f + P_w)\right] \tag{4-12}$$

可用图 4-18 所示的电动汽车功率平衡图表示上述功率关系。

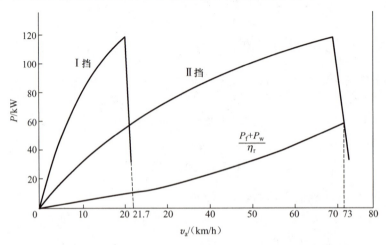

图 4-18　电动汽车功率平衡图

利用图 4-18，由阻力功率 $\frac{1}{\eta}(P_f+P_w)$ 与连续工作的电动机输出功率曲线的交点，可求出电动汽车的最高车速。在良好的平路上加速行驶的坡度 $i=0$，由式（4-12）可得

$$P_j = \eta\left[P_t - \frac{1}{\eta}(P_f+P_w)\right] \quad (4-13)$$

车速为 v_a 时的加速度为

$$\frac{dv}{dt} = \frac{3600g\eta}{\delta G v_a}\left[P_t - \frac{1}{\eta}(P_f+P_w)\right] \quad (4-14)$$

电动汽车等速上坡行驶时，加速度 $\frac{dv}{dt}=0$，则

$$P_i = \eta\left[P_t - \frac{1}{\eta}(P_f+P_w)\right] \quad (4-15)$$

车速为 v_a 时的爬坡度为

$$i = \frac{3600\eta}{G v_a}\left[P_t - \frac{1}{\eta}(P_f+P_w)\right] \quad (4-16)$$

利用功率平衡图求最高车速时，P_t 应取连续功率曲线上的点；求取加速度和最大爬坡度时，P_t 可以取持续 1~5min 工作的功率曲线上的点。

4.2.2　纯电动汽车续驶里程的计算

汽车在良好的水平路面上一次充满电后等速行驶，直至消耗全部携带的电能为止所行驶的里程，称为等速行驶的续驶里程。它是纯电动汽车的重要经济性指标之一。

不同的纯电动汽车在不同的行驶工况下，单位里程的能量消耗与续驶里程有显著差异，难以用统一的计算公式计算。因此，可采用试验方法求取。采用纯电动汽车在道路上滑行试验的方法，可求取汽车的滚动阻力和空气阻力，试验中可采用五轮仪记录汽车在滑行过程中的 v-t 曲线，如图 4-19 所示。

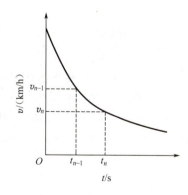

图 4-19　电动汽车滑行试验的 v-t 曲线

汽车滑行时的滚动阻力和空气阻力之和

$$F_f + F_w = \frac{G}{g}\frac{dv}{dt} - \frac{M_m}{r} \quad (4-17)$$

式中：M_m 是传动系作用于驱动轮的摩擦阻力距（N·m），可用其他方法求取，或在式（4-17）中忽略 M_m 项，对计算结果进行修正，将式（4-17）两端乘以平均速度，克

服滚动阻力和空气阻力消耗的功率为

$$P = P_f + P_w = 3.86 \times 10^{-3} m \frac{v_n^2 - v_{n-1}^2}{t_n - t_{n-1}} \quad (4-18)$$

式中：m 为纯电动汽车质量（kg）；v 为纯电动汽车的速度（km/h）；t 为时间（s）。

纯电动汽车克服道路滚动阻力和空气阻力消耗的能量为

$$E = FS \quad (4-19)$$

纯电动汽车行驶单位里程消耗的能量为

$$e = \frac{FS}{S} = \frac{P}{v} \quad (4-20)$$

因此，纯电动汽车在平均车速下，克服道路滚动阻力和空气阻力的单位里程消耗的能量为

$$e = \frac{m}{3.6 \times 3600} \left(\frac{v_n - v_{n-1}}{t_n - t_{n-1}} \right) \quad (4-21)$$

经过修正后的纯电动汽车克服道路阻力所消耗的功率与车速的关系如图 4-20 所示，所需能量与车速的关系如图 4-21 所示。

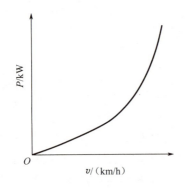

图 4-20　纯电动汽车克服道路阻力所消耗的功率与车速的关系

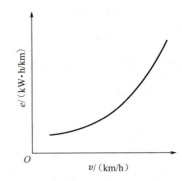

图 4-21　纯电动汽车所需能量与车速的关系

将纯电动汽车的经济性定义为纯电动汽车以不同形式规范达到的续驶里程和蓄电池再充电恢复到原有的充电状态所需要的交流电能量之比：

$$纯电动汽车的经济性 = \frac{预定行驶规范所走的续驶里程}{蓄电池再充电恢复到原充电状态所需要的交流电能量} \quad (4-22)$$

纯电动汽车行驶时的单位里程能耗为 e（kW·h/km）；电动汽车总质量为 m，单位用吨（t）表示时，将电动汽车行驶的比能耗系数定义为 e_0，则

$$e_0 = \frac{e}{m} \quad (4-23)$$

在实际设计中，一般选择 $e_0 = 0.035 \sim 0.055$（kW·h/km），较小值用于标定续驶里程的估算；较大值用于实际续驶里程的估算，最终标定续驶里程需要通过试验测定。

设纯电动汽车上动力电池组充满电的总能量为 E_m，则有

$$E_m = C_m U_m = G_m q \quad (4-24)$$

式中：E_m 为电池携带的额定总能量（W·h）；C_m 为电池的额定容量（A·h）；U_m 为电池的端电压（V）；G_m 为电动汽车携带的电池总质量（kg）；q 为电池比能量（W·h/kg）。

纯电动汽车的续驶里程为

$$S = \frac{E_m}{e} = \frac{E_m}{e_0 m} = \frac{E_m}{P/u} \tag{4-25}$$

当测试工况为等速行驶工况时，可推导出等速续驶里程为

$$S_d = \frac{E_m v}{P_m} \eta_d \tag{4-26}$$

式中：η_d 为动力电池的放电深度（%）。

多工况续驶里程为

$$S = \sum_{i=1}^{k} S_i \tag{4-27}$$

式中：S 为多工况续驶里程（km）；S_i 为各工况行驶的距离（km）；k 为车辆能够完成的工况总数。

实际情况并不像上述计算公式那么简单，由于空气阻力消耗的能量与质量无关，同时蓄电池存在放电效率、放电电流、放电深度及自放电现象，因此有的蓄电池每天自放电率超过1%，会影响动力电池组的输出能量。另外，行驶工况的差别等因素都将影响电动汽车的续驶里程，因此，式(4-25)只能近似地估算电动汽车的续驶里程。

4.2.3 纯电动汽车续驶里程的影响因素及分析

电动汽车续驶里程的影响因素较复杂，其中最主要的因素是动力电池。续驶里程与电动汽车在行驶过程中消耗的能量密切相关，影响因素主要来自电动汽车行驶的外部条件和电动汽车本身的结构要素。

1. 滚动阻力系数对续驶里程的影响

轮胎的滚动阻力越小，续驶里程越大，所以降低轮胎滚动阻力系数可明显增加电动汽车的续驶里程，对低速、整车质量偏大的电动汽车尤其如此。因此，采用滚动阻力系数小的子午线轮胎、增大轮胎气压等是增加电动汽车续驶里程的重要途径。

2. 空气阻力系数对续驶里程的影响

空气阻力系数越小，续驶里程越长，速度越快，空气阻力系数对电动汽车的影响越明显。通过对电动汽车开展基于流体动力学的外观造型设计、将底盘底部凹凸不平的空间曲面封闭为光滑表面、取消散热器罩等，可以有效降低空气阻力系数。

3. 机械效率对续驶里程的影响

提高电动汽车动力传动系统的机械效率，能有效增加电动汽车的续驶里程。电动汽车整车质量越小，行驶速度越低，机械效率对续驶里程的影响越大。

4. 整车质量对续驶里程的影响

整车质量越大，续驶里程越短，并且速度不同时，续驶里程也不尽相同。为了减小整车总质量，可应用轻量化材料、结构优化和先进工艺等。

5. 蓄电池参数对续驶里程的影响

影响电动汽车续驶里程的蓄电池参数主要有电池放电深度、电池比能量、电池组（包）串联电池数量、电池箱并联电池组数量、自放电率等。

(1) 电池放电深度。蓄电池放电深度越大，意味着单体电池可释放能量越多，电动汽车续驶里程就越长，速度和负荷对续驶里程的影响也越明显。

(2) 电池比能量。当电动汽车携带的电池数量（即电池总体积或总质量）确定后，电池参数中比能量表征了电池最大可存储的电量，比能量大，电池存储能量多，可对外输出或做功的能量多，汽车的续驶里程增加明显；反之亦然。

(3) 电池组（包）串联电池数量。增加每个电池组的串联电池数量，电动汽车续驶里程明显增加。主要原因有两个：一是增加了电池的数量，可以增加电池组的总能量储备；二是电池组电压升高，在电池放电效率相同的情况下，减小了电池的放电电流，可增加电池组的有效容量。在电池组的电池数量增加的同时，增大了电动汽车的总质量，进而增加汽车整体的能耗，降低了汽车的续驶里程。另外，增加电池组的电池数量会增大电池组输出电压，提高汽车的动力性。因此，电池组（包）的电池数量需要在电动汽车的续驶里程、动力性与汽车总质量之间取得平衡。

(4) 电池箱并联电池组数量。在保持电池电源总电压一定的情况下，增加并联电池组数量可明显增加电动汽车续驶里程。主要原因是一方面增加了电池的数量，增加了电池组的总能量储备；另一方面由于并联支路增加，在各并联支路电池组不超过额定放电电流的情况下，可以增大电池组的总放电电流，从而增加电池组的额定容量。增加电池箱并联电池组数量可提高电池组的放电功率，电动汽车的动力性会显著提升。同样，增加并联电池组数量会增大电池与整车的质量比和电动汽车总质量，增加整车能耗和降低续驶里程。因此，并联电池组数量也需要在汽车的续驶里程和电动汽车总质量之间取得平衡或取最优解。

(5) 自放电率。蓄电池的自放电率是指在电池存放期间容量的下降率，即蓄电池无负荷自身放电时容量损失的速度。显然，自放电率越大，电池在存放期间的容量损失就越多，能量的无用损耗越多，电动汽车的续驶里程就越短。

6. 其他参数对续驶里程的影响

(1) 行驶工况。行驶工况对电动汽车的续驶里程影响很大。对于恒速行驶，电流随速度增大而增大，每公里消耗的电能随速度的增大而增加，电池的放电容量则随速度的增大而减少，故续驶里程随行驶速度的增大而减少。

(2) 行驶环境。在相同汽车条件下，电动汽车行驶的道路情况与环境气候对电动汽车的续驶里程有明显影响。如气温既对电池的有效容量有很大影响，又对电动汽车的总效率（电动机效率、机械传动效率和电器元件的效率等）和通风、冷却、空调消耗的能量有影响。另外，风力的方向与大小、道路的种类（摩擦系数、坡度、平整度）及交通拥堵情况都会使汽车的能耗变动，从而使电动汽车的续驶里程有显著差别。

(3) 辅助系统和低电压电器系统。电动汽车上制动系统的空气压缩机、转向系统的伺服电动机，以及照明、音响、空调、通风、取暖等电器都需要消耗电池的能量。辅助系统和低电压电器系统的功率越大,消耗的电能越多,电动汽车的续驶里程就越小,动力性能也受其影响。

影响电动汽车续驶里程的因素众多,汽车厂商在实际设计时应综合考虑各种因素的影响,提高电动汽车的续驶里程。

典型纯电动汽车的性能对比如表 4-2 所示。从表中可以看到,除特斯拉 Model S/75D 外,其他纯电动汽车的续驶里程都较低,能比肩内燃机汽车续驶里程的较少。

表 4-2 典型纯电动汽车的性能对比

车　型	比亚迪 e6	宝马 i3	特斯拉 Model S/75D	众泰 E200	蔚来 ES8	北汽 EV150
整备质量/kg	2380	1298	2100	1100	2460	1310
电池类型	磷酸铁锂电池	锂离子电池	三元锂电池	三元锂电池	三元锂电池	磷酸铁锂电池
电池容量/(kW·h)	82	33	75	25	70	26
耗电量/(kW·h/100km)	20.5	16.5	18.8	2.9	20	17
续驶里程/km	400	271	469	165	355	150

4.3　纯电动汽车的经济性评价指标及行驶能耗

纯电动汽车与内燃机汽车在驱动系统、动力源等方面有本质差别,导致电动汽车经济性的评价指标和评价方法有显著差异。同时,动力电池作为电动汽车的唯一动力源,能量密度不如内燃机,致使纯电动汽车的续驶里程较短。因此,降低能耗、提高经济性对电动汽车更重要。

4.3.1　纯电动汽车的经济性评价指标

纯电动汽车能耗经济性评价指标以一定的速度或循环行驶工况为基础,用汽车行驶一定里程的能量消耗量来衡量,主要有续驶里程和单位里程能量消耗等指标。

续驶里程是指电动汽车电池组充满电后可连续行驶的里程,可以分为等速续驶里程和循环工况续驶里程。该指标对综合评价电动汽车电池组、电机及传动效率、电动汽车的实用性具有积极意义。但该指标与电动汽车电池组装车容量及电池水平有关,在不同车型和配置不同容量电池组的同种车型之间不具有可比性。在车型、电池容量、电池种类相同的情况下,该指标也会受到电池组状态、天气、环境等因素的影响。

单位里程能量消耗分为交流电能量消耗率和直流电能量消耗率,对应内燃机汽车的油井到车轮(Well to Wheel,WTW)和油箱到车轮(Tank to Wheel,TTW)的燃油能量消耗率。其中,交流电能量消耗率受不同类型充电设备的效率影响;直流电能量消耗率仅以车载电池组的能量状态为标准,脱离了充电机的影响,可以比较直接地反映电动汽车的实际性能。

交流电能量消耗率是指电动汽车经过规定的试验循环后对动力电池重新充电至试验前的容量:

$$E_i = \frac{E_d}{S} \tag{4-28}$$

式中：E_i 为电动汽车交流电能量消耗率（W·h/km）；E_d 为蓄电池在充电期间来自电网的能量（W·h）。

循环工况续驶里程指充满电后，基于一定的运动工况需求行驶，其所能实现的最大的行驶路程。国内续驶里程测试使用的运动工况主要有 NEDC 循环工况和等速（60km/h）工况。

电动汽车 NEDC 循环工况由 4 个市区循环工况和 1 个市郊循环工况组成，理论试验距离为 11.022km，试验时间为 19′40″，如图 4-22 至图 4-24 所示。

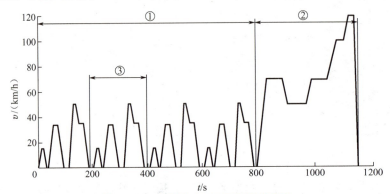

图 4-22 电动汽车 NEDC 循环工况

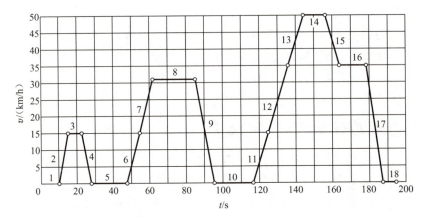

图 4-23 电动汽车市区循环工况

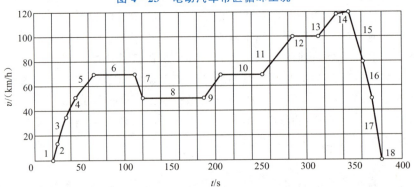

图 4-24 电动汽车市郊循环工况

电动汽车的市区循环试验参数和市郊循环试验参数分别如表4-3和表4-4所示。

表4-3 电动汽车的市区循环试验参数

运转次序	操作状态	工况序号	加速度 /(m/s²)	速度 /(km/h)	操作时间 /s	工况时间 /s	累计时间 /s
1	停车	1	0	0	11	11	11
2	加速	2	1.04	0→15	4	4	15
3	等速	3	0	15	8	8	23
4	减速	4	−0.83	15→0	5	5	28
5	停车	5	0	0	21	21	49
6	加速	6	0.69	0→15	6	12	55
7	加速		0.79	15→32	6		61
8	等速	7	0	32	24	24	85
9	减速	8	−0.81	32→0	11	11	96
10	停车	9	0	0	21	21	117
11	加速	10	0.69	0→15	6	26	123
12	加速		0.51	15→35	11		134
13	加速		0.46	35→50	9		143
14	等速	11	0	50	12	12	155
15	减速	12	−0.52	50→35	8	8	163
16	等速	13	0	35	15	15	178
17	减速	14	−0.97	35→0	10	10	188
18	停车	15	0	0	7	7	195

表4-4 电动汽车的市郊循环试验参数

运转次序	操作状态	工况序号	加速度 /(m/s²)	速度 /(km/h)	操作时间 /s	工况时间 /s	累计时间 /s
1	停车	1	0	0	20	20	20
2	加速	2	0.69	0→15	6	41	26
3	加速		0.51	15→35	11		37
4	加速		0.42	35→50	10		47
5	加速		0.40	50→70	14		61
6	等速	3	0	70	50	50	111
7	减速	4	−0.69	70→50	8	8	119
8	等速	5	0	50	69	69	188

续表

运转次序	操作状态	工况序号	加速度 /(m/s²)	速度 /(km/h)	操作时间 /s	工况时间 /s	累计时间 /s
9	加速	6	0.43	50→70	13	13	201
10	等速	7	0	70	50	50	251
11	加速	8	0.24	70→100	35	35	286
12	等速	9	0	100	30	30	316
13	加速	10	0.28	100→120	50	50	336
14	等速	11	0	120	10	10	346
15	减速	12	−0.69	120→80	16	34	362
16	减速		−1.04	80→50	8		370
17	减速		−1.39	50→0	10		380
18	停车	13	0	0	20	20	400

一个市区循环的时间是195s，其中停车60s，占30.77%；加速42s，占21.54%；等速59s，占30.26%；减速34s，占17.44%。一个市区循环的理论行驶距离是1017m，平均车速是18.77km/h。

一个市郊循环的时间是400s，其中停车40s，占10%；加速109s，占27.25%；等速209s，占52.25%；减速42s，占10.50%。一个市郊循环的理论行驶距离是6956m，平均速度是62.60km/h。

4.3.2 纯电动汽车的行驶能耗

由于交流电能量消耗率评价指标不仅与电动汽车的经济性有关，还受电网、充电设备等影响，因此可以选择动力电池组的直流电能量消耗率作为评价指标。

电动汽车单位里程直流电能量消耗率为

$$E_p = \frac{\int_0^{t_i} P_{ei} dt}{S_i} \tag{4-29}$$

式中：E_p 为电动汽车直流电能量消耗率（kW·h/km）；P_{ei} 为汽车工况行驶的功率需求（kW）；t_i 为工况行驶时间（h）；S_i 为工况行驶距离（km）。

(1) 加速工况。

对于加速工况，电动汽车行驶功率为

$$P_j = \frac{v(t)}{3600\eta_t}\left(mgf + mgi + \frac{C_D A v(t)^2}{21.15} + \delta m a_j\right) \tag{4-30}$$

式中：P_j 为汽车加速行驶的功率需求（kW）；$v(t)$ 为汽车某时刻的行驶速度（km/h）；i 为坡度（°）；a_j 为加（减）速度（m/s²）。

汽车在此工况下的续驶里程为

$$S_j = \frac{v_j^2 - v_0^2}{25920 a_j} \qquad (4-31)$$

式中：S_j 为汽车加速工况行驶的距离（km）；v_0 为加速起始速度（km/h）；v_j 为加速终了速度（km/h）。

结合汽车运动学公式，可推导出加速工况下单位里程能量消耗量为

$$E_j = \frac{1}{\eta_t}\left[\frac{C_D A}{2 \times 21.15}(v_j^2 + v_0^2) + (mgf + mgi + \delta m a_j)\right] \qquad (4-32)$$

式中：E_j 为电动汽车加速工况单位里程能量消耗量（kW·h）。

（2）等速工况。

对于等速工况，汽车行驶功率需求、续驶里程和单位里程能量消耗量分别为

$$P_d = \frac{v_d}{3600 \eta_t}\left(mgf + mgi + \frac{C_D A v_d^2}{21.15}\right) \qquad (4-33)$$

$$S_d = \frac{v_d t_d}{3600} \qquad (4-34)$$

$$E_d = \frac{1}{\eta_t}\left(mgf + mgi + \frac{C_D A v_d^2}{21.15}\right) \qquad (4-35)$$

式（4-33）至式（4-35）中：P_d 为汽车等速行驶的功率需求（kW）；v_d 为汽车等速行驶速度（km/h）；S_d 为汽车等速工况行驶的距离（km）；t_d 为等速行驶时间（s）；E_d 为汽车等速工况单位里程能量消耗量（kW·h）。

（3）减速及驻车工况。

对于减速工况，电动汽车减速行驶包含两种情况：一种是滑行减速或无再生制动功能下的制动减速，此时驱动电机处于关断状态，电能输出为零，电动汽车单位里程能量消耗率为零；另一种是有再生制动功能下的制动减速，此时车轮拖动电机，电机处于发电机工作状态，电动汽车能量消耗为负，即动力电池处于充电工作状态。

对于驻车工况，驱动电机处于关断状态，电动汽车单位里程能量消耗率为零。

因此，电动汽车能量消耗主要发生在加速和等速运行工况，减速和驻车阶段能量消耗可忽略不计。

汽车减速工况下的行驶距离为

$$S_b = \frac{v_{b0}^2 - v_{bj}^2}{25920 a_j} \qquad (4-36)$$

式中：v_{b0} 为减速初速度（km/h）；v_{bj} 为减速终了时的速度（km/h）。

电动汽车整个循环的能量消耗率为

$$E = \frac{\sum (E_i S_i)}{\sum S_i} \qquad (4-37)$$

式中：E 为电动汽车整个循环的能量消耗率（kW·h/km）；E_i 为某工况下的单位里程直流电能量消耗率（kW·h/km）；S_i 为某工况下的续驶里程（km）。

4.4 纯电动汽车动力传动系统的参数设计与仿真

4.4.1 纯电动汽车动力传动系统的参数设计要求

纯电动汽车工程是一个复杂的现代系统工程,将汽车技术、电机技术、驱动技术、电力电子技术、能源存储技术和现代控制理论有机地结合在一起,实现系统的集成优化。其动力系统为关键部分,主要包括蓄电池组、电动机、传动系统等部件,动力传动系统的设计原则与内燃机汽车的相似,都应该满足汽车动力性和续驶里程的要求。具体有以下五个评价指标。

(1) 起步加速性能。起步加速性能是指电动汽车由静止起步并以最大加速度加速到一定车速,或在预定的距离加速行驶所需的最短时间。

(2) 最高车速稳定行驶的能力。最高车速稳定行驶的能力是指在良好水平路面上,电动机的输出功率应能够维持电动汽车以最高车速行驶的能力。

(3) 额定车速稳定行驶的能力。对电动汽车来说,额定车速稳定行驶的能力是指蓄电池和电动机提供的全部功率能满足电动汽车以额定车速稳定行驶的能力。

(4) 最大爬坡能力。最大爬坡能力是指电动汽车提供的功率能使其爬上最大坡度路面的能力。

(5) 续驶里程能力。续驶里程能力是指电动汽车动力电池组的电能量应该能够使其行驶一定的续驶里程。

4.4.2 电动机参数设计

通常纯电动汽车对驱动电动机的要求是能够频繁起动、加速、减速、停车,转矩控制的动态性能要求高;在低速或爬坡时,转矩要大,而在高速行驶时,转矩要低;其次,驱动电动机的调速范围要宽,既要运行在恒转矩区,又要运行在恒功率区,同时在整个调速范围内还需保持较高的运行效率。选择电动机时需要确定的特性参数主要包括电动机的额定功率与峰值功率、电动机的额定转矩与峰值转矩、电动机的额定转速与最高转速、电动机的额定电压等。

1. 电动机功率

电动机功率直接影响整车的动力性能。电动机功率越大,纯电动汽车的后备功率越大,加速性能和爬坡性能就越好,然而也会增大电动机的体积和质量,降低汽车的续驶里程。因此,设计时通常依照电动汽车的动力性能指标(最高车速、加速时间和最大爬坡度)来确定电动机功率。由于电机不能长时间在最大功率下运行,因此最高车速时必须以额定功率运行,峰值功率则由加速性能和爬坡能力决定。

(1) 电动机额定功率选择。

①根据最高车速确定。由汽车行驶功率平衡方程可知,电动汽车以最高车速行驶所消耗的功率为

$$P_{e1} = \left(\frac{Gf}{3600} v_{amax} + \frac{C_D A v_{amax}^3}{76140} \right) \frac{1}{\eta_t} \qquad (4-38)$$

式中：G 为整车重力（N）；f 为滚动阻力系数；v_{amax} 为最高车速（km/h）；C_D 为风阻系数；A 为迎风面积（m²）；η_t 为传动系总效率。

②根据最大爬坡度确定。汽车以一定的车速爬上最大坡度所需要的功率为

$$P_{imax} = \left(\frac{Gf\cos\alpha}{3600}v_a + \frac{C_D A v_a^3}{76140} + \frac{G\sin\alpha}{3600}v_a\right)\frac{1}{\eta_t} \quad (4-39)$$

式中：$\alpha = \arctan i$，i 为坡度（°）。

③根据加速性能确定。汽车在良好水平路面上由初速度零加速到末速度所需要的功率为

$$P_{amax} = \left(\frac{Gf}{3600}v + \frac{C_D A v^3}{76140} + \frac{Gv}{3600g}\frac{dv}{dt}\right)\frac{1}{\eta_t} \quad (4-40)$$

式中：δ 为旋转质量换算系数，一般取 1.05。

综合上述各式，确定电动汽车驱动电动机的额定功率为

$$P_e = \max\left\{P_{e1}, \frac{P_{imax}}{\lambda}, \frac{P_{amax}}{\lambda}\right\} \quad (4-41)$$

式中：λ 为电动机过载系数，一般取 2~4。

（2）电动机峰值功率选择。

一般根据整车动力性能要求先确定额定功率，再得到峰值功率。根据前面计算得到的额定功率，可得驱动电动机的峰值功率为

$$P_m = \lambda P_e \quad (4-42)$$

2. 电动机额定转速与最高转速

电动机的最高转速对电动机成本、制造工艺和传动系尺寸有显著影响。转速在 6000r/min 以上的为高速电动机，在 6000r/min 以下则为普通电动机。前者成本高，制造工艺复杂，而且对配套使用的轴承、齿轮等有特殊要求。

电动机的额定转速为 1500~3000r/min。电动机最高转速与额定转速的比值称为扩大恒功率区系数 β，其值越大，电动机可在低转速区获得转矩越大，有利于提高汽车动力性能。但 β 值过大会导致电动机工作电流的增大，进而增大逆变器的功率损耗和尺寸，导致控制成本急剧增加。β 一般取 2~4。

3. 电动机额定转矩与峰值转矩

电动机额定转矩为

$$T_e = \frac{9550 P_e}{n_e} \quad (4-43)$$

电动机峰值转矩为

$$T_m = \frac{9550 P_m}{n_e} \quad (4-44)$$

式（4-43）和式（4-44）中：T_e 为额定转矩（N·m）；n_e 为额定转速（r/min）；T_m 为峰值转矩（N·m）。

4. 电动机额定电压

电动机额定电压的选择与电动汽车动力电池组电压密切相关。在相同输出功率下，电

池组电压高,则电流小,对导线和开关等元器件要求较低,但较高的电压需要较多单体电池串联,导致成本及整车质量的增加和动力性能的下降,且难以布置。电动机额定电压一般由所选取的电动机参数决定,并且与电动机额定功率成正比。电动机额定电压越高,则额定功率越大。综合考虑以上条件,电动机额定电压范围为300～380V。

4.4.3 传动系传动比设计

由于纯电动汽车在行驶过程中遇到的阻力随车速的变化而变化,且变化范围很宽,因此单靠电动机的力矩变化无法满足纯电动汽车的行驶性能要求。为满足该要求,同时使驱动电动机经常保持在高效率的工作范围内,以减轻驱动电动机和动力电池组的负荷,要求在电动机与驱动轮之间安装变速器和主减速器。

纯电动汽车的传动系传动比主要包括变速器的传动比和主减速器的传动比。传动系传动比对纯电动汽车的动力性能和耗电经济性影响较大。传动比越大,加速性能和爬坡能力越强,而耗电经济性越差;传动比越小,耗电经济性越好,但加速性能和爬坡能力越差。

在电动机输出特性一定时,传动系传动比选择主要取决于电动汽车的动力性要求,即最大传动比取决于整车的最大爬坡度,最小传动比取决于整车的最高车速。

1. 最大传动比的选择

传动系最大传动比是变速器最低挡传动比与主减速器传动比的乘积,由电动机峰值转矩和汽车最大爬坡度决定。

$$i_{\max} = i_{g1} i_0 \geqslant \frac{F_{i\max} r}{T_{\max} \eta_T} = \frac{(Gf\cos\alpha_{\max} + G\sin\alpha_{\max})r}{T_{\max} \eta_T} \quad (4-45)$$

式中:$i_{\max}$ 为最大传动比;$T_{\max}$ 为电动机峰值转矩(N·m);$\alpha_{\max}$ 为最大爬坡度(°);r 为车轮半径(m);i_0 为主减速器传动比;i_{g1} 为变速器1挡传动比。

2. 最小传动比的选择

传动系最小传动比是变速器最高挡传动比与主减速器传动比的乘积,由电动机的最高转速和汽车的最高车速决定。

$$i_{\min} = i_{g2} i_0 \leqslant \frac{0.377 n_{\max} r}{v_{\max}} \quad (4-46)$$

式中:$i_{\min}$ 为最小总传动比;$n_{\max}$ 为电动机最高转速(r/min);i_{g2} 为变速器最高挡传动比。

4.4.4 电池组参数设计

动力电池系统是整车的能量来源,为整车提供驱动电能。其体积、形状、质量和性能参数会影响电动汽车的行驶性能,是纯电动汽车的重要子系统之一。

纯电动汽车动力电池系统的参数设计主要包括动力电池类型的选择、电池组电压的选择、电池组能量的选择和动力电池模块数的选择。

(1)动力电池类型的选择。根据对电池特性的分析和动力电池的匹配原则,选择合适的动力电池。

(2) 电池组电压的选择。电池组的电压等级应与驱动电动机的电压等级一致，且满足驱动电动机电压变化的要求。由于电动空调、电动真空泵和电动助力转向泵等附件有较大的功率消耗，因此电池组的总电压大于电动机的额定电压。

(3) 电池组能量的选择。电池能量指标是体现电池价格的最重要参数。对于纯电动汽车来说，电池组能量由电动汽车续驶里程决定。纯电动汽车常采用等速法测定续驶里程。等速法是指纯电动汽车以恒定车速在道路上行驶，由于不同车速下电动汽车的续驶里程不同，根据续驶里程与车速的关系，当车速在 30~63km/h 范围内时纯电动汽车续驶里程较大。

具体而言，动力电池组的能量需要满足汽车在水平路面巡航时消耗的能量[式(4-47)]，电池组能量与容量之间的关系见式（4-48）。

$$E_z \geqslant \frac{mgf + \dfrac{C_D A v_0^2}{21.15}}{3600 \xi_{SOC} \eta_t \eta_e \eta_d (1-\eta_a)} \tag{4-47}$$

$$E_z = \frac{U_z C_z}{1000} \tag{4-48}$$

式（4-47）和式（4-48）中：E_z 为电池组能量（kW·h）；ξ_{SOC} 为蓄电池放电深度（%）；η_t 为传动系总效率；η_e 为电动机及控制器整体效率，是指电动机转轴输出功率除以控制器输入功率乘以 100%；η_d 为蓄电池放电效率；η_a 为汽车附件能量消耗比例系数；S 为电动汽车续驶里程（km）；U_z 为电池组电压（V）；C_z 为电池组容量（A·h）。

因此，可以得到电池组容量关系为

$$C_z \geqslant \frac{mgf + \dfrac{C_D A v_0^2}{21.15}}{3.6 \xi_{SOC} \eta_t \eta_e \eta_d (1-\eta_a)} \tag{4-49}$$

(4) 动力电池模块数的选择。动力电池模块数必须满足驱动电动机供电、电动汽车行驶时所需峰值功率和续驶里程要求。

当电池组的最低工作电压满足驱动电动机系统的最小工作电压时，所需电池模块数为

$$N_1 \geqslant \frac{U_{emin}}{U_{zd}} \tag{4-50}$$

当满足电动汽车行驶时，所需峰值功率要求时的电池模块数为

$$N_2 = \frac{P_{emax}}{P_{bmax} \eta_e N_0} = \frac{P_{emax}}{\dfrac{2U_b^2}{9R_{b0}} \eta_e N_0} \tag{4-51}$$

当满足电动汽车续驶里程要求时，电池模块数为

$$N_3 = \frac{1000 S P_{md}}{v_0 \eta_e U_{zd} C_z} \tag{4-52}$$

实际电池组模块数量为

$$N_z \geqslant \max\{N_1, N_2, N_3\}$$

4.4.5 设计实例

某纯电动汽车的性能指标如表 4-5 所示，整车参数如表 4-6 所示。

表 4-5　某纯电动汽车的性能指标

性能指标	要求
最高车速/(km/h)	≥110
0～50km/h 加速时间/s	≤9
50～80km/h 加速时间/s	≤5
0～100km/h 加速时间/s	≤20
35km/h 最大爬坡度/(%)	≥25%
40km/h 等速续驶里程/km	≥160

表 4-6　某纯电动汽车的整车参数

参数	数值
整备质量/kg	1415
长×宽×高/(mm×mm×mm)	3850×1785×1665
轴距/mm	2280
空气阻力系数	0.015
正面迎风面积/m²	2.4
质心高度/mm	180
轴荷（前轮）系数	0.55
车轮半径/m	0.34

根据前述电动汽车动力系统参数设计原则，实现该车型的动力系统设计。

1. 驱动电动机参数选择

（1）驱动电动机类型。

驱动电动机类型主要有带换向器的直流电动机、无刷直流电动机、异步感应电动机、永磁同步电动机、开关磁阻电动机等。结合各电动机的特点，选择异步感应电动机，通过精确控制电动机电压和频率，使电动机在基速以下恒转矩输出、基速以上恒功率输出。较大的恒功率区可改善汽车动力性能，在兼顾爬坡度的同时，可以满足最高车速的要求。

（2）额定功率和峰值功率。

第一步，由最高车速 $v_{amax}=110\text{km/h}$，可确定最大功率为 $P_{max1}=20.6\text{kW}$。

第二步，由整车以 35km/h 车速爬坡，最大爬坡度为 25%，可确定最大功率为 $P_{max2}=43.3\text{kW}$。

第三步，根据加速时间确定最大功率，电动机在加速过程输出最大功率 P_{max3}。

根据起步加速过程中的速度拟合曲线近似于公式 $v=v_m\sqrt{\dfrac{t}{t_m}}$，代入式（4-40）求解可得：

$$P_{\max 3} = \frac{1}{3600 t_m \eta_T} \left(\delta m \frac{v_m^2}{2} + mgf \frac{v_m}{1.5} t_m + \frac{C_D A v_m^3}{21.15 \times 2.5} t_m \right) \quad (4-53)$$

结合整车参数，计算得 $P_{\max 3} = 58\text{kW}$。

第四步，取前三步计算结果的最大值作为电动机的峰值功率，结合电动机类型，查表得电动机的峰值功率为 60kW。

第五步，电动机的额定功率首先应满足整车动力性指标中的最高车速要求，即 $P_e \geqslant 20.6\text{kW}$，$P_e = \frac{P_m}{\lambda}$。当 $P_m = 60\text{kW}$ 时，选 $\lambda = 3$，$P_e = 20\text{kW}$，基本满足要求。

(3) 额定转速和最高转速。

由车轮车速与电动机转速关系得：

$$v_{a\max} = \frac{n_{\max} r}{i} \geqslant 110 \text{km/h}$$

取传动比 $i = 10$，可得 $n_{\max} = 8512 \text{ r/min}$。因此，选择最高转速为 8000～9000r/min 的异步感应电动机。取扩大恒功率区系数 $\beta = 3$，则额定转速为 3000～4000r/min。

(4) 额定转矩和峰值转矩。

根据式 (4-43) 和式 (4-44) 计算，取额定转速为 3600r/min，则可得额定转矩 $T_e = 53\text{N·m}$，峰值转矩 $T_m = 159\text{N·m}$。经过计算，电动机转矩满足整车的动力性要求。

(5) 额定电压。

综合前面计算结果，查表确定异步感应电动机的额定电压为 314V，其主要技术参数如表 4-7 所示。

表 4-7 异步感应电动机的主要技术参数

型号	QYS20-4/180	相数	3
额定功率/kW	20	冷却方式	水冷
峰值功率/kW	60	冷却水量/(L/min)	40
电动机额定电压/V	314	运行方式	S1
额定转速/(r/min)	3600	极限转速/(r/min)	9000
额定转矩/(N·m)	53	绝缘等级	H 级（180℃）
最大转矩/(N·m)	159	外壳防护等级	IP55
效率/(%)	90	对地绝缘电阻	>5MΩ
功率因数	0.8	质量/kg	68kg
基频/Hz	120	外形尺寸/(mm×mm)	270×341

2. 传动系传动比

为减轻整车质量和简便计算，选择固定速比齿轮变速器传动。

(1) 传动系最小传动比确定。

传动系最小传动比 $i_{\min}$，根据式 (4-46) 计算可得 $i_{\min} = 10.48$。

(2) 传动系最大传动比确定。

传动系最大传动比 i_{max}，根据式（4-45）计算可得：$i_{max} = 9.42$。

综合考虑，取主减速器传动比为 4.25，固定速比齿轮传动比为 2.3，则传动系的总传动比为 9.775。经验算，该传动比能满足汽车动力性要求。

3. 动力电池组参数

（1）电池类型的选择。

由于磷酸铁锂离子电池各方面性能优异，因此选择动力电池类型为磷酸铁锂离子电池，其技术参数见表 4-8。

表 4-8 磷酸铁锂离子电池的技术参数

参数	数值
单体额定容量/（A·h）	70
单体额定电压/V	3.2
单体电池质量/kg	2.25
单体电池内阻/mΩ	1
单体电池最高电压/V	3.6
单体电池最低电压/V	2.5
工作温度/℃	-20~55
电池组电池数量/个	100

（2）电池组电压的选择。

电池组的总电压要略大于电动机的额定电压，本书选择电池组的电压为 320V。

（3）电池组能量的选择。

根据设计要求，纯电动汽车一次充电以 40km/h 等速行驶的续驶里程超过 160km，则可求得所需功率为 $P_1 = 3.8\text{kW}$。

假设车上其他辅助设备用电功率为 0.7kW（所有用电设备全开），所需功率 $P_2 = 4.5\text{kW}$，则行驶 160km 所需能量为 $W = P_2 t = P_2 \dfrac{S}{u_a} = 18\text{kW·h}$。

根据 $W = n\eta u C / 1000$，可求得所需电池数量 $n = 100.4$。考虑到电池组电压为 320V，取 $n = 100$。经验算，满足动力性要求。

4. 汽车行驶驱动条件和附着条件验证

由汽车行驶驱动力方程可得到驱动力为 $F_t = \dfrac{T_{tq} i_g i_0 \eta_T}{r}$，其需满足的驱动条件和附着条件为

$$(F_f + F_w + F_i) \leqslant F_t \leqslant \varphi F_{z\varphi} \qquad (4-54)$$

前述设计过程明显可得出不等式（4-54）的左边成立，现验证不等式的右边。电机的最大驱动力为 $F_t=3659\text{N}$，前轮轴荷为 55%，则前轮垂直载荷为

$$F_{z\varphi} = mg \times 0.55 \approx 7626.85\text{N}$$

附着系数为

$$\varphi = \frac{F_t}{F_{z\varphi}} = \frac{3659\text{N}}{7626.85\text{N}} \approx 0.4798 \leqslant 0.8$$

一般沥青路面的附着系数为 0.8，可知该参数设计满足行驶要求。

结合车型的动力性能指标，纯电动汽车实现动力系统参数设计与匹配的基本步骤：汽车需求功率分析→驱动电动机功率、转矩、转速、电压的选择→传动系传动比的选择→动力电池系统参数的确定。

4.4.6　MATLAB/ADVISOR 仿真

高级车辆仿真器（Advanced Vehicle Simulator，ADVISOR）是美国国家可再生能源实验室开发的一款著名的电动汽车仿真软件，主要用于 EV、HEV 及 FCEV 的仿真研究。其内部程序由模块化的 MATLAB/SIMULINK 语言编写而成，提供了多种可供选择的电动汽车整车模型及可灵活修改的部件模型库，可对选定汽车的整车燃油经济性、排放性、加速时间、最大爬坡度等进行仿真计算，并且能与其他软件联合仿真。人性化的图形操作界面大大简化了用户的操作，通过修改部件模型或控制策略，还可实现对特定车型的优化计算。

纯电动汽车的动力系统结构如图 4-25 所示。

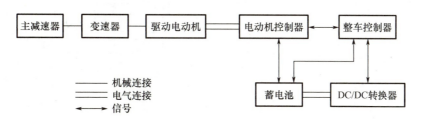

图 4-25　纯电动汽车的动力系统结构

基于 ADVISOR 的纯电动汽车整车模型框架如图 4-26 所示。

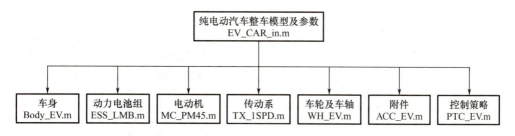

图 4-26　基于 ADVISOR 的纯电动汽车整车模型框架

电动汽车用交流电动机/控制器仿真模型如图 4-27 所示，主要包括转动惯量影响模块、转速评价器、转矩限制模块及温度控制器等，能够实现把需求的转速、转矩转换为电能，也可以把电能转换为转矩和转速输出。该模型可以计算驱动电动机的转矩、转速、输入功率以及对电动机的转矩、转速进行限制，并控制驱动电动机的温度；电动机特性图控制模块输入电动机的特性，并对转动惯量和电动机温度的影响进行计算，最后得到电动机输出的有效驱动转矩和转速及电动机需要的输入功率。

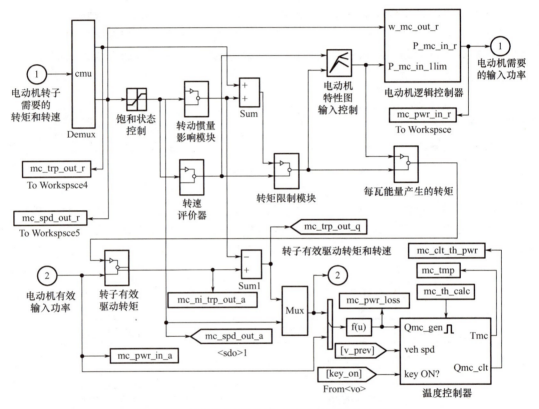

图 4-27 电动汽车用交流电动机/控制器仿真模型

蓄电池的建模，一方面从分析内在机理出发；另一方面通过试验测试来拟合非线性变量之间的关系。建模的基础是确定蓄电池的电动势和内阻的特征函数。

蓄电池的仿真模型如图 4-28 所示，主要包括电池电压内阻计算、功率限制、负载电流计算、SOC 计算、蓄电池散热等子模块。

蓄电池放电后需要重新补充的电量受到库仑定律的影响，最大充电量受到蓄电池的最大开路电压限制。当蓄电池完全被当作一个已知内阻的电压源时，与之相连的部件（如电机）将被看作耗能元件。蓄电池的输出功率受等效电路输出的最大功率、电动机功率、控制器接收的最大功率的影响。

车身仿真模型如图 4-29 所示，包括滚动阻力、坡度阻力、迎风阻力、加速度阻力、汽车速度计算等子模块。通过汽车速度计算子模块计算出汽车行驶速度，从而推算出汽车的行驶阻力；根据车轮反馈的汽车需要的驱动力和线性速度，计算出所需的传递给汽车的驱动力及车速。

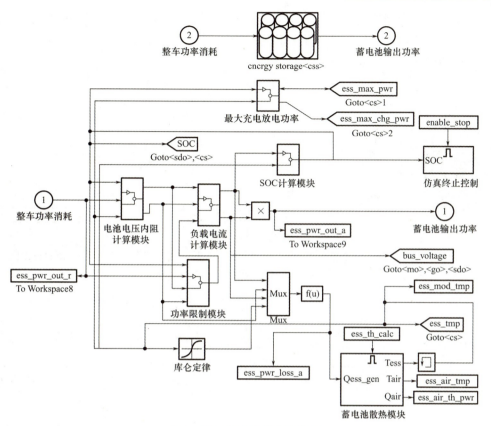

图 4-28 蓄电池的仿真模型

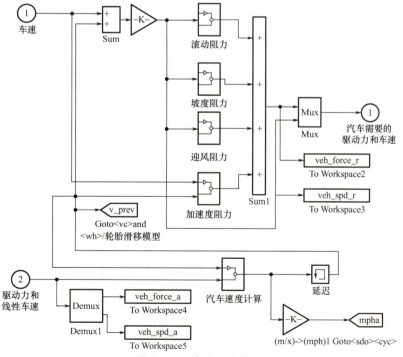

图 4-29 车身仿真模型

主减速器仿真模型如图 4-30 所示，通过车轮/轮轴传递的主减速器输出端需求的转矩和转速以及变速器反馈的有效转矩和转速，修正主减速器输入端的转矩和转速，从而计算出主减速器的输出转矩和转速。

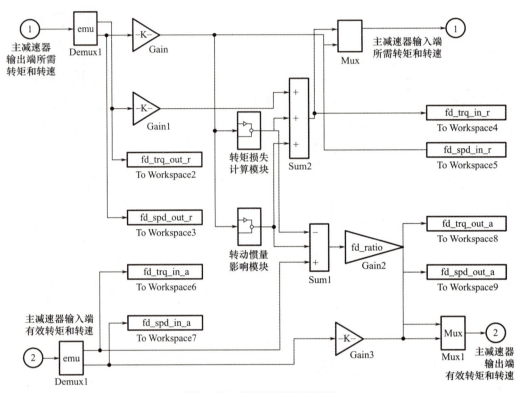

图 4-30　主减速器仿真模型

变速器仿真模型如图 4-31 所示，由输入/输出轴转矩和转速计算、变速器控制、转动惯量影响、转矩损失等子模块构成。此模型通过主减速器模型传递的变速器需要输出的转矩和转速以及由电动机/控制器模型反馈而来的转矩和转速，修正变速器的输入转矩和转速，推算出变速器的输出转矩和转速。

主减速器和变速器仿真模型都具有传递、修正转矩和转速的作用。

在 ADVISOR 2002 中，将各模块封装连接，组成纯电动汽车的整车仿真模型，如图 4-32 所示。

ADVISOR 2002 的整车参数设置界面如图 4-33 所示，可以选择不同的电动汽车类型，输入设计的电动机、传动系、电池组参数及整车相关参数。

ADVISOR 2002 的仿真工况设置界面如图 4-34 所示，可以在标准工况库中选择不同的工况，也可以自定义工况，还可以设置加速性能或坡度性能要求，如图 4-35 所示。

在工况设置完成后，单击 RUN 按钮即可进行仿真。仿真结果以图表形式展现，可选择不同的参数，查看其仿真结果，如图 4-36 所示。图 4-36（a）为车速变化曲线，图 4-36（b）为电池 SOC 变化曲线；也可以读取仿真数据，重新制图显示结果。

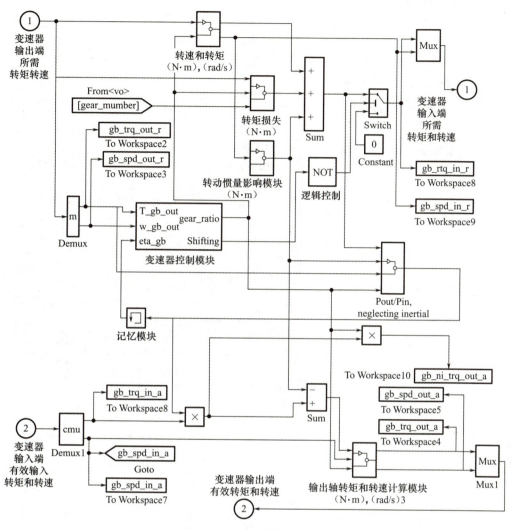

图 4-31 变速器仿真模型

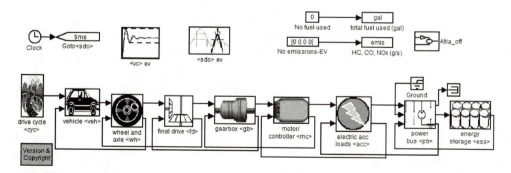

图 4-32 纯电动汽车的整车仿真模型

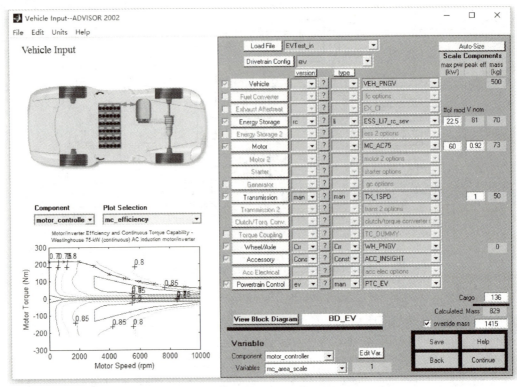

图 4-33　ADVISOR 2002 的整车参数设置界面

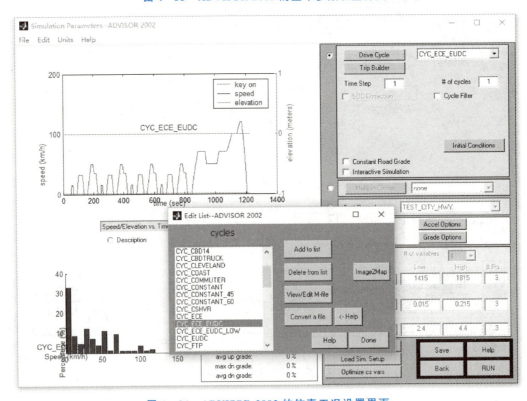

图 4-34　ADVISOR 2002 的仿真工况设置界面

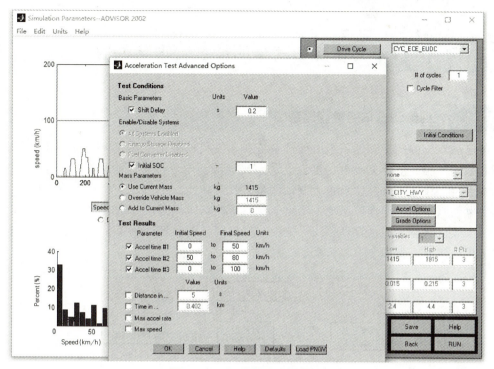

图 4-35 加速性能设置界面

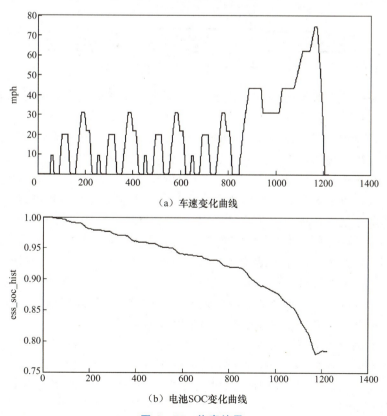

(a) 车速变化曲线

(b) 电池SOC变化曲线

图 4-36 仿真结果

4.5 纯电动汽车的能量管理与回收

4.5.1 纯电动汽车能量管理系统

纯电动汽车的能量管理系统由硬件系统和软件系统组成，具有从电动汽车各子系统采集运行数据、控制电池充放电、显示电池 SOC、预测剩余行驶里程、监控电池的状态、调节车内温度、调节车灯亮度及再生制动能量回收等功能。

纯电动汽车的能量管理系统主要由电池输入控制、汽车运行状态参数、电池组状态参数、汽车操纵状态、能量管理系统、电池输出控制、能量管理系统状态显示、电动机系统控制等模块组成，如图 4-37 所示。

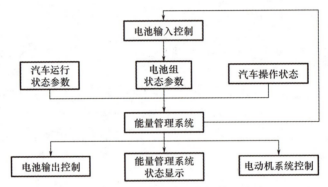

图 4-37 纯电动汽车的能量管理系统

能量管理系统的参数包括电池组状态参数（如工作电压、放电电流和电池温度等）、汽车运行状态参数（如行驶速度、电机功率等）和汽车操纵状态（如制动、起动、加速和减速等）。能量管理系统可实时显示检测的状态参数，并将其按预定的算法进行估算，向电池、电机等发出合理的控制和显示指令，实现电池能量的优化管理与控制。

能量管理系统最核心的任务是 BMS。电池管理系统主要执行以下工作：电压、电流与温度测量，计算电池 SOC，计算电池放电深度，计算最大允许放电电流，计算最大允许充电电流，预测电池寿命指数和 SOH，故障诊断，与整车数据通信等。

汽车动力电池常采用大容量锂离子电池，单体锂离子电池的温度耐受范围为 $-40 \sim 70$℃。在实际使用中，若体积过大，会产生局部过热，从而影响电池的安全和性能。在苛刻的使用环境下，110mm×110mm×25mm 的 20A·h 锂电池，局部最高温度为 135℃；110mm×220mm×25mm 的 50A·h 锂电池，局部温度高达 188℃，更容易引起安全问题。因此，有必要监测和控制锂离子电池的温度。

在当前电池制造水平下，用现有的正极材料，单体电池之间尚不能达到性能完全一致，在通过串并联方式组成大功率大容量动力电池组后，苛刻的使用条件也易诱发局部偏差，从而引发安全问题。因此，为确保电池性能良好、延长电池使用寿命（提升 50% 以上），必须使用 BMS 对电池组进行合理有效的管理和控制。生产和使用过程对电池性能一致性的影响情况如表 4-9 所示。

表 4-9　生产和使用过程对电池性能一致性的影响情况

生产过程	使用过程	造成的差异
生产工艺、材质有差异	长时间使用，材质老化不同步	电压、内阻、容量
生产的批次不同	组装在一起使用	容量、内阻
个别电池内部短路	电池自放电	电流、内阻
	电池组内不同区域温度不同	电压、内阻、电流承受能力
	串并联充放电工作电流	电压分布不均匀
	系统局部漏电	电池 SOC 变化不同

另外，电池成组后主要有以下 4 个问题。

（1）过充/过放。串联的电池组在充电/放电时，由于化学反应不一致，部分电池可能先于其他电池充满/放完。继续充电/放电就会造成过充/过放，锂电池的内部副反应将导致电池容量下降、热失控或者内部短路等。

（2）电流过大。并联、老化、低温等情况，均会导致部分电池的电流超过其承受能力，缩短电池的使用寿命。

（3）温度过高。局部温度过高，会使电池的各项性能下降，最终导致内部短路和热失控，产生安全问题。

（4）短路或者漏电。因振动、湿热、灰尘等因素造成电池短路或漏电，威胁驾乘人的人身安全。

基于上述原因，开发纯电动汽车的能量管理系统，尤其是 BMS，成为电动汽车的核心目标。

4.5.2　纯电动汽车储能装置

纯电动汽车储能装置主要有蓄电池、燃料电池、超级电容和飞轮电池等，其中蓄电池是纯电动汽车最常用的储能装置。纯电动汽车的储能装置及布置形式如图 4-38 所示。

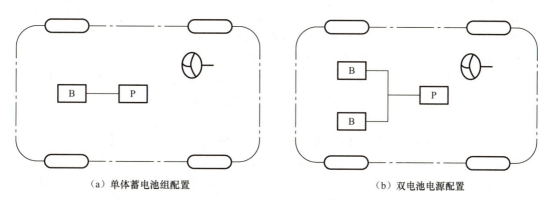

(a) 单体蓄电池组配置　　　　(b) 双电池电源配置

图 4-38　纯电动汽车的储能装置及布置形式

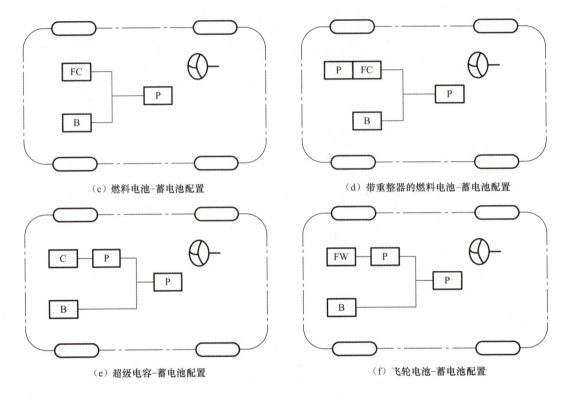

(c) 燃料电池-蓄电池配置　　　　(d) 带重整器的燃料电池-蓄电池配置

(e) 超级电容-蓄电池配置　　　　(f) 飞轮电池-蓄电池配置

B—动力电池；C—超级电容；FC—燃料电池；FW—飞轮电池；P—功率转换器

图 4-38　纯电动汽车的储能装置及布置形式（续）

4.5.3　纯电动汽车制动能量回收系统

【纯电动汽车再生制动能量回收】

纯电动汽车的制动能量回收又称再生制动，主要方法有飞轮储能、液压储能和电化学储能等。

（1）飞轮储能是利用高速旋转的飞轮来存储和释放能量。当汽车制动或减速时，先将汽车在制动或减速过程中的动能转换成飞轮高速旋转的动能；当汽车再次起动或加速时，高速旋转的飞轮将存储于储能器中的能量转换为汽车行驶所需要的动能（驱动力）。

（2）液压储能是先将汽车制动或减速过程中的动能转换成液压能，并将液压能存储在储能器中；当汽车再次起动或加速时，储能系统将存储于储能器中的液压能以机械能的形式反作用于汽车，以增大汽车的驱动力。

（3）电化学储能是先将汽车在制动或减速过程中的动能通过发电机转换为电能，并以化学能的形式存储于储能器中；当汽车再次起动或加速时，将储能器中的化学能通过电动机转换为汽车行驶的动能。储能器可采用蓄电池或超级电容，由电动机实现机械能与电能之间的转换。该系统还包括一个控制单元，用来控制蓄电池或超级电容的充放电状态，并保证电池 SOC 在规定范围内。

纯电动汽车主要采用电化学储能实现再生制动，具体是指纯电动汽车在减速制动（或下坡)时将汽车的部分动能或势能通过传动系反拖电动机,此时电动机将作为发电机使用,将机械能转换为电能,并给蓄电池充电。转换的电能存储在蓄电池中,并最终用于增加电动汽车的续驶里程。若蓄电池被完全充满,再生制动就不能实现,所需的制动力就只能由常规的制动系统提供。

图 4-39 所示是用于前轮驱动汽车的电化学储能式再生制动系统。当汽车以恒定速度或加速度行驶时,电磁离合器脱开。当汽车制动时,行车制动系统开始工作,汽车减速制动,电磁离合器接合,从而接通驱动轴与变速器的输出轴。因此,汽车的动能由输出轴、离合器、驱动轴、驱动轮和从动轮传到发电机和飞轮上。当离合器分离时,飞轮的制动能向发电机释放,驱动电动机将机械能转换为电能,存入蓄电池。

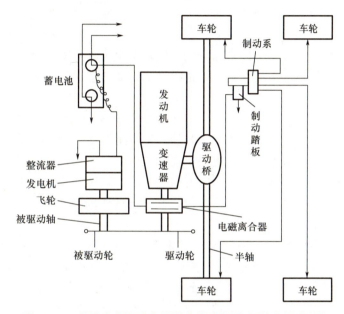

图 4-39 用于前轮驱动汽车的电化学储能式再生制动系统

在电动机和飞轮回收能量的同时,产生负载作用,并作为前轮驱动的制动力。当汽车再次起动时,蓄电池的化学能转换成机械能来使汽车加速。

与内燃机汽车相比,纯电动汽车在再生制动模式或电液复合制动模式下工作时,可由电动机提供部分甚至全部制动力,在保证汽车制动安全性的同时,可以回收部分动能并存储在蓄电池中,以供再次利用。

在理想制动工况下,依据驾驶人踩踏板的动作和习惯,可将整个制动过程大致分为三个阶段:①驾驶人踩下踏板至理想位置;②驾驶人保持踏板位置直至停车;③驾驶人松开制动踏板。

在制动控制过程中,制动踏板力和制动主缸的压力决定了驾驶人的期望制动力。由以上分析可以得出理想制动工况下的期望制动曲线,如图 4-40 所示。

由图 4-40 可以看出,期望制动力越大,制动系统产生的制动强度越大,整个制动过程的制动功率就越大,对电动机和蓄电池的要求也就越高。在理想制动条件下,可以得到最大制动功率与制动初速度及制动强度的关系。研究表明,汽车在 95% 的制动工况下的最

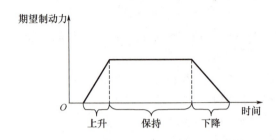

图 4-40 理想制动工况下的期望制动曲线

大制动功率小于 150kW，大大降低了对电动机和电池储能系统的性能要求，有利于制动能量的回收利用。

由再生制动时的能量流动路线可知，制动能量由车轮流至蓄电池，所流经的部件都会有能量损失。考虑到机械传动效率高且稳定，影响制动能量回收的主要因素是电动机、蓄电池、液压制动系统。

(1) 电动机。电动机作为再生制动系统中转换能量形式的部件，对制动能量的回收起至关重要的作用。电动机的外特性决定了某转速下再生制动力的最大值。电动机的最大功率和基速决定了电动机的功率特性。电动机在基速以下，输出转矩保持恒定，功率与转速成比例关系；在基速以上，输出转矩随转速增大而不断减小，功率输出不保持恒定。当车速很低时，电动机的转速也会随之变得很低，此时，电动机产生的感应电动势很低，不能为蓄电池继续充电。

(2) 蓄电池。蓄电池是再生制动系统的储能元件，其工作状态主要体现在电池 SOC 和最大充电功率两方面。对每种电池 SOC 最佳运行范围有规定要求，超出范围的过充和过放都会对电池造成不利的影响。例如，锂离子电池 SOC 的最佳运行范围一般为 30%~70%，在该范围内为主动充电。当电池 SOC 大于 70% 时，再生制动系统不再为蓄电池充电。由于整个制动过程很短，可认为电池 SOC、温度和内阻保持不变，因此蓄电池的开路电压保持不变。同时，为了保护蓄电池，每个电池都有最大充电电流的限制。整个制动过程中，蓄电池可以保持最大充电功率充电。发电机的发电功率和电池的充电功率共同限制了再生制动功率，进一步限制了再生制动力的最大值。

(3) 液压制动系统。由于电动机再生制动的能力有限，且电气系统容易出现故障，因此为保证制动的安全性，液压制动系统对电动汽车来说必不可少。但随车速不断变化，摩擦制动力也发生变化，以保持与传统制动系统相同的制动强度。因此，液压制动系统在结构上比传统制动系统增加了液压控制单元，以精确、稳定地控制制动轮缸的压力，保证汽车良好的制动效能。液压控制单元对制动压力的控制能力间接影响再生制动力。

图 4-41 所示为纯电动汽车再生制动/液压制动系统的基本结构。当驾驶人踩下制动踏板后，电泵使制动液增压并产生所需的制动力，制动控制与电动机控制协同工作，确定电动汽车上的再生制动力和前后轮上的液压制动力。减速制动时，再生制动系统回收再生制动能量，并将其反充至蓄电池中。纯电动汽车的 ABS 及其控制阀的作用与内燃机汽车的相同，也能产生最大制动力。

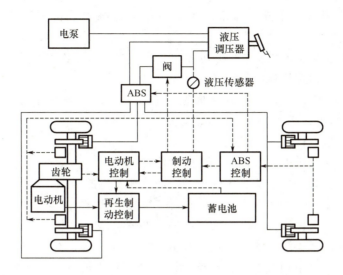

图 4-41 纯电动汽车再生制动/液压制动系统的基本结构

4.6 纯电动汽车的高压安全技术

4.6.1 触电概述

触电是指当电流通过人体,对人体产生热效应、化学效应及刺激作用等生物效应,影响人体功能,损伤人体,甚至危及生命。触电需满足两个条件:人体形成一个闭合的电路;有一个电压源。

触电产生的伤害有电击伤和电灼伤两种。电击伤是指高压电设备漏电,电流通过人体造成人体内部的伤害;电灼伤是指高压电设备损坏,产生电弧对人体外部造成的伤害。

根据《电动汽车 安全要求 第 3 部分:人员触电防护》(GB/T 18384.3—2015)中的人员触电防护要求,不同电压等级可能对人体产生不同的伤害和危险程度,如表 4-10 所示。

表 4-10 电压类型和等级

电压级别	最大工作电压/V	
	直流	交流(rms)
A	$0 < U \leqslant 60$	$0 < U \leqslant 30$
B	$60 < U \leqslant 1500$	$30 < U \leqslant 1000$

考虑到空气的湿度和人体在不同工作环境下的电阻,基于安全考虑,将汽车电压分为以下安全级别。

(1) A 级。A 级被认为是较安全的电压等级,直流电压小于或等于 60V;在规定的

150Hz频率下，交流电压不超过30V。A级电压下的维护人员不需要采取特殊的防电保护。

(2) B级。B级电压会对人体产生伤害，被认为是高压。在B级电压下必须采用必要的防护设备对维护人员进行保护。

当电压达到200V以上，正负极之间距离较大时，就会发生击穿导电，即电弧。在300V电压下，两根导线距离为10cm时就会发生击穿导电。

纯电动汽车一般有以下4种触电类型。

(1) 接触触电：与带电部件接触产生的触电。

(2) 电磁感应触电：与交流高压附近的金属接触发生的触电。

(3) 静电感应触电：人体在交流高压附近产生静电感应，放电时发生的触电。

(4) 电弧触电：人体因大电流在大气中的放电被吹起而发生的触电。

纯电动汽车的高压电引起的电损伤形式主要如下。

(1) 交流电损伤：单相触电（交流）（图4-42）和两相触电（交流）（图4-43）。

(2) 直流电损伤：与动力电池直接接触而发生触电（图4-44）；车身漏电，直接接触到动力电池正极时可能触电（图4-45）。

(3) 静电：雷击，一般很少发生。

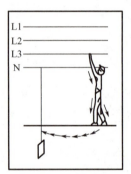
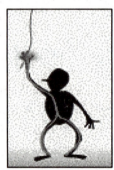

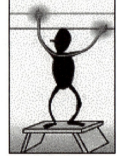

图4-42 单相触电（交流）　　　　　　　图4-43 两相触电（交流）

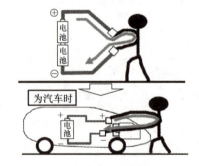
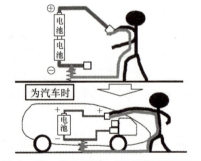

图4-44 与动力电池直接接触而发生触电　　图4-45 车身漏电，直接接触到动力电池正极时可能触电

4.6.2 纯电动汽车的高压安全防护

由于纯电动汽车使用的电源电压远高于人体可接受的安全电压（一般安全电压不高于 36V，持续接触安全电压为 24V，安全电流不大于 10mA），因此电动汽车的高压安全防护措施需要十分周密。高压电安全防护技术一般分为主动安全技术和被动安全技术。以主动防护实现安全的技术称为主动安全技术；以避开危险为目的技术称为被动安全技术。具体防护措施如下。

【比亚迪电动汽车的高压安全保护】

1. 橙色电缆线

为了减少与高压电（在电动汽车领域指 60V 以上）的直接接触，高压部件上的高压线采用橙色电缆线作为警示，同时在高压器件附近有警示性通知，属于被动安全技术。

2. 防接触保护

高压导线特别是壳体穿孔部位采用多层（三层）绝缘，防止穿孔部位意外裸露，造成直接或间接接触高压产品带电，属于主动安全技术。

3. 高压和低压（12V）不共地

高压电的正极和负极与汽车车身金属间不共地，两者之间有绝缘检测，即负母线对车身和正母线对车身的绝缘检测。发生绝缘电阻下降故障时，高压上电，继电器下电，并在仪表盘上显示系统故障，属于主动安全技术。

当正/负直流母线与车身意外相连，绝缘检测失效时，将存在严重的高压电击隐患，一旦人员在车上接触高压电负极或正极，将造成严重电击伤甚至死亡。

4. 高压产品的电隔离

DC/DC 转换器的一次线圈与二次线圈间采用变压器隔离。当 DC/DC 转换器壳体或 DC/AC 逆变器壳体高压漏电时，可通过高压电池箱内的绝缘检测电路检测到，属于主动安全技术。

5. 高压互锁

高压产品的电缆脱开时，会形成触电和母线短路隐患。为此，对整个高压系统设置一个导通环，当高压元器件从线束上脱开时会造成 U 形导通环传送的信号中断，控制系统控制电池箱内的高压上电继电器断开，同时 DC/AC 逆变器的电容器通过电阻自行放电，属于主动安全技术。

6. 高压接通锁

工作人员在诊断辅助系统（如断开空调压缩机的供电线）时，高压上电继电器会断开，确保电池箱停止对外输出高压。同时要防止高压系统通过"点火开关开启"重新接通，因此，借助高压接通锁（图 4-46）再次断开对外输出，又为高压系统增加了一道防止接通的保险。使高压接通锁进入断开状态，相当于拆下了检修塞。使用高压接通锁属于主动安全技术。

图 4-46　高压接通锁

7. 碰撞时切断高压系统

通过来自安全气囊的碰撞识别触发，断开电池箱内的上电继电器，并停止发电机发电，将母线电容器自动放电至允许的电压极限以下。碰撞时切断高压系统属于主动安全技术。

8. 充电防护

汽车上的车载充电机壳体通过充电接口与外界的 L、N、PE 三根线连接，因为有 PE 接地保护，所以充电过程是安全的。当 PE 接地出现故障（如断开）时，L 恰好与充电机壳体相连通，一旦人接触汽车壳体金属就会有电击的危险，所以要检查充电机壳体和 PE 的接地情况。充电防护属于被动安全技术。

4.6.3　纯电动汽车的绝缘电阻检测

1. 绝缘电阻简介

纯电动汽车动力电池、变频器、电动机、车载充电机、DC/DC 转换器、电动空调压缩机和 PTC 电加热器等都会涉及高压电器绝缘问题。这些部件的工作条件比较恶劣，振动、酸碱气体的腐蚀、温度及湿度的变化都有可能造成动力电缆及其他绝缘材料迅速老化甚至绝缘破损，使设备绝缘强度大大降低，危及人身安全，所以有必要在绝缘出现问题时，及时对高压电网进行断电操作，保护人员安全。

绝缘电阻本身是一个物理量，指加直流电压于绝缘物，经过一定时间极化后的直流电阻。纯电动汽车的绝缘电阻是指采用此方法测得的高压带电部分与可接触部分（电池箱壳体、电动机外壳等）之间的电阻值。

电动汽车的绝缘状态以高压直流正、负母线对底盘的绝缘电阻来衡量。绝缘电阻值代表高压电导致安全事故的难易程度，数值越高表示绝缘性越好、越安全。GB/T

18384.3—2015《电动汽车 安全要求 第 3 部分：人员触电防护》要求绝缘电阻除以电动汽车直流系统标称电压 U，不得低于 100Ω/V 的安全极限。实际应用中，高压零（部）件正常状态下的整车绝缘电阻通常大于 1MΩ。纯电动汽车电底盘的绝缘电阻如图 4－47 所示。

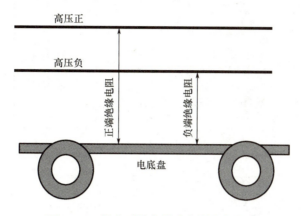

图 4－47　纯电动汽车电底盘的绝缘电阻

绝缘失效一般可分为以下两种情况。

(1) 单端（正端或负端）绝缘失效。因为单端绝缘失效未形成闭合回路，所以不直接产生危害，但使得发生危害的概率大大增大，此时电底盘已直连高压的某极，若另一极也绝缘失效或人员误触另一极，可能会发生短路或触电事件。

(2) 双端绝缘失效。当双端绝缘失效时，高压正负极之间电阻值很小，可能引起纯电动汽车的动力电池短路，导致整车损坏、起火等严重后果；也可能导致车上人员触电。

2. 绝缘电阻检测

绝缘电阻的检测方法有精确检测法和简单估算法。

(1) 精确检测法。

通过绝缘电阻检测电路（图 4－48 中的虚线框内）计算绝缘电阻。假设电动汽车的直流系统电压（即车载动力电池总电压）为 U，待测的正负母线与电底盘之间的绝缘电阻分别为 R_X、R_Y，正负母线与电底盘间的电压分别为 U_X、U_Y，R_1、R_2 为固定阻值的标准偏置电阻。

绝缘电阻检测电路主要有以下四个功能。

①正负母线对底盘的电压 U_X 和 U_Y 测量。

②标准偏置电阻 R_1 或 R_2 的介入控制。

③绝缘电阻 R_X 和 R_Y 的计算。

④判断、报警等。

绝缘电阻检测电路的工作原理：当功率开关 T_1、T_2 全部断开时，可测得正负母线与电底盘之间的电压分别为 U_X 和 U_Y，得式（4－55）。当功率开关 T_1 闭合、T_2 断开时，则在正母线与电底盘之间加入标准偏置电阻 R_1，测得正负母线与电底盘之间的电压分别为 U'_X、U'_Y，得式（4－56）。联立两式，求解绝缘电阻 R_X、R_Y。

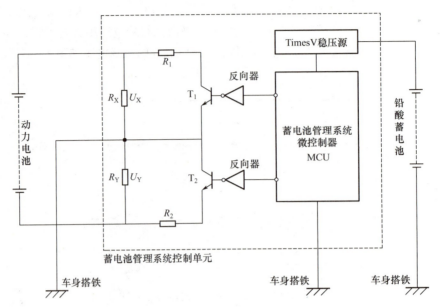

图 4-48 绝缘电阻检测电路

$$\frac{U_x}{R_x} = \frac{U_y}{R_y} \tag{4-55}$$

$$\frac{U_x'}{R_x} + \frac{U_x'}{R_1} = \frac{U_y'}{R_y} \tag{4-56}$$

同理，绝缘电阻也可通过以下两种状态建立方程组求解。

①首先 T_1、T_2 全部断开，然后 T_1 断开、T_2 闭合。

②首先 T_1 闭合、T_2 断开，然后 T_1 断开、T_2 闭合。

绝缘电阻计算结果的精度与测量电压和标准偏置电阻的精度有关。一般认为纯电动汽车的实际待测绝缘电阻阻值保持不变。绝缘电阻实际检测回路如图 4-49 所示。一般纯电动汽车的标称电压为 90~750V，实际偏置电阻因电压不同而不同，且运行过程中电池电压存在一定的波动范围。因此，实际待测绝缘电阻有一定的变化范围，但变化不大，可忽略。

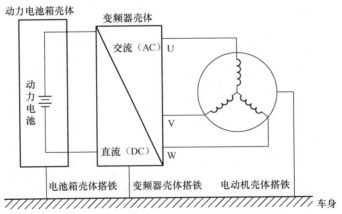

图 4-49 绝缘电阻实际检测回路

(2) 简单估算法。

采用专用的 RK2682 型绝缘电阻测试仪（图 4-50），首先在待测点与电底盘之间注入高电压（纯电动汽车通常取 1000V），然后用绝缘电阻测试仪检测该电压下通过的极化电流值，最后根据高电压和极化电流值算出绝缘电阻值。该方法有一定误差，可通过多次测量取平均值以减小误差。

图 4-50　RK2682 型绝缘电阻测试仪

在绝缘电阻检测的高压电操作中，不要把自己串入正负极之间构成导电回路，否则将无法识别绝缘监测，甚至会造成严重的触电事故。

4.6.4　纯电动汽车的高压安全设计

1. 纯电动汽车的高压安全设计要求

纯电动汽车的高压安全设计要求可参考 GB/T 18384.1～3—2015。现节选部分主要内容如下。

（1）车载可充电储能系统（REESS）安全要求（GB/T18384.1—2015）。

① REESS 的绝缘电阻、电气间隙、爬电距离应符合标准要求。

② 在正常的环境和操作条件下，应有适当的措施，使驾驶舱、乘员舱以及各载货空间的有害气体或其他有害物质不会达到潜在的危险浓度。有害气体和其他有害物质允许的最大聚集量应符合国家相关标准的要求。

③ 应采取适宜的措施防止任何由单点失效情况造成可能危害人员的热量的产生，比如，基于电流、电压或温度的监控器。

④ 如果 REESS 自身没有防短路功能，则应有一个 REESS 过电流断开装置能在车辆制造厂商规定的条件下断开 REESS 电路，以防止对人员、车辆和环境造成危害。

（2）人员触电防护安全要求（GB/T18384.3—2015）。

① 基本防护方法。应防止人员与 B 级电压电路的带电部分直接接触。应通过以下两种方式或其中一种来实现防护：带电部分的基本绝缘；遮拦或外壳，防止接近带电部分。遮拦或外壳可以是导体也可以是绝缘体。

② 电位均衡。通常情况，B 级电压电气设备的外露可导电部分，包括外露可导电的遮拦和外壳，应能承受单点失效情况下的最大电流。电位均衡通路中任意两个可以被人同时

触碰到的外露可导电部分之间的电阻应不超过 0.1Ω。

③ 绝缘电阻。非传导连接到电网的 B 级电压电路应拥有足够的绝缘电阻，在最大工作电压下，直流电路绝缘电阻的最小值应至少大于 100Ω/V，交流电路应至少大于 500Ω/V。传导连接到电网的 B 级电压电路的绝缘电阻应满足要求，如充电接口的绝缘电阻，包括充电时传导连接到电网的电路，当充电接口断开时，至少要 1MΩ。

④ 遮拦/外壳。如果通过路栏/外壳来提供触电防护，则带电部分应当布置在外壳里或遮拦后，防止从任何通常的方向上接近带电部分。遮拦/外壳应至少满足 GB/T 4208—2017 中规定的 IPXXB 防护等级的要求。客舱和行李舱的遮拦/外壳应至少满足 GB/T 4208—2017 中规定的 IPXXD 防护等级的要求。

⑤ 连接部分。如果连接部分可以不用工具断开，且在不接驳的情况下带 B 级电压，则在未连接的情况下应至少满足 GB/T 4208—2017 中规定的 IPXXB 防护等级的要求。

⑥ 车辆充电插座。车辆充电插座在断开时应至少满足下述一种要求：使传导连接到电网的电路在 1s 内断电，断电电路应满足 GB/T18384.3—2015 中 6.3.4 的要求；满足 GB/T 4208—2017 中规定的 IPXXB 的要求并在厂商规定的时间内断电。

2. 纯电动汽车的高压安全设计内容

纯电动汽车的高压安全设计内容主要包括六个方面，如图 4 - 51 所示。

图 4 - 51　纯电动汽车的高压安全设计内容

(1) 碰撞保护。碰撞保护是指当汽车安全气囊引爆后，通过网络监测，系统将实现自动切断高电压。

(2) 高压互锁。高压互锁是指通过在高压连接器上设计监测低压开关，当开关断开时，先断开高电压，防止触电。

(3) 电源极性反接保护。电源极性反接保护是指当维护人员意外接错电源正负极时，系统会自动切断高电压。

(4) 主动泄放与被动泄放。主动泄放与被动泄放是指通过主动、被动监测整车是否存在车身短路，自动快速地将电池组电能泄放掉，避免电池发热燃烧。

（5）开盖检测。开盖检测是指在动力电池等高压部件的外壳盖子上设立低压开关，在低压开关打开（盖子被打开）时，系统将自动切断高电压。

此外，纯电动汽车高压系统的每个高压回路均有熔断器作为过电流保护。动力蓄电池总成内部增加了一定数量的接触器和熔断器（图4-52）进行保护，动力蓄电池的每根采样线也有单独的熔断器保护。即使发生碰撞短路，也可保证电池包等高压器件及线束不会短路损坏或起火。

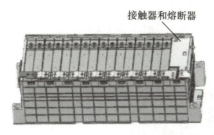
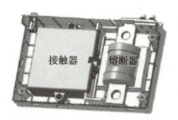

图4-52　接触器和熔断器

3. 纯电动汽车的高压维修安全

纯电动汽车对维修人员有特殊的安全操作要求，主要包括以下四个方面。
（1）熟悉高压回路和高压电器原理。
（2）小心谨慎，防水防火。
（3）正确使用防护设备（绝缘手套、绝缘鞋）。
（4）按标准操作，断开关、拉电闸、正负极分别拆。

另外，车载维修开关（图4-53）的主要作用是当维修人员进行以下操作时，直接断开高压回路，以确保维修人员的安全。
（1）检修所有高压模块产品。
（2）检修所有动力蓄电池包四周的零（部）件。
（3）检修其他以需要拆卸或移动高压产品为前提的零（部）件。

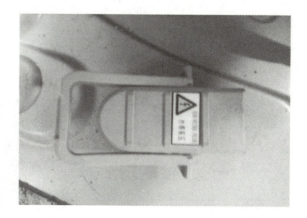

图4-53　车载维修开关

4.6.5 北汽 EV200 纯电动汽车的高压系统

1. 北汽 EV200 纯电动汽车的高压部件组成

北汽 EV200 纯电动汽车主要电气元件布置如图 4-54 所示，其高压部件主要包括动力电池、驱动电动机和控制器、动力控制单元等。

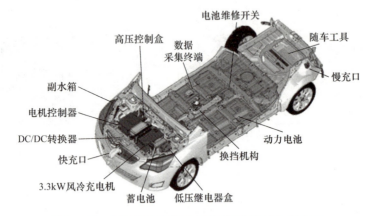

图 4-54 北汽 EV200 纯电动汽车主要电气元件布置

（1）动力电池。北汽 EV200 动力电池的位置如图 4-55 所示，集中布置于底盘中间位置。

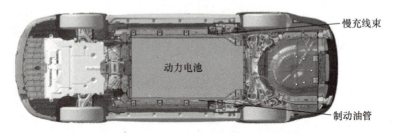

图 4-55 北汽 EV200 动力电池的位置

（2）驱动电动机和控制器。北汽 EV200 的驱动电动机和控制器如图 4-56 所示，位于发动机舱中。

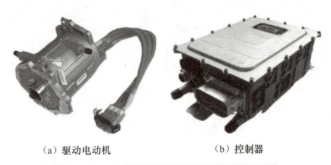

(a) 驱动电动机　　　　(b) 控制器

图 4-56 北汽 EV200 驱动电动机和控制器

(3) 动力控制单元。与其他早期车型（北汽 EV150 等）不同的是，北汽 EV200 采用的动力控制单元高度集成化，集高压控制盒、DC/DC 转换器及车载充电机于一体，可实现更加集中和高效的控制。动力控制单元放置于发动机舱中，如图 4-57 所示。

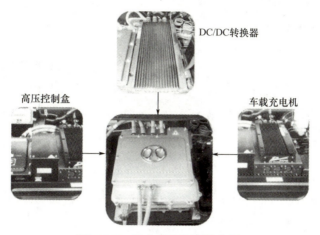

图 4-57　动力控制单元的位置

2. 北汽 EV200 的动力电池系统及绝缘电阻监测

北汽 EV200 的动力电池系统内部高压电路如图 4-58 所示，可知动力电池箱壳体与整车壳体之间，上下端分别连接了一个绝缘电阻。绝缘电阻的检测回路如图 4-59 所示。

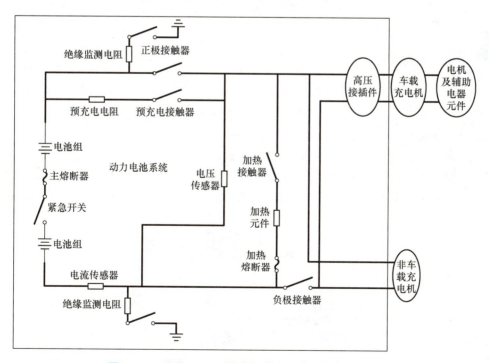

图 4-58　北汽 EV200 的动力电池系统内部高压电路

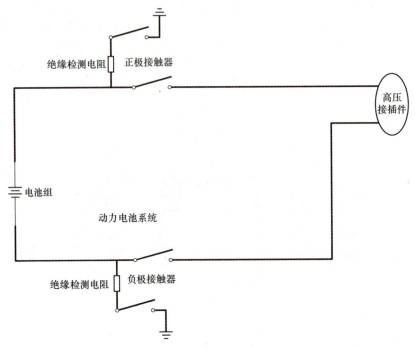

图 4-59 绝缘电阻的检测回路

4.7 典型纯电动汽车车型分析

4.7.1 比亚迪 e6

近年来,比亚迪公司开发出许多新能源汽车车型,其中纯电动车型有比亚迪 e6、e5 等。2017 款比亚迪 e6 纯电动汽车(图 4-60)的定位为 MPV,其车身尺寸为 4560mm× 1822mm×1630mm,轴距为 2830mm,前后轮距分别为 1585mm 和 1560mm,整备质量为 2380kg。动力电池采用比亚迪自主研发的磷酸铁锂电池,容量为 82kW·h,标称电压为 330V。采用无刷直流电机驱动,前置前驱,1 挡固定速比变速箱,额定功率为 75kW,最大功率为 120kW,最大转矩为 450N·m,综合工况下续驶里程为 400km,0~50km/h 的

图 4-60 2017 款比亚迪 e6 纯电动汽车

加速时间为 6s，最高车速可达 140km/h，百公里耗电量为 20.5kW·h 左右。可采用壁挂式交流充电、家用交流充电、直流充电等方式充电，充电时长快充为 1.5h，慢充为 8h。

4.7.2　日产 LEAF

日产 LEAF（图 4-61）是全球畅销的纯电动汽车车型之一，最新款车型尺寸为 4480mm×1790mm×1540mm，轴距为 2700mm，搭载代号为 EM57 的永磁同步电动机，最大功率为 110kW，最大转矩为 320N·m，采用 40kW·h 的薄型锰酸锂离子电池作为动力电池。在日本 JC08 标准工况下，最大续驶里程为 400km。正常慢充模式下（接入 6kW 的交流充电桩），充满电需要 8h，快充模式下只需 40min 即可充 80% 电量。

图 4-61　日产 LEAF

LEAF 中控台醒目地设置有 7in 全彩色液晶显示屏，包括安全屏障技术（Safety Shield Technology）、音响系统和导航系统，且兼容 Apple CarPlay 系统。全车搭载了 Pro-PILOT 自动驾驶、ProPILOT Park 自动泊车系统及 e-Pedal 电子踏板等一系列主动安全辅助驾驶技术。

4.7.3　荣威 e50

荣威 e50（图 4-62）的车身尺寸为 3569mm×1551mm×1540mm，轴距为 2305mm，整备质量为 1080kg。其搭载的永磁同步电动机的最大功率为 52kW，最大转矩为 155N·m。采用容量为 22.4kW·h 的三元锂（镍钴锰酸锂）电池作为动力电池，1 挡固定速比变速箱，最高车速为 130km/h，0～50km/h 的加速时间为 5.6s。百公里耗电量为 15kW·h，综合工况下续驶里程为 170km。充满电需要 8h，快充模式下只需 30min 即可充 80% 电量。

【荣威e50】

图 4-62　荣威 e50

4.7.4　北汽 EV200

北汽 EV200（图 4-63）是北汽开发的纯电动两厢汽车，是北汽 EV150 的升级改进版。其车身尺寸为 4025mm×1720mm×1503mm，轴距为 2500mm，整备质量为 1320kg。搭载一台额定功率为 30kW、最大功率为 53kW 的永磁同步电动机，最大转矩为 180N·m。1 挡固定速比变速箱，0~50km/h 的加速时间为 5s，0~100km/h 的加速时间为 15s，最高车速为 125km/h，百公里耗电量为 15kW·h。动力电池采用韩国 SK 公司的三元锂电池，容量为 30.4kW·h，综合工况下续驶里程为 260km。充满电需要 8~9h，快充模式下只需 30min 即可充 80% 电量（1h 可充满）。

【北汽EV200】

图 4-63　北汽 EV200

4.7.5　特斯拉 Model S

特斯拉 Model S（图 4-64）是一款全尺寸高性能纯电动汽车。外观造型方面，该车为四门 Coupe 车型（掀背车），车身尺寸为 4970mm×1964mm×1445mm，轴距为 2960mm，前后轮距分别为 1662mm 和 1700mm，整备质量为 2108kg。特斯拉 Model S 现有 75D、90D、100D、P100D 等型号（数字表示车型的电池容量）。以 75D 型号为例，其搭载异步感应交流电机，最大功率为 386kW，最大转矩为 525N·m，采用前后置双电机四驱的动力布置形式，固定速比变速箱。最高车速为 225km/h，0~100km/h 的加速时间为 5.4s。动力电池采用三元锂电池，容量为 75kW·h，综合工况下续驶里程为 469km。充满电需要 10.5h，快充模式下只需 40min 就可充 80% 电量。

【特斯拉Model S】

图 4-64　特斯拉 Model S

4.7.6 宝马 i3

宝马 i3（图 4-65）为两厢纯电动汽车，车身尺寸为 4006mm×1775mm×1600mm，轴距为 2570mm，整备质量为 1298kg。宝马采用了 eDrive 技术，即集成了功率电子装置的电动机、锂离子高性能蓄电池和智能能量管理系统。最大输出功率为 125kW，最大转矩为 250N·m。宝马 i3 配单速变速箱，0～100km/h 的加速时间为 7.3s，最高车速为 150km/h。电池容量为 33kW·h，百公里耗电量为 16.5kW·h，综合工况下续驶里程为 271km。目前宝马 i3 仅支持交流快充方式，3.8h 即可充 80% 电量。宝马在中国选择了 4 家公司（普天、特来电、星星充电、依威能）一起建设充电桩，计划在中国 60 个城市建设 65000 个充电桩。

【宝马 i3】

图 4-65　宝马 i3

互联网+新能源汽车的运营模式

新能源汽车运营主要分为三个部分：一是充电设施；二是电动汽车；三是运营平台。新能源汽车市场参与主体包括整车制造商、电池制造商、充电设备制造商、充电服务商、金融服务商、整合运营商、能源服务商、第三方合作伙伴、政府和消费者等，其中核心是消费者和政府；中间是主要产品、设备、整车制造；外围是新能源汽车的延伸服务商，三者相互影响和合作，构成新能源汽车产业链。

新能源汽车充电设施的主要运营模式：①政府主导模式 [图 4-66(a)]；②企业主导模式 [图 4-66(b)]；③用户主导模式；④混合模式 [图 4-66(c)]；⑤众筹模式。其中，前三者都是单一行为主体，负责充电设施的建设和运营；混合模式是政府参与和扶持企业主导的模式；众筹模式是指整合企业、社会、政府等多方面力量，利用互联网思维的众筹方式的模式。

电动汽车的运营模式分为融资租赁模式和分时租赁模式。融资租赁模式是买卖与租赁结合的融资方式，在制造商与消费者之间架起桥梁，减小新能源汽车投入初期的资金压力，促进新能源汽车的销售和推广。

融资租赁模式可以与各种业务模式快速融合，为商业模式的设计提供了更大的灵活度。

（a）政府主导模式　　　　（b）企业主导模式　　　　（c）混合模式

图 4-66　新能源汽车充电设施的主要运营模式

融资租赁模式的主要应用体现在以下四个方面。

（1）保值回购中的应用。利用保值回购政策，厂家锁定 3～5 年后的汽车残值，通过融资租赁模式，采购单位仅需每月支付租金即可，同时可帮助厂商实现新能源汽车的批量销售，是未来新能源汽车大规模推广的有效途径。

2015 年 4 月特斯拉宣布在中国推出"保值承诺"，车主贷款购车 3 年后，若有回购需求，经过条件审核后可以 50% 的购入价格回购特斯拉 Model S。2014 年 9 月，东风日产汽车公司启动"e 享无忧五年回购"，消费者使用 5 年后，公司以 5.5 万～6 万元的价格回购日产晨风纯电动汽车。

（2）在电动公交中的应用。在电动公交领域，融资租赁公司从整车厂批量购入新能源汽车，然后以融资租赁方式把汽车交给公交公司运营，称为增值租赁。对整车厂而言，融资租赁可实现销售并回笼资金，降低财务风险；对公交公司而言，可以以较少的前期资金投入获得整车的使用权，缓解公交公司前期的资金压力。

2014 年，深圳五洲龙汽车有限公司将生产的纯电动公交车租赁给澳门公共汽车有限公司。由澳门公共汽车有限公司主导，负责每天的营运和维修保养，并承担汽车试营运的成本，提供场地和电力，负责五洲龙公司维护人员的食宿和交通等。五洲龙公司负责提供纯电动公交营运汽车，并派遣工程师协助保障营运，使汽车能够每天顺利出车。

（3）在汽车共享中的应用。在共享车源方面，汽车租赁公司可以采用与融资租赁公司合作的模式，由融资租赁公司批量采购新能源汽车，汽车租赁公司每月支付现金即可。该模式既可以减轻汽车租赁公司的现金流压力，又可以快速扩充其车队规模，提高自身运营能力。

2014 年 8 月，青年汽车与平安国际融资租赁有限公司、浦银金融租赁股份有限公司签订授信协议，为各地公交企业提供融资租赁服务，满足各地批量推广纯电动公交车的资金需求。青年汽车采用传统融资租赁模式，有采购意向的公交公司可由金融租赁公司垫付采购资金，获得产品的使用权，而后几年逐步偿还本息。

（4）在公务车改革领域的应用。在公务车改革领域，融资租赁模式能够让更多新能源汽车进入公务车市场，对新能源汽车普及起到积极推动作用，还能大大减轻政府当期的财政压力。采用融资租赁模式，一方面可以避免政府对公务车的所有权限制；另一方面能够依托融资租赁公司的专业能力实现车队管理。

另外，安凯客车在合肥、大连、上海等各地推行"以租代买"的纯电动汽车的电池租赁模式。安凯客车出售电动客车时，客户可以选择不购买电池，而是通过租赁的方式，从电池供应商处获得与汽车匹配的电池，因此客户购买纯电动汽车的一次性支出明显减少。安凯客车还可以实现对电池的有效管理，同时加速电池生产企业的资金回笼，并将电池运营状况与支付挂钩。

分时租赁模式源于汽车共享（Car-Sharing）概念，是指租赁商以小时或日为单位，向消费者提供汽车租赁服务的经营方式。它倡导由若干个消费者共同提供随取即用的电动汽车自助租赁服务，以降低使用成本，促进新能源汽车的消费。

【新能源汽车分时租赁】

要成功实现分时租赁，需要解决电动汽车、充电基础设施和停车位三者的共享问题。分时租赁的优势是灵活便捷，从用户需求角度出发，可以有效解决当前电动汽车发展的制约因素，并依托互联网技术，实现自助型服务，降低人力成本。

分时租赁解决了电动汽车发展的以下四个制约因素。

（1）价格。以小时或分为单位，汽车使用效率得到极大的提高，与购买新车相比，大幅降低了用户对交通出行的投资成本。

（2）续驶里程。采用区域性运营，针对城市内短途短距离的用户，避免电动汽车续驶里程短的缺点。

（3）基础设施。仅需停车位，提升充电设施建设的便捷性，客户在指定地点还车后，汽车回到集中充电场所，即可进入充电状态。

（4）电网接入。客户无须与电网、物业等机构打交道。

根据运营区域内是否有固定租赁点，分时租赁分为多点租赁和自有流动两种模式。

电动汽车运营服务除了要有充电设施制造商和服务运营商之外，还要有基于互联网的运营服务平台提供技术支撑。运营平台通过智能电网、物联网和交通网的"三网"技术融合，实现信息化、自动化和网络化的"三化"管理，实现管理、分析、运营、调度电动汽车运营数据。通过运营平台，电动汽车服务运营商可以向客户提供各种服务入口，通过客户服务、用户管理、运行管理、资产管理、计费计量、支付结算等功能，实现对整个充电服务过程的业务支持、集中监测、统计分析。通过定位和大数据分析，对电动汽车提供交通、金融、生活、娱乐等增值服务。

运营平台以充电桩为入口，充电桩具备数据采集功能，联网后将数据实时上传至云端，实现平台对充电桩的远程管理。充电桩也可以将故障信息、安全警报及时反馈给维护人员。在充电过程中，电动汽车与充电桩需要通过数据交换来控制充电电流，从而获得电动汽车数据并监控车主的能源使用行为。充电桩是充电变现的重要载体，具有支付终端的性质，有助于培养车主的消费习惯。

运营平台的运营模式分为自运营模式和自建+运营模式，两者的主要区别在于前者主要是数据公司；后者需要自行建立充电网络。

从2016年开始，滴滴出行与比亚迪合作的e5纯电动汽车（图4-67）在南京投放运营，其续驶里程超过300km，出厂价为22.98万~24.98万元，除去国家和地方政府补贴后，售价约为12万元。

滴滴出行与比亚迪最早在深圳开展合作，比亚迪的新能源汽车可以在深圳免费上牌。

新能源汽车技术

图 4-67　e5 纯电动汽车

滴滴出行为旗下的专营司机普遍配比亚迪秦新能源汽车，并推出了"以租代购"模式，司机每月只需交几千元，3 年后就拥有该车。该营销策划活动不仅使比亚迪秦新能源汽车在深圳的"上镜率"极高，也让比亚迪和滴滴出行的合作从深圳推广至其他城市，显著提升了比亚迪的品牌影响力和新能源汽车的销量，同时给滴滴专营司机提供业务，降低了运营和管理成本，实现多者共赢局面。

思考题

1. 纯电动汽车准备挑战内燃机汽车需要解决哪些技术难题？
2. 如何计算纯电动汽车的续驶里程？影响因素有哪些？
3. 如何评价和计算纯电动汽车的能耗经济性？
4. 纯电动汽车动力系统主要由哪些部件组成？如何进行参数设计？
5. 纯电动汽车制动能量回收的含义是什么？具体有哪些影响因素？
6. 纯电动汽车的能量管理系统主要实现哪些功能？
7. 如何比较不同类型的纯电动汽车（如宝马 i3、日产 LEAF、比亚迪 e6、特斯拉 Model S 等）的经济性？
8. 纯电动汽车的高压安全防护措施有哪些？
9. 何谓电动汽车的绝缘电阻？可采用哪些方法检测绝缘电阻？
10. "互联网+"新能源汽车有哪些运营模式？滴滴出行与比亚迪的合作属于哪一种？
11. 融资租赁和分时租赁各有什么优势？
12. 如何利用"互联网+"的大数据优势促进新能源汽车的研发与销售，逐步实现替代内燃机汽车？

第 5 章 混合动力电动汽车

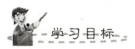

学习目标

1. 掌握混合动力电动汽车的分类与特点。
2. 理解混合动力电动汽车的组成及工作原理。
3. 知道混合动力电动汽车的关键技术及主要技术指标。
4. 学会混合动力电动汽车动力传动系统参数设计。
5. 了解混合动力电动汽车的典型车型。

主要学习内容

知识要点	相关知识
混合动力电动汽车的发展状况	日本、美国、欧洲国家、中国的混合动力电动汽车发展状况
混合动力电动汽车的概念和类型	混合动力电动汽车的分类与特点
混合动力电动汽车的关键技术	驱动电动机、动力电池及其管理系统、整车能量管理控制系统、动力传动系统匹配、能量再生制动回收系统
混合动力电动汽车动力传动系统参数设计	电动机功率、发动机功率、蓄电池参数、传动系传动比

5.1 混合动力电动汽车概述

混合动力电动汽车（Hybrid Electrical Vehicle，HEV）是指同时配备电力驱动系统和辅助动力系统单元（Auxiliary Power Unit，APU）的电动汽车。其中 APU 是燃烧某种材料的原动机或由原动机驱动的发电机组。

混合动力电动汽车的燃油消耗和排放低于内燃机汽车,生产成本低于纯电动汽车,动力性能接近内燃机汽车,因此近年来成为各国研究的重点和热点。

5.1.1 混合动力电动汽车的发展

1. 国外混合动力电动汽车的发展

在世界能源短缺的大环境下,发展新能源汽车,实现汽车动力系统的新能源化,推动传统汽车产业的战略转型已经成为全球汽车工业共同面对的挑战。1898年德国工程师费迪南德·保时捷设计制造了全球首辆混合动力汽车——Lohner-Porsche(图5-1),该车曾在1900年的巴黎万国博览会上展出。该车底盘和车身为木制,无变速箱和副轴,在前轮配备了电动机,配备具有44个电池单元的80V铅蓄电池,输出功率为2.5kW,可短时输出最高5.1kW的功率,整车质量为980kg,最高时速为58km/h,能够连续行驶约3h。目前该车收藏于奥地利维也纳的科技博物馆。

图5-1 全球首辆混合动力汽车——Lohner-Porsche

费迪南德·保时捷不久后又制造出通过发动机驱动发电机,利用电力驱动前轮两个发动机的混合动力汽车,并在1901年的巴黎车展上展出。

混合动力电动汽车的大批量生产是在1990年以后,日本、美国、欧洲国家等发达国家和地区在混合动力电动汽车的理论研发和实际生产中做了大量的工作。

(1)日本混合动力电动汽车的发展。

从世界整体形势来看,日本是电动汽车技术发展速度最快的国家之一,特别是在发展混合动力电动汽车方面,日本居世界领先地位。

1997年12月,日本丰田公司推出了世界上第一辆量产的混联式混合动力电动汽车——Prius,与同类型汽车相比,该车的燃油经济性和排放性有很大提高。经过多年发展,丰田汽车公司已经实现Prius汽车、电动四轮驱动Estima小型车和Crown汽车三款混合动力电动汽车批量投产。

1999年,本田公司在日本和美国市场投放的混合动力电动汽车Insight在经济性、动力性和污染排放上都取得了很好的效果,该车的百公里燃油消耗仅为2.85L,后来其混合动力技术被相继移植到 Civic 等车型上。本田通过研究新型发动机、氢蓄电池等部件来追求动力高效化；通过开发树脂油箱、新型轻质铝车身等实现汽车的轻型化，使汽车达到每升汽油可行驶 35km 的水平。

(2) 美国混合动力电动汽车的发展。

美国政府把较成熟的混合动力技术作为电动汽车市场的主流技术大力推广。

通用公司在 1998 年 1 月底推出了 EV1 型四座串联式和双桥并联式的混合动力电动汽车——Precept，并于 2000 年推出第三代 EV1 Precept；2005 年通用公司推出了混合动力电动汽车——土星 VUE；2006 年推出混合动力电动汽车——雪佛兰 Equinox（轿车）；2007 年推出混合动力电动汽车——雪佛兰迈锐宝（中型轿车）。

福特公司 1997 年研制出了代号为 P2000 的燃料电池汽车；2000 年，Prodigy 复合电动家庭概念车在北美国际车展中亮相，Prodigy 采用福特 P2000LSR 复合动力系统，采用 1.2L 四缸柴油发动机和镍金属复合电池，百公里燃油消耗为 3.3L；2005 年福特公司还推出了混合动力电动汽车——道奇 Ram（轻型卡车）和梅赛德斯-奔驰 S-Class（大型轿车）。

(3) 欧洲国家混合动力电动汽车的发展。

德国大众公司生产的并联式混合动力电动汽车——奥迪 Duo 是 20 世纪 90 年代末的一款产品，它与丰田公司的 Prius 一起引发了混合动力电动汽车研发的高潮。1998 年德国萨克森灵公司研发了萨克森灵微型厢式车。宝马于 1999 年开发了 318i SAD 轻型混合动力电动汽车。在 2004 年的底特律车展上，奔驰公司发布了计划于 2005 年批量生产的混合动力概念车——Vision GST。除此之外，德国的博世等著名零（部）件公司也积极与大型汽车公司联合开发混合动力汽车技术。

欧洲插电式混合动力发展较成熟的车型为宝马 530Le 和奥迪 A6L e-tron。宝马 530Le 装备 2.0L 涡轮增压汽油机，最大功率为 160kW，电机的最大功率 70kW，百公里加速度为 7.1s，最高车速为 233km/h，纯电动模式下最高车速为 120km/h，纯电续驶里程为 58km。

2. 国内混合动力电动汽车的发展

20 世纪 90 年代末，我国就开始了混合动力电动汽车的研发工作。1999 年，清华大学与厦门金龙联合汽车工业有限公司合作研制成功国内第一辆混合动力轻型客车。2001 年年底，国家 863 计划电动汽车科技攻关项目正式启动，第一批项目主要是混合动力电动汽车开发，其他汽车厂商和高校也在这方面做了许多工作。一汽集团和东风汽车集团联合所在地高校和研究所，在各自的客车底盘上研发混合驱动公共汽车和大型客车；东风电动车辆股份有限公司已开发出混合动力电动轿车，其中，EQ7200HEV 型混合动力电动轿车实现了产品系列化、通用化、标准化设计；天津清源电动车辆有限责任公司开发出混合动力电动中型客车，排放达到欧Ⅲ标准，燃油经济性提高 15% 以上；北京嘉捷博大电动车有限公司和常州客车厂合作开发了我国第一辆以燃气涡轮机作为动力机的混合动力电动大客车，排放指标低于 2008 年在欧洲开始执行的欧Ⅴ标准；深圳明华环保汽车有限公司也开发出混合动力电动轻型客车。长安集团也已加快了混合动力电动汽车的下线准备，其研制的具有完全自主知识产权的"羚羊"混合动力电动汽车已产出样车。2006 年长安首款混合动力电动汽车上市。奇瑞、华普等汽车厂家也积极研制混合动力电动车型。我国通过国家"八五""九五""十五"电动汽车的科技攻关,在混合动力电动汽车方面积累了一定的技术基础和经验,向商品化阶段迈进。

"十五"期间,一汽集团承担了国家863计划重大专项中的"红旗牌串联方式混合动力电动汽车研究开发"任务,拉开了新能源汽车的研发序幕。从2006年开始,在一汽奔腾B70的基础上,进行混合动力化技术研究。在新能源汽车研发方面,上汽集团明确了以混合动力为重点研发方向。2010年,上汽荣威发布了750辆中混混合动力电动汽车;上海世界博览会期间,上汽集团在世博越江专线上运行了一批混合动力电动汽车;2012年,荣威550插电式强混混合动力电动汽车上市。

2017年上半年,我国插电式混合动力乘用车销量约为3.2万辆,同比增长5.9%。2017年上半年国产品牌插电式混合动力电动汽车销量排名如表5-1所示,在插电式混合动力电动汽车方面,上汽集团旗下的荣威品牌基本上"霸占"了市场,凭借荣威eRX5主力车型的强势表现,以9205辆的成绩摘得2017年上半年销量排行第一名。荣威eRX5凭借4G网络技术及丰富的配置在上市前就受到了广泛关注。

表5-1 2017年上半年国产品牌插电式混合动力电动汽车销量排名

排名	插电式混合动力电动汽车车型	销量/辆
1	荣威eRX5	9205
2	比亚迪唐	7502
3	比亚迪宋DM	5838
4	荣威e550	2450
5	比亚迪秦DM	1654

我国在新能源汽车的自主研发过程中,坚持政府支持,以核心技术、系统集成和关键部件为重点的原则,混合动力电动汽车的自主创新取得了重大进展。部分产品性能指标已与国外先进产品不相上下。商用车方面,自主掌握PHEV多能源动力系统整车控制、高功率电机系统、混合动力自动变速箱、增程式辅助功率发电单元等关键技术,双电机串并联、AMT并联等技术也有不俗的市场表现。

(1) 形成了拥有自主知识产权的动力系统技术平台。建立了混合动力电动汽车技术开发体系。混合动力电动汽车的核心技术是电池技术、发动机技术、电动控制技术、整车控制策略等,发动机与电动机之间的动力转换和衔接分配也是重点。我国已建立了混合动力电动汽车动力系统技术平台和产学合作研发体系,同时取得了一系列突破性成果,为整车的开发奠定了基础。

(2) 掌握了关键零部件核心技术,研发出系列化产品。关键零(部)件的产业化全面跟进。在混合动力电动汽车的电池研发方面,我国自主研制出容量为6~100A·h的镍氢和锂离子动力电池,功率和能量密度接近国际先进水平。自主研制的燃料电池发动机效率超过50%,成为世界上少数掌握车用百千瓦级燃料电池发动机研发、制造以及测试技术的国家之一。另外,我国全面跟进了混合动力电动汽车关键零(部)件的产业化。企业方面,比克、比亚迪、万向等动力电池企业投入了数十亿元资金加快产业化建设;上海电驱动、湘潭电机、南车时代等电机企业加强了相互合作,共同完善产业链建设。

(3) 掌握了电动汽车整车开发关键技术。拥有各类电动汽车的研发实力。在系统集成、可靠性、节油性能等方面，我国的混合动力电动汽车有明显的改善。一汽、东风、长安等国内汽车企业已将混合动力电动汽车作为未来主流产品，大多数企业已经成型了混合动力电动样车，且部分车型已经批量上市。

3. 混合动力电动汽车的发展前景

与内燃机汽车相比，混合动力电动汽车充分发挥了发动机和电动机的最大优势，提高了燃料经济性，减少了排放；与纯电动汽车相比，其蓄电池容量大大减小，过度依赖电池的问题也得到改善。混合动力电动汽车能够实现动力系统的最佳运行工况：长途行驶使用热力发动机；在城市和过渡阶段使用电动机。混合动力电动汽车技术研发已有很大进展，但还有很大的提升空间，主要包括以下两个方面。

(1) 电池研发的目标是提高比功率、比能量和延长循环寿命。在混合动力电动汽车中要求的是质量比功率。现阶段，蓄电池是大部分情况下的选择，但燃料电池已经引起了人们的关注，将是今后研究的重点。

(2) 控制系统和控制策略是影响整车控制技术的关键因素。汽车动力性和燃料经济性很大程度取决于各技术的整合与协调控制。利用计算机仿真技术实现对混合动力系统控制策略的研究是关键环节。

2017年11月14日，中国汽车工程学会于上海发布的《节能与新能源汽车技术线路图》中提到的节能汽车发展总体发展思路，以混合动力技术为重点，以动力总成优化升级、降摩擦和先进电子电气技术为支撑，全面提升内燃机汽车的节能技术和燃油经济性水平；并强调插电式混合动力电动汽车发展要以紧凑型及以上车型规模化发展插电式混合动力乘用车为准，实现插电式混合动力技术在私人用车、公务用车及其他日均行驶里程较短的领域推广应用。

5.1.2 混合动力电动汽车的特点与分类

混合动力电动汽车是内燃机汽车向纯电动汽车过渡的一种车型，在组成上继承和沿用了大部分的内燃机汽车传动系统，保留了内燃机汽车的操纵控制装置，主要包括发动机控制装置、加速踏板、制动踏板、离合器、变速器操纵装置等。混合动力电动汽车一般由发动机、驱动电动机、发电机、储能装置、功率转换装置和控制装置等组成。

【混合动力电动汽车结构】

混合动力电动汽车是将原动机、电动机、能量储存装置（蓄电池）等组合在一起，它们之间的良好匹配和优化控制，可充分发挥内燃机汽车和电动汽车的优点，规避各自的不足，是最具实际开发意义的低排放、低燃油消耗汽车。

混合动力电动汽车与纯电动汽车相比，具有以下优点。

(1) 原动机作为辅助动力可减少蓄电池的数量和质量，从而减小了汽车自身质量。

(2) 汽车的行驶里程延长了2～4倍，能快速添加汽油或柴油，使汽车的续驶能力和动力性达到内燃机汽车水平。

(3) 借助原动机的动力，可带动空调、真空助力、转向助力及其他辅助电器工作，无须消耗蓄电池组有限的电能，从而保证了驾车和乘坐的舒适性。

混合动力电动汽车与内燃机汽车相比,具有以下优点。

(1) 可使原动机在最佳的工况区域稳定运行,减少或避免了发动机改变工况时的不良运行,使得发动机的排放和燃油消耗大大降低。

(2) 在人口密集的商业区、居民区等地可用纯电动方式驱动汽车,实现零排放。

(3) 可通过电动机提供动力,因此可配备功率较小的发动机,并可通过电动机回收减速和制动时的能量,进一步降低汽车的能量消耗和排放。

混合动力电动汽车可以按以下方法进行分类。

1. 根据动力传动系统布置形式分类

根据动力传动系统布置形式的不同,可以将混合动力电动汽车分为以下三种类型。

(1) 串联式混合动力电动汽车。

串联式混合动力电动汽车(Series Hybrid Electric Vehicle,SHEV)主要由发动机、发电机和电动机三大动力总成采用"串联"的连接方式组成,其能量流动示意如图5-2所示。在这种连接方式下,发动机/电动机可以按与汽车的速度、功率无关的最佳工况运行。行驶或停车时可以向蓄电池充电,还能进行再生制动。

【串联式混合动力电动汽车的能量流动】

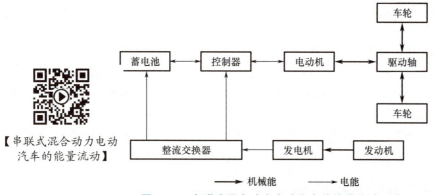

图5-2 串联式混合动力电动汽车的能量流动示意

在汽车行驶之初,蓄电池处于电量饱满状态,其能量输出可以满足汽车要求,辅助动力系统不需要工作。当电池电量低于60%时,辅助动力系统起动;当汽车能量需求较大时,辅助动力系统与蓄电池组同时为驱动系统提供能量;当汽车能量需求较小时,辅助动力系统为驱动系统提供能量的同时给蓄电池组充电。由于蓄电池组的存在,发动机可在一个相对稳定的工况下工作,其排放得到改善。

根据发动机-发电机组的工作状态及动力电池组的充放电状态,串联式混合动力电动汽车有7种工作模式,具体如表5-2所示。

表5-2 串联式混合动力电动汽车的工作模式

工作模式	发动机-发电机组	动力电池组	电动机-发电机	整车状态
纯电池组驱动	关机	放电	电动	驱动
再生制动充电	关机	充电	发电	制动
混合动力驱动	发电	放电	电动	驱动

续表

工作模式	发动机-发电机组	动力电池组	电动机-发电机	整车状态
强制补充充电	发电	充电	电动	驱动
混合补充充电	发电	充电	发电	制动
纯发动机驱动	发电	既不充电也不放电	电动	驱动
停车补充充电	发电	充电	停机	停车

各种工作模式的情况说明如下。

① 当动力电池组具有较高的电量且动力电池组输出功率满足整车行驶功率需求时，串联混合动力电动汽车以纯电池组驱动模式工作，此时发动机-发电机处于关机状态。

② 当汽车以纯电池组驱动行驶时，若汽车减速制动，电动机-发电机处于再生制动状态，汽车制动能量通过再生发电回收到动力电池组中，即工作于再生制动充电模式。

③ 当汽车加速或爬坡需要更大的功率输出且超出了动力电池组的输出功率限制时，发动机-发电机组起动发电，并与动力电池组一起输出电功率，实施混合动力驱动工作模式。

④ 当动力电池组的电量不足且发动机-发电机组输出功率在驱动汽车的同时有富余时，实施动力电池组强制补充充电工作模式。

⑤ 当动力电池组的电量不足且发动机-发电机组处于发电状态时，若汽车减速制动，电动机-发电机工作于再生制动状态，汽车制动能量通过再生发电与发动机-发电机组输出功率一起为动力电池组充电，实施动力电池组的混合补充充电。

⑥ 当动力电池组的电量在目标范围内，且发动机-发电机输出功率满足汽车行驶功率需求时，为提高串联混合动力系统的能量利用效率，采用纯发动机驱动工作模式，此时发动机-发电机组输出功率与汽车行驶功率需求相等。

⑦ 当动力电池组的电量过低时，为保证整车行驶的综合性能，需要对动力电池组进行停车补充充电，此时发动机-发电机组输出的功率全部用于为动力电池组进行补充充电。

串联式混合动力电动汽车的总体结构比较简单，易控制，只有电动机的电力驱动系统，其特点更加趋近于纯电动汽车。由于三大部件总成在空间布置上有较大的自由度，且发动机能够经常处于稳定、高效、低污染的运转状态，因此更适合在大型客车上使用，广泛应用于城市公交车上，如已投入使用的宇通 ZK6126CHEVGAA 混合动力电动城市客车（图 5-3）。串联式系统较适用于经常在市内低速运行的城市客车，不适合高速行驶工况。

图 5-3 宇通 ZK6126CHEVGAA 混合动力电动城市客车

串联式混合动力电动汽车的优点如下。

① 发动机能够经常处于稳定、高效、低污染的运转状态,使有害气体的排放控制在最低范围。

② 总体结构比较简单,易控制,只有电动机的电力驱动系统,其特点更加趋近于纯电动汽车。

③ 三大动力总成之间无直接的机械连接,在电动汽车上布置起来有较大的自由度。

串联式混合动力电动汽车的缺点如下。

① 三大部件总成各自的功率较大,外形尺寸较大,质量也较大,在中小型电动汽车上布置有一定的困难。

② 在发动机-发电机-电动机驱动系统中的热能-电能-机械能的能量转换过程中,能量损失较大。

③ 电动机功率要足够大,电池容量要足够大,所以电动机和动力电池的体积和质量均较大,使得整车较重。

(2) 并联式混合动力电动汽车。

<u>并联式混合动力电动汽车(Parallel Hybrid Electric Vehicle,PHEV)</u>主要由发动机、电动/发电机或驱动电动机两大动力总成以并联的方式组成,其能量流动示意如图 5-4 所示。在这种连接方式下,发动机随着运转状况改变转速和输出功率,制动时电动/发电机处于发电模式,蓄电池能够回收动力;起动或加速时,蓄电池放出电量,电动机提供驱动转矩。

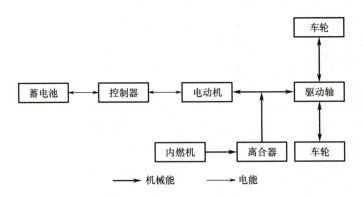

图 5-4　并联式混合动力电动汽车的能量流动示意

并联式混合动力电动汽车的发动机和电动机共同驱动汽车,发动机与电动机分属两套系统,可以分别独立地向汽车传动系统提供转矩,在不同的路面上既可以共同驱动又可以单独驱动。当汽车加速爬坡时,电动机和发动机能够同时向传动机构提供动力,一旦汽车车速达到巡航速度,汽车将仅仅依靠发动机维持该速度。电动机既可以作电动机又可以作发电机使用,又称电动机-发电机组。

根据发动机、电动机-发电机的工作状态及动力电池组的充、放电状态,串联式混合动力电动汽车有 6 种工作模式,具体如表 5-3 所示。

表 5-3　并联式混合动力电动汽车的工作模式

工作模式	发动机	动力电池组	电动机-发电机	整车状态
纯电动机驱动	关机	放电	电动	驱动
再生制动充电	关机	充电	发电	制动
混合动力驱动	机械动力输出	放电	电动	驱动
强制补充充电	机械动力输出	充电	发电	驱动
纯发动机驱动	机械动力输出	既不充电也不放电	不工作	驱动
停车补充充电	机械动力输出	充电	发电	停车

各种工作模式的情况说明如下。

① 当动力电池组具有较高的电量且动力电池组输出功率满足整车行驶功率需求或整车需求功率较小时，为避免发动机工作处于低负荷和低效率区，并联混合动力电动汽车以纯电动机驱动模式工作，此时发动机处于关机状态。

② 当汽车以纯电动机驱动行驶时，若汽车减速制动，电动机-发电机工作于再生制动状态，汽车制动能量通过再生发电回收到动力电池组中，即工作于再生制动充电模式。

③ 当汽车加速或爬坡需要更大的功率输出时，发动机起动工作，并与电动机一起输出机械功力，经机电耦合装置后联合驱动汽车行驶，实施混合动力驱动工作模式。

④ 当动力电池组的电量不足且发动机-发电机组输出功率在驱动汽车的同时有富余时，电动机-发电机工作处于发电模式，实施动力电池组强制补充充电工作模式。

⑤ 当动力电池组的电量在目标范围内，且发动机输出功率满足汽车行驶功率需求时，为提高并联混合动力系统的能量利用效率，采用纯发动机驱动工作模式，此时发动机输出功率与汽车行驶功率需求相等。

⑥ 当动力电池组的电量过低时，为保证整车行驶的综合性能，需要对动力电池组进行停车补充充电，此时发动机输出的电功率全部用于为动力电池组进行补充充电，电动机-发电机工作处于发电模式。

并联式混合动力电动汽车的两个系统既可以同时协调工作，也可以单独工作。该系统适用于多种行驶工况，尤其适用于复杂的路况。并联式混合动力电动汽车结构简单、成本低。由于没有单独的发电机，发动机可以直接通过传动机构驱动车轮，这种装置更接近传统的汽车驱动系统，机械效率损耗与内燃机汽车的差不多，因此得到比较广泛的应用。并联式混合动力系统多用于微混与轻混车型，电动机更多地作为汽车起步和加速时动力的辅助来源。如本田 IMA 系统是非常典型的并联式混合动力系统，至今已发展到第六代并应用在本田 CR-Z（图 5-5）、Civic、FIT 等车型上。

【本田IMA混合动力系统】

并联式混合动力电动汽车面临的主要技术难题是如何根据车速、工况要求及电池的充放电状态，协调和优化发动机与电动机的功率。

(3) 混联式混合动力电动汽车。

混联式混合动力电动汽车（Parallel-Serial Hybrid Electric Vehicle，PSHEV）是串联式和并联式的综合体，可以充分发挥两者的优点，能够使发动机、发电机、电动机等进行更多的优化匹配，可在更复杂的工况

【混联式混合动力电动汽车】

图 5-5 本田 CR-Z 并联式混合动力电动汽车

下使汽车在最优状态下行驶，更容易实现排放和燃油消耗的控制目标。

混联式混合动力电动汽车兼有串联式和并联式混合动力电动汽车的结构特点和优点，主要由发动机、电动/发电机和驱动电机三大动力总成组成，驱动系统同时具有电动机和发电机的功能，其能量流动示意如图 5-6 所示。

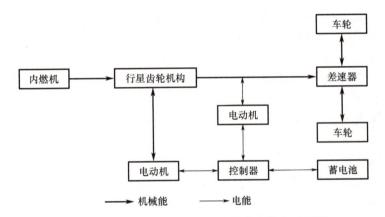

图 5-6 混联式混合动力电动汽车的能量流动示意

根据发动机、发电机、电动机-发电机的工作状态及动力电池组的充、放电状态，混联式混合动力电动汽车有 5 种工作模式，具体如表 5-4 所示。

表 5-4 混联式混合动力电动汽车的工作模式

工作模式	发动机	发电机	动力电池组	电动机-发电机	整车状态
纯电动机驱动	关机	关机	放电	电动	驱动
再生制动充电	关机	关机	充电	发电	制动
纯发动机驱动	起动	发电	既不充电也不放电	电动	驱动
混合动力驱动	起动	发电	放电	电动	驱动
强制补充充电	起动	发电	充电	电动	驱动

各种工作模式的情况说明如下。

① 当动力电池组具有较高的电量且动力电池组输出功率满足整车行驶功率需求或整

车需求功率较小时,为避免发动机工作处于低负荷和低效率区,混联混合动力电动汽车以纯电动机驱动模式工作,此时发动机处于关机状态。

② 当汽车以纯电动机驱动行驶时,若汽车减速制动,电动机-发电机工作于再生制动状态,汽车制动能量通过再生发电回收到动力电池组中,即工作于再生制动充电模式。

③ 当汽车需求功率增大或动力电池组电量偏低时,发动机起动工作,当发动机输出功率满足汽车行驶功率且动力电池组不需要充电时,整车以纯发动机驱动模式工作,此时动力电池组既不充电也不放电,发动机输出的功率分两部分:一部分直接输出到驱动轮;另一部分经过发电机、电动机转化后输出到驱动轮。

④ 当汽车急加速需要更大的功率输出时,整车以混合动力驱动模式工作,此时发动机工作,动力电池组放电,发动机输出的功率分两部分:一部分直接输出到驱动轮;另一部分经过发电机、电动机转化后输出到驱动轮。另外,动力电池组放电输出额外的电功率到电机控制器,使得电动机输出更大的功率,满足汽车总功率需求。

⑤ 当动力电池组的电量不足且发动机输出功率在驱动汽车的同时有富余时,实施动力电池组强制补充充电工作模式。此时,发动机工作,发动机输出的功率分三部分:a. 直接输出到驱动轮;b. 经过发电机、电动机转化后输出到驱动轮;c. 经过发电机后为动力电池组充电。

混联式驱动系统的控制策略:在汽车低速行驶时,驱动系统主要以串联方式工作;当汽车高速稳定行驶时,则以并联工作方式为主。混联式混合动力电动汽车的结构优点和使用优点更加接近于并联式混合动力电动汽车,但混联的驱动模式更加丰富,在并联的混合驱动模式基础上加入了充电功能,使电动机和发动机的配合更加默契,能够适应更多工况,节油效果更优,可适用于各种类型的汽车,其代表车型有雪佛兰2016款Volt、荣威e550(图5-7)等。

图5-7 荣威e550混联式混合动力电动汽车

混联式混合动力电动汽车与并联式混合动力电动汽车相比,其动力复合形式更复杂,因此对动力复合装置的要求更高,研发和制造成本也更高。

2. 根据功率比大小及混合程度分类

根据电动机相对于燃油发动机的功率比及混合程度,可以将混合动力电动汽车分为以下四种类型。

(1) 微混混合动力电动汽车。

微混混合动力电动汽车系统以发动机为主要动力源,不具备纯电动行驶模式。一般情况下,电动机的峰值功率和发动机的额定功率比不大于5%。

微混混合动力电动汽车是在内燃机的起动电机(一般为12V)上加装了皮带驱动起动

电机（Belt-alternator Starter Generator，BSG）。该电机为发电起动一体式电动机，功率仅为 3～6kW，用来控制发动机的起动和停止，如遇红灯或交通堵塞等情况需要短时停车时，使发动机熄火来取消怠速；而当汽车再次行驶时，立即重新起动发动机，从而降低了燃油消耗和排放。在汽车制动时转变为发电机，实现制动能量回收。BSG 系统结构简单，如图 5-8 所示，该结构质量轻、制造成本低，节油效果可达 10%。

图 5-8　BSG 系统结构

普通发动机频繁点火会导致使用寿命大幅缩短，但应用 BSG 系统能够有效避免该现象，起停装置的使用寿命为 25 万次，相当于在 10 年时间里可以每天起停汽车 70 次，因此，未来一段时间内搭载该系统的汽车可能会大量涌现。

起停系统作为混合动力电动汽车的入门技术，因成本低、节能减排效果显著，应用前景广阔。起停系统主要有以下三种形式。

【法雷奥Stop-Start系统】

① 分离式起动机和发电机的起停系统。该系统的起动机和发电机是独立设计的，发动机起动所需的功率由起动机提供，发电机则为起动机提供电能。博世公司是这种起停系统的主流供应商，其起停系统的组成如图 5-9 所示，主要包括增强型起动机、增强型铅酸蓄电池（一般采用 AGM 型电池）、可控发电机、ECU、踏板传感器等。

【博世自动起停系统】

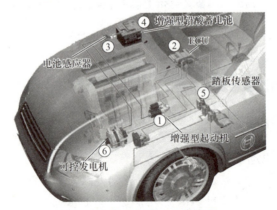

图 5-9　博世起停系统的组成

② 集成起动机和发电机起停系统。该系统是一个通过永磁体内转子和单齿定子激励的同步电机,能将驱动单元集成到混合动力传动系统中。

法国法雷奥研发的 i-Start 系统首先应用于标致-雪铁龙集团的 e-HDi 车型上,其组成如图 5-10 所示。i-Start 系统的电控装置集成在发电机内部,在遇红灯停车时发动机停转,只要一挂挡或松开制动踏板立即自动起动发动机。标致-雪铁龙集团、梅赛德斯-奔驰公司都是法雷奥 i-Start 系统的主要客户。

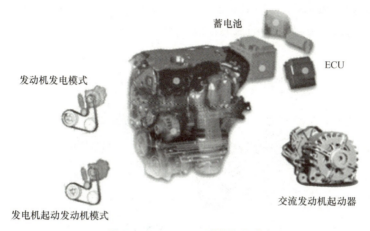

图 5-10 i-Start 系统的组成

③ 马自达 SISS 智能起停系统。马自达的 SISS(现称 i-stop 技术)智能起停系统主要是通过在气缸内进行燃油直喷,燃油燃烧产生膨胀力来重起发动机,发动机上的传统起动机在发动机起动时起到辅助作用。官方数据显示,使用 SISS 技术,发动机最短在 0.35s 的时间内就能起动,比单纯使用起动机或电动机的系统快 1 倍。

微混混合动力电动汽车的代表车型有丰田混合动力版威姿(图 5-11)、雪铁龙的 C2 和 C3 混合动力版、宝马 1 系、菲亚特 500、奇瑞 A5、通用君越 ECO-HYBRID(带发动机自动起停功能)等。

图 5-11 丰田混合动力版威姿

微混混合型动力电动汽车不是真正的混合动力电动汽车,因为电动机没有为汽车行驶提供持续的动力。在微混系统中,电动机的电压通常有两种:12V 和 24V。其中 24V 主要用于柴油混合动力系统。

(2) 轻混混合动力电动汽车。

轻混混合动力系统采用集成起动电机(Integrated Starter Generator,ISG)。轻混混合动力系统的混合度一般为 10%～15%。与微混混合动力电动汽车相比，轻混混合动力电动汽车还是以发动机为主要动力源；起动电动机安装在发动机与变速器之间，作为辅助动力源。轻混混合系统除了能够实现用电动机控制发动机的起动和停止，还能实现：①在减速和制动工况下，吸收部分能量；②在行驶过程中，发动机等速运转，发动机产生的能量可以在车轮的驱动需求与发电机的充电需求之间进行调节。

轻混混合动力系统节油效果可达 10%～15%。轻混混合动力电动汽车多采用并联方式。其代表车型有通用的混合动力皮卡车、本田 Civic 混合动力电动汽车等。本田 IMA（图 5-12）是轻混混合动力系统的典型代表。

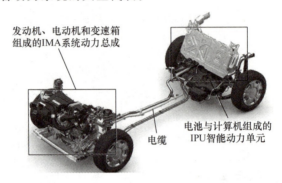

图 5-12 本田 IMA 轻混混合动力系统

IMA 系统由 4 个主要部件构成：发动机、电动机、CVT 变速箱及 IPU 智能动力单元。电动机取代了传统的飞轮，用于保持曲轴的运转惯性。整套系统的结构非常紧凑，与内燃机汽车相比，仅 IPU 模块占用了额外的空间。

（3）中混混合动力电动汽车。

中混混合动力电动汽车同样采用 ISG 系统。与轻混混合动力系统不同，中混混合动力系统采用高压电动机。中混混合动力系统还增加了一个功能：在汽车处于加速或者大负荷工况时，电动机能够辅助驱动车轮，补充发动机本身动力输出的不足，从而提高整车的性能。中混混合动力系统的混合程度较高，可达 30% 左右，技术已经成熟，应用广泛。本田 Insight、Accord 等混合动力电动汽车都应用了这种系统。发展到第六代的本田 i-MMD 系统是中混混合动力系统的典型代表。

本田 i-MMD 混合动力系统的组成如图 5-13 所示，包括发动机、电动机、CVT 变速器、智能动力单元（Intelligent Power Unit，IPU）等。

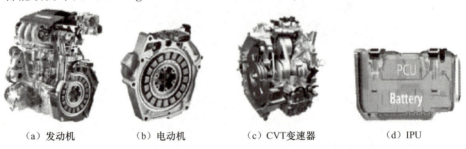

(a) 发动机　　(b) 电动机　　(c) CVT变速器　　(d) IPU

图 5-13 本田 i-MMD 混合动力系统的组成

本田 i-MMD 混合动力系统具备纯电机驱动模式、混合驱动模式、发动机驱动模式三种工作模式，可根据不同的行驶路况切换不同的行驶模式，以达到最佳行驶状态。

① 纯电机驱动模式时，由蓄电池给驱动电动机提供电力来驱动车轮，此时发动机不工作。其能量传递情况如图 5-14 所示。

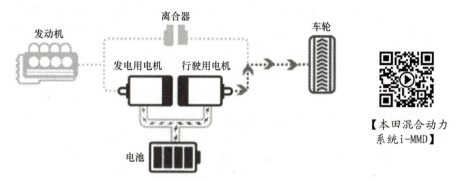

【本田混合动力系统 i-MMD】

图 5-14 本田 i-MMD 纯电机驱动模式的能量传递情况

② 混合驱动模式时，发动机驱动发电用电机运转，发出电力并提供给行驶用电机来驱动车轮。其能量传递情况如图 5-15 所示。该模式下发动机与电动机同时工作，以串联的方式输出，最终只靠电机来驱动汽车。

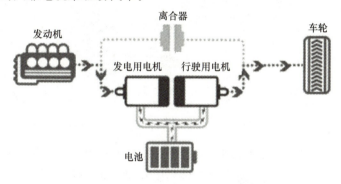

图 5-15 本田 i-MMD 混合驱动模式的能量传递情况

③ 发动机驱动模式时，发动机可通过离合器直接与车轮连接，驱动汽车。其能量传递情况如图 5-16 所示。

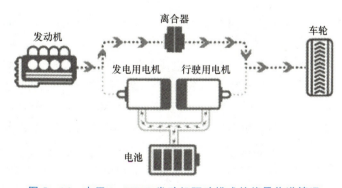

图 5-16 本田 i-MMD 发动机驱动模式的能量传递情况

【丰田Prius强混混合动力系统的工作原理】

(4) 强混混合动力电动汽车。

强混混合动力系统又称全混合动力系统,采用272~650V的高压电动机,混合程度更高。与中混混合动力系统相比,强混混合系统的混合度至少为50%,既可以使用内燃机或电机单独驱动汽车,也可以使用两种动力驱动汽车。强混混合动力系统常采用串联方式。

技术的发展使得强混混合动力系统逐渐成为混合动力技术的主要发展方向。强混混合动力电动汽车的代表车型有丰田 Prius、通用 Volt、宝马 i8 等。其中宝马 i8 体现出强混混合动力系统的精华,是强混混合动力系统的范本,该混合动力系统由一台1.5T双涡轮增压发动机和一台永磁同步电动机组成,其结构如图 5-17 所示。发动机的最大功率为170kW,最大转矩为320N·m;电动机的最大功率为96kW,最大转矩输出为250N·m。特殊之处在于它有两台变速箱,分别与发动机和电动机配合,与发动机配合的是一台6速手自一体变速箱;与电动机配合的则是一台两速自动变速箱。

【宝马i8强混混合动力系统】

图 5-17 宝马 i8 强混混合动力系统的结构

宝马 i8 也是一台插电式混合动力电动汽车,可以在纯电动与混合动力两种驱动方式之间自由切换。纯电动模式下汽车完全由前轴的电动机带动,最大续驶里程为35km。在标准充电装备下,蓄电池充满电只需要105min。而在混合动力模式下,汽车会根据不同的驾驶模式调节电动机与发动机的工作。

3. 根据是否具备外接充电能力分类

根据是否具备外接充电能力,可以将混合动力电动汽车分为以下两种类型。

(1) 插电式混合动力电动汽车。

插电式混合动力电动汽车是能外接充电电源的混合动力电动汽车。通过接入家用电源为系统中配备的动力电池充电,充电后可凭电池的能量以纯电动模式行驶。

插电式混合动力电动汽车的基本组成如图 5-18 所示,既有内燃机汽车的发动机、变速箱、传动系统、油路、油箱,也有电动汽车的电池、电动机、控制电路,而且电池容量比较大,有充电接口。它比全混合动力系统具有更长的纯电动行驶里程,行驶动力主要来自于电池,发动机只作为后备动力来源,在电池电量耗尽时才启用。电池容量比全混合动力系统的大,比纯电动系统的小。

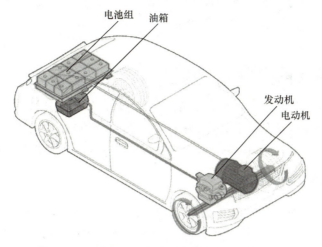

图 5-18　插电式混合动力电动汽车的基本组成

插电式混合动力电动汽车主要适合在城市道路上行驶，如上下班用的通勤车，结合了传统混合动力电动汽车的优点，在提供较长的续驶里程（指混合动力模式）的同时，能满足人们用纯电力行驶的需求。插电式混合动力电动汽车的主要代表车型有丰田 Prius 插电式混合动力型、通用 Volt 插电式混合动力型、沃尔沃 V60（图 5-19）、比亚迪秦等。

图 5-19　沃尔沃 V60 插电式混合动力电动汽车

插电式混合动力电动汽车与常规混合动力电动汽车相比，有以下两大差异。

① 插电式混合动力电动汽车可以直接由外接电源充电。而常规混合动力电动汽车大多通过发动机为电池充电，且在行驶过程中回收制动能量等。

② 插电式混合动力电动汽车的电池容量较大，可以靠电能行驶较远的距离，电力驱动在插电式混合动力电动汽车中所占比重更高，其对发动机的依赖较常规混合动力电动汽车少。

（2）非插电式混合动力电动汽车。

非插电式混合动力电动汽车即常规混合动力电动汽车，是不用外接充电设备给动力电池充电的电动汽车。非插电式汽车动力系统的电动机可以作为发电机使用，通过发动机驱动发电机来给电池充电，低速起动时仅靠电动机驱动行驶，通过发动机直接驱动车轮或者电动机与发动机共同驱动车轮。低速时电动机驱动，中高速时发动机驱动，在发动机工作时可以带动电动机发电，给电池充电，代表车型有丰田 Prius、雷克萨斯 CT200h、丰田凯美瑞等。

5.1.3 混合动力电动汽车的关键技术

混合动力电动汽车是集汽车、电力拖动、自动控制、新能源及材料等高新技术于一体的高新集成产物，其研究涉及多个领域，关键技术主要有驱动电动机及其控制技术、动力电池及其管理系统、整车能量管理控制系统、动力传动系统匹配、能量再生制动回收系统等。

1. 驱动电动机及其控制技术

电动机是电动汽车的心脏，对于混合动力电动汽车来说，电动机与发动机的重要性是相同的，混合动力电动汽车对驱动电动机的要求是能量密度高、体积小、质量轻、效率高。从发展趋势来看，电驱动系统的研发主要集中在交流感应电动机和永磁同步电动机上，对于高速、匀速行驶工况，采用感应电动机驱动较合适；而对于经常起动停止、低速运行的城市工况，永磁电动机驱动效率较高。

混合动力电动汽车电动机的控制系统主要包括以下四部分。

（1）信号输入。驾驶人对加速踏板的位移量、由电动机反馈的信号和由监测装置反馈的信号等是混合动力电动汽车的主要输入信号，一般转换为电信号，经过接口输入计算机。

（2）信号处理与输出。车载计算机是核心的中央控制器，是信号处理和指令输出的核心，其中装有测量元件、乘法器、比较元件、逻辑控制单元、数据库和各种传感器等电子器件，对输入控制信号的输入量进行快速、精确的运算，并产生相应的偏差信号，将运算得出的微弱偏差信号经过放大元件放大或变换，使输出指令的偏差信号足够大，然后通过接口输送至各个控制模块。

（3）执行元件。控制模块和各种执行机构是控制系统的执行元件，根据放大元件放大或变换的偏差信号，对被控制对象发出控制指令，使被控制对象按照规定的指令（参数）运行。

（4）信息反馈。电动机运转检测装置上的传感器检测电动机的运转，并将电动机运转中的机械量和电量的变化及时反馈至中央控制器，中央控制器对反馈信息进行对比、运算后，对输出的指令进行调整和修改，使被控制对象的运行参数与输入信号的给定值趋向一致，并使被控制对象按照新的指令（参数）运行。

2. 动力电池及其管理系统

动力电池是混合动力电动汽车的基本组成单元，其性能直接影响驱动电动机的性能，从而影响整车的燃油经济性和排放特性。混合动力电动汽车所用电池工作负荷大，对功率密度要求较高，但体积和容量小，而且电池 SOC 工作区间较窄，对循环寿命要求高。Prius 混合动力电动汽车上配置的高输出镍氢电池组如图 5-20 所示。该镍氢电池组的体积仅为 $0.014m^3$（168 个单体电池），却能输出 201.6V 的高电压。行驶中，发电机和电动机控制充电和放电，使充电状态保持稳定。

图 5-20 Prius 混合动力电动汽车上配置的高输出镍氢电池组

开发适合混合动力电动汽车的专用动力电池是决定混合动力电动汽车大量推广使用的重要因素之一。如何全面、准确地管理动力电池，是决定动力电池能否发挥最佳效能的重要因素。

3. 整车能量管理控制系统

混合动力电动汽车的整车能量管理控制系统的主要功能是进行整车功率控制和工作模式切换的控制。整车能量管理控制系统如同混合动力电动汽车的"大脑"，指挥各子系统协调工作，以达到效率、排放和动力性最佳，同时兼顾汽车行驶的平顺性。

4. 动力传动系统匹配

混合动力电动汽车动力传动系统的参数匹配是混合动力电动汽车设计的一项重要内容，直接影响混合动力电动汽车将来的排放和燃油经济性，包括合理选择和匹配发动机功率、动力电池容量和电动机的功率等，以确定汽车的混合度，组成性能最优的混合驱动系统。

5. 制动能量回收系统

制动能量回收系统又称再生制动系统，是指汽车在减速制动或下坡时将储存于车身上的势能和动能通过电动机转换为电能，并储存在蓄电池的系统中，主要由驱动轮、主减速器、变速器、电动机、AC/DC 转换器、DC/DC 转换器、能量储存系统及控制器组成。其工作原理是在变频器频率减小的瞬间，电动机的同步转速随之下降，但由于存在机械惯性，电动机的转子转速不变，或者转速变化有一定的滞后，出现电动机转速大于给定转速，从而产生电动机反电动势高于变频器直流端电压的情况，此时电动机转换为发电机，给蓄电池充电。

【丰田混合动力驱动系统】

【制动能量回收模式】

汽车的制动能量回收系统通常可再生利用约 30% 的动能。制动能量回收是混合动力电动汽车提高燃油经济性的又一条重要途径，由于制动关系到行车安全，如何最大限度地回收制动时的汽车动能与保证安全的制动距离和汽车行驶稳定性之间取得平衡，是制动能量回收系统需要解决的难题之一。制动能量回收系统与汽车防抱死制动系统结合，可以完美地解决该难题。

6. 先进汽车控制技术在混合动力电动汽车上的应用

内燃机汽车的汽车动力学控制系统与混合动力控制系统和制动能量回收系统结合，将是混合动力电动汽车控制技术的下一个研究热点。另外，随着混合动力电动汽车研究的深入，内燃机汽车的驱动控制系统、汽车稳定性控制系统等与混合动力电动汽车的能量管理系统及动力控制系统结合，将越发显示出其重要性与必要性。

5.1.4 混合动力电动汽车的主要技术指标

我国大规模商业化示范的插电式混合动力电动汽车的主要技术指标如表5-5所示。

表5-5 我国大规模商业化示范的插电式混合动力电动汽车的主要技术指标

指 标		插电式混合动力电动轿车	插电式混合动力电动城市客车
动力电池	能量密度/(W·h/kg)	系统≥100	
	循环寿命/次	≥3000	
	日历寿命/年	≥10	
	目标成本/[元/(W·h)]	模块≤1.5	
车用电机	成本/[元/(W·h)]	≤200	≤300
	功率密度/(kW/kg)	≥1.8	
	最高效率/(%)	≥94	
电子控制		纯电动汽车电动化总成控制系统；先进的纯电动汽车分布式控制系统；纯电动汽车车载信息、智能充电和远程监控系统	
整车平台	纯电续航里程/km	≥30	≥50
	附加成本/万元	≤5	≤20

我国混合动力电动汽车产业研发的主要技术指标如表5-6所示。

表5-6 我国混合动力电动汽车产业研发的主要技术指标

指 标			轿车	城市客车
动力电池	镍氢电池	能量密度/(W·h/kg)	系统≥30	系统≥40
		功率密度/(kW/kg)	系统≥900	系统≥700
		使用寿命	25万公里或10年	
		系统目标成本/[元/(W·h)]	<3	
	功率型锂离子电池	能量密度/(W·h/kg)	系统≥50	
		功率密度/(kW/kg)	系统≥1800	
		使用寿命	20万公里或10年	
		系统目标成本/[元/(W·h)]	<3	
	超级电容	能量密度/(wh/kg)	≥5	
		功率密度/(kW/kg)	≥4000	
		使用寿命	≥40万次或10年	
		系统目标成本/[元/(W·h)]	<60	

续表

指标		轿车	城市客车
车用电机	成本/[元/(W·h)]	200	300
	ISG发电机功率密度/(kW/kg)	>1.5	>2.7
	驱动电机功率密度/(kW/kg)	>1.2	>1.8
	系统最高效率/(%)	≥94	
电子控制		满足国Ⅳ和国Ⅴ排放法规的混合动力专用发动机（油电和气电）电控关键技术；研制面向多能源动力总成技术需求的16位或32位机高性能控制器	
整车平台	节油率/(%)	≥25（中混） ≥40（深混）	≥40
	附加成本/万元	≤1.5	≤15

5.2 混合动力电动汽车动力传动系统参数设计

5.2.1 整体设计原则

在混合动力电动汽车中，动力源部件的协调工作对整车的性能影响很大，尤其对混联式混合动力电动汽车，由于存在动力分配装置，对动力源部件的匹配及合理控制要求更高。

混合动力电动汽车主要通过以下原则获得比较高的燃油经济性。

(1) 将较小型发动机安装在汽车上并在较高负荷下工作（获取较高的效率）。

(2) 将制动时产生的能量转换为电能用于汽车加速或为汽车提供动力。

(3) 采用高效率的电动机使汽车从静止状态起动等。

混合动力电动汽车动力总成各部件特性、参数匹配及控制策略决定了整车的动力性、燃油经济性、排放特性、制造成本及质量。下面以某并联式混合动力电动汽车为例，保持原车的外形参数不变，只对其动力传动系统参数进行匹配。

5.2.2 发动机和驱动电动机参数匹配

并联式混合动力电动汽车在行驶过程中，整车的动力主要来源于发动机与驱动电动机，因此在对其传动系统进行匹配时，可以同时考虑发动机与驱动电动机的功率，先进行整车需求功率的匹配；然后根据确定好的混合度，由混合度计算公式求出驱动电动机的功率；最后求出发动机的功率。发动机与驱动电动机的总功率取决于整车的最高车速、爬坡能力及加速性能，发动机的最大功率则取决于整车的巡航车速。下面将从最高车速、最大爬坡度及加速性能三个方面进行发动机与驱动电动机功率的匹配。

（1）根据汽车的最高车速确定整车的最大总功率，最高车速对应的最大功率需求为平坦路面满载运行时所需的功率，其表达式为

$$P_{max1} = \frac{v_{max}}{3600\eta_t}\left(mgf + \frac{C_D A v_{max}^2}{21.15}\right) \quad (5-1)$$

式中：P_{max1} 为最高车速所对应的最大总功率（kW）；η_t 为汽车动力传动系统效率。

汽车动力传动系统效率主要取决于离合器效率、动力耦合器效率、变速器效率及驱动桥效率，可表示为

$$\eta_t = \eta_{cl}\eta_{tc}\eta_{gb}\eta_{fd} \quad (5-2)$$

式中：η_{cl} 为离合器效率；η_{tc} 为动力耦合器效率；η_{gb} 为变速器效率；η_{fd} 为驱动桥效率。

（2）根据最大爬坡度确定整车的最大总功率。

最大爬坡度所需的最大总功率为

$$P_{max2} = \frac{v_p}{3600\eta_t}\left(mgf\cos\alpha_{max} + mgf\sin\alpha_{max} + \frac{C_D A v_p^2}{21.15}\right) \quad (5-3)$$

式中：P_{max2} 为最大爬坡度所对应的最大总功率（kW）。

（3）根据加速性能确定整车的最大总功率。

汽车起步加速过程表示为

$$v_0 = v_j\left(\frac{t}{t_j}\right)^x \quad (5-4)$$

式中：x 为拟合系数；t_j 为起步加速过程的时间（s）。

假设整车在平坦路面加速，根据整车加速过程动力学方程，其瞬态过程总功率为

$$P_{all} = P_j + P_f + P_w \quad (5-5)$$

式中：P_{all} 为加速过程总功率（kW）；P_j 为加速阻力功率（kW）；P_j 为滚动阻力功率（kW）；P_w 为空气阻力功率（kW）。

整车在加速过程终了时刻，动力源输出最大功率。因此，加速过程最大功率为

$$P_{all-max} = P_{all}(t)|_{t=t_j} \quad (5-6)$$

式中：$P_{all-max}$ 为加速过程中的最大功率（kW）。

$$P_{all-max} = \frac{\delta m v_m}{3600\eta_t d_t}\left[v_j - v_j\left(\frac{t_j - d_t}{t_j}\right)^x\right] + \frac{mgfv_j}{3600\eta_t} + \frac{C_D A v_j^3}{76140\eta_t} \quad (5-7)$$

式中：d_t 为设计过程中的迭代步长。

式（5-7）中，加速终了时刻动力源输出的最大功率与其平均功率接近，这是由加速过程中汽车理想加速特性决定的（通过变速器等机械调节，动力源输出接近等功率加速过程）。

因此，也可对式（5-7）进行积分求平均值来计算，假设整车动力性设计指标中的 $0 \to v_j$，加速时间 t_j 通常指起步加速时间，则式（5-7）可表示为

$$P_{max3} = \frac{1}{3600 t_j \eta_t}\left(\delta m \frac{v_j^2}{2} - mgft_j\frac{v_j}{1.5} + \frac{C_D A T v_j^3}{21.5 \times 2.5}\right) \quad (5-8)$$

式中：P_{max3} 为汽车加速性能所对应的最大总功率（kW）。

根据式（5-8），可由加速终了车速 v_j 和加速时间 t_j 确定整车的需求功率，为整车总功率设计提供简单、合理的选择依据。

对于动力性三项指标计算的各自最大功率，动力源总功率 P_{total} 必须满足

$$P_{\text{total}} = P_{\text{motor}} + P_{\text{engine}} \geqslant P_{\max} = \max(P_{\max 1}, P_{\max 2}, P_{\max 3}) \qquad (5-9)$$

式中：P_{total} 为动力源总功率（kW）；P_{motor} 为驱动电机的功率（kW）；P_{engine} 为发动机的功率（kW）。

根据式（5-9）求得的 P_{total}，并考虑整车的混合度，可确定发动机和电动机的功率。混合动力电动汽车的混合度

$$H = \frac{P_{\text{motor}}}{P_{\text{motor}} + P_{\text{engine}}} \times 100\% \qquad (5-10)$$

可以由式（5-10）求得驱动电机的功率 P_{motor}，发动机的功率

$$P_{\text{engine}} = P_{\text{total}} - P_{\text{motor}} \qquad (5-11)$$

发动机和电动机的功率匹配与混合动力电动汽车控制策略有关，控制策略不同，匹配方法略有差异。

5.2.3 传动系统传动比匹配

设计混合动力电动汽车传动系统的传动比时，一般需要遵循以下三个原则。
（1）符合整车动力性能指标中最大爬坡度的要求。
（2）符合整车动力性能指标中最高车速的要求。
（3）符合整车以一定的巡航车速行驶时，驱动电动机运行在高效率区。

汽车传动系统最大总传动比是根据驱动电动机的峰值转矩和设计要求的最大爬坡度进行计算的，即

$$i_{t\max} \geqslant \frac{1}{\eta_t T_{e\max}} \left(mgf\cos\alpha_{\max} + mg\sin\alpha_{\max} + \frac{C_D A v_p^2}{21.5} \right) \qquad (5-12)$$

式中：$i_{t\max}$ 为传动系统的最大总传动比。

此外，为了防止混合动力电动汽车行驶时驱动轮打滑，整车的总传动比还应满足前轮与地面之间的附着力的要求，即

$$F_{t\max} = \frac{T_{e\max} i_{t\max} \eta_t}{r} \leqslant F_Z \varphi \qquad (5-13)$$

式中：$F_{t\max}$ 为电动汽车行驶时的最大驱动力（N）；φ 为路面附着系数；F_Z 为驱动轮垂直载荷（N）。

由式（5-13）可知传动系统总传动比需满足的条件为

$$i_{t\max} \leqslant \frac{\varphi F_Z r}{T_{e\max} \eta_t} \qquad (5-14)$$

传动系统最小传动比影响混合动力电动汽车的最高车速。在相同动力系统参数下，传动系统的最小传动比越小，汽车最高车速越大。但传动系统的最小传动比不宜过小，否则容易造成变速器挡位体积和质量增大，因此传动系统最小传动比的选择需要满足混合动力电动汽车所应达到的最高车速的目标。最小传动比与最高车速之间的数学关系为

$$i_{t\min} \leqslant \frac{0.377 n_{\max} r}{v_{\max}} \qquad (5-15)$$

要根据具体设计要求确定传动系统变速器的各挡传动比和主减速器传动比。

5.2.4 蓄电池参数匹配

蓄电池参数匹配主要包括电压等级的选择、功率参数的选择、能量参数的确定及蓄电池 SOC 的确定。

1. 电压等级的选择

蓄电池的电压等级主要取决于电动机的电压等级范围，电动机的峰值功率越大，电动机系统的电压等级就越高，利于保证整个蓄电池组的电流不超过一定的限制（功率一定）。但电压等级不能超过电源系统的最高电压限制值，否则会引起系统高压安全问题，同时要求电动机控制器承受电压范围与整个系统的电压范围必须保持一致，以保证系统运行可靠。

2. 功率参数的选择

蓄电池的充放电功率应与发电机组的功率匹配，并满足电动机的功率要求，即蓄电池组的功率应大于电动机的最大功率。在混合动力电动汽车的实际应用中，当电动机大负荷工作时（如加速、上坡），电池快速放电，需要输出最大功率，此时给电动机输入大电流来提供驱动所需的最大功率。

蓄电池的最大需求功率为

$$P_{ess} = \frac{P_{emax}}{\eta_e} \qquad (5-16)$$

式中：P_{ess} 为蓄电池的最大需求功率（kW）。

蓄电池的功率越大，汽车的节油率越高，但随着功率的增大，汽车的整备质量增大，超过了一定的限定值时会使节油率下降，并且蓄电池功率越大，电池成本越高，所以选择蓄电池的功率参数时应该综合考虑。

3. 能量参数的确定

蓄电池总能量需要根据纯电动模式下的续驶里程确定。

$$E_b = \frac{\left(mgf + \frac{C_D A v_a^2}{21.5}\right) S_a}{3.6 \eta_t \eta_e \eta_d (SOC_H - SOC_L)} \qquad (5-17)$$

式中：E_b 为蓄电池总能量（kW·h）；v_a 为平均车速（km/h）；S_a 为车速为 v_a 时的续驶里程（km）；SOC_H 为初始 SOC 值；SOC_L 为终止 SOC 值。

蓄电池容量为总能量与额定电压的比值，即

$$C_e = \frac{E_b}{U_e} \qquad (5-18)$$

4. 蓄电池 SOC 的确定

对于并联式混合动力电动汽车，要求其在长时间的稳定运行前后，电池 SOC 基本保持不变或变化很小，以避免电池深度充放电，从而延长蓄电池的使用寿命。此外，不同厂家的电池 SOC 最佳工作范围有所不同，常用的镍氢蓄电池和锂离子电池的 SOC＝0.3～0.7，蓄电池组的内阻最小，能量效率最高。

5.2.5　能量管理策略

1. 串联式混合动力电动汽车的能量管理策略

由于串联式混合动力电动汽车的发动机与汽车行驶工况没有直接联系，因此能量管理策略的主要目标是使发动机在最佳效率区和排放区工作。为了优化能量分配整体效率，还应考虑传动系统的动力电池、发动机、电动机和发电动机等部件。

串联式混合动力电动汽车的能量管理策略主要如下。

（1）恒温器策略。当动力电池 SOC 低于设定的低门限值时，起动发动机，在最低燃油消耗或排放点按恒功率模式输出，一部分功率用于满足车轮驱动功率要求，另一部分功率给动力电池充电。而当动力电池组 SOC 上升到所设定的高门限值时，发动机停止，由电动机驱动汽车。其优点是发动机效率高、排放少；缺点是动力电池充放电频繁，加上发动机开关时有动态损耗，使得系统总体的损失功率增大，能量转换效率较低。

（2）功率跟踪式策略。由发动机全程跟踪汽车功率需求，只有在动力电池 SOC 大于 SOC 设定上限，且仅由动力电池提供的功率能满足汽车需求时，发动机才停机或怠速运行。由于动力电池容量小，因此充放电次数减少会使系统内部损失减少。但是发动机必须在从低到高的较大负荷区内运行，因此发动机效率和排放不如恒温器策略下的发动机效率和排放。

（3）基本规则型策略。基本规则型策略综合了恒温器策略和功率跟踪式策略的优点，根据发动机负荷特性图设定了高效率工作区；根据动力电池的充放电特性设定了动力电池高效率的 SOC 范围，并设定一组控制规则；根据需求功率和 SOC 进行控制，以充分利用发动机和动力电池的高效率区，使其整体效率最高。

2. 并联式混合动力电动汽车的能量管理策略

并联式混合动力电动汽车的能量管理策略基本属于基于转矩的控制，主要有以下四类。

（1）静态逻辑门限策略。静态逻辑门限策略的实现比较简单，实际应用非常广泛。但由于主要依靠工程经验设置门限参数，静态逻辑门限策略无法保证汽车燃油经济性最优，而且这些静态参数不能适应工况的动态变化，无法使整车系统达到最大效率。

（2）瞬时优化能量管理策略。瞬时优化能量管理策略一般采用等效燃油消耗最少法或功率损失最少法。等效燃油消耗最少法在每一步长内是最优的，但无法保证在整个运行区间内最优，而且需要大量的浮点运算和比较精确的汽车模型，计算量大，实现困难。

（3）全局最优能量管理策略。全局最优能量管理策略实现了真正意义上的最优化，但实现该策略的算法往往都比较复杂，计算量也很大，在实际汽车的实时控制中很难得到应用。

（4）模糊能量管理策略。模糊能量管理策略基于模糊控制方法来决策混合动力系统的工作模式和功率分配，将"专家"的知识以规则的形式输入模糊控制器，模糊控制器将车速、电池 SOC、需求功率/转矩等输入量模糊化，基于设定的控制规则来完成决策，以实现对混合动力系统的合理控制，从而提高汽车整体性能。基于模糊逻辑的策略的优点：可以表达难以精确定量表达的规则；可以方便地实现不同影响因素（功率需求、电池 SOC、电动机效率等）的折中；鲁棒性好。但是模糊控制器的建立主要依靠经验，无法获得全局最优。

3. 混联式混合动力电动汽车的能量管理策略

由于混联式混合动力电动汽车具有特有的传动系统结构，如采用行星齿轮传动，因此除了采用瞬时优化能量管理策略、全局最优能量管理策略和模糊能量管理策略以外，还有以下能量管理策略。

（1）发动机恒定工作点策略。由于采用了行星齿轮机构，发动机转速可以独立于车速变化，使发动机工作在最优工作点，输出恒定的转矩，剩余的转矩则由电动机提供。这样电动机负责动态部分，避免了发动机动态调节带来的损失；而且与发动机相比，电动机的控制更灵敏、更易实现。

（2）发动机最优工作曲线策略。发动机工作在万有特性图中的最佳燃油消耗线上，只有当发动机电流需求超出电池的接受能力或者当电动机驱动电流需求超出电动机或电池的允许限制时，才调整发动机的工作点。

5.3　混合动力电动汽车的制动能量回收系统

5.3.1　制动能量回收系统概述

混合动力电动汽车制动能量回收系统又称再生制动系统，是指汽车制动过程中，将汽车的部分动能通过发电机转换为电能储存起来，待汽车加速或起动时为其提供全部或部分驱动力的系统。

大多数混合动力电动汽车的制动力是由电动机和机械制动联合提供的，制动过程中如何控制电动机制动力和前后轮机械制动力在理想分配比例下工作，使能量回收最大化，是研发制动能量回收系统的核心问题。

制动能量回收是现代电动汽车与混合动力电动汽车的重要技术之一。在内燃机汽车上，当汽车减速、制动时，汽车的运动能量通过制动系统转换为热能，并向大气中释放。而在电动汽车与混合动力电动汽车上，这种被浪费掉的运动能量可通过制动能量回收技术转换为电能并储存于蓄电池中，进而转换为驱动能量。例如，当汽车起步或加速需要增大驱动力时，电动机驱动力成为发动机的辅助动力，使电能得以有效应用。一般认为，在汽车非紧急制动的普通制动场合，约 1/5 的能量可以通过制动回收。制动能量回收按照混合动力的工作方式不同而有所不同。在发动机气门不停止工作场合，减速时能够回收的能量约是汽车运动能量的 1/3。通过智能气门正时与升程控制系统有效控制进气门的开启时间和升程，使得发动机本身的机械摩擦（含泵气损失）减少约 70%，回收能量增加到汽车运动能量的 2/3。

5.3.2 制动能量回收系统的组成与工作原理

制动能量回收系统包括与车型匹配的发电机、蓄电池及可以监视电池电量的智能电池管理系统。制动能量回收系统回收汽车在制动或惯性滑行中释放的多余能量，并通过发电机转换为电能，储存在蓄电池中，用于之后的加速行驶。蓄电池还可为车内耗电设备供电，降低对发动机的依赖、发动机燃油消耗及 CO_2 排放。

制动能量回收系统的结构如图 5-21 所示，主要包括传感器、再生制动控制器、DC/AC 逆变器、DC/DC 转换器、电动机、能量储存装置（如蓄电池等）、变速器及主减速器等。混合动力电动汽车制动力由前后轮制动器提供的制动力和电动机提供的再生制动力组成，其中再生制动力只作用在驱动轮上。

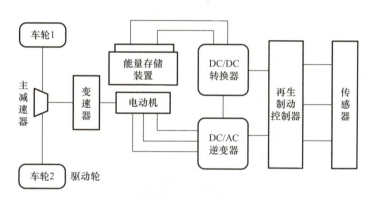

图 5-21 制动能量回收系统的结构

再生制动控制器的工作原理是控制电动机制动力和前后轮机械制动力以最优分配比例工作，从而在保证驾驶人制动舒适性和平稳性的前提下，可以更好地回收能量。

DC/AC 逆变器是整流和逆变过程中的重要组成器件，在整流过程中可以将电动机输出的交流电转换为可以为电池充电的直流电；在逆变过程中可以将蓄电池中的直流电转换为交流电驱动电动机。

DC/DC 转换器（直流斩波器）的主要作用是将指定大小的电流调整为预期的电流，是一种直流转换为直流的转换器。DC/DC 转换器主要有两类：降压斩波器和升压斩波器。

电动机作为混合动力电动汽车制动能量回收系统的核心元件，在汽车制动时可以为汽车提供辅助制动力，并将产生的制动电流经回收电路存储在蓄电池中；待汽车起动或者加速时，其工作在电动状态为汽车提供驱动力。

混合动力电动汽车中的能量储存装置一般为蓄电池，其作用是存储制动时电动机产生的电能。

5.4 典型混合动力电动汽车车型分析

5.4.1 丰田 Prius

1. Prius 的发展历程

Prius 于 1997 年 10 月底问世,是世界上最早实现批量生产的混合动力电动汽车。在人们日益关注环保的今天,Prius 因革命性地降低了汽车燃油消耗和尾气排放,得到了全世界的高度评价。如今 Prius 已经发展到第四代。

1993 年 9 月,丰田研发执行副总裁 Yoshirio Kimbara 发起了 G21 项目。1994 年,丰田从车身、底盘、发动机和生产技术等多个领域召集了 10 名技术精英,组建了 G21 项目组,开发工作由 Takehisa Yaegashi 主导,负责制造一辆将电动车与内燃机汽车完美结合的车型。1995 年东京国际车展上,丰田发布了名为 Prius(拉丁语意为优先的、超前的)的混合动力概念车。Prius 概念车具备制动能量回收系统和起停功能,低滚动阻力轮胎也为良好的燃油经济性作出了贡献。

1997 年,第一代 Prius(图 5-22)正式上市,这是世界上第一款混合动力量产车。第一代 Prius 的车身设计比例独特,尺寸为 4275mm×1695mm×1490mm,轴距为 2550mm。车轮尽量布置在四角,虽然看着有点怪异,但可以为车内乘员营造出最大的空间,并且有利于电池组的布置。

图 5-22 第一代 Prius 混合动力电动汽车

第一代 Prius 搭载代号为 1NZ-FXE 的 1.5L 直列四缸自然吸气发动机和一台 288V 永磁交流电动机,其发动机和电动机总成如图 5-23 所示。其中汽油发动机最大功率为 43kW,最大转矩为 102N·m;电动机最大功率为 29kW,最大转矩为 305N·m;配备 ECVT(电控无级)变速箱;镍金属氢化物(镍氢)电池组作为电力源。丰田将这套油电混合动力系统称为"THS"(Toyota Hybrid System)。

第一代 Prius 燃油消耗表现出众,新车上市前官方公布的燃油消耗为 28km/L(约合 3.57L/100km),经过不断地改良,最终量产后的商品车实测燃油消耗为 31km/L(约合 3.22L/100km),燃油消耗表现完全达到了丰田的预期。2000 年,Prius 正式出口北美及欧洲市场,由于其低燃油消耗和低 CO_2 排放,以及不逊于内燃机汽车的动力表现,吸引了大量欧美消费者的关注。

图 5-23　1NZ-FXE 发动机和电动机总成

有了第一代车型的成功试水和全球 12.3 万台销量的保证，第二代 Prius 的研发被提上日程。2003 年 9 月，第二代 Prius（图 5-24）正式发布。这次设计师摒弃了三厢车体，而采用了更实用的两厢掀背形式。车身尺寸为 4445mm×1725mm×1490mm，轴距为 2700mm。除了高度以外，其他三项数据均有所增长，营造出更宽敞的内部空间。虽然尺寸增大了，但由于有更好的空气动力学设计，风阻系数 $C_d=0.26$（该数据在当时处于领先地位）。

图 5-24　第二代 Prius 混合动力电动汽车

第二代 Prius 的动力系统从 THS 一代升级为 THS 二代。虽然还是使用了之前的 1NZ-FXE 发动机，但是转速提高了，并且电机的输出功率提高到了 50kW，增大了 50%，燃油消耗也随之降低到 2.8L/100km。注重环保的同时，丰田不忘给 Prius 加持各种高科技装备：半自动泊车入位系统、汽车动态稳定控制系统（S-VSC）及自动空调等。

国人对第二代 Prius 比较熟悉，因为丰田将它带到了中国，并且不是出口，而是直接国产。2005 年 12 月，一汽丰田长春工厂开始投产第二代 Prius，开启了中国的混合动力电动汽车市场。在当时混合动力电动汽车车型并不多的国内，造型前卫的 Prius 还是十分吸引眼球的。但由于消费水平及购车观念等多重原因，第二代 Prius 在我国的销量并不好。但这并不影响它在其他国际市场的大卖，全球超百万辆的销售成绩，令丰田的混合动力电动汽车之路更加坚定。

在第二代 Prius 大获成功的基础上，第三代 Prius（图 5-25）应运而生，其外形与第二代 Prius 很相似，会让人有改款而非换代的错觉。车身尺寸为 4460mm×1745mm×1490mm，轴距为 2700mm，只是长度和宽度略有增大，风阻系数进一步降低到 $C_d=0.25$。

图 5-25 第三代 Prius 混合动力电动汽车

代号为 2ZR-FXE 的 1.8L VVT-i 四缸汽油发动机（图 5-26）取代了之前的 1.5L 1ZR-FXE 发动机和变速器总成，最大功率为 73kW，电动机最大功率也提升为约 60kW，传动系统则依然是成熟的 CVT 变速箱。

图 5-26 1.8L VVT-i 四缸汽油发动机

丰田公司在研发第三代 Prius 的过程中，创造了 100 多项专利技术。第三代 Prius 采用电子水泵，这也让它成为第一款全车无需皮带传动的量产车型。

第三代 Prius 的逆变器、电动机和其他混动零部件的尺寸更小巧，质量也更小。这些变化使其燃油经济性大幅提升，综合燃油消耗约为 2.63L/100km。

第三代 Prius 延续了第二代 Prius 的火爆态势，销量更上一层楼，全球销量超过 168.8 万台，混合动力电动汽车的王者地位不可动摇。

2015 年，第四代 Prius（图 5-27）正式上市，虽然保持了与前两代车型相似的车身轮廓，但从里到外都是新设计的。丰田最新的 TNGA 平台带来了更新颖的外形和更低的重心，风阻系数降低到 $C_d = 0.24$。燃油消耗方面，第四代 Prius 更出色：一方面通过重新设计进气和提高废气再循环（EGR）的效率，使发动机热效率达到了世界最高的 40%；另一方面将混合动力系统的其他部件做得更加小巧轻便。最终官方给出的综合燃油消耗约为 2.45L/100km，在竞争激烈的市场中依然保持领先。

【THS-Ⅱ系统】

图 5-27　第四代 Prius 混合动力电动汽车

2. THS-Ⅱ系统

THS-Ⅱ系统是典型的混联式混合动力系统，其主要组成结构如图 5-28 所示，包括发动机、电动机、发电机、电池和功率控制单元等。

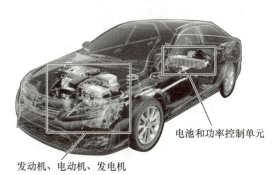

图 5-28　THS-Ⅱ系统的主要组成结构

THS-Ⅱ系统的关键也是最复杂的部件就是由两台永磁同步电动机及行星齿轮组成的动力分配系统，如图 5-29 所示。

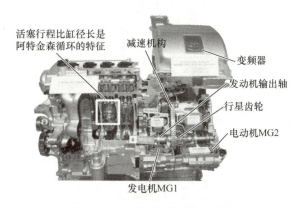

图 5-29　THS-Ⅱ动力分配系统

为方便解释 THS-Ⅱ的核心部件——动力分配系统的工作原理，发电机 MG1 简称 MG1，电动机 MG2 简称 MG2。MG1 主要用于发电，必要时可驱动汽车；MG2 主要用于驱动汽车。MG1、MG2 及发动机输出轴连接到一套行星齿轮机构的太阳轮、齿圈和行星架上。动力分配是通过功率控制单元控制 MG1 和 MG2，通过行星齿轮机构进行巧妙分配实现的。由于使用了这种创新的动力分配方式，THS-Ⅱ系统甚至不需要变速箱，发动机输出经过固定减速机构减速后直接驱动汽车。

丰田 THS-Ⅱ系统的复杂度要比本田 IMA 系统的复杂度高很多。虽然控制系统复杂，但其结构尚算紧凑，省去了庞大的变速箱，降低了车身质量，对汽车的燃油经济性有相当大的帮助。

发动机起动时，电流流进 MG2，通过电磁力固定行星齿轮的齿圈，MG1 作为起动机转动太阳轮，太阳轮带动行星架转动，与行星架连接的发动机曲轴转动，发动机起动。图 5-30 为 THS-Ⅱ发动机起动时行星齿轮机构的工作情况。

【THS-Ⅱ发动机起动时行星齿轮机构的工作情况】

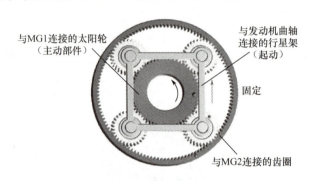

图 5-30　THS-Ⅱ发动机起动时行星齿轮机构的工作情况

急速时，电流流进 MG2，固定行星齿轮的齿圈，发动机带动行星架转动，行星架带动太阳轮转动，与太阳轮连接的 MG1 发电，给电池充电。图 5-31 为 THS-Ⅱ发动机急速时行星齿轮机构的工作情况。

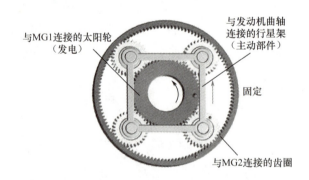

图 5-31　THS-Ⅱ发动机急速时行星齿轮机构的工作情况

汽车起步时，发动机停转，行星架被固定。MG2 驱动行星齿轮齿圈，推动汽车前进，MG1 处于空转状态。图 5-32 为 THS-Ⅱ发动机起步时行星齿轮机构的工作情况。

汽车起步时，如需要更多动力（驾驶人深踩油门或检测到负载过大），MG1 转动，起动发动机。图 5-33 为 THS-Ⅱ发动机起步需要更大动力时行星齿轮机构的工作情况。

汽车起步时，发动机驱动 MG1 发电并供给推动 MG2 运转的电能。图 5-34 为 THS-Ⅱ发动机起步后行星齿轮机构的工作情况。

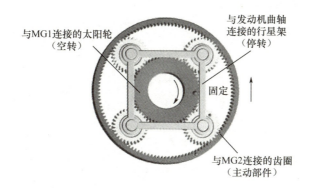

图 5-32 THS-Ⅱ发动机起步时行星齿轮机构的工作情况

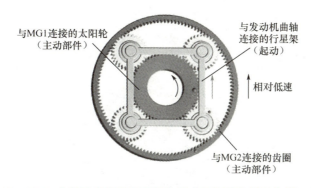

图 5-33 THS-Ⅱ发动机起步需要更大动力时行星齿轮机构的工作情况

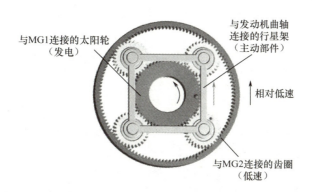

图 5-34 THS-Ⅱ发动机起步后行星齿轮机构的工作情况

在轻负荷下加速时，发动机驱动 MG1 发电并供给推动 MG2 运转的电能，MG2 提供附加的驱动力以补充发动机动力。

在重负载下加速时，发动机驱动 MG1 发电并供给推动 MG2 运转的电能。MG2 提供附加的驱动力以补充发动机动力。电池会根据加速程度给 MG2 提供电流。图 5-35 为 THS-Ⅱ发动机加速时行星齿轮机构的工作情况。

降挡（D挡）时，发动机停转，MG1 空转，MG2 被车轮驱动发电，给电池充电。图 5-36 为 THS-Ⅱ发动机降挡时行星齿轮机构的工作情况。

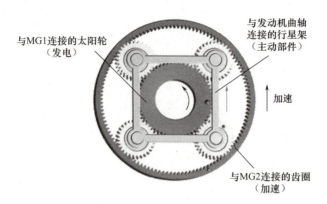

图 5-35 THS-Ⅱ发动机加速时行星齿轮机构的工作情况

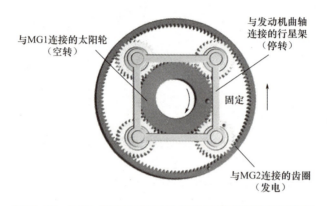

图 5-36 THS-Ⅱ发动机降挡时行星齿轮机构的工作情况

减速（B挡）时，MG2产生的电能供给MG1，MG1驱动发动机，此时发动机断油空转，MG1输出的动力成为发动机制动力。图 5-37 为 THS-Ⅱ发动机减速时行星齿轮机构的工作情况。

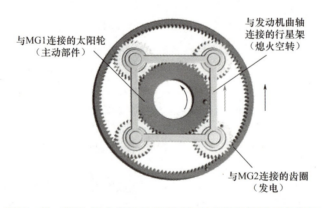

图 5-37 THS-Ⅱ发动机起减速时行星齿轮机构的工作情况

倒车时，只使用MG2作为倒车动力。图 5-38 为 THS-Ⅱ发动机倒挡时行星齿轮机构的工作情况。

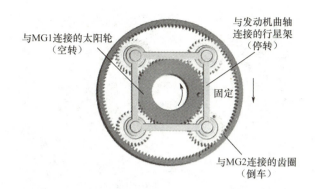

图 5-38 THS-Ⅱ发动机倒挡时行星齿轮机构的工作情况

5.4.2 比亚迪秦

比亚迪秦是比亚迪自主研发的 DM 二代（在纯电动和混合动力两种模式间切换）的高性能三厢汽车。自从与戴姆勒公司合资后，比亚迪的造车工艺大幅提升，斥巨资收购日本荻原模具，建设了国内最大的汽车测试基地，为高端电动汽车——比亚迪秦的上市做好铺垫。比亚迪秦自 2012 年在北京国际车展推出后，一直受到人们的关注。

【比亚迪双模动力模式】

比亚迪秦是一款插电式混合动力电动汽车（图 5-39），是比亚迪取代 F3DM 的换代车型。由于采用了 1.5T 发动机及 500V/(12000r/min) 高能效电动机，秦在混合模式下，动力总成最大输出功率为 223kW，最大转矩为 440N·m。官方测试得到的 0~100km/h 加速时间为 6.9s。

【比亚迪秦混合动力电动汽车】

图 5-39 比亚迪秦插电式混合动力电动汽车

比亚迪秦的充电接头如图 5-40 所示，位于尾箱盖的比亚迪 Logo 位置，打开盖子就可以通过充电接头进行充电。这个盖子的开启按钮位于驾驶人座位的车门门饰板上。

图 5-40 比亚迪秦的充电接头

由于采用了双向逆变充放电技术，比亚迪秦只需一个变压器大小的装置（图 5-41）即可为汽车充电。

图 5-41 比亚迪秦充电示意

2015 款秦双冠版分为新旗舰型和旗舰 Plus。新旗舰型相当于 2014 款的尊贵型，主要变化在于旗舰 Plus 新增了移动电站技术、新样式轮毂造型、副驾座椅 6 向电动调节、$PM_{2.5}$ 绿净系统、行车记录仪及新增仪表主题等 16 项配置。

动力方面，秦双冠版电动汽车依旧采用第二代 DM 双模混合动力系统，相比第一代 DM 双模混合动力系统，其主要通过换装更加高效强劲的 TID 总成、高转速电动机、集成式电动机控制器、更安全的铁电池等实现了更强的动力性能和更优的经济性能。秦双冠版电动汽车搭载一台 1.5T 发动机和电动机组成的插电式混合动力系统，其综合最大输出功率为 217kW，最大转矩为 479N·m。电池组的容量为 13kW·h 时，纯电动状态下的最大续驶里程为 70km。

2017 年上市的比亚迪秦 100 插电式混合动力电动汽车（图 5-42）依旧搭载由 1.5T 发动机＋电动机组成的插电式混合动力系统，纯电动续驶里程提升至 100km。电池组移至底盘，行李箱容积提升至 100L，后悬架升级为多连杆独立悬架，操控性能提高。

图 5-42 比亚迪秦 100 插电式混合动力电动汽车

5.4.3 别克 VELITE 5

别克 VELITE 5 于 2017 年 4 月上市，采用了通用公司最新的增程式插电式混合动力系统，该系统主要由 1.5L 直喷发动机、EVT 电控无级变速箱、双电动机及容量为 18A·h 的高性能三元锂电池组成。

VELITE 5 配置了两台电动机、两组行星齿轮和三个离合器（其中一个为单向离合器，无须电控），被集成在质量仅为 119kg、体积与一台普通 6 速变速箱相似的驱动单元中。该智能电驱系统是双电动机和双行星轮系结构（同时参与驱动或单独发电）集成式驱动功率逆变器模块 TPIM，可以实现纯电动和增程两种工作模式，纯电动模式为单电动机 EV 和双电动机 EV；而增程模式又可以分为低速模式、固定速比模式和高速模式。这套混合动力系统相当于一个三挡 AT 自动变速箱，根据不同的车速和负载实现了不同传动比的三个挡位。此外，通过切换两个电机的"角色"（发电和输出动力）配合上述相应模式工作。

当电池组电量低于设定值时（SOC 约为 16%），发动机起动，为电池组充电，高效节能。VELITE 5 的 1.5L 自然吸气发动机在电池电能耗尽后还能直接参与驱动，最大功率为 78kW，最大转矩 138N·m。

VELITE 5 采用了当下能量密度最高的锂电池——三元锂离子电池组作为动力来源，其结构如图 5-43 所示。其体积为 154L，质量为 183kg，容量为 18kW·h，包含 192 组电芯单元，最大电流为 430A，额定电压为 360V，具备 BMS 电池热管理技术，通过片层式液冷结构有效保证电池系统的环境温度适应性，整车在 -30~60℃ 的环境下，电芯的各部分都能得到一致的冷却或加热效果。T 型电池组通过 IP67 的密封设计，可承受涉水工况，且布置于汽车的中后部，更能确保碰撞安全。

VELITE 5 会优先使用电力行驶，在电量充足的情况下，纯电动续驶里程可达 116km；当电池电量低于 16% 时，发动机会自动介入，为电池组充电，增程总里程可超过 768km，基本满足用户使用需求。

VELITE 5 插电式增程混合动力系统的综合功率为 120kW，综合转矩达到 398N·m，用户可以始终稳定地获得最大功率。最高车速为 160km/h，0~100km/h 加速时间为 9.2s，纯电动模式和混动模式具有几乎相同的加速性能和最高车速，无论电量高低，VELITE 5 的加速踏板感觉一致，汽车的动力不会衰减。

【别克VELITE 5高性能锂离子电池组】

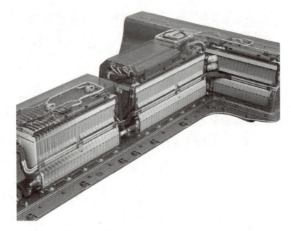

图5-43 VELITE 5三元锂离子电池组的结构

增程式电动汽车

增程式电动汽车（也称串联式混合动力）指能外接充电电源和车载充电，由电动机驱动的汽车。配置的发动机输出的动力仅用于推动发电机发电。系统输出动力等于电动机输出动力。车内只有一套电力驱动系统，其结构如图5-44所示，包括驱动电动机、控制电路、动力电池。增程式插电混合动力汽车的电动机直接驱动车轮；发动机则驱动发电机，给电池充电。

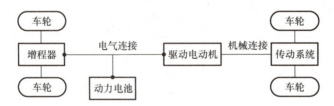

图5-44 增程式电动汽车电力驱动系统的结构

增程式电动汽车的车型主要有宝马i3（可选装增程模块）、雪佛兰Volt（有隐藏的直接驱动模式）、菲斯克卡玛和奥迪A1 e-tron等。

下面以具有代表性的雪佛兰Volt为例，详细介绍工作原理。

Volt混合动力系统是通用汽车的E-Flex插座充电式混合动力系统的最新版本，采用1台小型的发动机和2台电机综合驱动汽车。

Volt使用容量为16kW·h的360V锂离子电池组，电池组成T形布置，隐藏于后排座椅下及车身中部，纯电动汽车的最高续驶里程可达80km。Volt混合动力系统包括汽油发动机、充电接口、锂离子电池及电控模块，如图5-45所示。

混合动力电动汽车 第5章

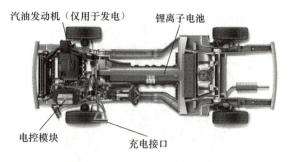

图 5-45　Volt 混合动力系统的组成

Volt 混合动力系统的结构如图 5-46 所示，由 2 台电动机（最大功率分别为 111kW 和 55kW）和 1 台发动机（最大功率为 63kW）组成，发动机仅用于发电。其中功率较大的发动机主要用于驱动汽车，功率较小的发动机主要用于发电。

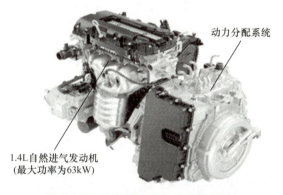

图 5-46　Volt 混合动力系统的结构

与丰田 THS 系统相同，Volt 系统也使用行星齿轮机构，2 台电动机和 1 台发动机通过 1 个行星齿轮机构和 3 个离合器组成动力产生、回收、分配系统。不同之处在于，在 Volt 系统中，太阳轮连接到电动机；行星架连接到减速机构，直接输出动力到车轮；齿圈则根据实际情况连接到动力分配系统的壳体（固定）或发电机和发动机。Volt 系统与 THS 系统的动力分配机构对比如表 5-7 所示。

表 5-7　Volt 系统与 THS 系统的动力分配机构对比

系统名称	行星齿轮机构的输入输出构件		
	齿圈	太阳轮	行星架
Volt 系统	锁定到壳体或发电机和发动机	连接电动机	输出到车轮
THS 系统	连接 MG2，输出到车轮	连接 MG1	连接发动机

Volt 动力分配系统的结构如图 5-47 所示，从中可见 Volt 动力分配系统的控制方式与 THS 系统有一定的区别。Volt 系统通过 C1、C2、C3 三个离合器来控制动力的分配，C1 用于连接行星齿轮齿圈与动力分配机构壳体（固定）；C2 用于连接发电机与行星齿轮齿圈；C3 用于连接发动机与发电机。

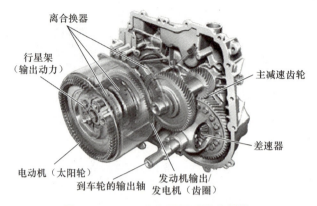

图 5-47 Volt 动力分配系统的结构

Volt 混合动力系统一共有五种工作模式：EV 低速模式、EV 高速模式、EREV 低速模式、EREV 高速模式和能量回收模式。

（1）EV 低速模式，如图 5-48 所示。C1 吸合，C2、C3 松开，发动机停转。齿圈被固定，电动机推动太阳轮转动，行星架因太阳轮的转动而转动，把动力传输到减速齿轮并传递到车轮。

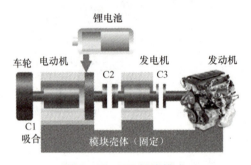

图 5-48 EV 低速模式

（2）EV 高速模式，如图 5-49 所示。C2 吸合，C1、C3 松开，发动机停转。发电机充当电动机工作，推动齿圈转动。同时，功率较大的另一个电动机推动太阳轮转动。齿圈与太阳轮同时转动，带动行星架转动，从而把动力传递到车轮。发电机充当电动机推动齿圈转动，降低了与太阳轮连接的另一个电动机的转速，提高了能源使用率。

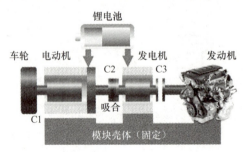

图 5-49 EV 高速模式

（3）EREV 低速模式，如图 5-50 所示。C1、C3 吸合，C2 松开，发动机运转。此时，发动机推动发电机发电，并为电池充电；同时电池为电动机供电，推动太阳轮转动，由于齿圈固定，行星架随着太阳轮转动，从而把动力传递到车轮。

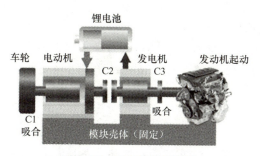

图 5-50　EREV 低速模式

（4）EREV 高速模式，如图 5-51 所示。C2、C3 吸合，C1 松开，发动机运转。此时，发动机与发电机转子连接后推动齿圈转动并发电，电动机推动太阳轮转动。齿圈与太阳轮同时转动，带动行星架转动，从而把动力传递到车轮。发动机推动齿圈转动，降低了与太阳轮连接的另一个电动机的转速，提高了能源使用率。

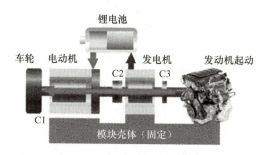

图 5-51　EREV 高速模式

（5）能量回收模式，如图 5-52 所示。C1 吸合，C2、C3 松开，发动机停转。车轮带动行星架转动，由于齿圈固定，太阳轮随着行星架转动，功率较大的电动机作为发电机为电池充电。

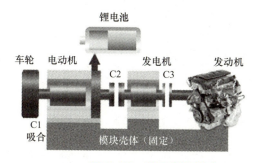

图 5-52　能量回收模式

增程式电动汽车的优点如下。

（1）具有电动汽车的安静、起步转矩大的优点，可以当纯电动汽车使用，在充电方便的条件下只充电、不加油，使用成本较低。

（2）与其他混合动力模式相比，增程式混合动力系统可以不用变速箱，成本略有降低。由于带有发动机发电，只要有加油站就可以一直行驶，在不方便充电的地方不会被迫拖车，避免了基础设施不完善的问题。

（3）因为发动机不直接驱动车轮，发动机转速与车轮转速、汽车速度没有直接关系，通过优化系统，可以让发动机一直工作在最佳转速下，即使在充电不便或市内堵车路况下燃油消耗也较低，且发动机噪声可以控制得非常低。

增程式电动汽车的缺点如下。

（1）造成功率浪费。由于发动机和发电机并不直接驱动车轮，造成了这部分功率的浪费，而发动机和发电机的质量并没有降低。例如：某增程式插电混合动力汽车的发动机功率为50kW，发电机功率为50kW，电动机功率为100kW，整车发动机和电动机的总功率为200kW，但能驱动车轮的功率只有100kW。

（2）在高速路况下，燃油消耗反而偏高。因为如果发动机直接驱动车轮，可以一直工作在最佳工作模式，而增程式插电混合动力系统多了一个转换过程，要消耗能量，造成燃油消耗偏高。

思考题

1. 混合动力电动汽车有哪些类型？
2. 混合动力电动汽车有何优缺点？
3. 串联式混合动力电动汽车有何优缺点？
4. 并联式混合动力电动汽车有何优缺点？
5. 混合动力电动汽车的关键技术有哪些？
6. 简述起停系统的分类及特点。
7. 本田IMA系统的工作模式有哪些？
8. 串联式混合动力电动汽车的能量管理策略有哪些？
9. 简述混合动力电动汽车的制动能量回收系统的工作原理。
10. 增程式电动汽车有何优缺点？

第 6 章 燃料电池电动汽车

1. 了解燃料电池电动汽车的分类及基本结构。
2. 掌握燃料电池电动汽车的关键技术及主要技术指标。
3. 熟悉典型燃料电池电动汽车车型。

知识要点	相关知识
燃料电池电动汽车的发展状况	日本、美国、欧洲国家、中国的燃料电池电动汽车发展现状
燃料电池电动汽车的分类及特点	燃料电池电动汽车的分类方法及优缺点
燃料电池电动汽车的关键技术	燃料电池系统、车载储氢技术、电动机及控制技术、整车布置、整车热管理
典型燃料电池电动汽车车型分析	丰田 Mirai、通用 Sequel、奔驰 B 级 FCEV、本田 FCX CLARITY

6.1 燃料电池电动汽车概述

采用燃料电池做电源的电动汽车称为燃料电池电动汽车，它利用氢和氧的结合产生电能来驱动汽车，其动力系统主要包括电驱动系统、动力控制单元、电堆、燃料电池空气系统、水系统及氢气系统等。

【燃料电池电动汽车】

燃料电池电动汽车在车身、动力传动系统、控制系统等方面，与普通电动汽车基本相同，主要区别在于动力电池的工作原理不同。燃料电池的反应机理是将燃料中的化学能不经过燃烧直接转换为电能，即通过电化学反应将化学能转换为电能，通过氢和氧的化学反应生成水并释放电能。电化学反应的还原剂一般为氢气，氧化剂为氧气，因此最早开发的燃料电池电动汽车多直接采用氢燃料，可采用液化氢、压缩氢气或金属氢化物储氢。由于燃料电池的反应不经过热机过程，因此其能量转换效率不受卡诺循环的限制，能量转化效率高；它的排放主要是水，非常清洁，不产生任何有害物质。因此，燃料电池技术的研究和开发备受各国政府与大公司的重视，被认为是21世纪洁净、高效的发电技术之一。在面临能源短缺和环境危机的今天，燃料电池电动汽车具有广阔的发展空间。

6.1.1 燃料电池电动汽车的发展

1939年，以氢气和氧气为燃料、以铂丝为电极的第一块燃料电池在英国问世，这是燃料电池的雏形。

1902—1904年，Reid和Lno用KOH溶液作为燃料电池的电解质，研究出碱性燃料电池的雏形。

二十世纪六七十年代，美国率先将燃料电池用于航天领域，作为航天飞机的主要电源。此后，美国等国家将燃料电池的研究转向民用发电和作为汽车、潜艇等的动力源。世界各著名汽车公司相继投入较多的人力和物力，开展燃料电池电动汽车的开发研究。美国各大汽车公司加入了政府支持的国际燃料电池协会（US Fuel Cell Council），分别承担相应的任务，生产以新的燃料电池做动力的汽车。

美国通用公司在美国能源部的资助下，推出了以PEMFC和蓄电池共同提供动力的汽车。

1968年，通用公司生产出第一辆燃料电池电动汽车。

2002年1月，美国政府提出一项"自由汽车"计划，表示不再积极鼓励发展纯电动汽车，而寄希望于发展燃料电池电动汽车（FCEV）。2003年，通用公司、欧宝公司开发出了第三代新型FCEV"氢动三号"，同期通用公司还开发出着眼于未来应用的Hy-Wire燃料电池电动汽车。

日本政府于2002年成立了燃料电池项目小组，开始普及燃料电池技术的实证试验和有关规定的论证。作为当今世界FCEV市场上重要企业的丰田和本田，已开发出多款FCEV。丰田公司开发的FCHV-5于2001年在美国加利福尼亚燃料电池共同体的组织下进行了实车道路试验。本田公司于2002年12月2日推出了实用化的FCEV——FCX。

2004年，戴姆勒-克莱斯勒公司与福特公司共同收购了巴拉德动力系统公司，并投资5800万美元建立新的燃料电池电动汽车集团开发联盟。

我国在20世纪60年代开始研究PEMFC，但仅由中国科学院大连化学物理研究所等少数几家科研机构从事基础性研究，直到90年代研究才开始逐渐"升温"。"九五"期间，我国政府充分认识到燃料电池在国防和经济发展中的重要作用，将PEMFC和电动汽车列入了国家科技攻关项目，在国家"十五"、863计划电动汽车关键技术重大科技专项和"十一五"节能与新能源汽车重大项目的支持下，我国FCEV技术研发取得重要进展。

我国FCEV基本与国际处于同步发展阶段，在电催化剂、复合膜等关键材料，双极板、膜电极集合体、燃料电池模块、增湿器等关键部件以及系统集成方面，拥有了自主知识产权的技术体系，核心部件性能已接近国际先进水平，成功开发出了车用燃料电池系统、燃料电池电动客车（图6-1）、燃料电池电动汽车（图6-2）和燃料电池电动厢式商用车（图6-3），并表现出了良好的燃料经济性。

图6-1　燃料电池电动客车

图6-2　燃料电池电动汽车

图6-3　燃料电池电动厢式商用车

2016年10月26日，中国汽车工程学会于上海发布的《节能与新能源汽车技术线路图》中提到节能汽车发展思路以天然气汽车为主要方向，因地制宜，适度发展，替代内燃机汽车，推动我国内燃机汽车低碳化、多元化，降低对石油的依赖。

6.1.2　燃料电池电动汽车的分类

虽然FCEV的历史不长，但是与纯电动汽车相比，其无须依赖蓄电池技术性能的完善；与内燃机汽车相比，具有环保、节能的优势。因此，FCEV已成为世界范围内新能源汽车开发的热点，且不断涌现出不同结构的FCEV。

实用型燃料电池有多种类型，可根据不同的方法来分类。

FCEV 按主要燃料种类可分为两类：以纯氢气为燃料的 FCEV 和以经过重整后产生的氢气为燃料的 FCEV。

FCEV 按"多电源"的配置不同，可分为以下四种类型。

(1) 纯燃料电池驱动（PFC）的 FCEV。

纯燃料电池驱动的电动汽车只有一个动力源——燃料电池，汽车的所有功率负荷都由燃料电池承担。PFC 的 FCEV 的结构如图 6-4 所示。

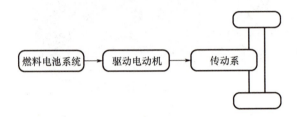

图 6-4　PFC 的 FCEV 的结构

纯燃料电池驱动电动汽车的优点如下。

① 系统结构简单，便于实现系统控制和整体布置。
② 系统部件少，有利于整车的轻量化。
③ 较少的部件使得整体的能量传递效率高，从而提高整车的燃料经济性。

纯燃料电池驱动电动汽车的缺点如下。

① 燃料电池功率大、成本高。
② 对燃料电池系统的动态性能和可靠性提出了很高的要求。
③ 不能回收制动能量。

(2) 燃料电池与辅助蓄电池联合驱动（FC+B）的 FCEV。

FC+B 的 FCEV 的结构如图 6-5 所示。在该动力系统结构中，燃料电池和蓄电池共同为驱动电动机提供能量，驱动电动机将电能转换成机械能传给传动系，从而驱动汽车前进；在汽车制动时，驱动电动机转换为发电机，蓄电池储存回馈的能量。

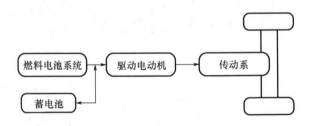

图 6-5　FC+B 的 FCEV 的结构

FC+B 燃料电池电动汽车目前在市场上应用较多，其优点如下。

① 由于增加了比功率价格相对低廉得多的蓄电池组，系统对燃料电池的功率要求比纯燃料电池的低很多，从而大大降低了整车成本。
② 燃料电池可以在比较好的设定的工作条件下工作，工作时燃料电池的效率较高。

③ 系统对燃料电池的动态响应性能要求较低。
④ 汽车的冷起动性能较好。
⑤ 采用制动能量回馈可以回收汽车制动时的部分动能，可能会提高整车的能量效率。
FC+B 燃料电池电动汽车的缺点如下。
① 蓄电池的使用使得整车的质量增大，动力性和经济型受到影响，这一点在能量复合型混合动力汽车上表现更为明显。
② 蓄电池充放电过程会有能量损耗。
③ 系统变得复杂，系统控制和整体布置难度增加。

（3）燃料电池与超级电容联合驱动（FC+C）的 FCEV。

"燃料电池+超级电容"的结构与"燃料电池+蓄电池"的结构相似，只是把蓄电池换成超级电容。相对于蓄电池，超级电容充放电效率高，能量损失少，功率密度大，在回收制动能量方面比蓄电池有优势，循环寿命长；但能量密度较小。随着超级电容技术的不断进步，FC+C 结构将成为一种新的重要研究方向。

（4）燃料电池与辅助蓄电池和超级电容联合驱动（FC+B+C）的 FCEV。

燃料电池与蓄电池和超级电容联合驱动的电动汽车的动力系统结构也称串联式混合动力结构。图 6-6 所示为 FC+B+C 的 FCEV 的结构，燃料电池、蓄电池和超级电容共同为驱动电动机提供能量，驱动电动机将电能转换成机械能传给传动系，从而驱动汽车前进；在汽车制动时，驱动电动机转换为发电机，蓄电池和超级电容储存回馈的能量。

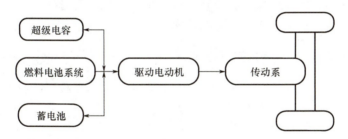

图 6-6　FC+B+C 的 FCEV 的结构

在三种混合驱动中，FC+B+C 组合被认为能够最大限度地满足整车起动、加速、制动的动力和效率需求；但成本最高，结构和控制也最复杂。

6.1.3　燃料电池电动车的特点

FCEV 与内燃机汽车和纯电动汽车相比，具有以下优点。

（1）能量转换效率高。燃料电池的工作过程是化学能转换为电能的过程，能量转换效率高，可以达到 30% 以上，而汽油机汽车整车效率为 16%～18%，柴油机汽车整车效率为 22%～24%。

（2）续驶里程长。采用燃料电池系统作为能量来源，可克服纯电动汽车续驶里程短的弊端，其长途行驶能力及动力性已经接近于内燃机汽车。

（3）绿色环保。燃料电池可以使用石油燃料或有机燃料，并可使用包括再生燃料在内的几乎所有含氢元素的燃料。氢燃料电池电动汽车以纯氢为燃料，反应生成物只有水，属于零排放。其他非纯氢燃料电池电动汽车污染物的排放均比以汽油机和柴油机驱动的汽车低 1~2 个数量级，而且 CO_2 的排放量降低了 40%~60%。所以总体而言，使用燃料电池作为动力源的交通工具在环境保护方面的优势是内燃机汽车无法达到的。

（4）过载能力强。燃料电池除了在较宽的工作范围内具有较高的工作效率外，其短时过载能力可达额定功率的 200% 或更大。

（5）低噪声。燃料电池属于静态能量转换装置，除了空气压缩机和冷却系统以外，无其他运动部件，因此与内燃机汽车相比，运行过程中的噪声和振动都较小。

（6）设计方便灵活。FCEV 可以按照 X-By-Wire 的思路进行设计，改变传统的汽车设计概念，可以在空间和质量等问题上进行灵活的配置。X-By-Wire 具有操控简便快捷、控制精确、减轻质量、环保节能和节省空间等优点。X-By-Wire 使用计算机、电子线路和电动机替代原先通过机械连接方式实现的功能，使汽车可以彻底抛弃传统机械连接装置的束缚。

虽然推出燃料电池电动汽车容易，但是推广难度大。FCEV 在发展过程中遇到了以下瓶颈。

（1）FCEV 的成本高。燃料电池的制造成本和使用成本过高，使得 FCEV 的推广难度大。

（2）辅助设备复杂，且质量和体积较大。

（3）起动时间长，系统抗振能力有待进一步提高。采用氢气为燃料的 FCEV 起动时间一般超过 3min，而采用甲醇或者汽油重整技术的 FCEV 起动时间长达 10min，与内燃机汽车相比起动的时间长得多，影响了起动性能。

6.1.4 燃料电池电动汽车的关键技术

FCEV 的关键技术包括燃料电池技术、车载储氢技术、车载蓄电技术、电动机及其控制技术、整车布置、整本热管理等。

1. 燃料电池技术

燃料电池技术是 FCEV 发展的关键技术之一。燃料电池技术的发展趋势可用耐久性、低温下起动温度、净输出比功率及制造成本四个要素来评判。降低成本是研究燃料电池堆的目标，控制成本的有效手段有降低材料费（电催化剂、电解质膜、双极板等）和加工费（膜电极制作、双极板加工和系统装配等）。另外，作为车用燃料电池系统还需要攻克许多工程技术壁垒，包括系统起动与关闭时间、系统能量管理与变换操作、电堆水热管理模式及低成本、高性能辅助设施（包括空气压缩机、传感器和控制系统）等。

2. 车载储氢技术

车载储氢技术是氢能利用走向规模化应用的关键。常用的车载储氢方式有高压气态储氢、低温液态储氢、金属氢化物储氢、复合储氢和碳纳米管储氢等。

（1）高压气态储氢。

高压气态储氢是主流。高压储氢罐（图 6-7）储存压力为 35MPa 或 70MPa 的气态氢气,是一种由铝制内胆外层缠绕碳纤维等复合材料组成的新型轻质耐压储氢容器。该储氢方式的主要缺点是需要较大的体积和构筑理想的圆柱形外形,还需要解决阀体与容器的接口及快速加氢等关键技术问题,因此高压储氢容器还需要进一步发展。由于氢气本身的密度较小,因此该方式储氢量很难大幅度提高。

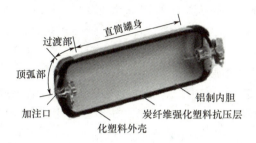

图 6-7 高压储氢罐

(2) 低温液态储氢。

低温液态储氢(使气态氢在超低温-253℃下成为液态氢)具有较高的体积能量密度,常温常压下液态氢的密度是气态氢的 845 倍,其体积能量密度比高压气态储氢要高好几倍,与相同体积的高压储氢罐相比,其储氢质量大幅度提升。若仅从质量和体积上考虑,液态储氢是一种极其理想的储氢方式。但由于氢气液化要消耗很多冷却能量,液化过程所需的能耗约是储存氢气热值的 50%,增加了储氢和用氢成本。液态储氢必须使用超低温特殊容器,由于液氢储存的隔热和绝热不完善,容易导致较高的蒸发损失,因此技术复杂、储氢成本高。图 6-8 为宝马 7 系氢动力汽车的低温液态储氢容器结构。

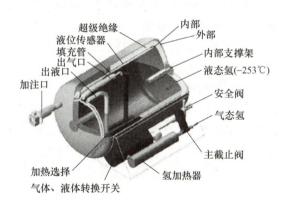

图 6-8 宝马 7 系氢动力汽车的低温液态储氢容器结构

(3) 金属氢化物储氢。

金属氢化物储氢又称储氢合金储氢,其原理是通过金属(如 Ti)与氢气的反应生成金属氢化物(固态),要求该化学反应必须可逆。该储氢方式的最大优势在于体积能量密度高和安全可靠,因为氢在储氢合金中以原子态方式储存。储氢合金氢燃料箱的主要问题是质量大和成本高,这是由于贵金属和储氢合金本身质量储氢密度偏低。研究该储氢方式的关键在于寻找一种可循环利用的廉价金属来实现与氢气的可逆反应。日本、德国等国家在这方面做了大量的研究。

丰田公司于1996年首次在PEMFC上安装金属氢化物储氢装置，该装置车身尺寸为700mm×150mm×170mm，使用TiMn系BCC储氢合金100kg，储氢量为2kg，每次充氢可行驶250km（速度为100km/h）。2001年年初，丰田公司宣布开发成功新型FCEV——FCHV3，采用储氢合金储氢方式，该车最高时速为150km/h，行驶距离超过300km。

日本东北大学金属材料研究所开发出一套采用氢化铝（AlH_3）的氢气存储系统。AlH_3的存储密度为10.1%，比以往的储氢合金2%～3%左右的质量存储密度高得多。另外，体积存储密度也达到了149g/L。AlH_3只需80～150℃的较低温度就可以释放氢气，且可从中得到可循环利用的金属Al。

德国梅赛德斯-奔驰公司、GFE公司、Hydrogenics Corporation氢能公司和加拿大Ballard公司等也先后研制出客车、电动铲车、轮椅车等用PEMFC储氢器。

(4) 复合储氢——储氢合金与高压储氢罐结合。

日本汽车研究所、日本重化学工业株式会社、Samtech公司受日本新能源产业技术综合开发机构（The New Energy and Industrial Technology Development Organization，NEDO）的委托，联合开发出一种复合储氢罐。它采用在高压储氢罐中设置储氢合金管芯的结构，管芯中充填颗粒状储氢合金，并装有配管（热交换器），用于在释放氢气时通入温水，以及为消除吸留氢气时产生的热量而向四周通入冷却水。其原理是使大部分氢气吸留在颗粒状的储氢合金上，高压气态氢气填入储氢合金的缝隙中。

(5) 碳纳米管储氢。

因碳纳米管具有优越的力学、电学等性能而成为最具潜力的储氢主要载体。由于管道结构特殊、多壁碳管之间存在石墨层空隙和表面存在大量分子级细孔，比表面积很大，因此可以吸附大量气体。纳米材料比表面积大，表面原子比率大（约占总原子数的50%），使体系的电子结构和晶体结构明显改变，从而表现出特殊的电子效应和表面效应。清华大学通过实验研究发现，在常温下碳纳米管吸氢速度很快，可在3～4h完成；碳纳米管放氢速度很快，在0.5～1h即可完成。

如何有效减小储氢系统的质量与体积是车载储氢技术开发的重点。一个比较理想的方案是采用储氢材料与高压储氢复合的车载储氢新模式。复合式储氢模式的技术难点是如何开发吸、放氢性能好，成型加工性良好，质量轻的储氢材料。随着材料科学的发展，储氢技术的发展主要集中在开发密度更小、强度更高的材料，以提高储氢罐内的压力；开发绝热性能更好的材料，以减少液氢的蒸发，提高使用时的安全性；研究高容量的储氢材料（特别是碳纳米管等）的制造技术。

3. 车载蓄电技术

车载蓄电系统包括铅酸蓄电池、镍氢电池、锂离子电池等蓄电池及超级电容器，其中镍氢电池具有比能高、功率大、充放电快速、耐用性优异等特性，是混合动力电动汽车和纯电动汽车中应用最广泛的绿色动力蓄电系统。锂离子电池具有比能量大、比功率高、自放电少、无记忆效应、循环特性好、可快速放电等优点，在市场上应用广泛。

4. 电动机及其控制技术

驱动电动机是燃料电池电动汽车的心脏,它逐步向功率大、转速高、效率高和小型化方向发展。驱动电动机主要有永磁无刷电动机和感应电动机,永磁无刷电动机具有功率密度和效率较高、体积小、惯性低、响应快等优点,在电动汽车方面有着广阔的应用前景。由感应电动机驱动的电动汽车几乎都采用矢量控制和直接转矩控制。矢量控制包括最大效率控制和无速度传感器矢量控制;而直接转矩的控制手段直接、结构简单、控制性能优良、动态响应迅速,因此非常适合电动汽车的控制。

5. 整车布置

FCEV 在整车布置上存在以下关键问题:燃料电池发动机及电动机的相关布置、动力电池组的车身布置、氢气瓶的安全布置及高压电安全系统的车身布置问题。布置这些核心部件时,不仅要考虑布置方案的优化及零部件性能实现的便利性,还要考虑内燃机汽车不具备的安全性问题。以氢气为燃料的 FCEV 的总体布置结构如图 6-9 所示。

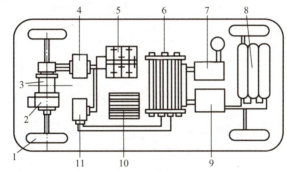

1—驱动轮;2—驱动系统;3—驱动电动机;4—DC/AC 逆变器;
5—辅助电源装置;6—燃料电池系统;7—空气压缩机及空气供应系统辅助装置;
8—高压储氢罐;9—氢气供给系统辅助装置;10—中央控制器;11—DC/DC 转换器

图 6-9 以氢气为燃料的 FCEV 的总体布置结构

由图 6-9 可知,因 FCEV 的高压储氢罐体积和质量较大,一般放置在汽车底盘后部位置;燃料电池系统放置在汽车底盘中部位置;氢气供给系统装置和空气压缩机等组件放置在汽车底盘的中后部位置;电动机、DC/AC 逆变器、DC/DC 转换器、中央控制器等一般放置在汽车底盘前部位置。

6. 整车热管理

(1) 由于燃料电池系统自身的运行温度为 60~70℃,实际的散热系统工作温度大致可以控制在 60℃,必须依赖整车动力系统提供额外的冷却动力为系统散热,因此二者之间的平衡将是热管理开发的关键。

(2) 整车各零(部)件的体积留给整车布置回旋的余地很小,使得散热系统设计的改良空间不大,无法采用通用的解决方案应对,必须开发专用的零(部)件。

(3) 与整车散热系统密切相关的车用空调系统开发也是汽车厂商必须关注的。

燃料电池电动汽车的设计主要采用 ADVISOR、DSpace、CRUISE 等软件进行仿真，参数设计方法与纯电动汽车和混合动力电动汽车类似，不再赘述。

6.1.5 燃料电池电动汽车的主要技术指标

燃料电池电动汽车的主要技术指标如表 6-1 所示。

表 6-1 燃料电池电动汽车的主要技术指标

指标		燃料电池电动轿车	燃料电池电动客车
燃料电池	电堆比功率/[W/kg(L)]	1000（面向示范考核） 1500（面向技术突破）	
	系统比功率/(W/kg)	300（面向示范考核） 450（面向技术突破）	
	低温储存与启动/℃	−10（面向示范考核） −20（面向技术突破）	
	寿命/h	≥500	
车用电机	功率密度/(kW/kg)	3.0	
	最高效率/(%)	94	
电子控制		新型电动机集成驱动的底盘动力学控制技术；下一代纯电驱动整车控制系统关键技术；纯电驱动汽车 ITS 及车网融合（V2G、V2H）技术	
整车平台	最高车速/(km/h)	≥160	≥80
	续驶里程/km	≥350	≥350
	经济性/(kg/1000km)	≤1.2（示范） ≤1.1（下一代）	≤8.8（示范） ≤8.5（下一代）

6.2 FC+B 燃料电池电动汽车的基本结构

FCEV 多采用 FC+B 的混合动力系统，FC+B 燃料电池电动汽车动力系统布置方式有串联式和并联式两种，如图 6-10 所示。

FC+B 的动力系统由燃料电池系统、DC/DC 转换器、DC/AC 逆变器、辅助蓄电池和电动机组成。燃料电池系统由燃料电池电堆、氢气供给系统、空气供给系统、气体加湿系统、冷却系统和电能转换系统等组成。该系统具有以下特点。

(1) 燃料电池或与动力电池共同提供持续功率，且在汽车起动、爬坡和加速等最大功率需求时，动力电池提供最大功率。

(2) 在汽车起步时功率需求不大，蓄电池可以单独输出能量。

(3) 蓄电池技术较成熟，可以在一定程度上弥补燃料电池技术上的不足。

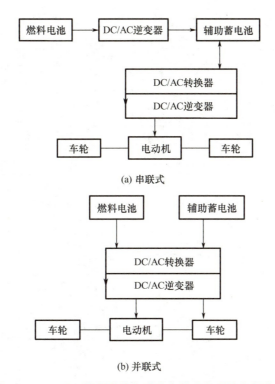

图 6-10 FC+B 燃料电池电动汽车的动力系统布置方式

FC+B 燃料电池电动汽车动力系统一般为并联式结构。燃料电池与辅助蓄电池在不同工况下使用不同模式。在起步工况下，采用纯电动驱动模式，由蓄电池快速响应，提供电能给电动机以驱动汽车行驶；在中等负荷工况下，采用燃料电池驱动模式，由满足持续功率需求的燃料电池单独提供电能驱动电动机，从而驱动汽车行驶；在加速、爬坡等大负荷工况下，采用联合驱动模式，由燃料电池与辅助蓄电池共同提供电能驱动电动机，从而带动车轮转动。此时，燃料电池的能量输出变化较平缓，随时间变化波动较小，而能量需求变化较大的高频部分由辅助蓄电池分担。在减速、制动工况下，采用制动能量回收模式，电动机转换为发电机，将回馈的能量储存在辅助蓄电池中。

6.2.1 燃料电池系统

单独的燃料电池堆是不能发电并用于汽车的，它必须和燃料供给与循环系统、氧化剂燃料供给系统、水/热管理系统和一个能使上述各系统协调工作的控制系统组成燃料电池发电系统（简称燃料电池系统）。PEMFC 燃料电池系统的结构如图 6-11 所示。

燃料电池系统的运作一般用计算机控制，根据 FCEV 的运行工况，通过 CAN 总线系统传递和反馈信息，并经过计算机处理，以保证燃料电池正常运行。

燃料电池控制器根据外需的电功率控制燃料电池组的燃料调节、电池的温度调节（冷却）、湿度调节，从而控制发电功率，燃料电池发电后经单向 DC/DC 转换器输出。

以氢为燃料的燃料电池系统框图如图 6-12 所示。

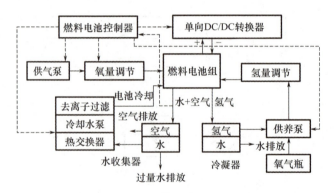

图 6-11　PEMFC 燃料电池系统的结构

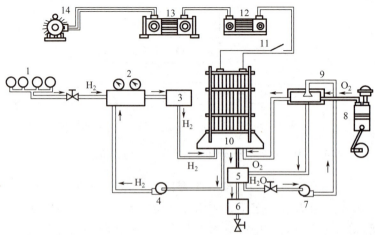

1—氢储存罐；2—氢气压力调节仪表；3—热交换器；4—氢气循环泵；5—冷凝器及气水分离器；
6—水箱；7—水泵；8—空气压缩机（或氧气罐）；9—加湿器及去离子过滤装置；10—燃料电池组；
11—电源开关；12—DC/DC 转换器；13—DC/AC 逆变器；14—驱动电动机

图 6-12　以氢为燃料的燃料电池系统框图

1. 氢气供应、管理和回收系统

气态氢通常用高压储氢罐装载，对高压储氢罐的品质要求很高。为保证燃料电池电动汽车一次充气满足足够的行驶里程，就需要多个高压储氢罐来储存气态氢。一般轿车需要 2～4 个高压储氢罐；大型客车需要 5～10 个高压储氢罐。

虽然液态氢比能量高于气态氢，但由于液态氢也处于高压状态，不仅需要高压储氢罐储存，还要用保温装置来保持低温，因此保温装置是一套复杂的系统。图 6-13 为燃料电池系统的气态氢供给系统。

2. 氧气供应和管理系统

氧气可以从空气中获取，也可以从氧气罐中获取。空气需要用压缩机来提高压力，以加快燃料电池反应的速度。在燃料电池系统中，配套压缩机的性能有特定的要求，压缩机

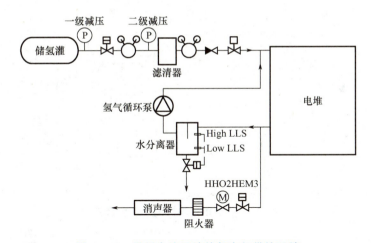

图 6 – 13 燃料电池系统的气态氢供给系统

质量和体积会增加燃料电池发动机系统的质量、体积和成本，压缩机消耗的功率会降低燃料电池的效率。空气供应系统的各种阀、压力表、流量表等的接头要采取防泄漏措施。在空气供应系统中还要对空气进行加湿处理，保证空气有一定的湿度。图 6 – 14 为燃料电池系统的空气供给系统。

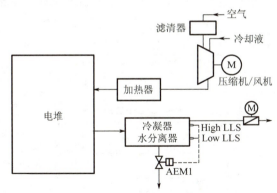

图 6 – 14 燃料电池系统的空气供给系统

3. 水热管理系统

燃料电池发动机中，燃料电池在反应过程中将产生水和热量，在水循环系统中要用冷凝器、气水分离器和水泵等处理反应生成的水和热量，其中一部分水可用于加湿空气。另外需要安装一套冷却系统，以保证燃料电池的工作温度正常。图 6 – 15 为燃料电池系统的水热管理系统。

4. 电力管理系统

燃料电池与蓄电池一样，产生的是直流电，需要经过 DC/DC 转换器进行调压。在采用交流电动机的驱动系统中，还需要 DC/AC 逆变器将直流电转换为三相交流电。

以氢气为燃料的燃料电池系统的各种外围装置的体积和质量，分别占燃料电池系统总体积和总质量的 1/3～1/2。

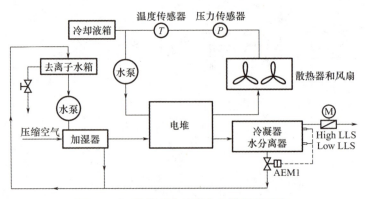

图 6-15 燃料电池系统的水热管理系统

6.2.2 电控系统

如图 6-16 所示，FCEV 的电控系统主要由发动机管理系统、蓄电池管理系统、动力控制系统及整车控制系统等组成，整车数据网络传输采用 CAN 总线。高速 CAN 总线管理高压主动力系统包括整车控制系统、动力控制系统和发动机管理系统；低速 CAN 总线管理低压辅助系统包括组合仪表系统、动力空调系统、助力转向系统等。

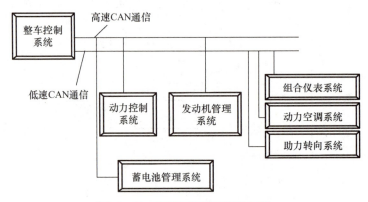

图 6-16 FCEV 的电控系统结构

1. 发动机管理系统

燃料电池发动机管理系统按整车控制器的功率设定值控制燃料电池发动机的功率输出，监测发动机的工作状态，在保证发动机稳定可靠地运行时进行故障诊断及管理，具体包括供氢系统、供氧系统、水循环及冷却系统。

2. 蓄电池管理系统

蓄电池管理系统分上下两级，下级 LECU 负责蓄电池组电压、温度等物理参数的测量，进行过充过放保护及组内组间均衡；上级 CECU 负责动力蓄电池组的电流检测、SOC 估算及相关的故障诊断，同时运行高压漏电保护策略。

3. 动力控制系统

动力控制系统包含 DC/DC 转换器、DC/AC 逆变器、DCL、空调控制器、空调压缩机变频器及电动机冷却系统控制器。DC/DC 转换器和 DC/AC 逆变器的作用如前所述，DCL 负责将高压电转换为辅助系统所需的 12V/24V 低压电，电动机冷却系统控制器负责电动机及 PCU 的水冷却系统控制。

4. 整车控制系统

整车控制系统的核心是多能源控制策略，其主要功能如下。
（1）接收来自驾驶人的需求信息，实现整车工况控制。
（2）基于反馈的实际工况及动力系统的状况，根据预先匹配好的多能源控制策略进行能量分配调节控制。
（3）整车故障诊断及管理。

6.3 典型燃料电池电动汽车车型分析

6.3.1 丰田 Mirai

丰田 Mirai 氢燃料电池电动汽车（图 6-17）于 2015 年发布，是丰田首款批量生产的燃料电池电动汽车，电能由氢氧化学反应的 PEMFC 组提供。Mirai 具有环保、噪声低、效率高、重心低、动力强劲的特点。

交流电动机给驱动轮带来 114kW 的最大功率和 335N·m 的最大转矩，10s 内可以完成百公里加速。与内燃机相比，氢燃料电池组的能源效率更优越，3min 即可完成氢燃料的加注，汽车行驶时的排放物只有水，完全做到了 CO_2 等污染物的零排放。

【丰田Mirai氢燃料电池电动汽车】

图 6-17 丰田 Mirai 氢燃料电池电动汽车

丰田 Mirai 氢燃料电池电动汽车主要包括燃料电池、高压储氢罐、辅助蓄电池、注氢口、动力控制单元等，其结构布置如图 6-18 所示。

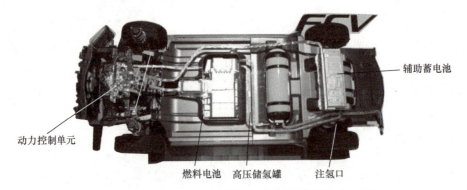

图 6-18 丰田 Mirai 氢燃料电池电动汽车的结构布置

丰田 Mirai 的结构与内燃机汽车和纯电动汽车都不同,其动力系统称为丰田燃料电池堆栈（Toyota FC Stack，TFCS），是以燃料电池堆栈为核心组件的混合动力系统。动力系统为单电机前轮驱动,燃料电池通过升压 DC/DC 转换器与高压总线连接,辅助蓄电池采用镍氢电池组。丰田 Mirai 动力系统的结构如图 6-19 所示。

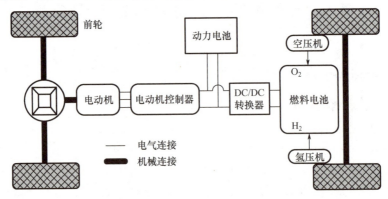

图 6-19 丰田 Mirai 动力系统的结构

TFSC 没有传统的汽油发动机,也没有变速器,发动机舱内部是电机动控制单元。Mirai 燃料电池内部有 370 个燃料电池原件,燃料电池堆栈中每块电池发电的电压为 $0.6 \sim 0.8V$,多个燃料电池串联可使输出电压达到使用的标准。氢燃料电池通过空气中的氧气与储氢罐中的氢气发电,然后驱动电动机。

燃料电池组的最大输出功率为 114kW,功率输出密度为 3.1kW/L,分别比之前丰田公布的 FCHV-adv 的高 2.2 倍;最大转矩为 335N·m,$0 \sim 100km/h$ 的加速时间在 10s 内,完全能够满足平常的行车需求。

Mirai 使用液态氢作为动力能源,液态氢被储存在位于车身后半部分的高压储氢罐中。Mirai 使用的聚酰胺帘线外加轻质金属的高压储氢罐可以承受 70MPa 的压力,分别置于后轴的前后。添加液态氢的过程与传统添注汽油或者柴油的过程相似,但安全性和加注设备有独立的安全标准。充满 Mirai 的储氢罐需要 $3 \sim 5min$,在 JC08 工况下,Mirai 的储氢量可以支持 700km 的续驶里程。

6.3.2 通用 Sequel

2002年北美国际车展上，通用公司首次将燃料电池与线传操控电子控制技术完美结合，推出具有革命性意义的"自主魔力"（Autonomy）燃料电池概念车；同年，巴黎国际车展上，通用公司又以全球首辆可驾驶的线传操控燃料电池汽车——Hy-Wire再次领先业界。通用 Sequel 燃料电池电动汽车（图6-20）就是在这两款车的基础上研发而成的，其名称有"承上启下、延续未来"之意。

图6-20 通用 Sequel 燃料电池电动汽车

通用 Sequel 于2005年发布，是全球首辆一次加注燃料可以行使480km的燃料电池电动汽车。

通用 Sequel 的驱动系统有三台电动机，其中包括两台轮毂电动机。一台横向安装的三相60kW电动机负责驱动前轮，两台三相25kW轮毂电动机负责驱动后轮。燃料电池通过DC/DC转换器与高压总线连接。通用 Sequel 动力系统的结构如图6-21所示。

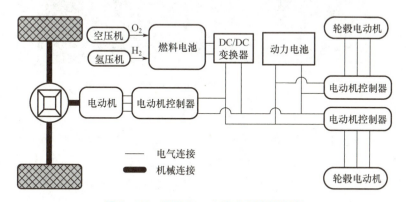

图6-21 通用 Sequel 动力系统的结构

通用 Sequel 堪称全球新能源技术领域发展方面的里程碑，它验证了氢燃料电池技术对解决全球能源问题的意义，并将其从"概念"变成具有可操作性、可行性的"目标"。它促使当今发动机技术向混合动力技术方向过渡，并最终归结到燃料电池技术，从而加快全球解决能源效率和排放问题的脚步。

作为通用公司最新一代的FCEV，通用 Sequel 采用线传操控技术，不仅提高了汽车安全性、简化了维护程序、拓展了设计自由度，也更环保。

作为全球行驶效率最高的新能源汽车，通用 Sequel 的突出成就还在于其通过对现有燃料电池技术进行改进，燃料电池装置及动力单元结构比上一代的简单，制造成本更低，最大功率提高了约 25%，其动力表现与驾驶特性都堪与内燃机汽车相提并论。通用 Sequel 的总输出功率达到 110kW，从起步加速到 48km/h 仅需 3s，加速到 96km/h 也只需不到 10s。通用 Sequel 一次加氢可连续行驶近 500km，与内燃机汽车非常接近，是全球第一辆能连续长距离行驶且性能出色的 FCEV。

通用 Sequel 是全球 FCEV 中转矩最大的车型，电动机提供的总转矩达到 339N·m。由于采用四轮驱动牵引系统，驱动电动机能及时对四个车轮的转矩进行精密的动态控制，进一步提高汽车的稳定性和牵引力，从而赋予驾驶人更大的控制权，不仅能保证乘员安全，同时能提供更多驾控乐趣。

6.3.3　奔驰 B 级 FCEV

奔驰 B 级 FCEV（图 6-22）的核心技术是新一代燃料电池驱动系统，其中燃料电池尺寸紧凑、动力强劲、使用安全，且完全适合日常使用。

图 6-22　奔驰 B 级 FCEV

奔驰 B 级 FCEV 的主要驱动部件位于车身的底部，不仅降低了车身重心、节约了车身空间，而且使驱动系统得到了非常有效的保护。奔驰 B 级 FCEV 续驶里程达到 400km，而每次充满燃料仅需 3min，非常适合日常使用。100kW 的电动机所提供的驾驶乐趣和性能表现，足可与 2L 汽油发动机的动力相媲美，能够产生最大 290N·m 的转矩。在欧洲 NEDC 测试中，奔驰 B 级 FCEV 每 100km 仅消耗等值于 3.3L 柴油的电量。

奔驰 B 级 FCEV 使用氢燃料作为动力来源，车身底部装有 3 个巨大的储氢罐，每个储氢罐可储存约 4kg 的气态燃料。在后备箱底板下部还装有 1 个锂离子电池组，与氢燃料组成双重动力，共同驱动汽车行驶。智能驾驶管理系统会根据动力需求决定是否需要燃料电池介入工作以提供更充沛的电力。汽车行驶时，能量管理系统可使燃料电池系统始终处于最优运转状态。锂离子电池能够协助解决不同驾驶情况的电量需求。

在汽车以较低的速度行驶时，将靠锂离子电池驱动，如果电池电量不足，系统将自动切换至燃料电池，以延长续驶里程。通常 FCEV 以正常速度行驶时，以氢动力为动力，而如果需要更多的动力,深踩加速踏板,锂离子电池和氢燃料将共同作用,以保证更好的加速能力。当驾驶人踩制动踏板或松开加速踏板时,车载电动机可把动能转换为电能存储在电池中,即能量回收过程。

6.3.4　本田 FCX CLARITY

本田 FCEV 首次亮相于 1999 年,到现在,其 FCEV 的发展已经发生了很大的变化。本田新一代的 FCEV——FCX CLARITY,以本田独创的燃料电池堆 V Flow FC Stack 技术为核心,实现了 FCEV 特有的 CO_2 零排放。本田 FCX CLARITY 的核心技术是通过电池板将氢和氧结合产生电和水。其中,电驱动汽车前行,而排放物只有水,从而清洁无浪费地利用能源。

2008 年本田推出 FCX CLARITY 概念车(图 6-23),其发动机为一台永磁型交流电动机,可以输出 100kW 的最大功率和 256N·m 的最大转矩。本田 FCX CLARITY 的最大功率与一般 2L 汽油发动机相仿,转矩则与 2.5L 汽油发动机接近。这样的动力不会让本田 FCX CLARITY 拥有突出的性能,但足够日常使用。

【本田 FCX CLARITY 燃料电池电动汽车】

图 6-23　本田 FCX CLARITY 概念车

本田 FCX CLARITY 的动力系统(图 6-24)体积非常小,电动机与变速器直接连接,而变速器实际上只有一个前进挡和一个倒挡,整体结构简单紧凑。

图 6-24　本田 FCX CLARITY 的动力系统

其实氢燃料电池电动汽车和纯电动汽车都是电动机驱动的汽车,区别在于纯电动汽车使用的是蓄电池,需先存储电能到电池中,如锂离子电池、镍氢电池等;而氢燃料电池以氢气作为反应原料产生电力，无须为其预先存储电能。纯电动汽车有两大弱点，一个是续驶里程短，一般的纯电动汽车只有 200km 左右的续驶里程，少数较好的车型（如特斯拉 Model S 等）能达到 300km 以上；另一个是充电时间较长，一般慢充需要 8h，快充也要 30min~1h。

本田 FCX CLARITY 作为氢能源汽车，可以用高压方式储存氢燃料，其单位质量能储存的能量大于现有的化学蓄电池。另外，为本田 FCX CLARITY 补充氢气与为汽油车加油没有太大区别，只需 5min 就可以加满氢气，比一般的纯电动汽车还快。本田 FCX CLARITY 的理想续驶里程为 620km，实测续驶里程也能达到 380km 以上，具备很高的实用性。

本田 CLARITY FUEL CELL（图 6-25）主要有以下三个核心亮点。

(1) 高续航，零排放。本田 CLARITY FUEL CELL 具备 750km 的续驶里程，比很多常规动力车型的续驶里程长，并且真正达到了零排放，且完成一次燃料添加只需 3min。

(2) 高安全性，轻量化，小型化。储氢罐被全新设计的高刚性车身和特殊机构妥善保护，为了从根本上解决能源浪费问题，全车采用大量轻量化和小型化设计。

(3) 节能实用。得益于小型化设计，妥善解决了空间占用问题，具备与常规新能源车型相同的实用性和便利性，其空间接近于传统中级轿车。

图 6-25　本田 CLARITY FUEL CELL

本田 CLARITY FUEL CELL 的储氢罐容量为 141L，填充压力为 70MPa，可使用 5kg 的氢燃料行驶。其车身尺寸为 4915mm×1875mm×1480mm，轴距为 2750mm，是与本田 Accord 尺寸相仿的中级车型，整备质量为 1890kg。它搭载的电动机可以输出 130kW 的最大功率和 300N·m 的最大转矩。燃料电池堆的最大输出功率为 103kW，输出功率密度为 3.1kW/L，配备了锂离子电池组。本田 CLARITY FUEL CELL 沿用了本田插电混合动力版 Accord 的部分部件，包含 DC/DC 转换器、电池单元及逆变器电路板等。新开发的升压转换器及逆变器机壳也将应用于之后推出的新车型。

扩展阅读

常温常压储氢技术

氢能技术包括氢的规模制备、储存和运输、高效利用及配套基础设施等环节，工业上主要采用 -253℃ 下的液态氢或 350~700 个大气压下的高压氢等。市场上氢气储存主要采用高压气态储罐的方式。由于这种储氢方式需要注入更大压力的氢气，而升压过程中的能量损失高达30%；且高压储氢对容器的要求较高，无法保证在实际应用中各种环境条件下容器的稳定性，存在一定安全隐患，因此有些国家明令禁止高压储氢类汽车与其他汽车行驶同一路线。

氢能是一种能量密度很高的清洁可再生能源，理论上可以广泛应用于各种动力设备，但难以常温常压储存是其发展的一个重要瓶颈。利用液态芳香碳氢化合物作为储氢载体的有机液体的储氢技术，氢能够以化合物的形式稳定地存储，且这类化合物具有很高的氢存储量，给长时间存储大量的氢带来了希望。此外，氢气以化学的方式被加入储氢载体之后，会形成在常温常压下稳定存在的氢化物液体，这种液体与石油相似，因此可直接利用现有的能源架构进行储存与运输，极大地节约应用成本。该类储氢技术得以成功应用的关键之一是寻找到性能优良的储氢载体。

据报道，中国地质大学（武汉）的程寒松博士带领团队，利用不饱和芳香化合物催化加氢的方法，成功攻克了氢能在常温常压下难以储存和释放的技术瓶颈。分析人士认为，该技术国际领先，有望成为我国氢能源行业发展的新契机。

N-乙基吲哚作为储氢材料被该团队首次提出并做出详细的讨论。研究发现，该储氢材料熔点为$-17.8℃$，理论储氢量为$5.23wt\%$，在较温和的实验条件下即可实现完全加氢和脱氢，且无副产物生成；脱氢过程产生的气体经检测为高纯度氢气。与该领域研究较多的N-乙基咔唑等储氢载体相比，N-乙基吲哚分子不仅储氢性能优良，而且熔点低至室温以下，一定程度上促进了有机液态储氢技术在常温常压下的全液态应用。该项研究成果为新型有机液态储氢技术提供了一种候选储氢材料。

思考题

1. 燃料电池电动汽车有哪些分类方法？
2. 燃料电池电动汽车的优缺点分别是什么？
3. 燃料电池电动汽车的关键技术有哪些？
4. 简述燃料电池与辅助蓄电池联合驱动电动汽车的主要组成结构与特点。
5. 简述燃料电池系统的主要组成及作用。
6. 车载储氢方式有哪些？各有什么特点？

附录
电动汽车相关标准

电动汽车标准体系主要由整车通用性标准、动力电池标准、驱动电机标准、充换电设施标准和充电接口标准等组成，详见附表1至附表6。

附表1　电动汽车整车通用性标准

序号	标准号	标准名称
1	GB/T 19836—2005	电动汽车用仪表
2	GB/T 19755—2016	轻型混合动力电动汽车污染物排放控制要求及测量方法
3	GB/T 19754—2015	重型混合动力电动汽车能量消耗量试验方法
4	GB/T 19752—2005	混合动力电动汽车动力性能试验方法
5	GB/T 19750—2005	混合动力电动汽车定型试验规程
6	GB/T 18388—2005	电动汽车定型试验规程
7	GB/T 18385—2005	电动汽车动力性能试验方法
8	GB/T 24552—2009	电动汽车风窗玻璃除霜除雾系统的性能要求及试验方法
9	GB/T 24549—2009	燃料电池电动汽车安全要求
10	GB/T 24548—2009	燃料电池电动汽车术语
11	QC/T 838—2010	超级电容电动城市客车
12	QC/T 837—2010	混合动力电动汽车类型
13	GB/T 26991—2011	燃料电池电动汽车最高车速试验方法
14	QC/T 894—2011	重型混合动力电动汽车污染物排放车载测量方法
15	GB/T 29124—2012	氢燃料电池电动汽车示范运行配套设施规范
16	GB/T 29123—2012	示范运行氢燃料电池电动汽车技术规范
17	GB/T 28382—2012	纯电动乘用车技术条件
18	QC/T 925—2013	超级电容电动城市客车定型试验规程
19	GB/T 19753—2013	轻型混合动力电动汽车能量消耗量试验方法
20	GB/T 31498—2015	电动汽车碰撞后安全要求
21	GB/T 31466—2015	电动汽车高压系统电压等级
22	GB/T 18384.1—2015	电动汽车安全要求　第1部分：车载可充电储能系统（REESS）
23	GB/T 18384.2—2015	电动汽车安全要求　第2部分：操作安全和故障防护
24	GB/T 18384.3—2015	电动汽车安全要求　第3部分：人员触电防护

续表

序号	标准号	标准名称
25	GB/T 32960.3—2016	电动汽车远程服务与管理系统技术规范 第3部分：通讯协议及数据格式
26	GB/T 32960.2—2016	电动汽车远程服务与管理系统技术规范 第2部分：车载终端
27	GB/T 32694—2016	插电式混合动力电动乘用车技术条件
28	GB/T 22757.2—2017	轻型汽车能源消耗量标识 第2部分：可外接充电式混合动力电动汽车和纯电动汽车
29	GB/T 18387—2017	电动车辆的电磁场发射强度的限值和测量方法
30	GB/T 18386—2017	电动汽车能量消耗率和续驶里程试验方法
31	GB/T 19596—2017	电动汽车术语
32	GB 7258—2017	机动车运行安全技术条件
33	GB/T 4208—2017	外壳防护等级（IP代码）
34	GB 34655—2017	客车灭火装备配置要求
35	GB 13094—2017	客车结构安全要求
36	GB/T 4094.2—2017	电动汽车操纵件、指示器及信号装置的标志
37	GB/T 35179—2017	在用电动汽车安全行驶性能台架检验方法
38	GB/T 34598—2017	插电式混合动力电动商用车技术条件
39	GB/T 34585—2017	纯电动货车技术条件

附表2 电动汽车动力电池标准

序号	标准号	标准名称
1	QC/T 742—2006	电动汽车用铅酸蓄电池
2	QC/T 743—2006	电动汽车用锂离子蓄电池
3	QC/T 744—2006	电动汽车用金属氢化物镍蓄电池
4	GB/T 24554—2009	燃料电池发动机性能试验方法
5	QC/T 897—2011	电动汽车用电池管理系统技术条件
6	GB/T 26990—2011	燃料电池电动汽车车载氢系统技术要求
7	GB/T 29126—2012	燃料电池电动汽车车载氢系统试验方法
8	QC/T 989—2014	电动汽车用动力蓄电池箱通用要求
9	QC/T 741—2014	车用超级电容器
10	GB/T 31484—2015	电动汽车用动力蓄电池循环寿命要求及试验方法
11	GB/T 31485—2015	电动汽车用动力蓄电池安全要求及试验方法
12	GB/T 31486—2015	电动汽车用动力蓄电池电性能要求及试验方法

续表

序号	标准号	标准名称
13	GB/T 31467.1—2015	电动汽车用锂离子动力蓄电池包和系统 第1部分：高功率应用测试规程
14	GB/T 31467.2—2015	电动汽车用锂离子动力蓄电池包和系统 第2部分：高能量应用测试规程
15	GB/T 31467.3—2015	电动汽车用锂离子动力蓄电池包和系统 第3部分：安全性要求与测试方法
16	GB/T 18333.2—2015	电动汽车用锌空气电池
17	GB/T 34544—2017	小型燃料电池车用低压储氢装置安全试验方法
18	GB/T 34872—2017	质子交换膜燃料电池供氢系统技术要求
19	GB/T 33978—2017	道路车辆用质子交换膜燃料电池模块
20	GB/T 33979—2017	质子交换膜燃料电池发电系统低温特性测试方法
21	GB/T 33983.1—2017	直接甲醇燃料电池系统 第1部分：安全
22	GB/T 33983.2—2017	直接甲醇燃料电池系统 第2部分：性能试验方法
23	GB/T 34013—2017	电动汽车用动力蓄电池产品规格尺寸
24	GB/T 34014—2017	汽车动力蓄电池编码规则
25	GB/T 34015—2017	车用动力电池回收利用余能检测
26	GB/T 33598—2017	车用动力电池回收利用拆解规范
27	GB/T 34695—2017	废弃电池化学品处理处置术语
28	GB/T 34870.1—2017	超级电容器 第1部分：总则

附表3　电动汽车驱动系统标准

序号	标准号	标准名称
1	GB/T 24347—2009	电动汽车 DC/DC 变换器
2	QC/T 893—2011	电动汽车用驱动电机系统故障分类及判断
3	QC/T 896—2011	电动汽车用驱动电机系统接口
4	GB/T 29307—2012	电动汽车用驱动电机系统可靠性试验方法
5	QC/T 926—2013	轻型混合动力电动汽车（ISG型）用动力单元可靠性试验方法
6	GB/T 18488.1—2015	电动汽车用驱动电机系统 第1部分：技术条件
7	GB/T 18488.2—2015	电动汽车用驱动电机系统 第2部分：试验方法
8	GB/T 34215—2017	电动汽车驱动电机用冷轧无取向电工钢带（片）
9	GB/T 34864—2017	开关磁阻电动机通用技术条件
10	QC/T 1089—2017	电动汽车再生制动系统要求及试验方法
11	SJ/T 11695—2017	电动汽车电机控制器电源线通用规范

附表 4 电动汽车充换电设施标准

序号	标准号	标准名称
1	NB/T 33001—2018	电动汽车非车载传导式充电机技术条件
2	NB/T 33002—2018	电动汽车交流充电桩技术条件
3	QC/T 895—2011	电动汽车用传导式车载充电机
4	GB/T 29317—2012	电动汽车充换电设施术语
5	GB/T 29316—2012	电动汽车充换电设施电能质量技术要求
6	GB/T 29318—2012	电动汽车非车载充电机电能计量
7	GB/T 28569—2012	电动汽车交流充电桩电能计量
8	GB/T 29303—2012	用于Ⅰ类和电池供电车辆的可开闭保护接地移动式剩余电流装置（SPE-PRCD）
9	NB/T 33008.1—2013	电动汽车充电设备检验试验规范 第1部分：非车载充电机
10	NB/T 33008.2—2013	电动汽车充电设备检验试验规范 第2部分：交流充电桩
11	NB/T 33006—2013	电动汽车电池箱更换设备通用技术要求
12	GB/T 29781—2013	电动汽车充电站通用要求
13	GB/T 29772—2013	电动汽车电池更换站通用技术要求
14	NB/T 33009—2013	电动汽车充换电设施建设技术导则
15	NB/T 33004—2013	电动汽车充换电设施工程施工和竣工验收规范
16	NB/T 33005—2013	电动汽车充电站及电池更换站监控系统技术规范
17	NB/T 33007—2013	电动汽车充电站/电池更换站监控系统与充换电设备通信协议
18	GB 50966—2014	电动汽车充电站设计规范
19	QGDW 1591—2014	电动汽车非车载充电机检验技术规范
20	QGDW 1592—2014	电动汽车交流充电桩检验技术规范
21	GB/T 31525—2015	图形标志 电动汽车充换电设施标志
22	GB/T 31466—2015	电动汽车高压系统电压等级
23	GB/T 32895—2016	电动汽车快换电池箱通信协议
24	GB/T 32896—2016	电动汽车动力仓总成通信协议
25	GB/T 34584—2017	加氢站安全技术规范

附表5　电动汽车传导充电标准

序号	标准号	标准名称
1	GB/T 26779—2011	燃料电池电动汽车　加氢口
2	GB/T 18487.1—2015	电动汽车传导充电系统　第1部分：通用要求
3	GB/T 20234.1—2015	电动汽车传导充电用连接装置　第1部分：通用要求
4	GB/T 20234.2—2015	电动汽车传导充电用连接装置　第2部分：交流充电接口
5	GB/T 20234.3—2015	电动汽车传导充电用连接装置　第3部分：直流充电接口
6	GB/T 27930—2015	电动汽车非车载传导式充电机与电池管理系统之间的通信协议
7	GB/T 34425—2017	燃料电池电动汽车　加氢枪
8	GB/T 33594—2017	电动汽车充电用电缆
9	GB/T 34657.1—2017	电动汽车传导充电互操作性测试规范　第1部分：供电设备
10	GB/T 34657.2—2017	电动汽车传导充电互操作性测试规范　第2部分：车辆
11	GB/T 34658—2017	电动汽车非车载传导式充电机与电池管理系统之间的通信协议一致性测试

附表6　部分征求意见稿标准

序号	标准号	标准名称
1	JT/T XXXXX—XXXX	电动营运货运车辆选型技术要求
2	GB XXXXX—XXXX	电动汽车安全要求
3	GB XXXXX—XXXX	电动汽车用锂离子动力蓄电池安全要求
4	GB XXXXX—XXXX	电动客车安全要求
5	QC/T XXXXX—XXXX	电动汽车用电加热器
6	GB XXXXX—XXXX	电动汽车能量消耗率限值
7	GB XXXXX—XXXX	锂离子电池能源转换效率要求和测量方法

参考文献

边春元,满永奎,2013. 电机原理与拖动 [M]. 北京:人民邮电出版社.
蔡飞龙,许思传,常国峰,2012. 纯电动汽车用锂离子电池热管理综述 [J]. 电源技术,36(9):1410-1413.
陈丁跃,陈李昊,陈俊宇,2016. 新能源汽车原理技术与未来 [M]. 北京:人民交通出版社.
崔胜民,2014. 新能源汽车技术 [M]. 2版. 北京:北京大学出版社.
崔胜民,2016. 新能源汽车技术解析 [M]. 北京:化学工业出版社.
代鹏举,2016. 燃料电池正迎来春天:燃料电池行业深度报告 [R]. 国海证券.
范玉超,2013. 电动汽车电池管理系统研究 [D]. 郑州:郑州大学.
付百学,胡胜海,2012. 汽车车载网络技术 [M]. 北京:机械工业出版社.
高惠民,2007. 丰田普锐斯电机及驱动控制系统解析 [J]. 汽车维修与保养,5:28-31.
葛子敬,2016. 电动汽车磷酸铁锂电池组风冷散热系统研究 [D]. 广州:华南理工大学.
何洪文,2012. 电动汽车原理与构造 [M]. 北京:机械工业出版社.
胡信国,2013. 动力电池技术与应用 [M]. 2版. 北京:化学工业出版社.
季小尹,符向荣,王安丽,2004. 混合动力电动汽车用永磁无刷直流电机的设计与实现 [J]. 微特电机,2:5-7.
姜久春,黄彧,刘平竹,2016. 电动汽车相关标准 [M]. 北京:北京交通大学出版社.
姜顺明,2015. 新能源汽车基础 [M]. 北京:北京大学出版社.
康龙云,2010. 新能源汽车与电力电子技术 [M]. 北京:机械工业出版社.
莱夫,2015. BOSCH 传统动力传动系统和混合动力驱动系统 [M]. 北京永利信息技术有限公司,译. 北京:北京理工大学出版社.
李超,2012. 小型电动汽车的驱动控制系统设计 [D]. 长春:吉林大学.
李腾,林成涛,陈全世,2012. 磷酸铁锂电池组成组过程的不一致性分析 [J]. 清华大学学报:自然科学版,52(7):1001-1006.
李垚,2016. 并联混合动力客车动力源参数匹配和优化 [D]. 北京:北京理工大学.
李哲,2011. 纯电动汽车磷酸铁锂电池性能研究 [D]. 北京:清华大学.
麻友良,2016. 新能源汽车动力电池技术 [M]. 北京:北京大学出版社.
任东华,2007. 质子交换膜燃料电池性能影响研究 [D]. 南京:南京理工大学.
瑞佩尔,2017. 图解新型电动汽车结构·原理与维修 [M]. 北京:化学工业出版社.
邵毅明,2016. 汽车新能源与节能技术 [M]. 2版. 北京:人民交通出版社.
孙家永,2012. 纯电动汽车动力系统参数匹配及性能研究 [D]. 西安:长安大学.
王林山,李瑛,2005. 燃料电池 [M]. 2版. 北京:冶金工业出版社.
王晓明,2004. 电动机的DSP控制:TI公司DSP应用 [M]. 北京:北京航空航天大学出版社.
王晓明,2015. 开关磁阻电机在新能源领域的若干应用研究 [D]. 杭州:浙江大学.
王元哲,2017. 纯电动乘用车动力电池液冷热管理结构设计 [D]. 合肥:合肥工业大学.
王远,2006. 太阳能电池及其应用技术研究 [D]. 武汉:华中科技大学.
王震坡,孙逢春,2012. 电动车辆动力电池系统及应用技术 [M]. 北京:机械工业出版社.
王震坡,孙逢春,刘鹏,2014. 电动汽车原理与应用技术 [M]. 北京:机械工业出版社.
韦萍,2012. 轮毂电机技术在新能源汽车上的应用分析 [J]. 汽车零部件,6:105-107.
温有东,2012. 电动汽车用永磁同步电机的研究 [D]. 哈尔滨:哈尔滨工业大学.

吴秋德, 2011. 电动汽车动力系统匹配设计及性能仿真研究 [D]. 长春：吉林大学.
徐艳民, 2015. 电动汽车动力电池及电源管理 [M]. 北京：机械工业出版社.
许军, 2012. 电动汽车驱动及充电装置的研究 [D]. 淮南：安徽理工大学.
尹伟, 2014. 纯电动汽车电机控制器的研究 [D]. 济南：山东大学.
余卫平, 李明高, 李明, 等, 2014. 现代车辆新能源与节能减排技术 [M]. 北京：机械工业出版社.
余志生, 2009. 汽车理论 [M]. 5版. 北京：机械工业出版社.
臧杰, 2013. 新能源汽车 [M]. 北京：机械工业出版社.
张帅, 姚罡, 苏广宁, 2014. 新能源汽车产业链系列报告之三：动力电池需求及降本空间深度研究 [R]. 国金证券.
赵晨光, 2013. 永磁同步发电机及在混合动力汽车中的应用研究 [D]. 广州：广东工业大学.
赵金国, 李治国, 2017. 新能源汽车高压安全与防护 [M]. 北京：人民交通出版社.
赵立军, 佟钦智, 2012. 电动汽车结构与原理 [M]. 北京：北京大学出版社.
赵振宁, 柴茂荣, 2017. 新能源汽车技术 [M]. 2版. 北京：人民交通出版社.
周伟, 2013. 某微型纯电动汽车动力系统匹配设计与性能研究 [D]. 长沙：湖南大学.
邹国棠, 程明, 2016. 电动汽车的新型驱动技术 [M]. 2版. 北京：机械工业出版社.
邹政耀, 王若平, 王良模, 等, 2012. 新能源汽车技术 [M]. 北京：国防工业出版社.